बोधायनगृह्यसूत्रम्.

बोधायनगृह्यसूत्रम्.

THE

BODHAYANA GRIHYASUTRA

EDITED BY

R. SHAMA SASTRI

GYAN

Published by

GYAN

Gyan Publishing House
5, Ansari Road
Daryaganj, New Delhi-110002
Phone: 011-47034999, 9811692060
E-mail: books@gyanbooks.com

Distribution Network
gyanbooks.com
India, USA, Canada, UK, Australia

ISBN: 978-93-6280-834-9 (PB)
First Published, 1920

2nd Impression 2024

Printed at: Gyan Press, Delhi.

बोधायनगृह्यसूत्रम्.
Editor: R. SHAMA SASTRI

बोधायनगृह्यसूत्रम्.

THE
BODHÂYANA GRIHYASUTRA

EDITED BY

R. SHAMA SASTRI,

Curator, Government Oriental Library, Mysore,

Periodical Lecturer to Post-graduate classes,

Calcutta University.

MYSORE

PRINTED AT THE GOVERNMENT BRANCH PRESS

1920

प्रथममुद्रणस्योपोद्घातः.

गृह्यसूत्रेषु हि बोधायनीयं सूत्रमादिमं गण्यते । यथा—आग्निवेश्यसूत्रे—"अथातस्सूत्रगणान्व्याख्यास्यामः—बोधायनमापस्तम्बं सत्याषाढं द्राह्यायणमागस्त्यं शाण्डिल्यमाश्वलायनं शाम्भवं कात्यायनमिति नवानि पूर्वसूत्राणि । वैखानसं शौनकीयं भारद्वाजमाग्निवेश्यं जैमिनीयं वाधूलं माध्यन्दिनं कौण्डिन्यं कौषीतकमिति नवान्यपरसूत्राणि । अष्टादशसंख्याताश्शरीरसंस्काराः" इति ॥

प्रशस्यते चैवमिदम्—

स्वसूत्रे विद्यमाने तु परसूत्रेण वर्तते ।
बोधायनमतं कृत्वा स्वसूत्रफलभाग्भवेत् ॥

इति वृद्धमनुना ॥

तदिदं बोधायनीयं गृह्यसूत्रं—परिभाषा-गृह्यशेष-पितृमेधाख्यैस्त्रिभिरुपग्रन्थैस्सम्पुटीकृत्य समग्रमत्र प्राकाशि । प्रत्येकं चैतेषां चतुर्णां प्रविभागानां क्रमेण चत्वारः, द्वौ, पञ्च, त्रयः प्रश्ना इत्याहत्य चतुर्दश प्रश्नाः सन्ति । प्रश्नावान्तरविभागाश्चाध्यायाः ॥

कश्चिच्च पुस्तके गृह्यभागमात्रेऽध्यायस्याप्यवान्तरविभागः खण्डरूपो दृश्यते । तत्तत्कोशभेदेन च खण्डविभागप्रदेशे खण्डसंख्यायां च वैषम्यमुपलभ्यते । शिष्टव्याख्यायां त्वध्यायगणनैवादृता न पुनरध्यायान्तः खण्डविभागोऽपि । तस्मादस्माभिरप्यत्र सर्वेष्वपि विभागेषु अध्यायसंख्यामात्रं संन्यवेशि ॥

किंचात्रैकार्थप्रतिपादक एवाध्यायः कैश्चिद्विशेषैर्विशेषित उभयोरपि प्रविभागयोरुपलभ्यते। गृह्ये संक्षेपतोऽभिहितान्येव कानिचित्प्रकरणानि परिभाषाशेषयोर्विस्तरेण प्रतिपाद्यन्ते। केषुचित्प्रकरणेषु गृह्योक्तमुपजीव्य 'पुरस्ताद्व्याख्यातम्' इति परिभाषाशेषयोरुक्तमुपजीव्य 'अन्यत्र व्याख्यातम्' इति च प्रतिपाद्यते सूत्रकृता। तस्मात्सर्वे एते प्रविभागा एकग्रन्थभावमुपगन्तुमर्हन्तीत्याविप्रतिपन्नमेवैतत्॥

किंचास्मिन् देशे एतत्कल्पावलम्बिनां विरलतया एतद्ग्रन्थस्य कोशा अपि न तावन्तस्समुपलभ्यन्ते यावन्त आपस्तम्बकल्पस्य। नाप्यस्य बोधायनगृह्यस्य तथा व्याख्या समुपलभ्यते। परं तु 'शिष्टिव्याख्यनम्' इति शिष्टिनाम्ना केनाचित्पण्डितेन विराचिता शिष्टिनाम्ना संकेतिता वा काचिद्व्याख्या समासादिता। साऽप्यशुद्धाऽतिसंक्षिप्ताऽसंम्पूर्णा गृह्यभागे प्रश्नत्रयमात्रस्य च वर्तते॥

आदर्शपुस्तकानि.

तत्रैतत्कोशालयस्थाः कोशाश्चत्वारः.

1. (क) (514) ग्रन्थाक्षरलिखितं तालपत्रमयं शुद्धं समग्रम्.
2. (ख) (405) नागराक्षरलिखितं ,, ,, ,,
3. (ग) (691) आन्ध्राक्षरलिखितं ,, अशुद्धं असमग्रम्.
4. (घ) (303) नागराक्षरलिखितं ,, ,, शिष्टिव्याख्यानम् असमग्रम्.
5. (ङ) तंजावूरुजिल्ला कदिरमंगलअग्रहारस्य श्रीयुतसुब्रह्मण्यशास्त्रिणां ग्रन्थाक्षरलिखितं तालपत्रपुस्तकं चैकं समग्रं शुद्धं च॥

तदेतेषां पञ्चानां कोशानामवष्टम्भेन प्रबन्धोऽयं परिष्कृत्य प्रकट्यकारीति शम्॥

द्वितीयमुद्रणस्योपोद्घातः.

इह खलु बोधायनगृह्यसूत्रमिति बौधायनगृह्यसूत्रमिति च प्रसिद्धोऽयं गृह्यपुरुषकर्तव्यकर्मप्रतिपादको ग्रन्थः श्रौतगृह्यधर्मकदम्बात्मके बोधायनकल्पेऽन्तर्गत इति ज्ञायते। वाराहश्रौतान्तर्गतगृह्यसूत्रस्य 'गृह्यपुरुषः' इति वाराहकल्पकारेण कृतस्य नामनिर्देशस्योपलम्भात् गृह्यसूत्रशब्दो गृह्येण पुरुषेण कर्तव्यानां कर्मणां प्रतिपादकं सूत्रमित्यर्थमभिधत्त इति भाति। तदिदं बोधायनगृह्यं गृह्य-गृह्यपरिभाषा-गृह्यशेष-पितृमेधात्मकचतुर्विधग्रन्थग्रथितं दृश्यते। गृह्यसूत्रे प्रतिपादितान्यपि कानिचित्कर्माण्यनुक्तैः कर्मभिस्सह परिभाषाशेषसूत्रयोः प्रतिपाद्यन्ते. अतश्च परिभाषासूत्रं शेषसूत्रं च प्रायेण बोधायनशिष्येष्वन्यतमेन केन चित्प्रणीतं स्यादिति सम्भावना प्रसरति। बोधायनमतावलम्बिनां गृह्यसूत्रमित्यर्थमभिदधद्बौधायनगृह्यसूत्रशब्दोऽप्येतमेवार्थं द्रढयति। शेषसूत्रे बहूनामध्यायानामन्ते परिदृश्यमानं "इत्याह भगवान् बोधायनः" इत्येतादृशमनुवादमुररीकृत्य बोधायनशिष्यपरंपरारचितमिदं सूत्रं न तु बोधायनेनैव प्रणीतमिति पाश्चात्यविदुषां चाभिप्रायो वर्तते। यद्यपीदमित्थं प्रतिभाति, तथाऽपीदं सर्वत्र भाष्यकृदादिविद्वत्सम्मतं तात्पर्यमिति वक्तुं न शक्यते। बोधायनश्रौतसूत्रे ग्रन्थकृत् विंशतितमे प्रश्ने शालिकेराचार्यस्याभिप्रायमनूद्य स्वाभिप्रायमपि दर्शयन् स्वनाम निर्दिशतीति व्याख्यातारो मन्यन्ते। 'अहं वदामि' 'इति मम तात्पर्यम्' इति न कुत्रापि संस्कृतग्रन्थेषु ग्रन्थकृतो वदन्ति। नापि प्रबन्धान्तर्गतं स्वनाम निर्दिशन्ति। किन्तु प्रसिद्धेनोपनाम्नैव स्वाभिप्रायं परिदर्शयन्तीति भरतखण्डपण्डितानां सम्प्रदायः।

अतश्च गृह्यसूत्रमिदं कल्पान्तर्गतं बोधायनेनैव प्रणीतं, परिभाषाशेषसूत्रे तु प्रायेण शिष्यान्यतमेन केनचिद्विस्तारिते इति भाति.

कदा वाऽयं बोधायन आसीदिति निष्कृष्य द्रढयितुं न शक्यते । तथाऽप्ययं ग्रन्थकृत् क्रिस्तात्प्रागेव प्रायेण बुद्धस्याविर्भावात्पुरैवासीदिति निश्चेतुं शक्यते । यतस्तावदत्र गृह्यसूत्रे पुराणेषु कलिवर्ज्यप्रकरणे निषिद्धान्यपि मत्स्यबलिहरण[1] गोमेध[2] मांसाशन[3] दृष्टार्तवकन्याविवाहादीनि कर्माणि गृह्येषु परिगणितानि दृश्यन्ते । गोमेधगोमांसभक्षणादि बुद्धात्प्रागेव भरतखण्डार्येषु प्रसिद्धमासीत् । अतोऽयं ग्रन्थः क्रिस्तात्प्राक् अब्दानां षष्ठशतकादपि प्राचीन इति बाढं वक्तुं शक्यते । किंच नववासरनामधेयात्मकनवग्रहाणां पूजा विहिताऽत्र दृश्यते। अतश्च सप्तवासरप्रचारात्प्रागेवायं ग्रन्थो निबद्ध इत्यपि वक्तुं शक्यते। सोमपात्राण्यभिदधानो ग्रहशब्दोऽत्र शेषसूत्रे[5] सूर्यादिखेटान्बोधयितुं प्रयुक्त इति परिभाषाशेषसूत्रे क्रिस्तोत्तरकाले रचिते इत्यपि भाति। किं च शेषसूत्रे पशुबन्धप्रत्याम्नायत्वेन पाकयज्ञो विहित इति बौद्धोपदेशानुरोधेन प्राणिहिंसात्यागरुचिश्च प्रदर्शिता दृश्यते। न ह्येकेनैव ग्रन्थकृता हिंसाहिंसे मांसाशनानशने च अनुष्ठानविषयौ क्रियेते। अतश्च विधिरेकेन निषेधश्चान्येन कृत इति अभ्युपगन्तव्यम् ॥

मुद्रणं चेदं प्रथममुद्रणान्न कुत्रापि भिद्यते । विरळाक्षरसंयोजनमेकमेव पत्रबाहुळ्यहेतुः। पुस्तकापेक्षिणां निर्बन्धाद्द्वितीयमुद्रणमिदमादृतमित्यनवद्यम् ॥

R. S.

1 पत्र 27—28. 2 प. 51—52. 3 प. 62—63.
4 प. 106. 5 प. 204.

गृह्यसूत्रे.

हरिः ओम्.

बोधायनगृह्यसूत्रम्.

अथ प्रथमप्रश्नः.

यथो एतद्धुतः प्रहुत आहुतश्शूलगवो बलिहरणं प्रत्य-
वरोहणमष्टकाहोम इति सप्त पाकयज्ञसंस्था इति ॥ १

ता अनु व्याख्यास्यामः ॥ २

तत्र यद्धूयते स हुतो यथैतद्विवाहस्सीमन्तोन्नयनं चेति॥ ३

तत्र हि हूयत एव ॥ ४

अथ यद्धुत्वा दीयते स प्रहुतो यथैतज्जातकर्म चौलं चेति ॥

तत्र हि हुत्वा दीयत एव ॥ ६

अथ यद्धुत्वा दत्वा चादीयते स आहुतः यथैतदुप-
नयनं समावर्तनं चेति ॥ ७

तत्र हि हुत्वा दत्वा चादीयते ॥ ८

अथ यच्छूलेषूपनीय* गव्यानि श्रपयन्ति स शूलगवः॥

अथ यत् गृह्याभ्यो देवताभ्योऽन्नं सम्प्रकिरन्ति तत्
बलिहरणम् ॥ १०

अथ यदतो ऋतुं प्रत्यवरोहन्ति तत् प्रत्यवरोहणम् ॥ ११

* ग-उपनिक्षिप्य.

अथ यदेकाष्टकायामन्नं क्रियते सोऽष्टकाहोम इति॥ १२

विवाहं व्याख्यास्यामः ॥ १३

उदगयन आपूर्यमाणपक्षे पुण्ये नक्षत्रे युग्मान् ब्राह्मणान् वरान् प्रहिणोति 'प्रसुग्मन्ता धियसानस्य सक्षणि वरेभिर्वराः अभिषुप्रसीदत। अस्माकमिन्द्र उभयं जुजोषाति* यत्सौम्यस्यान्धसो बुबोधति' इति ॥ १४

यतोऽनुमन्त्रयते 'अनृक्षरा ऋजवस्सन्तु पन्था येभिस्सखायो यन्ति नो वरेयम्। समर्यमा सम्भगो नो निनीयात्सञ्जास्पत्यं सुयममस्तु देवाः' इति ॥ १५

अथ यदि दक्षिणाभिस्सह दत्ता स्यान्नात्र वरान् प्रहिणुयात् ॥ १६

तां प्रतिगृह्णीयात् 'प्रजापतिस्स्त्रियां यशः' इत्येताभिष्षड्भिरनुच्छन्दसम् ॥ १७

सर्वे मासा विवाहस्य ॥ १८

शुचितपस्तपस्यवर्जमित्येके ॥ १९

रोहिणी मृगशीर्षमुत्तरे फल्गुनी स्वातीति विवाहस्य नक्षत्राणि ॥ २०

पुनर्वसू तिष्यो हस्तश्श्रोणा रेवतीत्यन्येषां भूतिकर्मणाम्॥

यानि चान्यानि पुण्योक्तानि नक्षत्राणि तेषु पूर्वेद्युरेवार्द्धपूर्तेषु युग्मान् ब्राह्मणान् भोजयेत् ॥ २२

* ख-जुजोषतु यत्सो.

प्रदक्षिणमुपचारः ॥ २३

पुष्पफलाक्षतमिश्रैर्यवैस्तिलार्थमुपालिप्य* दध्योदनं सम्प्रकीर्य† दक्षिणं जानु भूमौ निधाय सव्यमुद्धृत्य 'इडा देवहूः' इति जपित्वा 'नान्दीमुखाः पितरः प्रियन्ताम्' इति वाचयित्वा 'अद्य विवाहः' इति ब्राह्मणानन्नेन परिविष्य 'पुण्याहं स्वस्ति ऋद्धिर्म्' इत्योङ्कारपूर्वं त्रिस्त्रिरेकैकामाशिषो वाचयित्वा स्नातोऽहतवासो‡ गन्धानुलिप्तस्स्रग्वी भुक्तवान् प्रतोदपाणिरपदातिर्गत्वा वधूज्ञातिभिरतिथिवदर्चितस्स्नातामहतवाससां गन्धानुलिप्तां स्रग्विणीं भुक्तवतीमिषुहस्तां दत्तां वधूं समीक्षते 'अभ्रातृघ्नीं वरुणापतिघ्नीं बृहस्पते । इन्द्रापुत्रघ्नीं लक्ष्म्यं तामस्यै सवितस्सुव' इति ॥ २४

तयेक्ष्यमाणो जपति 'अघोरचक्षुरपतिघ्न्येधि शिवा पतिभ्य§स्सुमनास्सुवर्चाः । जीवसूर्देवकामा स्योना शं नो भव द्विपदे शं चतुष्पदे इति ॥ २५

अथैनामन्तरेण भ्रुमुखे¶ दर्भेण सम्मार्ष्टि 'इदमहं या त्वयि पतिघ्न्यलक्ष्मिस्तां निर्दिशामि' इति ॥ २६

दर्भं निरस्याप उपस्पृश्याथैनां दक्षिणे हस्ते गृह्णाति 'मित्रोऽसि' इति ॥ २७

अथैनां देवयजनमुदानयति 'एकमिषे विष्णुस्त्वाऽन्वे-

---

* ग-मुल्लिप्य. † ख. 'पुष्पैः फलैरक्षतैस्सहोदकुम्भमादाय' इत्यधिकः पाठः.
‡ ग. वासा.. § ख. पशुभ्य. ¶ घ-भ्रमके.

तु । द्वे ऊर्जे विष्णुस्त्वाऽन्वेतु । त्रीणि व्रताय विष्णुस्त्वाऽन्वेतु । चत्वारि मायोभवाय विष्णुस्त्वाऽन्वेतु । पञ्च पशुभ्यो विष्णुस्त्वाऽन्वेतु । षड्रायस्पोषाय विष्णुस्त्वाऽन्वेतु । सप्त सप्तभ्यो होत्राभ्यो विष्णुस्त्वाऽन्वेतु' इति ॥ २८

सप्तमं पदमुपसङ्गृह्य जपति 'सखायस्सप्तपदा* अभूम सख्यं ते गमेयं सख्यात्ते मा योषं सख्यान्मे मा योष्ठाः' इति ॥

इति बोधायनीयगृह्ये प्रथमप्रश्ने
प्रथमोऽध्यायः

आवेद्यार्घ्यं कुर्यात् ॥ १

मध्येऽगारस्योदीचीनप्रतिषेवणा एरका उपस्तृणाति ॥ २

तास्वहतानि बहुगुणान्युत्तरदशानि वासांस्यास्तीर्य तेष्वृत्विजः प्राङ्मुखा उपविशन्ति ॥ ३

उत्तरपूर्वे देशेऽगारस्य प्राक्कूलान् दर्भान् संस्तीर्य तेष्वर्घ्यद्रव्याणि संसादयति ॥ ४

यावन्त ऋत्विजस्तावन्ति कांस्यानि पात्राणि सापिधानानि तावतः कूर्चान् ॥ ५

द्वावन्यौ परिग्रहणीयौ† कूर्चौ ॥ ६

दधि मधु घृतमापः पयो वस्त्रयुगानि कुण्डलयुगानि ॥ ७

यस्यै गोः पयश्चमसः स्रगलङ्करणीयं चेति ॥ ८

पवित्रे कृत्वा तूष्णीं संस्कृताभिरद्भिरुत्तानानि पात्राणि

---

* ख. सखाऽसि सप्तपदा. † ग. गर्हणीयौ.

कृत्वा प्रोक्ष्य कूर्चे कांस्यं निधाय तिरःपवित्रं मध्वानयति ॥ ९

दधि पयो वा द्वितीयं स द्विवृत् ॥ १०

घृतं तृतीयं स त्रिवृत् ॥ ११

यद्द्वितीयं तच्चतुर्थं स चतुर्वृत् ॥ १२

आपः पञ्चमीस्स पाङ्क्तः ॥ १३

वर्षीयसा तेजोमयेनापिधाय नानापुरुषा अर्घ्यद्रव्या-
ण्याददते अन्वगनुसंव्रजताः* ॥ १४

'कूर्चः' इति कूर्चं प्राह ॥ १५

तत् 'सुकूर्चः' इतीतरः प्रतिगृह्णाति ॥ १६

तं प्रदक्षिणं पर्यस्योदगावृत्त उपविशति ॥ १७

पुरस्ताद्वैनं प्रत्यञ्चमुपोहते 'राष्ट्रभृदस्याचार्यासन्दी मा
त्वद्योषम्' इति ॥ १८

अथास्मा उदपात्रमादाय कूर्चाभ्यां परिगृह्य पाद्या
आप इति प्राह ॥ १९

ता अभिमन्त्रयते 'आपः पादावनेजनीर्द्विषन्तं नाशय-
न्तु मे । अस्मिन् कुले ब्रह्मवर्चस्यसानि' इति ॥ २०

दक्षिणं पादं पूर्वं ब्राह्मणाय प्रसारयति । सव्यं शूद्राय ॥

स्त्री प्रक्षाळ्याति पुमानभिषिञ्चति । विपरीतमिसेके ॥ २२

नियमात् पत्नीयजमानौ जङ्घे धावयतः ॥ २३

अवनेक्तुः पाणी सम्मृशति 'मयि महो मयि भगो

* ग. संव्रजतः.

मयि भर्गो मयि यशः' इति ॥ २४

अथाप उपस्पृश्य 'मयीन्द्रियं वीर्यम्' इत्युरःप्रत्यात्मा
नं प्रत्यभिमृशते ॥ २५

अपो व्रीहिभिर्यवैर्वा समुदायुत्य तथैव कूर्चाभ्यां प-
रिगृह्यार्हणीया आप इति प्राह ॥ २६

ता अभिमन्त्रयते 'आम आगाद्वर्चसा यशसा संसृज पय
सा तेजसा च। तं मा प्रियं प्रजानां कुर्वधिपतिं पशूनाम्' इति ॥

एकदेशमञ्जलावानीयमानमनुमन्त्रयते 'विराजोऽसि वि
राजो दोहमशीय। मम पद्याय विराज' इति ॥ २८

अतिशिष्टाः पराचीर्निनीयमाना अनुमन्त्रयते 'समुद्रं
वः प्रहिणोम्यक्षिताः स्वां योनिमपि गच्छत। अच्छिद्रः प्र-
जया भूयासं मा परासेचि मत्पयः' इति ॥ २९

अथ तथैव कूर्चाभ्यां परिगृह्योपस्तरणीया आप इति प्राह ॥

ताः पिबति 'अमृतोपस्तरणमसि' इति ॥ ३१

त्रिराचामेत् त्रिः परिमृजेत्। द्विरित्येके ॥ ३२

आचान्तायापावृत्ताय तथैव कूर्चाभ्यां परिगृह्यार्घ्य इति
प्राह मधुपर्क इति वा ॥ ३३

मधुपर्कं प्रोक्तमनुमन्त्रयते 'त्रय्यै विद्यायै यशोऽसि
यशसो यशोऽसि ब्रह्मणो दीप्तिरसि। तं मा प्रियं प्रजानां
कुर्वधिपतिं पशूनाम्' इति ॥ ३४

तमुभाभ्यां हस्ताभ्यां प्रतिगृह्णाति 'देवस्य त्वा सवितुः

प्रसवेऽश्विनोर्बाहुभ्यां पूष्णो हस्ताभ्यां प्रतिगृह्णामि' इति ॥ ३५

तस्मिंश्चित् किञ्चिदापतितं स्यात्तदङ्गुष्ठेन च महानाम्न्या चोपसङ्गृह्येमां दिशं निरस्यति 'नेष्टाद्भिर्द्धि* कृन्तामि या ते घोरा तनूः। तया तमाविश योस्मान् द्वेष्टि यं च वयं द्विष्मः' इति ॥

अथाप उपस्पृश्य सर्वाभिरङ्गुलीभिस्समुदायुस प्राश्नाति 'यन्मधुनो मधव्यं परममन्नाद्यं वीर्यम्। तेनाहं मधुनो मधव्येन परमेणान्नाद्येन वीर्येण परमोऽन्नादो मधव्योऽसानि' इति ॥ ३७

त्रिः प्राश्य त्रिरनुपिबेच्छेपं च कुर्यात् ॥ ३८

य आत्मनः श्रेयांसमिच्छेत्तस्मै शेषं दद्यादिति ॥ ३९

आचान्तायापावृत्ताय तथैव कूर्चाभ्यां परिगृह्यापिधानीया आप इति प्राह ॥ ४०

ताः पिबति 'अमृतापिधानमसि' इति ॥ ४१

त्रिराचामेत् त्रिः परिमृजेत्। द्विरित्येके ॥ ४२

आचान्तायापावृत्ताय गौरिति गां प्राह ॥ ४३

तामनुमन्त्रयते 'गौरस्यपहतपाप्माऽप पाप्मानं नुद मम चामुष्य च' इत्युपवेत्तुर्नाम गृह्णाति ॥ ४४

नाना मर्हत्विग्भ्यो गाः प्राह ॥ ४५

एकां होतृकेभ्यः ॥ ४६

सर्वेभ्यो वैकामविभवत्वात् ॥ ४७

यः प्राह तस्मा उपाकरोत्येकदेशं वपायै जुहोति

---

* ख. नेष्टाविद्धिम्.

'अग्निः प्रथमः प्राश्नातु स हि वेद यथा हविः। शिवा अस्म-
भ्यमोषधीः कृणोतु विश्वचर्षणिः' इति ॥ ४८

एकदेशमुपहरति तत् प्राश्नाति 'अग्निः प्रथमः प्राश्नातु स
हि वेद यथा हविः। अरिष्टमस्माकं कृणोत्वसौ ब्राह्मणो ब्रा-
ह्मणेषु' इति ॥ ४९

अथ यदुत्स्रक्ष्यन् भवति तामनुमन्त्रयते 'गौर्धेनुभव्या
माता रुद्राणां दुहिता वसूनां स्वसाऽऽदित्यानाममृतस्य नाभिः।
प्रणुवोचं चिकितुषे जनाय मा गामनागामदितिं वधिष्ट।
पिबतूदकं तृणान्यत्तु। ओमुत्सृजत' इति ॥ ५०

तस्यामुत्सृष्टायां मेषमजं वाऽऽलभते ॥ ५१

आरण्येन वा मांसेन ॥ ५२

न त्वेवामांसोऽर्घ्यस्स्यात् ॥ ५३

अशक्तौ पिष्टान्नं संसिद्ध्येत् ॥ ५४

सिद्धे 'भूतम्' इति प्राह ॥ ५५

तत् 'सुभूतम्' इति इतरः प्रत्याह ॥ ५६

तदभिमन्त्रयते 'भूतं सुभूतं सा विराट् तन्मा क्षायि
तन्मेऽशीय तन्म ऊर्जं धा ओं कल्पयत' इति ॥ ५७

चतुरो नानागोत्रान् ब्राह्मणान् भोजयतेत्येव ब्रूयात् ॥

तेषु भुक्तवत्स्वन्नमस्मा उपहरति ॥ ५९

तत्प्राश्नाति 'विराडसि विराडन्नं विराड्विराजो मयि
धेहि' इति ॥ ६०

भुक्तवद्भ्यो वस्त्रयुगानि कुण्डलयुगानि यस्यै गोः पय-
श्चमसः स्रगलङ्करणीयमिति च दद्यात् । एकधनं पष्ठौहीं दम्या
वित्येके[1] ॥ ६१

प्राङ्मधुपर्कादलङ्करणमेके समामनन्ति ॥ ६२

महयेदृत्विजमाचार्यं चात्मानं वा एष महयति यस्समृ-
त्विजमाचार्यं च महयसेवमेवंव्रता वा आत्यन्तिकास्स्युः पतितोऽ-
ननूचान इति निमित्तानि ॥ ६३

वरणेऽग्न्याधेयप्रभृतिषु चैषामृत्विजं स्मरेत् ॥ ६४

तथैते अर्घ्या ऋत्विक् श्वशुरः पितृव्यो मातुल आचार्यो
राजा वा स्नातकः प्रियो वरोऽतिथिरिति ॥ ६५

संवत्सरपर्यागतेभ्य एतेभ्य एवं कुर्यात् विवाहे वराय॥ ६६

अथर्त्विग्भ्यः कर्मणिकर्मणि ददाति ॥ ६७

इति बोधायनीयगृह्यसूत्रे प्रथमप्रश्ने
द्वितीयोऽध्यायः.

अथ शुचौ समे देशे अग्न्यायतनदेशं शकलेन त्रिः प्राची-
नमुल्लिखेत् त्रिरुदीचीनम् ॥ १

अथाद्भिरभ्युक्ष्य शकलं निरस्याप उपस्पृश्य याज्ञिका[2]-
त्काष्ठादग्निं मथित्वा श्रोत्रियागाराद्वाऽऽहृत्य व्याहृतिभिर्निरुप्यो-
पसमाधायोपतिष्ठते ॥ २

[1] ग दद्यादित्येके..
[2] ग यज्ञियात्

'जुष्टो दमूना अतिथिर्दुरोण इमं नो यज्ञमुपयाहि विद्वान् ।
विश्वा अग्नेऽभियुजो विहत्य शत्रूयतामाभरा भोजनानि'
इति ॥ ३

अथैनं प्रदक्षिणमग्निं परिसमूह्य पर्युक्ष्य परिस्तीर्य प्रागग्रै-
र्दर्भैरग्निं परिस्तृणाति ॥ ४

अपि वोदगग्राः पश्चाच्च पुरस्ताच्च भवन्ति ॥ ५

दक्षिणानुत्तरानुत्तरानधरान्यदि प्रागुदगग्राः ॥ ६

उत्तरेणाग्निं प्रागग्रान् दर्भान् संस्तीर्य तेषु द्वन्द्वं न्यञ्चि
पात्राणि संसादयति देवसंयुक्तान्येकैकशः पितृसंयुक्तानि
सकृदेव मनुष्यसंयुक्तानि ॥ ७

'यत्सह सर्वाणि मानुषाणि' इत्येतस्माद्ब्राह्मणात् ॥ ८

पवित्रे कृत्वा तूष्णीं संस्कृताभिरद्भिरुत्तानानि पात्राणि
कृत्वा प्रोक्ष्य विस्रस्येध्मं त्रिस्सर्वाभिः प्रोक्षति ॥ ९

दर्भेषु दक्षिणतो ब्राह्मण उपविशति[1] उत्तरत उदपात्रम् ॥

अथ तिरःपवित्रमाज्यस्थाल्यामाज्यं निरुप्योदीचोऽङ्गारा-
न्निरूह्य व्यन्तान्कृत्वा तेष्वधिश्रित्याभिद्योतनेनाभिद्योत्य द्वे दर्भाग्रे
प्रच्छिद्य प्रक्षाळ्य प्रास्य पुनरभिद्योत्य त्रिः पर्यग्नि[2] कृत्वा वर्त्म
कुर्वन्नुदगुद्वास्य प्रत्यूह्याङ्गारान् बर्हिरास्तीर्य[3] अथैनदुदीचीनाग्रा-
भ्यां पवित्राभ्यां पुनराहारं त्रिरुत्पूय विस्रस्य पवित्रेऽद्भिस्संस्पृ-
श्याग्नावनुप्रहरति ॥ ११

[1] ग. ब्राह्मणमुपवेशयति [2] ख. त्रिरुभयं पर्यग्नि. [3] ङ. बर्हिष्यासाद्य.

अथ दर्वीं निष्टप्य दर्भैस्संमृज्याद्भिस्संस्पृश्य पुनर्निष्टप्य प्रोक्ष्य निधाय दर्भानद्भिस्संस्पृश्याग्नावनु प्रहरति ॥ १२

अथ शम्याः परिधाति—'खादिरी दर्वीं तेजस्कामस्यौदुम्बर्यन्नाद्यकामस्य पालाशी ब्रह्मवर्चसकामस्य' इति ॥ १३

अथ हैकेषां विज्ञायते—'निरृतिगृहिता वै दर्वी यद्दर्व्या जुहुयान्निरृत्याऽस्य यज्ञं ग्राहयेत्तस्मात्स्रुवेणैव होतव्यम्' इति ॥ १४

पालाशेन स्रुवेणेत्यात्रेयः ॥ १५

खादिरेणेत्याङ्गिरसः ॥ १६

ताम्रायसेनेत्याथर्वणः ॥ १७

कार्ष्णायसेनाभिचरन्निति सार्वत्रिकम् ॥ १८

अन्यो वाऽस्यैतावत्कृत्वाऽऽगमनं काङ्क्षेत् ॥ १९

अपरेणाग्निमुदीचीनप्रतिषेवणामेरकां साधिवासामास्तीर्य तस्यां प्राञ्चावुपविशत उत्तरतः पतिर्दक्षिणा पत्नी ॥ २०

अथान्वारब्धायां परिपिञ्चति ॥ २१

'अदितेऽनुमन्यस्व णतः प्राचीनम् ॥ २२

'अनुमतेऽनुमन्यस्व' इति पश्चादुदीचीनम् ॥ २३

'सरस्वतेऽनुमन्यस्व' इत्युत्तरतः प्राचीनम् ॥ २४

'देव सवितः प्रसुव' इति समन्तं प्रदक्षिणं समन्तमेव वा तूष्णीम् ॥ २५

अथेध्ममभ्यज्य परि समिधं शिनष्टि स्वाहाकारेणाभ्याधायाघारावाघारयति ॥ २६

'प्रजापतये स्वाहा' इति मनसोत्तरे परिधिसन्धौ संस्पृश्याक्ष्णया सन्ततम् * ॥ २७

'इन्द्राय स्वाहा' इत्युपांशु दक्षिणे परिधिसन्धौ संस्पृश्याक्ष्णया सन्ततम् * ॥ २८

अथाज्यभागौ जुहोति ॥ २९

'अग्नये स्वाहा' इत्युत्तरार्धपूर्वार्धे ॥ ३०

'सोमाय स्वाहा' इति दक्षिणार्धपूर्वार्धे ॥ ३१

अथाग्निमुखं जुहोति ॥ ३२

'युक्तो वह जातवेदः पुरस्तादग्ने विद्धि कर्म क्रियमाणं यथेदम् । त्वं भिषग्भेषजस्यासि कर्ता त्वया गा अश्वान् पुरुषान् सनेमि† स्वाहा' ॥ ३३

'चतस्र आशाः प्रचरन्त्वग्नय इमं नो यज्ञं नयतु प्रजानन् । घृतं पिबन्नजरं सुवीरं ब्रह्म समिद्भवत्याहुतीनां स्वाहा' ॥

'आ नो भद्राः क्रतवो यन्तु विश्वतोऽदब्धासो अपरीतास उद्भिदः । देवा नो यथा सदमिद्वृधे सन्न प्रायुवो रक्षितारो दिवेदिवे स्वाहा' ॥ ३५

'विरूपाक्ष मा विबाधिष्ठा मा विबाध विबाधिथाः । निरृत्यै त्वा पुत्रमाहुस्स नः कर्माणि धारय ‡स्वाहा' ॥ ३६

---

* ङ. सन्ततशुल्वं. † ख. घ. सनेम. ‡ ख. साधय.

'विरूपाक्षमहं यजे निजङ्घं शबळोदरम् । यो माऽयं परिबाधते श्रियै पुष्ट्यै च नित्यदा तस्मै स्वाहा' ॥ ३७

'या तिरश्ची निपद्यसेऽहं विधरणी इति । तां त्वा घृतस्य धारयाऽग्नौ संराधिनीं यजे स्वाहा' ॥ ३८

'संराधिन्यै देव्यै स्वाहा । प्रसाधिन्यै देव्यै स्वाहा । भूस्स्वाहा । भुवस्स्वाहा । सुवस्स्वाहा । भूर्भुवस्सुवस्स्वाहा' इत्येतावत् सर्वदर्वीहोमानामेष कल्पः ॥ ३९

इति बोधायनीयगृह्यसूत्रे प्रथमप्रश्ने
तृतीयोऽध्यायः

अथास्या उपोत्थाय दक्षिणेन हस्तेन दक्षिणमंसं प्रतिबाहुमन्ववहृत्य हृदयदेशमभिमृशति—'मम हृदये हृदयं ते अस्तु मम चित्ते चित्तमस्तु ते । मम वाचमेकमनाः शृणु मामेवानुव्रता सहचर्या मया भव' इति ॥ १

अथास्यै दक्षिणे कर्णे जपति ॥ २

'मां ते मनः प्रविशतु मां चक्षुर्मामु ते भगः मयि सर्वाणि भूतानि मयि प्रज्ञानमस्तु ते' ॥ ३

'मधुगे मध्वगाहे जिह्वा मे मधुवादिनी । मुखे मे सारघं मधु दत्सु संवननं कृतम्' ॥ ४

'चाक्रवाकं संवननं यन्नदीभ्य उदाहृतम् । यद्विद्वौ देवगन्धर्वौ तेन संवनिनौ स्वः' ॥ ५

'स्पृशामि तेऽहमङ्गानि वायुरापश्च मा परः । मां चेत्र
पश्य सूर्यं च मा चान्येषु मनः कृथाः' ॥ ६

'सोमः प्रथमो विविदे गन्धर्वो विविद उत्तरः । तृतीयो
अग्निष्टे पतिस्तुरीयस्ते मनुष्यजाः' ॥ ७

'सोमोऽददद्गन्धर्वाय गन्धर्वोऽददद्ग्नये । रयिं च पुत्रांश्चा
दादग्निर्मह्यमथो इमाम्' ॥ ८

'सरस्वति प्रेदमव सुभगे वाजिनीवति । तां त्वा विश्वस्य
भूतस्य प्रगायामस्यग्रतः' इति ॥ ९

अथास्यै दक्षिणेन नीचा हस्तेन दक्षिणमुत्तानं हस्तं साङ्गु-
ष्ठमभीव लोमानि गृह्णाति—'गृभ्णामि ते सुप्रजास्त्वाय हस्तं
मया पत्या जरदष्टिर्यथाऽसः । भगो अर्यमा सविता पुरन्धिर्मह्यं
त्वाऽदुर्गार्हपत्याय देवाः' इति ॥ १०

अथैनां प्रदक्षिणमग्निं पर्याणयति—'परित्वाऽग्ने पुरं वयं
विप्रं सहस्य धीमहि । धृषद्वर्णं दिवेदिवे भेत्तारं भङ्गुरावतः'
इति ॥ ११

अथ तथोपविश्यान्वारब्धायामुपयमनी*र्जुहोति ॥ १२

'अग्ने शर्ध महते सौभगाय तव द्युम्नान्युत्तमानि सन्तु ।
सञ्जास्पत्यं सुयममाकृणुष्व शत्रूयतामभितिष्ठा महांसि स्वाहा' ॥

'सोमाय जनिविदे स्वाहा' ॥ १४

---

* ख. यामेकादशोपयमनीः.

'गन्धर्वाय जनिविदे स्वाहा' ॥ १५

'अग्नये जनिविदे स्वाहा' ॥ १६

'कन्यला पितृभ्यो यती पतिलोकमत्र दीक्षामदास्थ
स्वाहा' ॥ १७

'प्रेतो मुञ्चाति नामुतस्सुबद्धाममुतस्करत्। यथेयमिन्द्रमी-
ढ्वस्सुपुत्रा सुभगा सती स्वाहा' ॥ १८

'इमां त्वमिन्द्र मीढ्वस्सुपुत्रां सुभगां कुरु*। दशास्यां
पुत्रानाधेहि पतिमेकादशं कृधि स्वाहा' ॥ १९

'अग्निरैतु प्रथमो देवतानां सोऽस्यै प्रजां मुञ्चतु मृत्युपा-
शात्। तदयं राजा वरुणोऽनुमन्यतां यथेयं स्त्री पौत्रमघं न रो-
दात् स्वाहा' ॥ २०

'इमामग्निस्त्रायतां गार्हपत्यः प्रजामस्यै नयतु दीर्घमायुः।
अशून्योपस्था जीवतामस्तु माता पौत्रमानन्दमभि प्रबुध्यतामियं
स्वाहा' ॥ २१

'मा ते गृहे निशि घोष उत्थादन्यत्र त्वद्रुदत्यस्संविशन्तु।
मा त्वं विकेश्युर आवधिष्ठा जीवपत्नी पतिलोके विराज
पश्यन्ती प्रजां सुमनस्यमानां† स्वाहा ॥ २२

'अप्रजस्तां पौत्रमृत्युं पाप्मानमुत वाऽघम्। शीर्ष्णस्स्र-
जमिवोन्मुच्य द्विषद्भ्यः प्रतिमुञ्चामि पाशं स्वाहा' इति ॥ २३

अथैनामुत्थाप्योत्तरेणाग्निं दक्षिणेन पदाऽश्मानमास्थापयति

---

* ख. कृणु-　　† ख. प्रजास्सुनस्यमानाः.

'आतिष्ठेममश्मानमश्मेव त्वं स्थिरा भव । अभितिष्ठ पृतन्यतस्सहस्व पृतनायतः' इति ॥ २४

अथास्या अञ्जलावुपस्तीर्य तस्यास्सोदर्यो द्विर्लाजानावपति ॥ २५

तानाभिघार्य जुहोति—'इयं नार्युपब्रूतेऽग्नौ लाजानावपन्ती । दीर्घायुरस्तु मे पतिर्जीवातु शरदश्शतं स्वाहा' ॥ ३६

अथैनां प्रदक्षिणमग्निं पर्याणयति—'तुभ्यमग्ने पर्यवहन् सूर्यां वहतुना सह । पुनः पतिभ्यो जायां दा अग्ने प्रजया सह' इति ॥ २७

तथाऽऽस्थापयति तथा जुहोति ॥ २८

अथैनां पुनः प्रदक्षिणमग्निं पर्याणयति—'पुनः पत्नीमग्निरदादायुषा सह वर्चसा । दीर्घायुरस्या यः पतिस्स एतु शरदश्शतम्' इति ॥ २९

तथैवास्थापयति तथैव जुहोति ॥ ३०

अथैनां पुनरेव पर्याणयति—'विश्वा उत त्वया वयं धारा उदन्या इव । अतिगाहेमहि द्विषः' इति ॥ ३१

अथ तथोपविश्यान्वारब्धायां जयानभ्यातानान्राष्ट्रभृत इति हुत्वा अथामात्यहोमान् जुहोति ॥ ३२

अथ प्राजापत्यान् जुहोति—'प्रजापते न त्वदेतान्यन्यः' इति ॥ ३३

अथ सौविष्टकृतं जुहोति 'यदस्य कर्मणोऽत्यरीरिचं यद्वा न्यूनमिहाकरम्। अग्निष्टत्स्विष्टकृद्विद्वान् सर्वं स्विष्टं सुहुतं करोतु मे। अग्नये स्विष्टकृते सुहुतहुत आहुतीनां कामानां समर्ध-यित्रे स्वाहा' इति ॥ ३४

अथ स्रुवेण परिधीननक्ति ॥ ३५

अथ परिस्तरात्समुल्लिप्याज्यस्थाल्यां प्रस्तरवत् बर्हिरक्त्वा तृणं प्रच्छाद्याग्नावनुप्रहरति ॥ ३६

अथ शम्या अपोह्य तथैव परिषिञ्चति। 'अन्वमंस्थाः, प्रासावीः' इति मन्त्रान्तान् सन्नमयति ॥ ३७

अथ प्रणीताभ्यो दिशो व्युन्नीय ब्रह्मणे वरं ददामीति गां ब्राह्मणेभ्यः ॥ ३८

एष आघारवान् दर्वीहोमः ॥ ३९

अथापरः—परिसमूह्य पर्युक्ष्य परिस्तीर्याज्यं विलाप्यो-त्पूय स्रुक्स्रुवं निष्टप्य सम्मृज्य स्रुचि चतुर्गृहीतं गृहीत्वा सर्वान् मन्त्रान् समनुद्रुत्य सकृदेवाहुतिं जुहोति ॥ ४०

अग्निस्स्विष्टकृद्द्वितीयः ॥ ४१

द्विर्जुहोति द्विर्निमार्ष्टि द्विः प्राश्नात्युत्सृप्याचामति निर्लेढी त्येष आग्निहोत्रिकः ॥ ४२

अथापरः—परिसमूह्य पर्युक्ष्य परिस्तीर्य प्राकृतेन हविषा यावदाम्नातमाहुतीर्जुहोत्येष ह्यपूर्वः ॥ ४३

तत्रोदाहरन्ति—

आघारं प्रकृतिं प्राह दर्वीहोमस्य बादरिः ।

आग्निहोत्रिकं तथाऽऽत्रेयः काशकृत्स्नस्त्वपूर्वताम् ॥ इति

इति बोधायनीये गृह्यसूत्रे प्रथमप्रश्ने

चतुर्थोऽध्यायः.

तां न मिथस्संसादयेदना*देशात् ॥ १

अनुनयन्त्येतमग्निम् ॥ २

अथैनां पितुरङ्कादुद्वहति, गुरोर्वा—'ये वध्वश्चन्द्रं वहतुं
यक्ष्मा यन्ति जनाँ अनु । पुनस्तान्यज्ञिया देवा नयन्तु
यत आगताः' इति ॥ ३

अथैनां दक्षिणे हस्ते गृहीत्वा स्वरथमारोप्य स्वान् गृहाना-
नयति—'पूषा त्वेतो नयतु हस्तगृह्याश्विनौ त्वा प्रवहतां रथेन ।
गृहान् गच्छ गृहपत्नी यथाऽसो वशिनी त्वं विदथमावदासि'
इति ॥ ४

पन्थानमनुमन्त्रयते—'सु गं पन्थानमारुक्षमरिष्टं स्वस्ति-
वाहनम् । यस्मिन् वीरो न रिष्यत्यन्येषां विन्दते वसु' इति ॥ ५

ओषधिवनस्पतयो नद्यो वनान्यनुमन्त्रयते—'या ओषध
यो या वनस्पतयो या नद्यो यानि धन्वानि ये वना । ते
त्वा वधु प्रजावतीं प्रत्वे मुञ्चन्त्वंहसः' इति ॥ ६

अथ जायामानीय स्वान् गृहान् प्रपादयति—'भद्रान्
गृहान् सुमनसः प्रपद्येऽवीरघ्नी वीरवतस्सुवीरान् । इरां वहतो
घृतमुक्षमाणास्तेष्वहं सुमनास्संविशानि' इति ॥ ७

---

* ख. सादयेदायतना.

अथैनामानडुहे चर्मण्युपवेशयति—'इह गावः प्रजायध्व-
मिहाश्वा इह पूरुषाः । इहो सहस्रदक्षिणो रायस्पोषो निषीदतु'
इति ॥ ८

अत्राभ्याममात्यास्तोकमाण्यारोपयन्ते ॥ ९

अथ वाचं यच्छतः आ नक्षत्राणामुदयात् ॥ १०

अथाहोरात्रयोस्सन्धिमनु*मन्त्रयते—'नीललोहिते भवतः कृत्या
सक्तिर्व्यज्यते । एधन्तेऽस्या ज्ञातयः पतिर्बन्धेषु बध्यताम्'
इति ॥ ११

अथोदितेषु नक्षत्रेषूपनिष्क्रम्य ध्रुवमरुन्धतीं च दर्शयति ॥

'ध्रुवोऽसि ध्रुवक्षितिर्ध्रुवमसि ध्रुवतस्स्थितम् । त्वं नक्षत्राणां
मेथ्यसि स मा पाहि पृतन्यतः' इति ध्रुवम् ॥ १३

'सप्त ऋषयः प्रथमां कृत्तिकानामरुन्धतीं यद्ध्रुवतां ह निन्युः ।
षट्कृत्तिका मुख्ययोगं वहन्तीयमस्माकमेधत्वष्टम्यरुन्धती' इत्यरु-
न्धतीम् ॥ १४

†अथ विवाहस्यारुन्धत्युपस्थानात् कृत्वा व्रतमुपैति—
'अग्ने व्रतपते‡ उपयमनं व्रतं चरिष्यामि तच्छकेयं तन्मे राध्य-
ताम् । वायो व्रतपत आदित्य व्रतपते व्रतानां व्रतपते‡ उपयमनं
व्रतं चरिष्यामि तच्छकेयं तन्मे राध्यताम्' इति ॥ १५

उभौ जायापती व्रतचारिणौ ब्रह्मचारिणौ भवतोऽधश्शयाते॥

---

*ग्र सन्धिमीक्षमाणामनु. †एतत्सूत्रमारभ्य पञ्चमाध्यायसमाप्त्यन्तो ग्रन्थः ख. पुस्तके न दृश्यते. ‡त्रिरात्रं इत्यधिकं.

तयोश्शय्यामन्तरेणोदुम्बरदण्डो गन्धाऽनुलिप्तो वाससा सूत्रेण वा परिवीतस्तिष्ठत्यापक्कहोमात् ॥ १७

चतुर्थ्यां निशायां हुते पक्कहोमे व्रतं विसृज्य दण्डमुत्थापयति—'ऊर्जः पृथिव्या अध्युत्थितोऽसि वनस्पते शतवल्शो विरोह । त्वया वयमिषमूर्जं वदन्तो रायस्पोषेण समिषा मदेम,' इति ॥ १८

अथैनं वध्वै प्रयच्छति—'प्रजया त्वा संसृजामि मासरेण सुरामिव' इति ॥ १९

तं वधूः प्रतिगृह्णाति—'प्रजावती भूयासम्' इति ॥ २०

अथैनं वराय प्रयच्छति—'प्रजया त्वा पशुभिस्संसृजामि मासरेण सुरामिव' इति ॥ २१

तं वरः प्रतिगृह्णाति—'प्रजावान् पशुमान् भूयासम्' इति ॥ २२

अथैनं स्थूणादेशे निधायान्तिकेन प्रतिपद्यते ॥ २३

प्रसिद्धमुपसंवेशनम् * ॥ २४

श्वोभूते दण्डमादाय पुण्याहं वाचयित्वाऽप्सु विसर्जयति ॥ २५

अथ देवयजनोल्लेखनप्रभृत्याग्निमुखात् कृत्वा पक्काज्जुहोति—'अग्निर्मूर्धा, भुवः' इति द्वाभ्याम् ॥ २६

स्विष्टकृत्प्रभृति सिद्धमाधेनुवरप्रदानात् ॥ २७

स एष पार्वणो भवति ॥ २८

---

* इदं सूत्रं ख.ग.घ. कोशेषु नास्ति.

अथास्तमित आदित्येऽन्योन्यमलङ्कृत्योपरिशय्यां शयाते ॥

अथ वधूमभिमन्त्रयते—'सुमङ्गलीरियं वधूरिमां समेत
पश्यत । सौभाग्यमस्यै दत्वायाथास्तं विपरेतन' इति ॥ ३०

अथैनां सर्वसुरभिगन्धया मालया युनक्ति—'सं ना मन-
स्मं हृदयानि सं नाऽभि सं तनुत्यजः । सं त्वा कामस्य याक्रेणे
युञ्जत्यविमोचनाय' इति ॥ ३१

इति बोधायनीये गृह्यसूत्रे प्रथमप्रश्ने
पञ्चमोऽध्यायः

आनयन्त्येतमग्निम् ॥ १

अथ देवयजनोल्लेखनप्रभृत्याप्रणीताभ्यः कृत्वा पक्वमोदनं
पायसं वा याचति ॥ २

तमभ्युक्ष्याग्नावधिश्रयतिं ॥ ३

आज्यं निर्वपति ॥ ४

अथाज्यमाधिश्रयति ॥ ५

उभयं पर्यग्नि कृत्वा मेक्षणं स्रुवं च संमार्ष्टि ॥ ६

अथैतं चरुं श्रपयित्वाऽभिघार्योदञ्चमुद्वास्य प्रातिष्ठितमभि-
घारयति ॥ ७

परिधानप्रभृत्याग्निमुखात् कृत्वा पक्वाज्जुहोति ॥ ८

स एवमेव सर्वेषां स्थालीपाकानां चरुकल्पः ॥ ९

'यस्त्वा हृदा कीरिणा मन्यमानः' इति पुरोनुवाक्याम नूच्य 'यस्मै त्वं सुकृते जातवेदः' इति याज्यया जुहोति * ॥

अथाज्याहुतीरुपजुहोति ॥ ११

'अग्ने प्रायश्चित्ते त्वं देवानां प्रायश्चित्तिरसि ब्राह्मणस्त्वा नाथकामः प्रपद्ये याऽस्यां पतिघ्नी तनूः प्रजाघ्नी पशुघ्नी लक्ष्मिघ्नी जारघ्नीमस्यै तां कृणोमि स्वाहा' ॥ १२

'वायो प्रायश्चित्ते....कृणोमि स्वाहा' ॥ १३

'आदित्य प्रायश्चिते....कृणोमि स्वाहा' ॥ १४

'प्रजापते प्रायश्चित्ते....कृणोमि स्वाहा' इति ॥ १५

पक्वादेव स्विष्टवतीभ्यां सौविष्टकृतम् ॥ १६

लाजैरितरत्र ॥ १७

'हव्यवाहमभिमातिषाहं रक्षोहणं पृतनासु जिष्णुम् । ज्योतिष्मन्तं दीद्यतं पुरन्धिमग्निं स्विष्टकृतमाहुवेमोम् । स्विष्टमग्ने अभि तत् पृणाहि विश्वादेव पृतना अभिष्य । उरुं नः पन्थां प्रदिशन् विभाहि ज्योतिष्मद्धेह्यजरं न आयुस्स्वाहा' इति ॥ १८

जयप्रभृति सिद्धमाधेनुवरप्रदानात् ॥ १९

अथाज्यशेषेण हिरण्यमन्तर्धाय मूर्ध्नि संस्रावं जुहोति—

---

* ग. पुस्तके अधिकपाठः—अत्रैकाऽऽम्नाता स्यात्ता द्विरभ्यावर्तयेत् तथा लाजेष्विति 'तत्सवितुर्वरेण्यम्' इत्यनुद्रुत्याम्नातायां जुहोति ॥

'भूस्स्वाहा भुवस्स्वाहा सुवस्स्वाहा भूर्भुवस्सुवस्स्वाहा' इति ॥ २०

अथैनां प्रदक्षिणमग्निं पर्याणयति—'अर्यम्णो अग्निं परियन्तु क्षिप्रं प्रतीक्षन्तां श्वश्रुवो देवराश्च' इति ॥ २१

अथ श्रीमन्तमगारं सम्मृष्टोपलिप्तं गन्धवन्तं पुष्पवन्तं धूपवन्तं दीपवन्तं तल्पवन्तं साधिवासं दिक्षु सर्पिस्सूत्रेन्धनप्रद्योतितमुदकुम्भादर्शोच्छिरसं प्रपाद्य तस्मिन्नेनां संवेश्य तस्या अन्तिके जपति ॥ २२

'उदीर्ष्वातो विश्वावसो नमसेडामहे त्वा । अन्यामिच्छ प्रफर्व्यं सं जायां पत्या सृज । उदीर्ष्वातः पतिवती ह्येषा विश्वावसुं नमसा गीर्भिरीट्टे । अन्यामिच्छ पितृषदं व्यक्तां स ते भागो जनुषा तस्य विद्धि' इति ॥ २३

अथैनामुपसंवेशयति—'प्रजापतिस्स्त्रियां यशः' इत्येतया ॥

अथास्यास्तोकोर्तिं विवृणोति—'प्रजायै त्वा' इति ॥

सा यद्यश्रु कुर्यात्तामनुमन्त्रयते—'जीवां रुदन्ती विमयन्तो अध्वरे दीर्घामनुप्रसितिं दीधियुर्नरः । वामं पितृभ्यो य इदं समेरिरे मयः पतिभ्यो जनयः परिष्वजे' इति ॥ २६

इति बोधायनीये गृह्यसूत्रे प्रथमप्रश्ने

षष्ठोऽध्यायः.

ब्राह्मणेन ब्राह्मण्यामुत्पन्नः प्रागुपनयनाज्जात इत्यभिधी-
यते ॥ १

उपनीतमात्रो व्रतानुचारी वेदानां किञ्चिदधीत्य ब्राह्मणः ॥

एकां शाखामधीत्य श्रोत्रियः ॥ ३

अङ्गाध्याय्यनूचानः ॥ ४

कल्पाध्यायी ऋषिकल्पः ॥ ५

सूत्रप्रवचनाध्यायी भ्रूणः ॥ ६

चतुर्वेदादृषिः ॥ ७

अत ऊर्ध्वं देवः ॥ ८

अथ यदि कामयेत श्रोत्रियं जनयेयमित्याऽरुन्धत्युप-
स्थानात्कृत्वा त्रिरात्रमक्षारलवणाशिनावधश्शायिनौ ब्रह्मचारि-
णावासाते ॥ ९

अहतानां च वाससां परिधानं सायं प्रातश्चालङ्करणमिषु-
प्रतोदयोश्च धारणमग्निपरिचर्या च ॥ १०

चतुर्थ्यां पक्वहोम उपसंवेशनं च ॥ ११

अथ यदि कामयेतानूचानं जनयेयमिति द्वादशरात्रमेतद्व्रतं
चरेत् ॥ १२

व्रतान्ते पक्वहोम उपसंवेशनं च ॥ १३

अथ यदि कामयेत ऋषिकल्पं जनयेयमिति मासमेतद्व्रतं
चरेत् ॥ १४

व्रतान्ते पक्वहोम उपसंवेशनं च ॥ १५

अथ यदि कामयेत भ्रूणं जनयेयमिति चतुरो मासानेतद्व्रतं
चरेत् ॥ १६

व्रतान्ते पक्वहोम उपसंवेशनं च ॥ १७

अथ यदि कामयेत ऋषिं जनयेयमिति षण्मासानेतद्व्रतं चरेत् ॥ १८

व्रतान्ते पक्वहोम उपसंवेशनं च ॥ १९

अथ यदि कामयेत देवं जनयेयमिति संवत्सरमेतद्व्रतं चरेत्॥

व्रतान्ते पक्वहोम उपसंवेशनं च ॥ २१

अथ यदैषा मलवद्वासास्स्यात्—'नैनया सह संवदेत न सहासीत नास्या अन्नमद्याद्ब्रह्महत्यायै ह्येषा वर्णं प्रतिमुच्यास्तेऽथो खल्वाहुरभ्यञ्जनं वाव स्त्रिया अन्नमभ्यञ्जनमेव न प्रतिगृह्यं काममन्यत्' इति ॥ २२

नैनामुपेयात् ॥ २३

नारण्ये ॥ २४

न पराचीम् ॥ २५

न स्नाति ॥ २६

नाभ्यङ्क्ते ॥ २७

न प्रलिखते ॥ २८

नाङ्क्ते ॥ २९

न दतो धावते ॥ ३०

न नखानि निकृन्तते ॥ ३१

न कृणत्ति ॥ ३२

न रज्जुं सृजति ॥ ३३

न पर्णेन पिबति ॥ ३४

न खर्वेण पिबति ॥ ३५

'तस्यै खर्वस्तिस्रो रात्रीर्व्रतं चरेदञ्जलिना वा पिबेदखर्वेण वा पात्रेण प्रजायै गोपीथाय' इति ब्राह्मणम् ॥ ३६

चतुर्थ्यां स्नातायां *निशायामलङ्कृत्य शयनेऽभिमन्त्रयते—

'विष्णुर्योनिं कल्पयतु त्वष्टा रूपाणि पिंशतु । आसिञ्चतु प्रजापतिर्धाता गर्भं दधातु ते' ॥ ३७

'यथाऽग्निगर्भा पृथिवी द्यौर्यथेन्द्रेण गर्भिणी । वायुर्यथा दिशां गर्भ एवं गर्भं दधातु ते' ॥ ३८

'गर्भं धेहि सिनीवालि गर्भं धेहि सरस्वति । गर्भं ते अश्विनौ देवावाधत्तां पुष्करस्रजा' ॥ ३९

'हिरण्ययी अरणी यं निर्मन्थतो अश्विना । तंते गर्भं दधाम्यहं दशमे मासि सूतवे' ॥ ४०

'नेजमेष परापत सपुत्रः पुनरापत । अस्यै मे पुत्रकामायै गर्भमाधेहि यः पुमान्' ॥ इति ॥ ४१

अथैनां परिष्वजति—'अमूहमस्मि सा त्वं द्यौरहं पृथिवी त्वं रेतोऽहं रेतोभृत्त्वं मनोऽहमस्मि वाक्त्वं सामाहमस्मि ऋक्त्वं तावेहि सम्भवाव सह रेतो दधावहै पुंसे पुत्राय वेत्तवै रायस्पोषाय सुप्रजास्त्वाय सुवीर्याय' इति ॥ ४२

आत्मानं प्रत्यभिमृशते—'अहं गर्भमदधामोषधीष्वहं विश्वेषु भुवनेष्वन्तः । अहं प्रजा अजनयन्पितृणामहं जनिभ्यो अपरीषु पुत्रान्' इति ॥ ४३

---

* स्नातां

अथैनामुपैति—'तां पूषञ्छिवतमामेरयस्व यस्यां बीजं मनुष्या वपन्ति । या न ऊरू उशती विस्रयातै यस्यामुशन्तः प्रहरेम शेफम्' इति ॥ ४४

स एवमेव चतुर्थीप्रभृत्याषोडशीमुत्तरामुत्तरां युग्मामुपैति ॥

प्रजानिःश्रेयसमृतुगमनमित्याचार्याः ॥ ४६

सर्वाण्युपगमनानि मन्त्रवन्ति भवन्तीति बोधायनः ॥ ४७

यत्रादौ यत्रर्ताविति शालिकिः ॥ ४८

इति बोधायनीयगृह्यसूत्रे प्रथमप्रश्ने
सप्तमोऽध्यायः.

अथाभ्यां पञ्चमेऽहनि नापितकर्म कुर्वन्ति ॥ १

नापिताय पयोदनं दत्वा ग्रामात्प्राचीं वोदीचीं वा दिशमुपनिष्क्रम्य यत्रैकमुदुम्बरमूलं पश्यन्ति तं प्रदक्षिणं परिसमूह्य प्रदक्षिणं गन्धैरनुलिम्पन् जपति—'यथा त्वं वनस्पत ऊर्जा अभ्युत्थितो वनस्पते । शतवल्शो विरोहस्येवमहं पुत्रैश्च पशुभिश्च सहस्रवल्शा वि वयं रुहेम' इति ॥ २

सुमनोभिः प्रच्छादयति—'यथा त्वं वनस्पते फलवानस्येवमहं पुत्रैश्च पशुभिश्च फलवान् भवानि' इति ॥ ३

अत्रैव त्रिवृताऽन्नेन बलिमुपहरति ॥ ४

मन्त्रं चोदाहरन्ति—'ऊर्जस्वान् पयस्वान् पयसा पिन्वमानोऽस्मान् वनस्पते पयसाऽभ्यावव्रुत्स्व' इति ॥ ५

अन्नं संस्कृत्य ब्राह्मणान् सम्पूज्याशिषो वाचयित्वा जानुदघ्नमुदकमवतीर्य प्राचीनदशेनाहतेन वाससा मत्स्यान् गृह्णतो ब्रह्मचारिणं पृच्छतो 'ब्रह्मचारिन् किं पश्यसि' इति ॥ ६

स पृष्टः प्रतिब्रूयात् 'पुत्रांश्च पशूंश्च इति ॥ ७

अथैनान् मत्स्यानुदुम्बरमूले बकानां बलिमुपहरति—'दीर्घायुत्वाय वर्चसे' इति ॥ ८

अत्रैव निर्माल्यानि परिभुक्तानि वासांसि प्रतिसरांश्च प्रतिमुच्योदुम्बरशाखायां संसृज्य ॥ ९

अथावगाह्यान्योन्यस्य पृष्ठे धावयित्वोदकान्तं प्रति यौति—'प्रतियुतो वरुणस्य पाशः प्रत्यस्तो वरुणस्य पाशः' इति ॥ १०

अन्योन्यमलङ्कृत्य रक्तानि वासांसि परिधायाहतेन वाससा वेति ॥ ११

यानेन पद्भ्यां वा गृहं गत्वा प्रक्षालितपाणिपादावप आचम्य वाग्यतौ शयनमारभेते ॥ १२

श्वोभूते वैश्वदेवेन प्रतिपद्यते ॥ १३

मासिश्राद्धेन चापरपक्षे ॥ १४

इति बोधायनीये गृह्यसूत्रे प्रथमप्रश्ने.

अष्टमोऽध्यायः.

विज्ञाते गर्भे तिष्ये पुंसवनम् ॥ १

ब्राह्मणानन्नेन परिविष्य पुण्याहं स्वस्ति ऋद्धिमिति वाचयित्वा ॥ २

अथ देवयजनोल्लेखनप्रभृत्याऽग्निमुखात् कृत्वा पक्वाज्जुहोति—'प्रजापते तन्वं मे जुषस्व त्वष्टर्देवेभिस्सहसाम इन्द्र । विश्वैर्देवै रातिभिस्संरराणः पुंसां बहूनां मातरस्स्याम स्वाहा' इति ॥ ३

अथाज्याहुतीरुपजुहोति—'गर्भो अस्योषधीनां गर्भो वनस्पतीनाम्' इति तिसृभिरनुच्छन्दसम् ॥ ४

स्विष्टकृत्प्रभृति सिद्धमाधेनुवरप्रदानात् ॥ ५

अथास्या आज्यशेषमास्ये प्रच्योतयति—'अस्मे देवासो वपुषे चिकित्सत' इति चतसृभिरनुच्छन्दसम् ॥ ६

इति बोधायनीये गृह्यसूत्रे प्रथमप्रश्ने

नवमोऽध्यायः .

प्रथमगर्भायाश्चतुर्थे मासि सीमन्तोन्नयनम् ॥ १

ब्राह्मणानन्नेन परिविष्य पुण्याहं स्वस्ति ऋद्धिमिति वाचयित्वा ॥ २

अथ देवयजनोल्लेखनप्रभृत्याऽग्निमुखात्कृत्वा पक्वाज्जुहोति॥

'धाता ददातु नः' इति पुरोनुवाक्यामनूच्य 'धाता प्रजाया उत राय ईशे' इति याज्यया जुहोति ॥ ४

अथाज्याहुतीरुपजुहोति—'धाता ददातु नो रयिं प्राचीम्' इत्यान्तादनुवाकस्य ॥ ५

स्विष्टकृत्प्रभृति सिद्धमाधेनुवरप्रदानात् ॥ ६

अथास्यास्त्रेण्या शलल्या त्रिभिर्दर्भपुञ्जीलैरुदुम्बरप्रसूनैर्यवप्रसूनैरिति केशान् विभजन् सीमन्तमुन्नयति 'राकामहम्, यास्ते राके' इति द्वाभ्याम् ॥ ७

अथास्यै यवप्रसूनान्याबध्नाति—'यवोसि यवयास्मद्द्वेषो यवयारातीः' इति ॥ ८

अथैनौ वीणागाथिनाविति प्रतिगृह्णीते ॥ ९

अथैनौ संशास्ति गायतमिति ॥ १०

तावेतां गाथां गायतः—'सोम एव नो राजेत्याहुर्ब्राह्मणीः प्रजाः। विवृत्तचक्रा आसीनास्तीरेणासौ तव' इति ॥ ११

यस्यै नद्यास्तीरे संश्रिता वसन्ति तस्यै नाम गृह्णाति ॥

अष्टमे मासि विष्णव आहुतीर्जुहोति—'विष्णोर्नुकम्' इत्येतेन सूक्तेन ॥ १३

विष्णवे बलिमुपहरति ॥ १४

वैष्णवो ह्येष मासो विज्ञायते ॥ १५

विष्णुर्हि गर्भस्य देवता ॥ १६

इति हुतो व्याख्यातः ॥ १७

इति बोधायनीये गृह्यसूत्रे प्रथमप्रश्ने

दशमोऽध्यायः.

---

*यथैतद्धुते बलिहरणम् ॥ १

विष्णवे बलिरष्टमे मासि पूर्वपक्षस्य सप्तम्यां द्वादश्यां रोहिण्यां श्रोणायां वा ॥ २

ब्राह्मणानन्नेन परिविष्य पुण्याहं स्वस्ति ऋद्धिमिति वाचयित्वा ॥ ३

अथ देवयजनोल्लेखनप्रभृत्या प्रणीताभ्यः कृत्वा उपोत्थायाग्रेणाग्निं दैवतमावाहयति—'ओं भूः पुरुषमावाहयामि ओं भुवः पुरुषमावाहयामि ओं सुवः पुरुषमावाहयामि ओं भूर्भुवस्सुवः पुरुषमावाहयामि' इत्यावाह्य ॥ ४

परिधानप्रभृत्याऽग्निमुखात्कृत्वा दैवतमर्चयति ॥ ५

'आपो हिष्ठा मयोभुवः' इति तिसृभिः 'हिरण्यवर्णाश्शुचयः पावकाः' इति चतसृभिः 'पवमानस्सुवर्जनः' इत्येतेनानुवाकेन मार्जयित्वा ॥ ६

अथाद्भिस्तर्पयति—'केशवं तर्पयामि नारायणं माधवं गोविन्दं विष्णुं मधुसूदनं त्रिविक्रमं वामनं श्रीधरं हृषीकेशं पद्मनाभं दामोदरं तर्पयामि' इति ॥ ७

एतैरेव नामधेयैर्गन्धपुष्पधूपदीपैः 'अमुष्मै नमोऽमुष्मै नमः' इत्यभ्यर्च्य ॥ ८

अथ विष्णव आहुतीर्जुहोति 'विष्णोर्नु कम्, तदस्य प्रियम्, प्रतद्विष्णुः, परो मात्रया, विचक्रमे, त्रिर्देवः' इति ॥ ९

*अयं खण्डः शेषगतोऽप्यत्रैव सौकर्याय पठ्यते इति शिष्टैर्व्याचष्टे.

जयप्रभृति सिद्धमाधेनुवरप्रदानात् ॥ १०

अथ गुडपायसं घृतमिश्रमन्नं निवेदयति—'अमुष्मै स्वाहा नमोऽमुष्मै स्वाहा नमः' इति द्वादशभिर्यथालिङ्गम् ॥ ११

वैष्णवीभि ऋग्यजुस्सामाथर्वभिस्स्तोत्रैस्स्तुतिभिस्स्तुवन्ति॥

व्याहृतीभिः पुरुषमुद्वासयामीत्युद्वास्यान्नशेषं पत्नीं प्राशयेत् ॥ १३

पुमानस्यै जायत इति विज्ञायते* ॥ १४

इति बोधायनीयगृह्यसूत्रे प्रथमप्रश्ने
एकादशोऽध्यायः.

यथो एतत् । आवेद्यार्घ्यं कुर्यात् । अथ शुचौ समे देशे । अथास्या उपोत्थाय । तां न मिथस्संसादयेत् । आनयन्त्येतमग्निम् । ब्राह्मणेन ब्राह्मण्यामुत्पन्नः । अथाभ्यां पञ्चमेऽहनि । विज्ञाते गर्भे । प्रथमगर्भायाश्चतुर्थे मासि । यथैतद्भुते बलिहरणम् ॥ ११

यथैतद्भुते बलिहरणम् । प्रथगर्भायाश्चतुर्थे मासि । विज्ञाते गर्भे । अथाभ्यां पञ्चमेऽहनि । ब्राह्मणेन ब्राह्मण्यामुत्पन्नः । आनयन्त्येतमग्निम् । तां न मिथस्संसादयेत् । अथास्या उपोत्थाय । अथ शुचौ समे देशे । आवेद्यार्घ्यं कुर्यात् । यथो एतत् ॥ ११ ॥

इति बोधायनगृह्यसूत्रे प्रथमः प्रश्नः समाप्तः.

---

*—ख आसनावाहनं पाद्यमर्घ्यमाचमनं तथा । स्नानं वस्त्रोपवीते च गन्धपुष्पं तथैव च ॥ धूपदीपं च नैवेद्यं पानीयाचमनं तथा । ताम्बूलोद्वासनं चेति ह्युपचारास्तु षोडश ॥ अधिकपाठः.

अथ द्वितीयः प्रश्नः.

अथ प्रहुतः ॥ १

जातं कुमारमभिमन्त्रयते—'अद्भ्यस्सम्भूतः' इत्येतेनानु-
वाकेन ॥ २

अथैनं स्नापयति—'क्षेत्रियै त्वा निरृत्यै त्वा' इति
षड्भिरनुष्टुप्छन्दसम् ॥ ३

अथैनं स्वोपस्थ आदधाति—'अङ्गादङ्गात्सम्भवसि हृद-
यादधिजायसे । आत्मा वै पुत्र नामासि स जीव शरदश्शतम्'
इति ॥ ४

अथैनं मूर्धन्यभिजिघ्रति—'अश्मा भव परशुर्भव हिरण्य-
मस्तृतं भव । पशूनां त्वा हिङ्कारेणाभिजिघ्राम्यसौ' इति नक्षत्र-
नामधेयेन ॥ ५

अथास्य दक्षिणे कर्णे जपति—'अग्निरायुष्मान्' इति
पञ्चभिः पर्यायैः ॥ ६

अथैनं दधिमधुघृतमिति समुदायुत्य हिरण्येन प्राशयति—
'प्राणो रक्षति विश्वमेजत्' इत्येतेनानुवाकेन प्रत्यृचम् ॥ ७

अतिशिष्टं गोपदे निनयति व्याहृतीभिः ॥ ८

अथैनं मातुरुपस्थ आदधाति—'सीद त्वं मातुरस्या
उपस्थे' इति चतसृभिस्सहंसाभिः ॥ ९

स्तनमभिमन्त्रयते—'यस्ते स्तनश्शशयो यो मयोभूर्येन
विश्वा पुष्यासि वार्याणि । यो रत्नधा वसुविद्यस्सुदत्रस्सरस्वति
तमिह धातवेकः' इति ॥ १०

धयन्तमनुमन्त्रयते—'द्यौस्ते पृष्ठं रक्षतु वायुरूरू अश्विनौ च स्तनं धयन्तं सविताऽभिरक्षतु । आवाससः परिधानाद्बृहस्पतिर्विश्वे देवा अभिरक्षन्तु पश्चात्' इति ॥ ११

अथास्योदकुम्भमुच्छिरासि निदधाति—'आपस्सुप्तेषु जाग्रत रक्षांसि निरितो *नुदध्वम्' इति ॥ १२

अथ देवयजनोल्लेखनप्रभृत्याग्निमुखात् कृत्वा पक्वाज्जुहोति—'हविं हरन्तमनुयन्ति देवाः' इति पुरोऽनुवाक्यामनूच्य 'मा छिदो मृत्यो मा वधीः' इति याज्यया जुहोति ॥ १३

अथाज्याहुतीरुपजुहोति—'सद्यश्चकमानाय' इत्यान्तादनुवाकस्य ॥ १४

स्विष्टकृत्प्रभृति सिद्धमाधेनुवरप्रदानात् ॥ १५

अथानोयुगं रथयुगं वा स्नाप्याच्छाद्यालङ्कृत्य अग्रेणाग्निमुद्धृत्य तस्याग्रेणाश्वत्थपर्णेषु हुतशेषं निदधाति—'नम आव्याधिनीभ्यः' इति ॥ १६

अथास्तमित आदित्ये गौरसर्षपान् फलीकरणमिश्रान् अञ्जलिना जुहोति—'कृणुष्व पाजः प्रसितिं न पृथ्वीम्' इत्येतेनानुवाकेन प्रत्यृचम् ॥ १७

अथौदनं तिलसक्तुभिर्घृतेनेति समुदायुत्य गोष्ठेऽश्वत्थपर्णेषु हुतशेषं निदधाति—'अघोराय महाघोराय नमो नमः' इति ॥ १८

---

*निरक्रतो.

अथातिशिष्टं सर्वा दिशस्सम्प्रकिरन्ति — 'आवेशिना
*व्यश्रुमुखी कुतूहलिन्येकस्तनी जृम्भणी स्तम्भनी मोहनी च।
कृष्णा विशाखा विमला ब्रह्मरात्री भ्रातृव्यसङ्घेषु पतन्त्य-
मोघाः। ताभ्यो वै मातृभ्यो नमो नमः' इति ॥ १९

स एवमेव फलीकरणहोमप्रभृति सायंप्रातर्दशरात्रं करोति ॥

नानुत्थितायां सूतिकायां भोज्यान्नता ॥ २१

दशम्यामुत्थानम् ॥ २२

दशम्यां द्वादश्यां वा नामकरणम् ॥ २३

प्राजापत्येन सूक्तेन हुत्वा ब्राह्मणानन्नेन परिविष्य पुण्याहं स्वस्ति ऋद्धिमिति वाचयन्नामास्मै दधाति ॥ २४

द्व्यक्षरं चतुरक्षरं षडक्षरमष्टाक्षरं वा ॥ २५

घोषवदाद्यन्तरन्तस्थं दीर्घाभिनिष्ठानान्तम् ॥ २६

अपि वा यस्मिन् स्वित्युपसर्गस्स्यात्तद्धि प्रतिष्ठितमिति विज्ञायते ॥ २७

ऋष्यणूकं देवताणूकं वा ॥ २८

यथैवैषां पूर्वपुरुषाणां नामानि स्युः ॥ २९

अयुगक्षरं कुमार्याः ॥ ३०

अमुष्मै स्वस्तीति ॥ ३१

इति बोधायनीये गृह्यसूत्रे द्वितीयप्रश्ने
प्रथमोऽध्यायः

---

*आवेशिना.

चतुर्थे मास्युपनिष्क्रमणम् ॥ १

ब्राह्मणानन्नेन परिविष्य पुण्याहं स्वस्तिकृद्धिमिति वाच-
यित्वा ॥ २

अथ देवयजनोल्लेखनप्रभृत्याग्निमुखात् कृत्वा स्वस्त्यात्रेयं
जुहोति— ३

'स्वस्ति नो मिमीतामश्विना भगस्स्वस्ति देव्यदितिरनर्णवः।
स्वस्ति पूषा असुरो दधातु नः स्वस्ति द्यावापृथिवी सुकेतुना' ॥

'स्वस्तये वायुमुपब्रवामहै सोमं स्वस्ति भुवनस्य यस्पतिः।
बृहस्पतिं सर्वगणं स्वस्तये स्वस्तय आदित्यासो भवन्तु नः' ॥ ५

'विश्वे देवा नो अद्या स्वस्तये वैश्वानरो वसुरग्निस्स्व-
स्तये। देवा अवन्त्वृभवः स्वस्तये स्वस्ति नो रुद्रः पात्वंहसः' ॥ ६

'स्वस्ति मित्रावरुणा स्वस्ति पथ्ये रेवति। स्वस्ति न
इन्द्रश्चाग्निश्च स्वस्ति नो अदिते कृधि' ॥ ७

'स्वति पन्थामनुचरेम सूर्याचन्द्रमसाविव। पुनर्ददता
ऽघ्नता जानता संगमेमहि' ॥ ८

'स्वस्त्ययनं तार्क्ष्यमरिष्टनेमिं महद्भूतं वायसं देवतानाम्।
असुरघ्नमिन्द्रसखं समत्सु बृहद्यशो नावमिवारुहेम' ॥ ९

'अंहोमुचमाङ्गिरसं गयं च स्वस्त्यात्रेयं मनसा च तार्क्ष्यम्।
प्रयतपाणिश्शरणं प्रपद्ये स्वस्ति संबाधेष्वभयं नो अस्तु' ॥ १०

'स्वस्ति न इन्द्रो वृद्धश्रवास्स्वस्ति नः पूषा विश्ववेदाः। स्वस्ति नस्तार्क्ष्यो अरिष्टनेमिस्स्वस्ति नो बृहस्पतिर्दधातु' इत्यष्टाभिरनुच्छन्दसम् ॥ ११

जयप्रभृति सिद्धमाधेनुवरप्रदानात् ॥ १२

अथोपनिष्क्रम्य बाह्यानि चित्रियाण्यभ्यर्च्य त्रिवृताऽन्नेन ब्राह्मणान् सम्पूज्याशिषो वाचयित्वा प्रदक्षिणीकृत्य स्वान् गृहानानयति ॥ १३

इति बोधायनीये गृह्यसूत्रे द्वितीयप्रश्ने
द्वितीयोऽध्यायः

षष्ठे मास्यन्नप्राशनम् ॥ १

ब्राह्मणानन्नेन परिविष्य पुण्याहं स्वस्ति ऋद्धिमिति वाचयित्वा ॥ २

अथ देवयजनोल्लेखनप्रभृत्याग्निमुखात् कृत्वा अन्नसूक्तेन जुहोति—'अहमस्मि प्रथमजा ऋतस्य' इत्यष्टाभिरनुच्छन्दसम् ॥ ३

जयप्रभृति सिद्धमाधेनुवरप्रदानात् ॥ ४

अथौदनं दध्ना मधुना घृतेनाद्भिरिति समुदायुत्य हिरण्येनौषधस्य कुमारं प्राशयति—'या जाता ओषधयः' इति षड्भिरनुच्छन्दसम् ॥ ५

'भूर्भुवस्सुवरपां त्वौषधीनां रसं प्राशयामि शिवास्त आप ओषधयस्सन्त्वनमीवास्त आप ओषधयस्सन्त्वसौ' इति सर्वा-स्वनुषजति ॥ ६

इति बोधायनीयगृह्यसूत्रे द्वितीयप्रश्ने
तृतीयोऽध्यायः.

संवत्सरे चूडाकर्म त्रिषु वा संवत्सरेषु ॥ १

ब्राह्मणानन्नेन परिविष्य पुण्याहं स्वस्ति ऋद्धिमिति वाचयित्वा ॥ २

अथ देवयजनोल्लेखनप्रभृत्याग्निमुखात्कृत्वा पक्वाज्जुहोति—'ये केशिनः' इति पुरोनुवाक्यामनूच्य 'नर्ते ब्रह्मणः' इति याज्यया जुहोति ॥ ३

अथाज्याहुतीरुपजुहोति—'आरोह प्रोष्ठं विषहस्व शत्रून्' इत्यान्तादनुवाकस्य ॥ ४

स्विष्टकृत्प्रभृति सिद्धमाधेनुवरप्रदानात् ॥ ५

अथाग्रेणाग्निमुदुम्बरपर्णेषु हुतशेषं निदधाति—'नमो हिरण्यबाहवे' इति ॥ ६

अपरेणाग्निमुभयीरपस्संनिषिञ्चति ॥ ७

उष्णासु शीता आनयति—'उष्णेन वायवुदकेनेह्यदितिः केशान् वपतु' ॥ इती ८

ताभिरस्य शिर उनत्ति—'आप उन्दन्तु जीवसे दीर्घायुत्वाय वर्चसे' इति ॥ ९

ऊर्ध्वाग्रं बर्हिरनूच्छ्रयति—'ओषधे त्रायस्वैनम्' इति ॥

क्षुरमभिमन्त्रयते—'ज्योक्च सूर्यं दृशे' इति ॥ ११

अथैनं तिर्यञ्चं निदधाति—'स्वधिते मैनं हिंसीः' इति ॥

अथास्य केशान्वपति—'येनावपत्सविता क्षुरेण' इति ॥

प्रवपतोऽनुमन्त्रयते—'मा ते केशाननुगाद्वर्च एतत्' इति ॥

अथैनान् समुच्चित्य दर्भस्तम्बे निदधाति—'तेभ्यो निधानं बहुधा व्यैच्छन्' इति ॥ १५

अथैनमुष्णोदकेनाप्लावयति—'बलं ते बाहुवोस्सविता दधातु' इति ॥ १६

अथैनमेकशिखस्त्रिशिखः पञ्चशिखो वा यथैवैषां कुलधर्मस्स्यात् ॥ १७

यथार्षि शिखां निदधातीत्येके ॥ १८

अथैनं स्नाप्याच्छाद्यालङ्कृत्य त्रिवृताऽन्नेन ब्राह्मणान् सम्पूज्याशिषो वाचयति ॥ १९

इति मुहुतो व्याख्यातः ॥* २०

इति बोधायनीयगृह्यसूत्रे द्वितीयप्रश्ने
चतुर्थोऽध्यायः.

---

*ख. शतानां सप्तत्रिगुणमष्टोत्तरमथापि च ।
केशानामपि संख्यानां शिखिका परिकीर्तिता ॥

अथाहुतः ॥ १

गर्भाष्टमेषु ब्राह्मणमुपनयीत गर्भैकादशेषु राजन्यं गर्भद्वा-
दशेषु वैश्यम् ॥ २

आषोडशात् ब्राह्मणस्यानात्यय इति ॥ ३

एवमेवेतरयोः द्वाविंशतिश्च चतुर्विंशतिश्च ॥ ४

अथापि काम्यानि भवन्ति—सप्तमे ब्रह्मवर्चसकाममष्टम
आयुष्कामं नवमे तेजस्कामं दशमेऽन्नाद्यकाममेकादश इन्द्रियकामं
द्वादशे पशुकामं त्रयोदशे मेधाकामं चतुर्दशे पुष्टिकामं पञ्चदशे
भ्रातृव्यवन्तं षोडशे सर्वकाममिति ॥ ५

वसन्ते ब्राह्मणमुपनयीत ग्रीष्मे राजन्यं शरदि वैश्यं
वर्षासु रथकारमिति । सर्वानेव वा वसन्ते ॥ ६

ब्राह्मणानन्नेन परिविष्य पुण्याहं स्वस्ति ऋद्धिमिति वाच-
यित्वा कुमारं भोजयित्वा तस्य चौलवत्तूष्णीं केशानोप्य स्नातं
शुचिवाससं बद्धशिखं यज्ञोपवीतं प्रतिमुञ्चन् वाचयति—'यज्ञो-
पवीतं परमं पवित्रं प्रजापतेर्यत्सहजं पुरस्तात् । अयुष्यमग्रियं
प्रतिमुञ्च शुभ्रं यज्ञोपवीतं बलमस्तु तेजः' इति ॥ ७

यज्ञोपवीतिनमप आचमय्याथ देवयजनमुदानयति ॥ ८

अथ देवयजनोल्लेखनप्रभृत्याग्निमुखात् कृत्वा पालाशीं
समिधमाज्येनाक्त्वाऽभ्याधापयन् वाचयति—'आयुर्दा देव

जरसं गृणानो घृतप्रतीको घृतपृष्ठो अग्ने । घृतं पिबन्नमृतं चारु गव्यं पितेव पुत्रं जरसे नयेमं स्वाहा' इति ॥

अथैनमुत्थाप्योत्तरेणाग्निं दक्षिणेन पदा अश्मानमास्थापयति—'आतिष्ठेममश्मानमश्मेव त्वं स्थिरो भव । अभि तिष्ठ पृतन्यतस्सहस्व पृतनायतः' इति ॥ १०

अथैनं तिष्ये वासस्सद्यःकृत्तोतं * परिधापयन् वाचयति—'या अकृन्तन्नवयन् या अतन्वत याश्च देवीरन्तानभितोऽददन्त । तास्त्वा देवीर्जरसा संव्ययन्त्वायुष्मानिदं परिधत्स्व वासः' इति ॥ ११

परिहितमनुमन्त्रयते—'परिधत्त धत्त वाससैनं शतायुषं कृणुहि † दीर्घमायुः । बृहस्पतिः प्रायच्छद्वास एतत्सोमाय राज्ञे परिधातवा उ । जरां गच्छासि परिधत्स्व वासो भवा कृष्टीनामभिशस्तिपावा । शतं च जीव शरदस्सुवर्चा रायश्च पोषमुप संव्ययस्व । परीदं वासो अधि धास्स्वस्तयेऽभूरापीनामभिशस्तिपावा । शतं च जीव शरदः पुरूची र्वसूनि चार्यो विभजासि जीवन्' इति ॥ १२

अथैनं मौञ्जीं मेखलां त्रिवृतां त्रिः प्रदक्षिणं परिव्ययन् वाचयति—मौञ्जी ब्राह्मणस्य । ज्यामौर्वी राजन्यस्य । आवीसूत्रं वैश्यस्य । सर्वेषामेव वा मौञ्जीम् । 'इयं दुरुक्तात्परिबाधमाना शर्म वरूथं पुनती न आगात् । प्राणा-

* ख. सद्यः कृत्वोदङ् † ख. कृणुत.

पानाभ्यां बलमाभरन्ती प्रिया देवानां सुभगा मेखलेयम्'
इति ॥ १३

परिवीतामनुमन्त्रयते—'ऋतस्य गोप्त्री तपसः परस्पी-
घ्नती रक्षस्सहमाना अरातीः। सा नस्समन्तमनु परीहि भद्र-
या भर्तारस्ते मेखले मा रिषाम' इति ॥ १४

ग्रन्थिं करोति—'प्राणानां ग्रन्थिरसि स मा विस्रंसः'
इति नाभिदेशे ॥ १५

अथास्मा अजिनं प्रतिमुञ्चन् वाचयति—कृष्णाजिनं
ब्राह्मणस्य। रौरवं राजन्यस्य। वस्ताजिनं वैश्यस्य। सर्वेषां
वा कृष्णाजिनम्। 'मित्रस्य चक्षुर्धरुणं बलीयस्तेजो यशस्वि
स्थविरं समिद्धम्। अनाहनस्यं वसनं जरिष्णु परीदं वा-
ज्यजिनं दधेऽहम्' इति ॥ १६

अथास्मै दण्डं प्रयच्छति—पालाशं बैल्वं वा ब्राह्मण-
स्य। नैयग्रोधं स्कन्धजमवाङ्ग्रं रौहीतकं वा राजन्यस्य। बा-
दरमौदुम्बरं वा वैश्यस्य। सर्वेषां वा वार्क्षम् ॥ १७

'सोमोऽसि सोमपं मा कुरु' इति पालाशम् ॥ १८

'ब्रह्मवर्चसमसि ब्रह्मवर्चसाय त्वा' इति बैल्वम् ॥ १९

'ओजोस्योजो मयि धेहि' इति नैयग्रोधम् ॥ २०

'बलमसि बलं मयि धेहि' इति रौहीतकम् ॥ २१

'पुष्टिरसि पुष्टिं मयि धेहि' इति बादरम् ॥ २२

'ऊर्गस्यूर्जं मयि धेहि' इत्यौदुम्बरम् ॥ २३

'अहं वृक्षस्य रेरिवा। कीर्तिः पृष्ठं गिरेरिव। ऊ-
र्ध्वपवित्रो वाजिनीव स्वमृतमस्मि। द्रविणं सवर्चसम्' इति
वार्क्षम् ॥ २४

'कोनामास्यसौ नामास्मि' इति शाट्यायनकम् ॥ २५

अथैनं दक्षिणे हस्ते गृह्णाति—'यस्मिन् भूतं च भव्यं
च सर्वे लोकास्समाहिताः। तेन गृह्णामि त्वामहं मह्यं गृह्णामि
त्वामहं प्रजापतिना त्वा मह्यं गृह्णाम्यसौ' इति ॥ २६

अथैनं देवताभ्यः परिददाति—'देवेभ्यस्त्वा परिददामि
विश्वदेवेभ्यस्त्वा परिददामि विश्वेभ्यस्त्वा देवेभ्यः परिद
दामि सर्वेभ्यस्त्वा देवेभ्यः परिददामि सर्वाभ्यस्त्वा देव-
ताभ्यः परिददाम्यसौ' इति ॥ २७

अथैनमुपनयति—'देवस्य त्वा सवितुः प्रसवेऽश्विनो-
र्बाहुभ्यां पूष्णो हस्ताभ्यामुपनयेऽसौ' इति ॥ २८

अथ कुमारः पक्वाज्जुहोति—'यश्छन्दसामृषभो विश्व-
रूपश्छन्दोभ्योऽध्यमृतात्सम्बभूव। समेन्द्रो मेधया स्पृणोत्व
मृतस्य देव धारणो भूयासं स्वाहा' इति ॥ २९

अथाज्याहुतीरुपजुहोति—'क्षेत्रियै त्वा निरृत्यै त्वा'
इति षड्भिरनुच्छन्दसम् ॥ ३०

एवमेव ब्रह्मसूक्तेन हुत्वा 'ब्रह्मजज्ञानम्' इति षड्भिः ॥

स्विष्टकृत्प्रभृति सिद्धमाधेनुवरप्रदानात् ॥ ३२

अग्रेणाग्निं पलाशपर्णेषु हुतशेषं निदधाति—'नमो अस्तु
नीलग्रीवाय' इति ॥ ३३

अत्र सावित्रव्रतम् ॥ ३४

अथ पालाशीश्चतस्रस्समिध आर्द्रास्सपलाशास्सप्ररोहाः प्रादेशमात्रीरपरिशुष्काग्रा घृतान्वक्ता अभ्याधापयन् वाचयति—याज्ञिकानां वा वृक्षाणां अन्यतमस्य ॥ ३५

'अग्ने व्रतपते सावित्रं व्रतं चरिष्यामि तच्छकेयं तन्मे राध्यतां स्वाहा' ॥ ३६

'वायो व्रतपत आदित्य व्रतपते व्रतानां व्रतपते सावित्रं व्रतं चरिष्यामि तच्छकेयं तन्मे राध्यतां स्वाहा' इति ॥ ३७

अपरेणाग्निमुदगग्रं कूर्चं निधाय तस्मिन् प्राङ्मुख आचार्य उपविशति—'राष्ट्रभृदस्याचार्यासन्दी मा त्वद्योषम्' इति ॥ ३८

तस्याग्रेण कुमारो दर्भेषु प्रत्यङ्मुख उपविश्य पादावन्वारभ्याह—'सावित्रीं भो अनुब्रूहि' इति ॥ ३९

तस्मा अन्वाहोमिति प्रतिपद्यते—'तत्सवितुर्वरेण्यम्' इत्येतां पच्छोऽर्धर्चशस्ततस्समस्तां व्याहृतीर्विहृताः पादादिष्वन्तेषु वा तथाऽर्धर्चयोरुत्तमां कृत्स्नायामिति ॥ ४०

अथ कुमारः पक्वादुपादाय प्राश्नाति—'शरीरं मे विचर्षणम् । जिह्वा मे मधुमत्तमा । कर्णाभ्यां भूरि विश्रुवम् । ब्रह्मणः कोशोसि मेधया पिहितः । श्रुतं मे गोपाय' इति ॥

अथ हैके प्राक्सावित्र्याः प्राश्नाति ब्रह्म वा अन्नमिति वदन्तः ॥ ४२

तदु तथा न कुर्यान्नानुक्तायां सावित्र्यां प्राश्नीयादित्यनूक्तायामनूक्तायां सावित्र्यां प्राश्नीयादिति शाट्यायनकम् ॥ ४३

अथाप उपस्पृश्य ज्योतिष्मत्याऽऽदित्यमुपतिष्ठते—'उद्वयं तमसस्परि' इति ॥ ४४

अथैनं संशास्ति—'ब्रह्मचार्यस्यपोशान कर्म कुरु मा दिवा सुषुप्थाः समिध आधेहि भैक्षाचर्यं चर सदाऽरण्यात् समिध आहरोदकुम्भं चाहराचार्याधीनो भव वेदमधीष्व' इति ॥ ४५

स एवमेवैतत् सर्वं करोति ॥ ४६

अथास्मा अरिक्तं पात्रं प्रयच्छन्नाह—'मातरमेवाग्रे भिक्षस्व' इति ॥ ४७

स मातरमेवाग्रे भिक्षेत ॥ ४८

भवति भिक्षां देहीति ब्राह्मणो भिक्षेत ॥ ४९

भिक्षां भवति देहीति राजन्यः ॥ ५०

देहि भिक्षां भवतीति वैश्यः ॥ ५१

तत्समाहृत्याचार्याय प्राह—'भैक्षमिदम्' इति ॥ ५२

तत् 'सुभैक्षम्' इतीतरः प्रतिगृह्णाति ॥ ५३

उत्तरेणाग्निं द्वे स्त्रीप्रतिकृती कृत्य गन्धैर्माल्येन चालंकृत्य त्रिवृताऽन्नेन ब्राह्मणान् सम्पूज्याशिषो वाचयित्वा—'श्रद्धामेधे म्रियेताम्' इति ॥ ५४

त्र्यहमेतमग्निं धारयन्ति* क्षारलवणवर्जमधश्शय्या च ॥

एतास्मिन्नेवाग्नौ व्याहृतीभिस्सायंप्रातस्समिधोऽभ्याद ध्यात् ॥ ५६

एवमन्यास्मिन्नपि सदा ॥ ५७

अथैनं प्रदक्षिणमग्निं परिसमूहति—'जुषस्व नस्समिधमग्ने अद्यशोचा बृहद्यजनं धूममृण्वन् । उपस्पृश दिव्यं सानु स्तूपैस्सं रश्मिभिस्ततनस्सूर्यस्य' इति ॥ ५८

अथैनं प्रदक्षिणमग्निं परिषिञ्चति—'अदितेऽनुमन्यस्व' इति दक्षिणतः प्राचीनम् । 'अनुमतेऽनु मन्यस्व' इति पश्चादुदीचीनम् । 'सरस्वतेऽनुमन्यस्व' इत्युत्तरतः प्राचीनम् । 'देवसवितः प्रसुव' इति समन्तं प्रदक्षिणम् । समन्तमेव वा तूष्णीम् ॥ ५९

तस्मिन् व्याहृतीभिस्सायं प्रातस्समिधोऽभ्यादधाति—'भूस्स्वाहा भुवस्स्वाहा सुवस्स्वाहा भूर्भुवस्सुवस्स्वाहा' इति ॥

तथैव परिसमूह्य तथैव परिषिञ्चति—'अन्वमंस्थाः, प्रासावीः' इति मन्त्रान्तान् सन्नमयति ॥ ६१

अथैनमुपतिष्ठते—'यत्ते अग्ने तेजः' इति तिसृभिः 'मयि मेधां मयि प्रजाम्' इति तिसृभिः 'षोढा विहितो वै

---

* ख. "प्रसिद्धं सन्ध्यामुपासीत । नम ईशानाय नमो गोपितृदेवेभ्य इति । अथ गुरूनभिवादयते मातरं पितरं भ्रातरं मातुलमाचार्यमन्यांश्च विशेषात्त्रिवर्षपूर्वान्" इत्यधिकम्.

पुरुष.' इत्येतस्माद्ब्राह्मणात् ॥ ६२

अथ तिसृषु व्युष्टास्वेतमाग्निमादाय तां दिशं यन्ति यत्रास्य पलाशस्स्पष्टो भवति ॥ ६३

तं प्रदक्षिणं परिसमूहति—'सुश्रवस्सुश्रवसं मा कुरु यथा त्वं सुश्रवस्सुश्रवा अस्येवमहं सुश्रवस्सुश्रवा भूयासं यथा त्वं सुश्रवस्सुश्रवो देवानां निधिगोपोस्येवमहं ब्राह्मणानां ब्रह्मणो निधिगोपो भूयासम्' इति ॥ ६४

तस्याग्रेण उत्तरेण वाऽग्निमुपसमाधाय सम्परिस्तीर्याथाव्रत्यप्रायश्चित्ते जुहोति—'यन्म आत्मनो मिन्दाऽभूत्, पुनरग्निश्चक्षुरदात्' इति द्वाभ्याम् ॥ ६५

अथ पालाशीश्वतस्रस्समिध आर्द्रास्सपलाशाः सप्रारोहाः प्रादेशमात्रीरपरिशुष्काग्रा घृतान्वक्ता अभ्याधापयन्वाचयति याज्ञिकानां वा वृक्षाणामन्यतमस्य— ६६

'अग्ने व्रतपते सावित्रं व्रतमचारिषं तदशकं तन्मे राधि स्वाहा' ॥ ६७

'वायो व्रतपत आदित्य व्रतपते व्रतानां व्रतपते सावित्रं व्रतमचारिषं तदशकं तन्मे राधि स्वाहा' इति ॥ ६८

तथैव सुश्रवसमभ्यर्च्य त्रिवृताऽन्नेन ब्राह्मणान् सम्पूज्याशिषो वाचयित्वा ॥ ६९

अत्रैके दण्डमजिनं मेखलां वासश्चातिसृजन्ति ॥ ७०

अन्यान्यादायास्य वास आदत्ते—'यस्य ते प्रथमवा-
स्यं हरामस्तं त्वा विश्वे अनुमदन्तु देवाः । तं त्वा भ्रातर-
स्सुहृदो वर्धमानमनुजायन्तां बहवस्सुजातम्' इति ॥ ७१

अथाधोनाभ्युपरि जान्वाच्छाद्य दण्डमजिनं मेखलां च
धारयन् श्राद्धसूतकमैथुनमधुमांसानि वर्जयन् भैक्षाहारोऽध-
श्शायी चाचार्यस्य गृहानेतीति विज्ञायते आचार्यो वै
ब्रह्मेति ॥ ७२

इति बोधायनीयगृह्यसूत्रे द्वितीयप्रश्ने
पञ्चमोऽध्यायः.

वेदमधीत्य स्नास्यन्नित्युक्तं समावर्तनम् ॥ १

मन्त्रब्राह्मणं वेद इत्याचक्षते ॥ २

मन्त्रब्राह्मणयोर्वेदनामधेयम् ॥ ३

मन्त्रब्राह्मणे यज्ञस्य प्रमाणम् ॥ ४

मन्त्रब्राह्मणे अधीत्य चीर्णेषु वा व्रतेषु ॥ ५

एतावदेव नाना ॥ ६

अथ देवयजनोल्लेखनप्रभृत्याऽग्निमुखात् कृत्वा पालाशीं
समिधमाज्येनाक्त्वा मध्यंदिनेऽभ्यादधाति ॥ ७

तत्पुरस्ताद्व्याख्यातम् ॥ ८

अथ केशश्मश्रुलोमनखावापनेनैव प्रतिपद्यते सिद्धमा-
च्छत्रादानात्कृत्वा पक्वाज्जुहोति—'आवहन्ती वितन्वाना ।

कुर्वाणा चीरमात्मनः। वासांसि मम गावश्च। अन्नपाने च सर्वदा। ततो मे श्रियमावह। लोमशां पशुभिस्सह स्वाहा' इति॥ ९

अथाज्याहुतीरुपजुहोति—'आमायन्तु ब्रह्मचारिणस्स्वाहा। यशो जनेऽसानि स्वाहा। श्रेयान् वस्यसोऽसानि स्वाहा। तं त्वा भग प्रविशानि स्वाहा। स मा भग प्रविश स्वाहा' इति॥ १०

स्विष्टकृत्प्रभृति सिद्धमाधेनुवरप्रदानात्॥ ११

अथाग्रेणाग्निं बिल्वशाखायां हुतशेषं निदधाति—'तस्मिन् सहस्रशाखे। निभगाहं त्वयि मृजे स्वाहा' इति॥ १२

अथ पक्वादुपादाय प्राश्नाति—'यथाऽऽपः प्रवता यन्ति। यथा मासा अहर्जरम्। एवं मां ब्रह्मचारिणः। धातरायन्तु सर्वतस्स्वाहा' इति॥ १३

प्राश्याप आचम्योरः प्रत्यात्मानं प्रत्यभिमृशते—'प्रतिवेशोसि प्र मा पाहि * प्र मा पद्यस्व' इति॥ १४

सोऽत्रैवास्ते आनक्षत्राणामुदयात्॥ १५

अथोदितेषु नक्षत्रेषूपनिष्क्रम्य दिश उपातिष्ठत इति सिद्धमत ऊर्ध्वम्॥ १६

यस्मिन्नग्नावुपनयति तस्मिन् ब्रह्मचर्यं तस्मिन् व्रतचर्यं †

* भाहि.

† ख. व्रतचर्या.

तस्मिन् समावर्तनं तस्मिन् पाणिग्रहणं तस्मिन् गृह्याणि कर्माणि क्रियन्ते ॥ १७

तस्मिन् काम्यानि तस्मिन् प्रजासंस्कारा इत्येके ॥ १८

स एष उपनयनप्रभृति व्याहृतीभिस्समिद्भिर्हूयत आ समावर्तनात् ॥ १९

समावर्तनप्रभृत्याज्येन व्याहृतीभिर्हूयत आ पाणिग्रहणात् ॥ २०

पाणिग्रहणप्रभृति व्रीहिभिर्यवैर्वा हस्तेनैते आहुती जुहोति—'अग्नये स्वाहा, प्रजापतये स्वाहा' इति सायम्। 'सूर्याय स्वाहा, प्रजापतये स्वाहा' इति प्रातरपि ॥ २१

अग्निहोत्रहविषामन्यतमेन जुहुयात् ॥ २२

पर्वणिपर्वणि चाग्नेयस्थालीपाकः ॥ २३

स एष आधारवान् स्यादाग्निहोत्रिको वाऽप्यापूर्विको वा ॥ २४

तेन सर्पिष्कता विद्यावन्तं ब्राह्मणं भोजयेत् ॥ २५

योऽस्यापचिततमस्तस्मा ऋषभं दद्यादित्येके ॥ २६

अथास्यानुगतस्य या प्रकृतिस्तत आहरणम् ॥ २७

उपवासोऽनुगतेऽन्यतरस्य भार्यायाः पत्युर्वा ॥ २८

अपि वैकां जुहुयात्—'अयाश्चाग्नेऽस्यनभिशस्तीश्च सत्यमित्त्वमया असि। अयसा मनसा धृतोऽयसा हव्यमूहिषेऽया नो धेहि भेषजं स्वाहा' इति ॥ २९

आहुतो व्याख्यातः ॥ ३०

इति बोधायनीयगृह्यसूत्रे द्वितीयप्रश्ने
षष्ठोऽध्यायः

अथ शूलगवस्संवत्सरेसंवत्सरे मार्गशीर्ष्यां पौर्णमा-
स्यां क्रियेत ॥ १

अपि वाऽऽर्द्रायाम् ॥ २

गोषु वोपतप्तासु गोषु गुप्तासु ॥ ३

अरण्येऽग्निमुपसमाधाय सम्परिस्तीर्या प्रणीताभ्यः कृत्वा
बर्हिरादाय गामुपाकरोति—'ईशानाय त्वा जुष्टामुपाकरोमि'
इति ॥ ४

तूष्णीमित्येके ॥ ५

अथैनामद्भिः प्रोक्षति—'ईशानाय त्वा जुष्टां प्रोक्षा-
मि' इति ॥ ६

तूष्णीमित्येके ॥ ७

तामत्रैव प्रतीचीनशिरसीमुदीचीनपदीं संज्ञपयन्ति ॥ ८

तस्यै संज्ञप्ताया अद्भिरभिषेकम् ॥ ९

प्राणानाप्याययाति तूष्णीम् ॥ १०

तूष्णीं वपामुत्खिद्य हृदयमुद्धरति ॥ ११

प्रज्ञातानि चावदानानि ॥ १२

तान्येनेष्वेव शूलेषूपनीक्ष्य* तस्मिन्नेवाग्नौ श्रपयन्ति ॥
अथैतानि शूलेभ्य उपनीक्ष्य* पुनः कुम्भ्यां श्रपयन्ति ॥ १४

अथैतान्यभिघारितान्युद्वास्य प्रतिष्ठितमभिघारयति ॥ १५

परिधानप्रभृत्याऽग्निमुखात् कृत्वा दैवतमावाहयति—'आ त्वा वहन्तु हरयस्सचेतसश्श्वेतैरश्वैस्सहकेतुमाद्भिः । वाताजिरैर्बलवद्भिर्मनोजवैरायाहि शीघ्रं मम हव्याय शर्वोम्' इति ॥ १६

अथ स्रुवेणोपस्तीर्णामभिघारितां वपां जुहोति—'सहस्राणि सहस्रशः' इति पुरोनुवाक्यामनूच्य 'ईशानं त्वा भुवनानामभिश्रियम्' इति याज्यया जुहोति ॥ १७

अत्रैतान्यवदानानीडासूने प्रच्छिद्यौदनं† मांसं यूषमित्याज्येन समुदायुत मेक्षणेनोपघातं पूर्वार्धे जुहोति—'भवाय देवाय स्वाहा, शर्वाय देवाय स्वाहा, ईशानाय देवाय स्वाहा, पशुपतये देवाय स्वाहा, रुद्राय देवाय स्वाहा, उग्राय देवाय स्वाहा, भीमाय देवाय स्वाहा, महते देवाय स्वाहा' इति ॥ १८

अथ मध्ये जुहोति—'भवस्य देवस्य पत्न्यै स्वाहा, शर्वस्य देवस्य पत्न्यै स्वाहा, ईशानस्य देवस्य पत्न्यै स्वाहा, पशुपतेर्देवस्य पत्न्यै स्वाहा, रुद्रस्य देवस्य पत्न्यै स्वाहा'

---

* ग. उपानीक्षिप्य. † क. इडसूने प्रतिच्छाद्य.

उग्रस्य देवस्य पत्न्यै स्वाहा, भीमस्य देवस्य पत्न्यै स्वाहा, महतो देवस्य पत्न्यै स्वाहा' इति ॥ १९

अथापरार्धे जुहोति—'भवस्य देवस्य सुताय स्वाहा, शर्वस्य देवस्य सुताय स्वाहा, ईशानस्य देवस्य सुताय स्वाहा, पशुपतेर्देवस्य सुताय स्वाहा, रुद्रस्य देवस्य सुताय स्वाहा, उग्रस्य देवस्य सुताय स्वाहा, भीमस्य देवस्य सुताय स्वाहा, महतो देवस्य सुताय स्वाहा' इति ॥ २०

अथाज्याहुतीरुपजुहोति—'नमस्ते रुद्र मन्यवे' इत्याऽन्तादनुवाकस्य ॥ २१

स्विष्टकृत्प्रभृति सिद्धमाधेनुवरप्रदानात् ॥ २२

अथाग्रेणाग्निमर्कपर्णेषु हुतशेषं निदधाति—'यो रुद्रो अग्नौ यो अप्सु य ओषधीषु यो रुद्रो विश्वा भुवनाऽऽविवेश तस्मै रुद्राय नमो अस्तु' इति ॥ २३

स्थालीसङ्क्षालनमाज्यशेषमुदकशेषं च पात्र्यां समानीय वेतसशाखयाऽवोक्षन् सर्वतः त्रिः प्रदक्षिणं गाः पर्येति—'आ गावो अग्मन्नुत भद्रमक्रन्' इत्येतेन सूक्तेन ॥ २४

महत्स्वस्त्ययनमित्याचक्षते ॥ २५

अथ यदि गां न लभते मेषमजं वाऽऽलभते ॥ २६

ईशानाय स्थालीपाकं वा श्रपयन्ति तस्मादेतत्सर्वं करोति यद्वा कार्यम् ॥ २७

शूलगवो व्याख्यातः ॥ २८

एवमेवाष्टम्यां प्रदोषे क्रियेतैतावदेव नाना ॥ २९

नात्रोपाकरणं पशोः ॥ ३०

इति बोधायनीयगृह्यसूत्रे द्वितीयप्रश्ने
सप्तमोऽध्यायः.

अथ बलिहरणम् ॥ १

सायं प्रातर्यदशनीयस्य क्रियेतौपासने पचवे वा
होमः ॥ २

एतावदेव नाना ॥ ३

क्षारलवणावरान्नसंसृष्टस्य तु होमं परिचक्षते ॥ ४

काममितरेष्वायतनेषु ॥ ५

अथ यद्येतदेव स्यादुद्धरतो भस्ममिश्रानङ्गारान्निरूह्य
तेषु जुहुयात् ॥ ६

सर्वेष्वायतनेषु पाणिना परिसमूह्योभयतः परिषेकं
निदध्यात् ॥ ७

देशाभ्यासे मन्त्राभ्यासः कामं समानस्थानेषु ॥ ८

अवग्राहशो हस्तेन होमः—'अग्नये स्वाहा, सोमाय
स्वाहा, ध्रुवाय स्वाहा, ध्रुवाय भूमाय स्वाहा, ध्रुवक्षितये
स्वाहा, अच्युताक्षितये स्वाहा, ईशानाय स्वाहा, जयन्ताय
स्वाहा, धर्मरुचये स्वाहा, धन्वन्तरये स्वाहा, विधायै स्वा-

हा, अम्बिकायै स्वाहा, हरये स्वाहा, गणेभ्यस्स्वाहा, गण पतिभ्यस्स्वाहा, परिषद्भ्यस्स्वाहा, विश्वेभ्यो देवेभ्यस्स्वाहा, साध्येभ्यो देवेभ्यस्स्वाहा, सर्वेभ्यो देवेभ्यस्स्वाहा, सर्वाभ्यो देवताभ्यस्स्वाहा, भूस्स्वाहा, भुवस्स्वाहा, सुवस्स्वाहा, भूर्भुवस्सुवस्स्वाहा' ॥ ९

'अग्नये स्विष्टकृते स्वाहा' इत्युत्तरार्धपूर्वार्धे ॥ १०

अपरेणाग्निं—'धर्माय स्वाहा, अधर्माय स्वाहा' इति ॥

अग्रेणाग्निं—'कद्रुवै नाकमात्रे स्वाहा, सर्पेभ्यस्स्वाहा' इति ॥ १२

अभ्रिण्यावकाशे*—'अचलायै देव्यै स्वाहा, वास्तुपाल्यै सगणायै स्वाहा' इति ॥ १३

अभ्रिणदेशे—'अद्भ्यस्स्वाहा, वरुणाय स्वाहा' इति ॥

स्थाल्यां—'प्रजापतये स्वाहा, परमेष्ठिने स्वाहा' इति ॥

देवताऽवकाशे—'ऋषभाय स्वाहा, रुद्राय स्वाहा, रुद्राण्यै स्वाहा' इति ॥ १६

मध्येऽगारस्य—ओषधिवनस्पतिभ्यस्स्वाहा, रक्षोदेवजनेभ्यस्स्वाहा' इति ॥ १७

उच्छिरसि—'कामाय स्वाहा, भगाय स्वाहा, श्रियै स्वाहा, विष्णवे स्वाहा' इति ॥ १८

स्थूणादेशे—'गृहाय स्वाहा, गृहराजाय स्वाहा' इति ॥

---

* क. अभ्लिन्यावकाशे.

धनधान्यावकाशे—'धनधान्याभ्यां स्वाहा, वैश्रवणाय
स्वाहा' इति ॥ २०

गोष्ठे वा पल्वले वा—'श्रियै स्वाहा, पुष्ट्यै स्वाहा' इति ॥

उलूखलमुसलावकाशे—'उलूखलमुसलाभ्यां स्वाहा'
इति ॥ २२

दृषदुपलावकाशे—'दृपदुपलाभ्यां स्वाहा' इति ॥ २३

समूहन्यवकाशे—'समूहन्यै देव्यै स्वाहा' इति ॥ २४

उत्तरपूर्वदेशेऽगारस्य—'गृह्याभ्यस्स्वाहा, अवसानेभ्य-
स्स्वाहा, अवसानपतिभ्यस्स्वाहा, सर्पदेवजनेभ्यस्स्वाहा, सर्व-
भूतेभ्यस्स्वाहा' इति ॥ २५

द्वारमध्ये—'अन्तरिक्षाय स्वाहा, अवान्तरिक्षाय स्वा-
हा' इति ॥ २६

पार्श्वयोः—'धात्रे स्वाहा, विधात्रे स्वाहा' इति ॥ २७

उपपार्श्वयोः—'भूत्यै स्वाहा, प्रभूत्यै स्वाहा' इति ॥ २८

संवरणदेशे*—'यदेजति जगति यच्च चेष्टति नाम्नो
भागोऽयं नाम्ने स्वाहा' इति ॥ २९

अथोपनिष्क्रम्य ज्येष्ठावकाशे—'ज्येष्ठाभ्यां स्वाहा'
करस्करावकाशे –'करस्कराभ्यां स्वाहा' इति ॥ ३०

अनसि वा रथे वा—'श्रियै स्वाहा, विष्णवे स्वाहा'
इति ॥ ३१

---

* ख. संवननदेशे.

गोष्ठे—'रुद्राय स्वाहा, पशुभ्यस्स्वाहा, पशुपतये स्वाहा' इति ॥ ३२

वास्तुमध्ये—'वास्तोष्पतये स्वाहा, पृथिव्यै स्वाहा, अन्तरिक्षाय स्वाहा, दिवे स्वाहा, सूर्याय स्वाहा, चन्द्रमसे स्वाहा, नक्षत्रेभ्यस्स्वाहा, अद्भ्यस्स्वाहा, ओषधीभ्यस्स्वाहा, वनस्पतिभ्यस्स्वाहा, चराचरेभ्यस्स्वाहा, परिप्लवेभ्यस्स्वाहा, सरीसृपेभ्यस्स्वाहा, देशेभ्यस्स्वाहा, कालेभ्यस्स्वाहा, लोकेभ्यस्स्वाहा, देवेभ्यस्स्वाहा, ऋषिभ्यस्स्वाहा, वसुभ्यस्स्वाहा, रुद्रेभ्यस्स्वाहा, आदित्येभ्यस्स्वाहा, इन्द्राय स्वाहा, बृहस्पतये स्वाहा, प्रजापतये स्वाहा, ब्रह्मणे स्वाहा' इति ॥ ३३

अथ दक्षिणतः प्राचीनावीती—'पितृभ्यस्स्वधा नमस्स्वाहा, पितामहेभ्यस्स्वधा नमस्स्वाहा, प्रपितामहेभ्यस्स्वधा नमस्स्वाहा' इति ॥ ३४

अथाप उपस्पृश्योत्तरतो यज्ञोपवीती—'नमो रुद्राय भगवते स्वाहा' इति ॥ ३५

अथ दिक्षु—'प्राच्यै दिशे स्वाहा, दक्षिणायै दिशे स्वाहा, प्रतीच्यै दिशे स्वाहा, उदीच्यै दिशे स्वाहा, ऊर्ध्वायै दिशे स्वाहा, अधरायै दिशे स्वाहा' इति ॥ ३६

अथावान्तरदिक्षु—'यमाय स्वाहा, निर्ऋत्यै स्वाहा, रक्षोभ्यस्स्वाहा, ईशानाय स्वाहा' इति ॥ ३७

अथाकाश उत्क्षिपति—'ये भूताः प्रचरन्ति दिवा

बलिमिच्छन्तो वितुदस्य प्रेष्याः । तेभ्यो बलिं पुष्टिकामो हरामि मयि पुष्टिं पुष्टिपतिर्दधातु स्वाहा' इति दिवा ॥ ३८

'ये भूताः प्रचरन्ति नक्तं बलिमिच्छन्तो वितुदस्य प्रेष्याः। तेभ्यो बलिं पुष्टिकामो हरामि मयि पुष्टिं पुष्टिपतिर्दधातु स्वाहा' इति नक्तम् ॥ ३९

संक्षालनं प्रागुदीच्यां दिशि निनयति—'नमो रुद्राय भौमाय स्वाहा' इति ॥ ४०

इति बोधायनीये गृह्यसूत्रे द्वितीयप्रश्ने
अष्टमोऽध्यायः

अथ वैश्वदेवं हुत्वाऽतिथिमाकांक्षेदागोदोहकालम् ॥ १

अग्रं वोद्धृत्य दद्यात् ॥ २

विज्ञायते—'यज्ञो वा एष पञ्चमो यदतिथिः' ॥ ३

जघनेन गार्हपत्यमुपविश्यौपासनस्य वा 'अधीहि भो' इति गार्हपत्यमुक्त्वा प्राणायामैस्त्रिरायम्य सावित्रीं सहस्रकृत्व आवर्तयेच्छतकृत्वोऽपरिमितकृत्वो वा दशावरम् ॥ ४

वेदादयश्छन्दांसि कूश्माण्डानि चाधीयीत—'अग्निमीळे पुरोहितम्' इति ऋग्वेदस्य, 'इषे त्वोर्जे त्वा' इति यजुर्वेदस्य, 'अग्न आयाहि वीतये' इति सामवेदस्य, 'शं नो देवीरभिष्टये' इत्यथर्ववेदस्य, 'अग्निर्मूर्धा भुवः' इति छन्दांसि,* 'यद्देवा देवहेळनम्' इति कूश्माण्ड्यः ॥ ५

---

* ख. 'अग्न आयाहि वीतये' इति छन्दांसि.

यदधीते स ब्रह्मयज्ञो यज्जुहोति स देवयज्ञो यत्पितृ-
भ्यस्स्वधा करोति स पितृयज्ञो यद्भूतेभ्यो बलिं हरति स
भूतयज्ञो यद्ब्राह्मणेभ्योऽन्नं ददाति स मनुष्ययज्ञ इति ॥ ६

एते पञ्च महायज्ञाः
सततं सुप्रयुक्ता नयन्ति परमां गतिम् ॥ ७

एतेभ्यो यस्य पञ्चभ्यो यज्ञ एकोऽपि हीयते ।
मनस्वत्याहुतिस्तत्र प्रायश्चित्तं विधीयते ॥ ८

द्व्यहं त्र्यहं वाऽपि प्रमादादकृतेषु तु ।
तिस्रस्तन्तुमतीर्हुत्वा चतस्रो वारुणीर्जपेत् ॥ ९

दशाहं द्वादशाहं वा विच्छिन्नेषु तु सर्वशः ।
चतस्रोऽभ्यावर्तिनीर्हुत्वा कार्यस्तान्तुमतश्चरुः ॥ १०

यस्य स्त्री वाऽनुपेतो वा गृहेष्वेतान् बलीन् हरेत् ।
कूश्माण्ड्यस्तत्र होतव्यो हुत्वा यज्ञसमृद्धये ॥ ११

प्रवासं गच्छतो यस्य गृहे कर्ता न विद्यते ।
पञ्चानां महतामेषां स यज्ञैस्सह गच्छति ॥ १२

प्रवासे कुरुते चैनान्यदन्नमुपपद्यते ।
न चेदुत्पद्यते चान्नमद्भिरेनान् समापयेत् ॥ १३

अद्भिरेव व्रतं कुर्याद्यथालाभमनुव्रतम् ।
देवानां देवयज्ञेन द्विजा गच्छन्ति साम्यताम् * ॥ १४

---

* ख. सात्मताम्.

पितॄणां पितृयज्ञेन भूतयज्ञेन भूतिनः ।

मनोर्मनुष्ययज्ञेन ब्रह्मयज्ञेन ब्रह्मणः ॥ १६

एतासां साम्यतां * गत्वा देवतानां शतं समाः ।

आनन्दं ब्रह्म गच्छन्ति ध्रुवं शाश्वतमव्ययम् ॥ इति ॥

अथास्मा अतिथिर्भवति गुरोस्समानवृत्तिर्वैखानसो वा गृहस्थो वानप्रस्थः परिव्राजको गतश्रीस्स्नातको राजा वा धर्मयुक्तः ॥ १७

तेषामभ्युत्थायासनं पाद्यमर्हणमर्घ्यं वा प्रयुञ्जीत ॥ १८

यास्तत्रौषधयस्सन्ति ता देयाः ॥ १९

अन्यां वा प्रक्रियां प्रकुर्वीत ॥ २०

सर्वेभ्योऽभ्यागतेभ्य आ श्वचाण्डालेभ्यस्स्वागतं कार्यम् ॥

ओषधिविभागस्तु विभववता कार्योऽभावे भूमिरुदकं तृणानि कल्याणी वागिति ॥ २२

'एतानि वै सतोऽगारे न क्षीयन्ते कदाचन' इति तानेतान् परं ब्रह्मेत्याचक्षते ॥ २३

तेषां ग्रहणे तु द्वादशरात्रमक्षारलवणभोजनमधश्शयनं ब्रह्मचर्यम् ॥ २४

त्रिरात्रोपोषित उत्क्षेपणौ परौ गृह्णीयात् ॥ २५

बलिहरणं व्याख्यातम् ॥ २६

इति बोधायनीयगृह्यसूत्रे द्वितीयप्रश्ने नवमोऽध्यायः.

---

* ख. सात्मताम्.

अथ प्रत्यवरोहणम् ॥ १

वसन्तादौ—'मधुश्च माधवश्च' इति हुत्वा वासन्ति-
कैरलङ्कारैरलङ्कृत्य वासन्तिकान्यन्नानि ब्राह्मणेभ्यो दत्वाऽन्न-
शेषान् सगणः प्राश्नाति ॥ २

अथ ग्रीष्मादौ—'शुक्रश्च शुचिश्च' इति हुत्वा ग्रै
ष्मिकैरलङ्कारैरलङ्कृत्य ग्रैष्मिकान्यन्नानि ब्राह्मणेभ्यो दत्वाऽ-
न्नशेषान् सगणः प्राश्नाति ॥ ३

अथ वर्षादौ—'नभश्च नभस्यश्च' इति हुत्वा वार्षि-
कैरलङ्कारैरलङ्कृत्य वार्षिकान्यन्नानि ब्राह्मणेभ्यो दत्वाऽन्नशे-
षान् सगणः प्राश्नाति ॥ ४

अथ शरदादौ—'इषश्चोर्जश्च' इति हुत्वा शारदिकै-
रलङ्कारैरलङ्कृत्य शारदिकान्यन्नानि ब्राह्मणेभ्यो दत्वाऽन्नशे
षान् सगणः प्राश्नाति ॥ ५

अथ हेमन्तादौ—'सहश्च सहस्यश्च' इति हुत्वा हैम
न्तिकैरलङ्कारैरलङ्कृत्य हैमन्तिकान्यन्नानि ब्राह्मणेभ्यो दत्वाऽ
न्नशेषान् सगणः प्राश्नाति ॥ ६

अथ शिशिरादौ—'तपश्च तपस्यश्च' इति हुत्वा शै-
शिरिकैरलङ्कारैरलङ्कृत्य शैशिरिकान्यन्नानि ब्राह्मणेभ्यो दत्वाऽ-
न्नशेषान् सगणः प्राश्नाति ॥ ७

अथाधिमासे—'संसर्पोऽस्यंहस्पत्याय त्वा' इति हुत्वा

चैत्रिकैरलङ्कारैरलङ्कृत्य चैत्रिकान्यन्नानि ब्राह्मणेभ्यो दत्त्वाऽ-
न्नशेषान् सगणः प्राश्नाति ॥ ८

स एष आघारवान् वा स्यादाग्निहोत्रिको वाऽप्यापू-
र्विको वा ॥ ९

प्रत्यवरोहणं व्याख्यातम् ॥ १०

इति बोधायनीये गृह्यसूत्रे द्वितीयप्रश्ने
दशमोऽध्यायः

अथाष्टकाहोमः ॥ १

तैषे मास्यपरपक्षस्याष्टम्यां क्रियेत ॥ २

एवं माघ एवं फाल्गुने यदि विहृतः ॥ ३

यद्यु वै समस्त उपरिष्टान्माघ्याः पौर्णमास्या अपरप
क्षस्य सप्तम्यामष्टम्यां नवम्यामिति क्रियेतापि वाऽष्टम्यामेव ॥

श्वः करिष्यामीति ब्राह्मणान्निमन्त्रयते योनिगोत्रश्रु-
तवृत्तसम्पन्नानसम्बन्धानित्येके ॥ ५

कामं सम्बन्धानपि श्रुतवृत्तसम्पन्नान् श्रुतवृत्तयोर्हि
स्वधा निधीयत इत्युपदिशन्ति ॥ ६

तान् श्वोभूते श्मश्रुकर्माभ्यञ्जनस्नानैर्यथोपपादं सम्पू-
ज्य स्वयमाप्लुत्य शुचौ समे देशे देवयजनोल्लेखनप्रभृत्या
प्रणीताभ्यः कृत्वा बर्हिरादाय गामुपाकरोति—'पितृभ्य-
स्त्वा पितामहेभ्यस्त्वा प्रपितामहेभ्यस्त्वा जुष्टामुपाकरोमि'
इति । तूष्णीमित्येके ॥ ७

अथैनामद्भिः प्रोक्षति—'पितृभ्यस्त्वा पितामहेभ्यस्त्वा
प्रपितामहेभ्यस्त्वा जुष्टां प्रोक्षामि' इति । तूष्णीमित्येके ॥ ८

तामत्रैव प्रतीचीनशिरसीं दक्षिणापदीं संज्ञपन्ति ॥ ९

तस्यै संज्ञप्ताया अद्भिरभिषेकम् ॥ १०

प्राणानाप्याययति तूष्णीम् ॥ ११

तूष्णीं वपामुत्खिद्य हृदयमुद्धरति ॥ १२

प्रज्ञातानि चावदानानि ॥ १३

तान्येतेष्वेव शूलेषूपनीक्ष्यै * तस्मिन्नेवाग्नौ श्रपयन्ति ॥

पृथङ्मांसं चौदनं चापूपांश्च श्रपयन्त्यन्यांश्च भक्ष्यवि-
शेषांत्सर्वं सिद्धं समानीयायुग्मान् ब्राह्मणान् सुप्रक्षालितपा-
णिपादानप आचमय्य सदर्भोपक्लृप्तेष्वासनेषु द्वौ दैवे त्री
न्पित्र्ये एकैकमुभयत्र वा प्राङ्मुखानुपवेशयत्युदङ्मुखान्वा ॥

स यदि प्राङ्मुखान् दक्षिणापवर्गः । यद्युदङ्मुखान्
प्रागपवर्गः † ॥ १६

तेषामेवोदकं निनीय सप्रणवेन क्षणं ग्राहयति ॥ १७

अष्टकाश्राद्धे क्षणः क्रियतामित्यों तथेति प्रतिवचनम् ॥

'प्राप्नोतु भवान् प्राप्नोतु भवान्' इति ॥ १९

'प्राप्नवानि प्राप्नवानि' इतीतरे प्रत्याहुः ॥ २०

अथैनान् तिलमिश्रा अपः प्रतिग्राहयति—'अमुष्मै
स्वधा नमोऽमुष्मै स्वधा नमः' इति ॥ २१

---

* उपनिक्षिप्यै.

† प्रत्यगपवर्गः.

त्रिस्तिलोदकमेके समामनन्ति पुरोऽन्नं द्विस्तिलोदकं
दद्यात् भुक्तवत्सु च तृतीयमिति ॥ २२

अथैनान् वस्त्रगन्धपुष्पधूपदीपमाल्यैर्यथोपपादं सम्पूज्य
पृच्छति—'उद्ध्रियतामग्नौ च क्रियताम्' 'काममुद्ध्रियतां काम-
मग्नौ च क्रियतां' इतीतरे प्रत्याहुः ॥ २३

अपि वा—'अग्नौ करिष्यामि' इति, 'कुरुष्व' इती-
तरे प्रत्याहुः ॥ २४

अथाभ्यनुज्ञातः परिधानप्रभृत्याऽग्निमुखात्कृत्वा शृतायां
वपायां पञ्च स्रुवाहुतीर्जुहोति—'याः प्राचीस्सम्भवन्त्याप उ-
त्तरतश्च याः । अद्भिर्विश्वस्य भुवनस्य धर्त्रीभिरन्तरन्यं पि-
तुर्दधे स्वधा नमस्स्वाहा' ॥ २५

'अन्तर्दधे पर्वतैरन्तर्मह्या पृथिव्या दिवा । दिग्भिर-
नन्ताभिरूतिभिरन्तरन्यं पितामहाद्दधे स्वधा नमस्स्वाहा' ॥

'अन्तर्दध ऋतुभिस्सर्वैरहोरात्रैस्ससन्धिकैः । अर्धमा-
सैश्च मासैश्चान्तरन्यं प्रपितामहाद्दधे स्वधा नमस्स्वाहा' ॥ २७

'यन्मे माता प्रलुलोभ चरत्यननुव्रता । तन्मे रेतः
पिता वृङ्क्तां माऽऽभुरन्योऽवपद्यतां स्वधा नमस्स्वाहा' ॥ २८

'यद्वः क्रव्यादङ्गमदहं लोकाननयन्* प्रणयन् जात-
वेदाः । तद्वो अहं पुनरावेशयाम्यरिष्टास्सर्वैरङ्गैस्सम्भवथ पि-
तरस्स्वधा नमस्स्वाहा' इति ॥ २९

* क्रव्यादगमदहल्लोकाननयत्.

त्रेधा वपां विच्छिद्यौदुम्बर्या दर्व्या जुहोति—'सोमाय पितृमते शुष्मिणे जुहुमो हविः । वाजान्निदं जुषस्व नः स्वजा हव्यं देवेभ्यः पितृभ्यस्स्वधा नमस्स्वाहा' ॥ ३०

'अङ्गिरस्वन्तमूतये यमं पितृमन्तमाहुवे । वैवस्वतेदमद्धि नस्स्वजा हव्यं देवेभ्यः पितृभ्यस्स्वधा नमस्स्वाहा' ॥

'यदग्ने कव्यवाहन पितॄन्यक्षि ऋतावृधः । प्र देवेभ्यो वह हव्यं पितृभ्यश्च स्वजा कव्यं देवेभ्यः पितृभ्यस्स्वधा नमस्स्वाहा' इति ॥ ३२

अथाष्टकाहोमं जुहोति—'इयमेव सा या प्रथमा व्यौच्छत्' इति पञ्चदश । 'ईयुष्टे ये पूर्वतरामपश्यन्' इत्येकाम् । 'संवत्सरस्य प्रतिमाणम्' इत्येकां तास्सप्तदश ॥ ३२

अथापूपमष्टधा विच्छिद्य त्रीण्यवदानानि वपायाः कल्पेन हुत्वाऽथेतराणि ब्राह्मणेभ्यो दत्वाऽत्रैतान्यवदानानीडासूने प्रतिच्छाद्यौदनं मांसं यूषमित्याज्येन समुदायुत्यौदुम्बर्या दर्व्योपघातं दक्षिणार्धे जुहोति—'पितृभ्यस्स्वधा नमस्स्वाहा। पितामहेभ्यस्स्वधा नमस्स्वाहा । प्रपितामहेभ्यस्स्वधा नमस्स्वाहा । मातृभ्यस्स्वधा नमस्स्वाहा । पितामहीभ्यस्स्वधा नमस्स्वाहा । प्रपितामहीभ्यस्स्वधा नमस्स्वाहा । मातामहेभ्यस्स्वधा नमस्स्वाहा । मातुः पितामहेभ्यस्स्वधा नमस्स्वाहा । मातुः प्रपितामहेभ्यस्स्वाधा नमस्स्वाहा । मातामहीभ्यस्स्वधा नमस्स्वाहा । मातुः पितामहीभ्यस्स्वधा नमस्स्वाहा । मातुः प्रपितामहीभ्य-

स्स्वधा नमस्स्वाहा । आचार्याय स्वधा नमस्स्वाहा । आचार्यपत्नीभ्यस्स्वधा नमस्स्वाहा । गुरुभ्यस्स्वधा नमस्स्वाहा । गुरुपत्नीभ्यस्स्वधा नमस्स्वाहा । सखिभ्यस्स्वधा नमस्स्वाहा । सखिपत्नीभ्यस्स्वधा नमस्स्वाहा । ज्ञातिभ्यस्स्वधा नमस्स्वाहा । ज्ञातिपत्नीभ्यस्स्वधा नमस्स्वाहा । अमात्येभ्यस्स्वधा नमस्स्वाहा । अमात्यपत्नीभ्यस्स्वधा नमस्स्वाहा । सर्वेभ्यस्स्वधा नमस्स्वाहा । सर्वाभ्यस्स्वधा नमस्स्वाहा' इति ॥ ३४

'अग्नये कव्यवाहनाय स्विष्टकृते स्वधा नमस्स्वाहा' इति दक्षिणार्धपूर्वार्धे ॥ ३५

मांसोदनं पात्रेषूद्धृत्य विशेषानुपनिक्षिप्य हुतशेषेण संसृज्य दक्षिणाग्रेषु दर्भेषु सादयित्वा दक्षिणाग्रैः दर्भैः प्रतिच्छाद्याभिमृशति—'पृथिवी ते पात्रं द्यौरपिधानं ब्राह्मणस्त्वा मुखे जुहोमि ब्राह्मणानां त्वा विद्यावतां प्राणापानयोर्जुहोम्यक्षितमसि मा पितॄणां पितामहानां प्रपितामहानां क्षेष्ठा अमुत्रामुष्मिन् लोके' इति ॥ ३६

अथैतानि ब्राह्मणेभ्य उपनिक्षिप्य ब्राह्मणानामङ्गुष्ठेनानखेनानुदिशति—'अमुष्मै स्वधा नमोऽमुष्मै स्वधा नमः' इति ॥ ३७

भुञ्जानान् समीक्षते—'प्राणे निविष्टोऽमृतं जुहोमि' इति पञ्चभिः । 'ब्रह्मणि म आत्माऽमृतत्वाय' इत्यात्मानम् ॥ ३८

न चात ऊर्ध्वं निरीक्षते 'ह्रीका हि पितरः' इति विज्ञायते ॥ ३९

सर्वैः कामैस्तर्पयन् स्वधायुक्तानि ब्रह्माण्यभिश्रावयन् राक्षोघ्नानि च नैरृतानि च ॥ ४०

तृप्त्यन्ते तृप्ताः स्थेत्युक्त्वा तृप्ताः स्म इति प्रतिवचनम् ॥ ४१

तृप्तानप आचमय्याशयेष्वन्नशेषान् सम्प्रकिरति—'येऽग्निदग्धा जाता जीवा ये ये त्वदग्धाः कुले मम । भूमौ दत्तेन तृप्यन्तु तृप्ता यान्तु परां गतिम्' इति ॥ ४२

अथैनान् संक्षाळनेन त्रिपिञ्जन्नवकीर्य 'स्वदितम्' इति वाचयित्वा दक्षिणाभिराराधयति ॥ ४३

सुवर्णहिरण्यप्राणिवस्त्रलोहभूमिभाण्डैर्गवाश्वाजाविकहस्तिदासपुरुषव्रीहियवमाषतिलदण्डोपानच्छत्रकमण्डलुयानासनशयनोपधानैस्सर्वोपकरणैर्यथोपपादं सम्पूज्याक्षय्यं वाचयित्वोपसङ्गृह्य स्वधां वाचयित्वोत्थाप्य प्रसाद्य संसाद्य प्रदक्षिणीकृत्य शेषमनुज्ञाप्यैतेनैव यथेनमेत्यान्नशेषान्निवेदयते । यथा ब्रूयुस्तथा कुर्याच्चैस्त्वभ्यनुज्ञेयम् ॥ ४४

अथाऽभ्यनुज्ञातो दक्षिणेनाग्निं दक्षिणाग्रान् दर्भान् संस्तीर्य तेष्वन्नशेषैः पिण्डं ददाति—'पितृभ्यस्स्वधा नमः' इति चतुर्विंशतिः ॥ ४५

अथैनान् सङ्क्षाळनेन त्रिरपसलैः परिपिञ्चति—'ऊर्जं

वहन्तीरमृतं घृतं मधु पयः कीलालं परिस्रुतं स्वधा स्थ *
तर्पयत मे पितॄन् तृप्यत तृप्यत तृप्यत' इति ॥ ४६

जयप्रभृति सिद्धमाधेनुवरप्रदानात् ॥ ४७

आचमने चाग्निमुखे चाभिश्रावणे चोपसङ्ग्रहणे च प
श्राद्धोमेषु च यज्ञोपवीतम् ॥ ४८

अथेतरत्र प्राचीनावीतम् ॥ ४९

एवमेव श्वोभूते मांसशेषेणैवमेव श्वोभूते यदि त्र्यहम् ॥

अथ यदि गां न लभते मेषमजं वाऽऽलभते ॥ ५१

आरण्येन वा मांसेन यथोपपन्नेन ॥ ५२

खड्गमृगमहिषमेषवराहपृषतशशरोहितशार्ङ्गतित्तिरिकपोत-
कपिञ्जलवार्ध्राणसानामक्षय्यं तिलमधुसंसृष्टम् ॥ ५३

तथा मत्स्यस्य शतवलेः क्षीरोदनेन वा मूपोदनेन वा ॥

यद्वा भवत्यामैर्वा मूलफलैः प्रदानमात्रम् ॥ ५५

हिरण्येन वा प्रदानमात्रम् ॥ ५६

अपि वा गोग्रासमाहरेत् ॥ ५७

अपि वाऽनूचानेभ्य उदकुम्भानाहरेत् ॥ ५८

अपि वा श्राद्धमन्त्रानधीयीत ॥ ५९

अपि वाऽरण्येऽग्निना कक्षमुपोषेदेषामेकाष्टकेति ॥ ६०

न त्वेवानष्टकस्स्यात् ॥ ६१

सिकता श्राद्धे पवित्रं यद्यध्यवसनाय† यद्यन्ववकिरणाय ॥

---

* ख. स्वधास्त.   † ख. यद्यध्यवसानाय, यद्यवधारणाय.

कुशाः कुतपो दूर्वा इति श्राद्धे पवित्रं यद्यासनाय यदि परिस्तरणाय यद्युत्पवनाय ॥ ६३

तिलाश्श्राद्धे पवित्रं यदि दानाय यदि भोजनाय यद्यपां संसर्जनाय ॥ ६४

खड्गः श्राद्धे पवित्रं यदि मांसं यद्यस्थिमयं पात्रम् ॥

दौहित्रः श्राद्धे पवित्रं यदि भोक्ता यदि परिवेष्टा यद्यभिश्रावयिता ॥ ६६

इत्यष्टकाहोमो व्याख्यातः ॥ ६७

एवमेव मासिश्राद्धमपरपक्षस्यान्यतमेऽहनि क्रियेत ॥ ६८

एतावदेव नाना नात्राष्टकाहोमो भवति ॥ ६९

इत्यष्टका व्याख्याता ॥ ७०

इतीमास्सप्त पाकयज्ञसंस्था व्याख्याताः ॥ ७१

इति बोधायनीयगृह्यसूत्रे द्वितीयप्रश्ने
एकादशोऽध्यायः.

अथाष्टकाहोमः । अथ प्रत्यवरोहणम् । अथ वैश्वदेवम् । अथ बलिहरणम् । अथ शूलगवः । वेदमधीत्य स्नास्यन्नित्युक्तम् । अथाहुतो गर्भाष्टमेषु । संवत्सरे चूडाकर्म । षष्ठे मास्यन्नप्राशनम् । चतुर्थे मास्युपनिष्क्रमणम् । अथ प्रहुतः ॥ ११ ॥

अथ प्रहुतः । चतुर्थे मास्युपनिष्क्रमणम् । षष्ठे मास्यन्नप्राशनम् । संवत्सरे चूडाकर्म । अथाहुतो गर्भाष्टमेषु । वेदमधीत्य स्नास्यन्नित्युक्तम् । अथ शूलगवः । अथ बलिहरणम् । अथ वैश्वदेवम् । अथ प्रत्यवरोहणम् । अथाष्टकाहोमः ॥ ११ ॥

इति बोधायनगृह्यसूत्रे द्वितीयप्रश्नः.

अथ तृतीयः प्रश्नः.

हुतानुकृतिरुपाकर्म ॥ १

श्रावण्यां पौर्णमास्यां क्रियेतापि वा आषाढ्याम् ॥ २

समन्वारब्धेष्वन्तेवासिषु ॥ ३

अथ देवयजनोल्लेखनप्रभृत्याऽग्निमुखात् कृत्वा चतस्रः प्रधानाहुतीर्जुहोति—'याज्ञिकीभ्यो देवताभ्यस्स्वाहा सांहितीभ्यो देवताभ्यस्स्वाहा । वारुणीभ्यो देवताभ्यस्स्वाहा । सर्वाभ्यो देवताभ्यस्स्वाहा' इति ॥ ४

अथ काण्डऋषीन् जुहोति—'प्रजापतये काण्डऋषये स्वाहा । सोमाय काण्डऋषये स्वाहा । अग्नये काण्डऋषये स्वाहा । विश्वेभ्यो देवेभ्यः काण्डऋषिभ्यस्स्वाहा । स्वय-

म्भुवे काण्डऋषये स्वाहा' इति ॥ ५

अथ सदसस्पतिं जुहोति—'सदसस्पतिमद्भुतं प्रियमिन्द्रस्य काम्यम् । सनिं मेधामयासिषं स्वाहा' इति ॥ ६

अथ सावित्रीं जुहोति—'तत्सवितुर्वरेण्यम्' इत्येताम् ॥

अथ वेदाहुतीर्जुहोति—'ऋग्वेदाय स्वाहा । यजुर्वेदाय स्वाहा । सामवेदाय स्वाहा । अथर्ववेदाय स्वाहा । अथर्वाङ्गिरोभ्यस्स्वाहा । इतिहासपुराणेभ्यस्स्वाहा । सर्पदेवजनेभ्यस्स्वाहा । सर्वभूतेभ्यस्स्वाहा' इति ॥ ८

त्रीनादितोऽनुवाकानधीयीरन् काण्डादीन् वा सर्वान् ॥

जयप्रभृति सिद्धमाधेनुवरप्रदानात् ॥ १०

अथ ब्राह्मणान् तर्पयत्यपूपैर्धानाभिस्सक्तुभिरोदनेनेति यद्यु वैतेभ्यो भवति ॥ ११

ऋषयश्छन्दांस्याचार्या वेदा यज्ञाश्च प्रीयन्तामिति वाचयित्वा ॥ १२

त्र्यहमेकाहं वा नाधीयीरन् ॥ १३

मासं प्रदोषे नाधीयीरन् ॥ १४

नित्यं चैव भुक्त्वोर्ध्वम् ॥ १५

मध्यरात्रात् स्तनिते सप्रदोषमहरनध्यायः । अस्तमिते चोदयाद्विद्युति च स्वप्नान्तम् ॥ १६

एवमेव काण्डोपाकरणकाण्डसमापनाभ्याम् ॥ १७

स एकः काण्डऋषिः ॥ १८

तस्य चैवैकस्य काण्डस्याद्योऽनुवाकः ॥ १९

तस्य चैवैकस्य काण्डस्यैतदहरनध्यायः ॥ २०

एवं काण्डविसर्गे । एतावदेव नाना नात्रानुवाकः । पौरोडाशिकं याजमानं होतारो हौत्रं पैतृमेध इति सब्रा-
ह्मणाति सानुब्राह्मणानि प्राजापत्यानि ॥ २१

आध्वर्यवं ग्रहा दाक्षिणानि समिष्टयजूंष्यवभृथयजूंपि वाजपेयश्शुक्रियाणि सवा इति सब्राह्मणानि सानुब्राह्म
णानि सौम्यानि ॥ २२

अग्न्याधेयमग्निहोत्रमग्न्युपस्थानमग्निचयनं सावित्रं नाचिकेतं चातुर्होत्रीयं वैश्वसृजारुणा इति सब्राह्मणानि सा-
नुब्राह्मणान्याग्नेयानि ॥ २३

राजसूयः पशुबन्धः इष्टयो नक्षत्रेष्टयो दिवश्श्येनयोऽपाधास्सात्रायणमुपहोमाः कौकिलीसूक्तान्यौपानुवाक्यं याज्याऽश्वमेधः पुरुषमेधस्सौत्रामण्यच्छिद्राणि पशुहौत्रमुपनिषद इति
सब्राह्मणानि सानुब्राह्मणानि वैश्वदेवानि ॥ २४

स्वायम्भुवं काण्डं काठके पठितो विधिः स्वयम्भू-
श्चात्र दैवतं सर्वभूतपतिश्शुचिरिति ॥ २५

अथ कारीरीव्रतं चतूरात्रमक्षारलवणं भूमौ भुञ्जीत
पशुवत् ॥ २६

एवमेव कारात्रतम् ॥ २७

सावित्रीभ्यः प्रभृत्यूर्ध्वमोषध्यनुवाकानधीयीरन्नात्र भूमौ भुञ्जीत न पशुवादिति * ॥ २८

इति बोधायनीयगृह्यसूत्रे तृतीयप्रश्ने
प्रथमोऽध्यायः.

आचार्यप्रसूतः कर्माणि करोतीति विज्ञायते ॥ १

आचार्यो वै ब्रह्मेति ॥ २

काण्डेकाण्डे च व्रतचर्या ॥ ३

अथेमानि ब्राह्मणानि सांवत्सरिकैर्व्रतैरध्येयानि भवन्ति होतारश्शुक्रियाण्युपनिषदो गोदानं सम्मितं इति ॥ ४

होतृषु प्रधानकालेष्वथ देवयजनोल्लेखनप्रभृत्याऽग्निमुखात्कृत्वा यथोपदेशं प्रधानाहुतीर्जुहोति—'याज्ञिकीभ्यो देवताभ्यो होतृभ्यस्स्वाहा, सांहितीभ्यो देवताभ्यो होतृभ्यस्स्वाहा, वारुणीभ्यो देवताभ्यो होतृभ्यस्स्वाहा, सर्वाभ्यो देवताभ्यो होतृभ्यस्स्वाहा' इति ॥ ५

अथ काण्डऋषिं जुहोति—'प्रजापतये काण्डऋषये स्वाहा' इति ॥ ६

---

* ख. मौञ्जीदण्डोपवीतानि वासः कृष्णाजिनं तथा ।
पूर्वोपयुक्तान्युत्सृज्य धार्याणि स्युर्व्रते व्रते ॥ इत्यधिकम् ॥

अथ सदसस्पतिं जुहोति—'सदसस्पतिमद्भुतं प्रिय-
मिन्द्रस्य काम्यम् । सनिं मेधामयासिषं स्वाहा' इति ॥ ७

अथ सावित्रीं जुहोति—'तत्सवितुर्वरेण्यम्' इत्ये-
ताम् ॥ ८

अथ वेदाहुतीर्जुहोति—'ऋग्वेदाय स्वाहा, यजुर्वेदाय
स्वाहा, सामवेदाय स्वाहा, अथर्ववेदाय स्वाहा, अथर्वा-
ङ्गिरोभ्यस्स्वाहा, इतिहासपुराणेभ्यस्स्वाहा, सर्पदेवजनेभ्य-
स्स्वाहा, सर्वभूतेभ्यस्स्वाहा' इति ॥ ९

अथ पालाशीश्चतस्रस्समिध आर्द्रास्सपलाशास्सप्ररोहाः
प्रादेशमात्रा अपरिशुष्काग्रा घृतान्वक्ता अभ्याधापयन्वाच-
यति ॥ १०

याज्ञिकानां वा वृक्षाणामन्यतमस्य ॥ ११

'अग्ने व्रतपते होतारं व्रतं चरिष्यामि तच्छकेयं तन्मे
राध्यतां स्वाहा, वायो व्रतपते होतारं व्रतं चरिष्यामि
तच्छकेयं तन्मे राध्यतां स्वाहा, आदित्य व्रतपते होतारं
व्रतं चरिष्यामि तच्छकेयं तन्मे राध्यतां स्वाहा, व्रतानां
व्रतपते होतारं व्रतं चरिष्यामि तच्छकेयं तन्मे राध्यतां
स्वाहा' इति ॥ १२

जयप्रभृति सिद्धमाधेनुवरप्रदानात् ॥ १३

संवत्सरमेतद्व्रतं चरेत् संवत्सरं हि व्रतं नातीत्यैतस्मिं-
स्त्वेवैतत्संवत्सरेऽधीयीत ॥ १४

यद्यु वैतस्मिन् संवत्सरे नाधीयीत यावदध्ययनमेत-
द्व्रतं चरेत् ॥ १५

अथ संवत्सरे पर्यवेतेऽध्यापयते श्रावयते वा ॥ १६

अथ देवयजनोल्लेखनप्रभृत्याऽग्निमुखात्कृत्वाऽथात्रसभाय-
श्चित्तं जुहोति—'यन्म आत्मनो मिन्दाऽभूत्, पुनरग्निश्चक्षु-
रदात्' इति द्वाभ्याम् ॥ १७

यथोपदेशं प्रधानाहुतीर्जुहोति—'याज्ञिकीभ्यो देवता-
भ्यो होतृभ्यस्स्वाहा' इति चतसृभिः ॥ १८

अथ काण्डऋषिं जुहोति—'प्रजापतये काण्डऋषये
स्वाहा' इति ॥ १९

अथ सदसस्पतिं जुहोति—'सदसस्पतिम्' इति ॥ २०

अथ सावित्रीं जुहोति—'तत्सवितुः' इत्येताम् ॥ २१

अथ वेदाहुतीर्जुहोति—'ऋग्वेदाय स्वाहा, यजुर्वेदाय
स्वाहा, सामवेदाय स्वाहा, अथर्ववेदाय स्वाहा, अथर्वा
ङ्गिरोभ्यस्स्वाहा, इतिहासपुराणेभ्यस्स्वाहा, सर्पदेवजनेभ्यस्स्वा-
हा, सर्वभूतेभ्यस्स्वाहा' इति ॥ २२

अथ पालाशीश्चतस्रस्समिध आर्द्रास्सपलाशास्सप्ररोहाः
प्रदेशमात्रा अपरिशुष्काग्रा घृतान्वक्ता अभ्याधापयन् वाच-
यति ॥ २३

याज्ञिकानां वा वृक्षाणामन्यतमस्य ॥ २४

'अग्ने व्रतपते होतारं व्रतमचारिषं तदशकं तन्मे

राधि स्वाहा, वायो व्रतपते होतारं व्रतमचारिषं तदशकं तन्मे राधि स्वाहा, आदित्य व्रतपते होतारं व्रतमचारिषं तदशकं तन्मे राधि स्वाहा, व्रतानां व्रतपते होतारं व्रतमचारिषं तदशकं तन्मे राधि स्वाहा' इति ॥ २५

जयप्रभृति सिद्धमा धेनुवरप्रदानात् ॥ २६

अथ शुक्रियाणि ॥ २७

तेषामुक्ता व्रतचर्या ॥ २८

अथोपनिषत्सु ॥ २९

अथ देवयजनोल्लेखनप्रभृत्याऽग्निमुखात्कृत्वा यथोपदेशं प्रधानाहुतीर्जुहोति—'याज्ञिकीभ्यो देवताभ्य उपनिषद्भ्यस्स्वाहा' इति चतस्रः ॥ ३०

अथ काण्डऋषिं जुहोति—'विश्वेभ्यो देवेभ्यः काण्डऋषिभ्यस्स्वाहा' इति ॥ ३१

अथ सदसस्पतिं जुहोति—'सदसस्पतिम्' इति ॥

अथ सावित्रीं जुहोति 'तत्सवितुर्वरेण्यम्' इत्येताम् ॥ ३३

अथ वेदाहुतीर्जुहोति—'ऋग्वेदाय स्वाहा, यजुर्वेदाय स्वाहा, सामवेदाय स्वाहा, अथर्ववेदाय स्वाहा, अथर्वाङ्गिरोभ्यस्स्वाहा, इतिहासपुराणेभ्यस्स्वाहा, सर्पदेवजनेभ्यस्स्वाहा, सर्वभूतेभ्यस्स्वाहा' इति ॥ ३४

अथ पालाशीश्चतस्रस्सामिध आर्द्रास्सपलाशास्सप्ररोहाः

प्रादेशमात्रा अपरिशुष्काग्रा घृतान्वक्ता अभ्याधापयन् वा-
चयति ॥ ३५

याज्ञिकानां वा वृक्षाणामन्यतमस्य ॥ ३६

'अग्ने व्रतपत उपनिषदं व्रतं चरिष्यामि तच्छकेयं
तन्मे राध्यतां स्वाहा, वायो व्रतपत उपनिषदं व्रतं चरि-
ष्यामि तच्छकेयं तन्मे राध्यतां स्वाहा, आदित्य व्रतपत
उपनिषदं व्रतं चरिष्यामि तच्छकेयं तन्मे राध्यतां स्वाहा,
व्रतानां व्रतपत उपनिषदं व्रतं चरिष्यामि तच्छकेयं तन्मे
राध्यतां स्वाहा' इति ॥ ३७

जयप्रभृति सिद्धमा धेनुवरप्रदानात् ॥ ३८

संवत्सरमेतद्व्रतं चरेत् संवत्सरं हि व्रतं नातीत्यैत-
स्मिंस्त्वेवैतत् संवत्सरेऽधीयीत ॥ ३९

यद्यु वैतस्मिन् संवत्सरे नाधीयीत यावदध्ययनमेत-
द्व्रतं चरेत् ॥ ४०

अथ संवत्सरे पर्यवेतेऽध्यापयते श्रावयते वा ॥ ४१

अथ देवयजनोल्लेखनप्रभृत्याऽग्निमुखात्कृत्वाऽथात्रत्यप्रा-
यश्चित्तं जुहोति—'यन्म आत्मनः, पुनरग्निश्चक्षुरदात्' इति
द्वाभ्याम् ॥ ४२

अथ यथोपदेशं प्रधानाहुतीर्जुहोति—'याज्ञिकीभ्यो दे-
वताभ्य उपनिषद्भ्यस्स्वाहा' इति चतस्रः ॥ ४३

अथ काण्डऋषिं जुहोति—'विश्वेभ्यो देवेभ्यः का-
ण्डऋषिभ्यस्स्वाहा' इति ॥ ४४

अथ सदसस्पतिं जुहोति 'सदसस्पतिम्' इति ॥ ४५

अथ सावित्रीं जुहोति—'तत्सवितुर्वरेण्यम्' इत्येताम् ॥

अथ वेदाहुतीर्जुहोति—'ऋग्वेदाय स्वाहा, यजुर्वेदाय
स्वाहा, सामवेदाय स्वाहा, अथर्ववेदाय स्वाहा, अथर्वा-
ङ्गिरोभ्यस्स्वाहा, इतिहासपुराणेभ्यस्स्वाहा, सर्पदेवजनेभ्यस्स्वा-
हा, सर्वभूतेभ्यस्स्वाहा' इति ॥ ४७

अथ पालाशीश्चतस्रस्समिध आर्द्रास्सपलाशास्सप्ररोहाः
प्रादेशमात्रा अपरिशुष्काग्रा घृतान्वक्ता अभ्याधापयन् वा-
चयति ॥ ४८

याज्ञिकानां वा वृक्षाणामन्यतमस्य ॥ ४९

'अग्ने व्रतपत उपनिषदं व्रतमचारिषं तदशकं तन्मे
राधि स्वाहा, वायो व्रतपत उपनिषदं व्रतमचारिषं तद-
शकं तन्मे राधि स्वाहा, आदित्य व्रतपत उपनिषदं व्रत-
मचारिषं तदशकं तन्मे राधि स्वाहा, व्रतानां व्रतपत उप-
निषदं व्रतमचारिषं तदशकं तन्मे राधि स्वाहा' इति ॥ ५०

जयप्रभृति सिद्धमा धेनुवरप्रदानात् ॥ ५१

षोडशे वर्षे गोदानम् ॥ ५२

तस्य चौलवत्तूष्णीं प्रतिपत्तिरवसानं च ॥ ५३

एतावदेव नाना ॥ ५४

प्रतिपत्तौ सर्वान् केशान् वापयति ॥ ५५

गामत्र गुरवे वरं ददाति ॥ ५६

अग्निगोदानो वा भवति ॥ ५७

तस्य काण्डोपाकरणकाण्डसमापनाभ्यां प्रतिपत्तिरव-
सानं च ॥ ५८

सर्ववेदसम्मितामित्याचक्षते ॥ ५९

तस्य द्वादश संवत्सरानेकादश नव सप्त पञ्च त्रीन्
संवत्सरान् षण्मासान् चतुरो मासान् द्वौ मासौ मासं वा
व्रतं चरेत् ॥ ६०

तस्योपदेशात् प्रतिपत्तिरवसानं च ॥ ६१

तस्य नित्येऽधिब्रह्मचर्यं त्रिषवणमभिषेक उत्सन्नशय्या
आसनं च ॥ ६२

यन्मातुर्दुश्चरितं तस्मादेनं त्रायत इत्युपदिशति मन्त्र-
ब्राह्मणं वेद इत्याचक्षते ॥ ६३

इति बोधायनीये गृह्यसूत्रे तृतीयप्रश्ने
द्वितीयोऽध्यायः

अष्टाचत्वारिंशत्सम्मितं सम्मितामित्याचक्षते ॥ १

तस्य संक्षेपस्संवत्सरः ॥ २

तत्संवत्सरमनुव्याख्यास्यामः ॥ ३

स यदि ब्रह्मचारी स्यान्नियममेव प्रतिपद्येत ॥ ४

अथ यद्यब्रह्मचारी स्यात् केशश्मश्रुलोमनखानि वाप-
यित्वा तीर्थं गत्वा स्नात्वाऽप आचम्य सुरभिमत्याऽब्लि-
ङ्गाभिर्वारुणीभिर्हिरण्यवर्णाभिः पावमानीभिर्व्याहृतिभिरिति मा-
र्जयित्वाऽन्तर्जलगतोऽघमर्षणेन षोडश प्राणायामान् धारयि-
त्वोत्तीर्य वासः पीडयित्वाऽन्यत्प्रयतं वासः परिधायाप आ
चम्य देवयजनमुदानयति ॥ ५

अथ देवयजनोल्लेखनप्रभृत्याऽग्निमुखात्कृत्वाऽथात्रत्यप्रा-
यश्चित्तं जुहोति—'नाहं करोमि कामः करोति कामः कर्ता
कामः कारयितैतत्ते काम कामाय स्वाहा, नाहं करोमि
मन्युः करोति मन्युः कर्ता मन्युः कारयितैतत्ते मन्यो मन्यवे
स्वाहा' इति ॥ ६

अथ यथोपदेशं प्रधानाहुतीर्जुहोति—'याज्ञिकीभ्यो दे-
वताभ्यस्साम्मितीभ्यस्स्वाहा' इति चतस्रः ॥ ७

अथ काण्डऋषिं जुहोति—'स्वयम्भुवे काण्डऋषये
स्वाहा' इति ॥ ८

अथ सदसस्पतिं जुहोति—'सदसस्पतिम्' इति ॥ ९

अथ सावित्रीं जुहोति—'तत्सवितुः' इत्येताम् ॥ १०

अथ वेदाहुतीर्जुहोति—'ऋग्वेदाय स्वाहा, यजुर्वेदा-
य स्वाहा, सामवेदाय स्वाहा, अथर्ववेदाय स्वाहा, अथ-
र्वाङ्गिरोभ्यस्स्वाहा, इतिहासपुराणेभ्यस्स्वाहा, सर्पदेवजनेभ्य-
स्स्वाहा, सर्वभूतेभ्यस्स्वाहा' इति ॥ ११

अथ चतस्र औदुम्बरीस्समिधोऽपरिशुष्काग्रा घृतान्वक्ता
अभ्याधापयन् वाचयति ॥ १२

याज्ञिकानां वा वृक्षाणामन्यतमस्य ॥ १३

'अग्ने व्रतपतेऽष्टाचत्वारिंशत्सम्मितं सम्मितं व्रतं च
रिष्यामि तच्छकेयं तन्मे राध्यतां स्वाहा, वायो व्रतपतेऽ-
ष्टाचत्वारिंशत्सम्मितं सम्मितं व्रतं चरिष्यामि तच्छकेयं
तन्मे राध्यतां स्वाहा, आदित्य व्रतपतेऽष्टाचत्वारिंशत्सम्मितं
सम्मितं व्रतं चरिष्यामि तच्छकेयं तन्मे राध्यतां स्वाहा,
व्रतानां व्रतपतेऽष्टाचत्वारिंशत्सम्मितं सम्मितं व्रतं चरिष्या
मि तच्छकेयं तन्मे राध्यतां स्वाहा' इति ॥ १४

जयप्रभृति सिद्धमाधेनुवरप्रदानात् ॥ १५

एवमेव व्रतान्ते । अधोनाभ्युपरिजान्वाच्छाद्य त्रिषव
णमुदकमुपस्पृशन् अनग्निपक्ववृत्तिरच्छायोपयोगो नागारं प्र
विशेदन्यत्र गुरुनियोगात् ॥ १६

भैक्षं वा तत्कालं भुञ्जीत ॥ १७

कामं कन्दमूलफलम् ॥ १८

अपराह्णे प्रसिद्धमुपस्पृश्य तदपि नोपयुञ्जीत ॥ १९

स्त्रीशूद्रपतितरभसरजस्वलाभिश्च न सम्भाषेत ॥ २०

कामं मातरमुपाध्यायिनीं भगिनीं च ॥ २१

याश्चान्या एवंयुक्ताः स्त्रियोऽशक्ताः पराक्रमे ॥ २२

सप्रणवा व्याहृतयः प्राणायामाग्नीन्धनभैक्षाचरणस्था-

नासनशयनोपस्पर्शनसुमनसोनिवेदनानि च ॥ २३

सर्वास्साम्मितदेवतास्तर्पयति—'ब्रह्माणं तर्पयामि, प्रजापतिं तर्पयामि, परमेष्ठिनं तर्पयामि, स्थाणुं तर्पयामि, शिवं तर्पयामि, शर्वं तर्पयामि, बहुरूपं तर्पयामि, स्कन्दं तर्पयामि, इन्द्रं तर्पयामि, यमं तर्पयामि, ऋषींस्तर्पयामि, पितॄंस्तर्पयामि, सर्वास्सम्मितदेवतास्तर्पयामि' इति प्रसंख्याय समाप्नुयात् ॥ २४

गुरोस्समानवृत्तिषु गुरुवृत्तिस्स्यात् ॥ २५

प्रेषितस्तदेव प्रतिपद्येतान्यत्र पातकात् ॥ २६

एवं द्वादश संवत्सरानेकादश नव सप्त पञ्च त्रीन् संवत्सरान् षण्मासान् चतुरो मासान् द्वौ मासौ मासं वा व्रतं चरेत् ॥ २७

अपि वा योऽनूचानश्श्रोत्रियस्स द्वादशरात्रं पराकं वा व्रतं चरेन्न त्वेवासम्मिती स्यात् ॥ २८

स एष चरति दशपूर्वान् दशापरानात्मानं चैकविंशतिं पङ्क्तिं च पुनाति ॥ २९

यस्मा उपादिशति यस्यामुपविशति यस्मै ददाति यस्माच्च प्रतिगृह्णाति तत्सर्वं पुनाति ॥ ३०

व्रतसमाप्तौ वेदसमाप्तौ वा गुरुदक्षिणामाहरेद्धार्मिको यथाशक्ति ॥ ३१

विषमगतं त्वाचार्यं उग्रतश्शूद्रतो वाऽऽहरेत् ॥ ३२

सर्वतो वोग्रनश्शूद्रतोऽप्याचार्यार्थं स्यादाहरणं धार्म्य-
मित्येके ॥ ३३

एनेन धात्रन्तरशैवबहुरूपपार्षदस्कन्देन्द्राणां व्रतानां स
मापनं ब्रह्माभ्यसेदृक्साम यजुर्वा छन्दसामनुसवनं लभेत
काममिति ह स्माह बोधायनः ॥ ३४

इति बौधायनीये गृह्यसूत्रे तृतयिप्रश्ने
तृतीयोऽध्यायः

---

* अथातोऽवान्तरदीक्षां व्याख्यास्यामः ॥ १

उदगयन आपूर्यमाणपक्षे पुण्ये नक्षत्रे केशश्मश्रु वा-
पयित्वा पूर्ववदुपाकृत्य ग्रामात्प्राचीं वोदीचीं वा दिशामुप-
निष्क्रम्याखलेऽछदिर्दर्शेऽग्निमुपसमाधाय सम्परिस्तीर्य मदन्ती
रधिश्रित्य प्रथमेनानुवाकेन शान्तिं कृत्वा दर्भैः प्रवर्ग्यदेव
ताभ्यः आसनानि कल्पयाति ॥ २

अग्रेणाग्निं प्रवर्ग्याय कल्पयामि । घर्माय कल्पयामि ।
महावीराय कल्पयामि । संराज्ञे कल्पयामीति ॥ ३

दक्षिणेनाग्निं ब्रह्मणे कल्पयामि प्रजापतये कल्पया
मीति ॥ ४

उत्तरेणाग्निं ऋषिभ्यो मन्त्रकृद्भ्यो मन्त्रपतिभ्यः क-
ल्पयामि । देवेभ्यो घर्मपेभ्यः कल्पयामीति ॥ ५

---

* ख. अवान्तरदीक्षाध्यायः न दृश्यते.

अथ दक्षिणतः प्राचीनावीती पितृभ्यो घर्मपेभ्यः क-
ल्पयामि । यमायाङ्गिरस्वते पितृमते कल्पयामीति ॥ ६

अथाप उपस्पृश्योत्तरतो यज्ञोपवीती रुद्राय रुद्रहोत्रे
कल्पयामीति ॥ ७

प्रदक्षिणमग्निं परिषिच्य व्याहृतिभिर्वैकङ्कतीस्समिधोऽ-
भ्याधाय मदन्तीभिः प्रवर्ग्यदेवताभ्यस्तर्पयति ॥ ८

अग्रेणाग्निं प्रवर्ग्यं तर्पयामि । महावीरं तर्पयामि ।
संराजं तर्पयामीति ॥ ९

दक्षिणेनाग्निं ब्रह्माणं तर्पयामि । प्रजापतिं तर्पया-
मीति ॥ १०

उत्तरेणाग्निमृषीन् मन्त्रकृतो मन्त्रपतीन् तर्पयामि । दे-
वान् घर्मपांस्तर्पयामीति ॥ ११

अथ दक्षिणतः प्राचीनावीती पितॄन् घर्मपान् तर्प-
यामि । यममङ्गिरस्वन्तं पितृमन्तं तर्पयामीति ॥ १२

अथाप उपस्पृश्योत्तरतो यज्ञोपवीती रुद्रं रुद्रहोतारं
तर्पयामीति ॥ १३

अथाप उपस्पृश्य सर्वाः प्रवर्ग्यदेवतास्तर्पयामीति ॥

अथ चतस्र औदुम्बरीस्समिधोऽपरिशुष्काग्रा घृताभ्यक्ता
अभ्याधापयन् वाचयति—'पृथिवी समित्' इत्येतैः प्रति-
मन्त्रम्॥ १५

अथ देवता उपतिष्ठते—'अग्ने व्रतपते शुक्रियं व्रतं चरिष्यामि तच्छकेयं तन्मे राध्यताम् । वायो व्रतपते शुक्रियं व्रतं चरिष्यामि तच्छकेयं तन्मे राध्यताम् । आदित्य व्रतपते शुक्रियं व्रतं चरिष्यामि तच्छकेयं तन्मे राध्यताम् । व्रतानां व्रतपते शुक्रियं व्रतं चरिष्यामि तच्छकेयं तन्मे राध्यताम्' इति ॥ १६

अथैतेषामनुवाकानां प्रभृति वाचयति प्रथमोत्तमयोर्वा ॥ १७

अथैनं संशास्ति—संमीलय वाचं यच्छेति ॥ १८

अथास्याहतेन वाससा त्रिः प्रदक्षिणं समुखं शिरो वेष्टयति—'चित्तरस्थ परिचितः । स्वाहा मरुद्भिः परिश्रयस्व' इति ॥ १९

प्रदक्षिणमग्निं परिषिच्य व्याहृतिभिर्वैकङ्कतीस्समिधोऽभ्याधाय प्रदन्तीभिः प्रवर्ग्यदेवताभ्यस्तर्पयित्वोत्तमेनानुवाकेन शान्तिं कृत्वाऽथास्तमित आदित्ये ग्राममायान्ति ॥ २०

वाग्यतस्तिष्ठेदेतां रात्रिमुपविशेत् संवेशयेद्वा ॥ २१

अथ प्रातरुदित आदित्ये ग्रामात्प्राचीं वोदीचीं वा दिशमुपनिष्क्रम्याखुलेऽच्छदिर्दर्शेऽग्निमुपसमाधाय सम्परिस्तीर्य प्रदन्तीरभिश्रित्य प्रथमेनानुवाकेन शान्तिं कृत्वा दर्भैः प्रवर्ग्यदेवताभ्य आसनानि कल्पयित्वा—'वयस्सुपर्णाः' इति वासो विमुच्याथास्य प्रदतयमभिनिदर्शयति—अग्निमप आदित्यं गां ब्राह्मणं हिरण्यमिति ॥ २२

त्रीनादितो दर्शयित्वा यथोपपादमितराणि दर्शयित्वा
प्रदक्षिणमग्निं परिषिच्य व्याहृतिभिर्वैकङ्कतीस्समिधोऽभ्याधाय
मदन्तीभिः प्रवर्ग्यदेवताभ्यस्तर्पयित्वोत्तमेनानुवाकेन शान्तिं
कृत्वाऽथास्य व्रतचर्यामुपदिशेत् ॥ २३

न यानमारोहेन्न वृक्षमधिरोहेन्न कूपमवरोहेन्न छत्रं
धारयीत नोपानहौ धारयीत नासन्द्यां शयीत न स्त्रिया न
शूद्रेण सह सम्भाषेत यदि सम्भाषेत ब्राह्मणेन सह स-
म्भाषेत न सायं भुञ्जीत यदि सायं भुञ्जीतापज्वालितं
भुञ्जीत न स्नायादष्टम्यां पर्वणि चोपवसेत्तदहश्च स्नाया
द्राग्यतस्तिष्ठेदेतां रात्रिमुपविशेत् संवेशयेद्वा ॥ २४

अमेध्यलोहितशवपात्रदर्शने ज्योतिषां संदर्शनम् ॥ २५

अमेध्यं दृष्ट्वा जपति—'अबद्धं मनो दरिद्रं चक्षुस्सू
र्यो ज्योतिषां श्रेष्ठो दीक्षे मा मा हासीः' इति ॥ २६

अथ यत्रैनमभिवर्षति—'उन्दतीर्बलं धत्तौजो धत्त बलं
धत्त मा मे दीक्षां मा तपो निर्वधिष्ट' इत्येव तत्र
जपति ॥ २७

संवत्सरमेतद्व्रतं चरेत् संवत्सरं हि व्रतं नातीत्यैत-
स्मिंस्त्वेवैतत् संवत्सरेऽधीयीत ॥ २८

यद्यु वैतस्मिन् संवत्सरे नाधीयीत यावदध्ययनमेतद्व्रतं
चरेत्संवत्सरे पर्यवेतेऽध्यापयते श्रावयते वा ॥ २९

पूर्ववदुपाकृत्य ग्रामात्प्राचीं वोदीचीं वा दिशमुपनि-

ऽङ्कम्यास्खलेऽछिदिर्दर्शेऽग्निमुपसमाधाय संपरिस्तीर्य मदन्तीरभिश्रिस्य प्रथमेनानुवाकेन शान्तिं कृत्वा दर्भैः प्रवर्ग्यदेवताभ्य आसनानि कल्पयित्वाऽथाव्रसमाप्तौ यश्चित्ते जुहोति—'यन्म आत्मनो मिन्दाऽभूत्, पुनरग्निश्चक्षुरदात्' इति द्वाभ्याम् ॥ ३०

प्रदक्षिणमग्निं परिषिच्य व्याहृतिभिर्वैकङ्कतीस्समिधोऽभ्याधाय मदन्तीभिः प्रवर्ग्यदेवताभ्यः तर्पयित्वा चतस्र औदुम्बरीस्समिधोऽपरिशुष्काग्रा घृताभ्यक्ता अभ्याधापयन् वाचयति—'द्यौस्समित्' इत्येतैः प्रतिमन्त्रम् ॥ ३१

अथ देवता उपतिष्ठते—'आदित्य व्रतपते शुक्रियं व्रतमचारिषं तदशकं तन्मे राधि । वायो व्रतपते शुक्रियं व्रतमचारिषं तदशकं तन्मे राधि । अग्ने व्रतपते शुक्रियं व्रतमचारिषं तदशकं तन्मे राधि । व्रतानां व्रतपते शुक्रियं व्रतमचारिषं तदशकं तन्मे राधि' इति ॥ ३२

प्रदक्षिणमग्निं परिषिच्य व्याहृतिभिर्वैकङ्कतीस्समिधोऽथाभ्याधाय मदन्तीभिः प्रवर्ग्यदेवताभ्यः तर्पयित्वोत्तमेनानुवाकेन शान्तिं कृत्वाऽथास्याध्यायेऽनध्यायानुपदिशत् ॥ ३३

नाधीयीतास्तमित आदित्ये नानुदिते नानुविप्रोषिते न पर्यावृत्ते नाभ्रच्छायायां न ग्राम्यस्य पशोरन्ते नारण्यस्य नापामन्ते न हरितयवान् प्रेक्षमाणो न हर्म्याणि न शरीराणि न लोहितमुत्पादितं दृष्ट्वा न मांसमशित्वा न श्राद्धं भुक्त्वा न

केशश्मश्रु वापयित्वा न केशान् प्रसार्य न दतो धावेत नाङ्क्ते नाभ्यङ्क्ते नार्द्रो नार्द्रेण वाससा नार्द्रायामिति ॥ ३४

अथ स्वाध्यायमधीयीतापरेणाग्निं दर्भेष्वासीनो दर्भान् धारयमाणः पराचीनं स्वाध्यायमधीयीत पुनरेव शान्तिं कृत्वाऽधीयीत ॥ ३५

अथ यदि लौकिकमनुव्याहरेद्यत्रक्वचिदब्रह्मशान्तिकृतं पश्येत्पुनरेव शान्तिं कृत्वाऽधीयीत चोत्तमेन प्रवर्ग्यायोपनिष्क्रम्य नाप्रविश्य काममन्यदधीयीतान्यदधीयीत ॥ ३६

इति बोधायनीयगृह्यसूत्रे तृतीयप्रश्ने
चतुर्थोऽध्यायः.

प्रहुतानुकृतिर्वास्तुशमनम् ॥ १

स यत्र दशोषित्वा प्रयास्यन् भवति दशभ्यो वोर्ध्वं सदारस्साग्निहोत्रिक * स्तद्वास्तोष्पतीयं हुत्वा प्रयातीति ॥ २

सर्व एवाहिताग्निरित्येके ॥ ३

यायावर इत्येके ॥ ४

यज्ञागारं कारयित्वा प्रथममध्यवस्येत्तद्वास्तोष्पतीयेन शमयित्वाऽध्यवस्येत् ॥ ५

तदु हैके यजुषा स्थूणा उच्छ्रयन्ति यजुषा वंशान्

---

* ख., साग्निहोत्र.

यजुषा छर्दींषि यजुषाऽभिभ्रणं * यजुषा तल्पदेशं यजुषा
वास्तुमध्यं यजुषाऽग्निनिधानम् ॥ ६

स यद्युहैवं कुर्याद्यथा यजुषोच्छ्रियन्ते सदस्यक्सांम-
यजूंष्यथर्वणान्याङ्गिरसानि मिथुनीसंभवन्तीति तद्यदध्यवस्ये-
द्यथा मिथुनीसम्भवन्तावध्यवस्येत्तादृक्तद्यद्यजुष्कृतं स्यात् ॥ ७

आधयो व्याधयो ग्रहा उपसर्गाश्चापहन्युः ॥ ८

तस्मात्तूष्णीमगारं कारयित्वा द्वारदेशमलङ्कृत्य वास्तुम
ध्यं विमायाभिभ्रणं * पूरयित्वा तल्पदेशं कल्पयित्वोत्तरपूर्व-
देशेऽगारस्य गृह्याग्निमुपसमाधाय सम्परिस्तीर्याग्निमुखात्कृत्वा
पक्वाज्जुहोति—'वास्तोष्पते प्रतिजानीह्यस्मान्' इति पुरोनु-
वाक्यामनूच्य 'वास्तोष्पते शग्मया संसदा ते' इति या-
ज्यया जुहोति ॥ ९

अथाज्याहुतीरुपजुहोति— १०

वास्तोष्पते ध्रुवा स्थूणां सत्रं सोम्यानाम् ।
द्रप्सो भेत्ता पुरां शश्वतीनामिन्द्रो मुनीनां सखा
स्वाहा ॥ ११

गृह्यं भयं यच्चेद्विपात्सु यदु चेच्चतुष्पात्सु भयं यदास्ति ।
अग्निर्यविष्ठयः प्रणुदतु तद्भयं शं नः प्रजाभ्यः शमु नः
पशुभ्यस्स्वाहा ॥ १२

---

* ख. भ्भृणं.

अक्षिस्पन्देऽङ्गचले च यद्भयं यद्वाशिते यदु चेद्गुरुक्ते ।
अग्निर्यविष्ठ्यः प्रणुदतु तद्भयं शं नः प्रजाभ्यः शमु नः
पशुभ्यस्स्वाहा ॥ १३

दुस्स्वप्ने पापस्वप्ने च यद्भयं स्वप्नाशनं यदमेध्यदर्शने ।
अग्निर्यविष्ठ्यः प्रणुदतु तद्भयं शं नः प्रजाभ्यः शमु नः
पशुभ्यस्स्वाहा ॥ १४

वास्तोष्पते प्रतरणो न एधि गयस्फानो गोभिरश्वेभिरिन्दो ।
अजरासस्ते सख्ये स्याम पितेव पुत्रान् प्रति नो जुषस्व
स्वाहा ॥ १५

अमीवहा वास्तोष्पते विश्वारूपाण्याविशन् ।
सखा सुशेव एधि नस्स्वाहा ॥ इति ॥ १६

स्विष्टकृत्प्रभृति सिद्धमाधेनुवरप्रदानात् ॥ १७

अथाग्रेणाग्निं दर्भस्तम्बेषु हुतशेषं निदधाति—'नमो
रुद्राय वास्तोष्पतये । आयने विद्रवणे । उद्याने यत्पराय-
णे । आवर्तने निवर्तने । यो गोपायति तं हुवे' इति ॥ १८

स्थालीसंक्षाळनमाज्यशेषमुदकशेषं च पात्र्यां समानीयौ-
दुम्बरशाखया पलाशशाखया शमीशाखया दर्भमुष्टिना वा
सर्वतः पर्युक्षन् त्रिः प्रदक्षिणमगारं पर्येति—'त्वं विप्रः
त्वं कविः त्वं विश्वा रूपाणि धारयन् अप जन्यं भयं
नुद' इति ॥ १९

अन्नं संस्कृत्य ब्राह्मणान् संपूज्याशिषो वाचयित्वा शिवं वास्तु शिवं वास्त्विति ॥ २०

वास्तुशमनं व्याख्यातम् ॥ २१

इति बोधायनीयगृह्यसूत्रे तृतीयप्रश्ने
पञ्चमोऽध्याय:.

अथ यद्यगारे स्थूणा विरोहेत्, कपोतो वाऽगारमध्येऽधिपतेत्, वायसो वा गृहं प्रविशेत्, गौर्वा गां धयेत्, गौरात्मानं प्रति धयेत्, अनड्वान्वा दिवमुल्लिखेत्, अनग्नौ वा धूमो जायेत, अनग्नौ वा दीप्येत, मधु वा जायेत, वल्मीकं वोपजायेत, निर्यासं वोपजायेत, छत्राकं वोपजायेत, मण्डूको वाऽभिभ्रणे* वाशयेत्, श्वानप्रसूनो वा † सर्पो वा गृहपतिं जायां वोपतपाद्विन्द्वेतान्येषु वाऽद्भुतोत्पातेषु ॥ १

अथ देवयजनोल्लेखनप्रभृत्याऽग्निमुखत्वा पक्वाज्जुहोति—'यत इन्द्र भयामहे, स्वस्तिदा विशस्पतिः' इति द्वाभ्याम् ॥ २

अथाज्याहुतीरुपजुहोति—'वास्तोष्पते, वास्तोष्पते, शं नो देवीः, इन्द्राग्नी रोचना, कया नश्चित्र आ भुवत्, को अद्य युङ्क्ते, भवतं नस्समनसौ' इति ॥ ३

स्विष्टकृत्प्रभृति सिद्धमाधेनुवरप्रदानात् ॥ ४

---

* ख. भ्मृणे.

† ख. 'श्वानो गृहमारोहेत्' इत्यधिक: पाट:,

अथाग्रेणाग्निं शमीपर्णेषु हुतशेषं निदधाति—'शं नो देवीरभिष्टये' इति ॥ ५

स्थालीसंक्षालनमाज्यशेषमुदकशेषं च पात्र्यां समानीय तेषूत्पातेषु निनयेत् प्रोक्षेद्वा—'तच्छं योरा वृणीमहे' इति ॥

अन्नं संस्कृत्य ब्राह्मणान् सम्पूज्याशिषो वाचयित्वा शिवं शिवमिति प्रोक्षति ॥ ७

अद्भुतो व्याख्यातः ॥ ८

इति बोधायनीयगृह्यसूत्रे तृतीयप्रश्ने
षष्ठोऽध्यायः.

आहुतानुकृतिरायुष्यचरुः ॥ १

संवत्सरेसंवत्सरे षट्सुषट्सु मासेषु चतुर्षुचतुर्षु ऋताऋतौ मासिमासि वा कुमारस्य जन्मनक्षत्रे क्रियेत ॥ २

अथ देवयजनोल्लेखनप्रभृत्या प्रणीताभ्यः कृत्वा व्रीहीन्निर्वपति—'अग्नय आयुष्मते वो जुष्टं निर्वपामि' इति । तूष्णीं वा ॥ ३

धान्यान्निर्वपति—'प्राणाय वो जुष्टं निर्वपामि' इति । तूष्णीं वा ॥ ४

तानभ्युक्ष्यावहत्य त्रिष्फलीकृत्य त्रिःप्रक्षाल्य निदधाति ॥ ५

तण्डुलान् वा निर्वपति ॥ ६

तानभ्युक्ष्य त्रिः प्रक्षाळ्यैव निदधातीति ॥ ७

अथ तिरःपवित्रं स्थाल्यामपः पयो वाऽऽनीयाधिश्रि-
त्य तिरःपवित्रं तण्डुलानावपति ॥ ८

अथाज्यं निर्वपत्यथाज्यमधिश्रयत्युभयं पर्यग्नि कृत्वा
मेक्षणं स्रुवं च संमार्ष्टि ॥ ९

अथैतं चरुं श्रपयित्वाऽभिघार्योदञ्चमुद्वास्य प्रतिष्ठितम
भिघारयति ॥ १०

एवमेव सर्वेषां स्थालीपाकानां चरुकल्पः ॥ ११

परिधानप्रभृत्याऽग्निमुखात् कृत्वा पक्वाज्जुहोति—'आ-
युष्टे विश्वतो दधत्' इति पुरोऽनुवाक्यामनूच्य—'आयुर्दा
अग्ने हविषो जुषाणः' इति याज्यया जुहोति ॥ १२

अथाज्याहुतीरुपजुहोत्यथान्तरेणाग्निं चाज्यस्थालीं च
स्थालीपाकं निधाय तत्सहस्रं सम्पाताभिहुतं करोति ॥ १३

यो ब्रह्म ब्रह्मण उज्जभार प्राणेश्वरः कृत्तिवासाः
पिनाकी ।
ईशानो देवस्स न आयुर्दधातु तस्मै जुहोमि हविषा
घृतेन स्वाहा ॥ १४

विभ्राजमानस्सरिरस्य मध्याद्रोचमानो घर्मरुचिर्य आ-
गात् ।
स मृत्युपाशादपनुद्य घोरादिहायुषेणो घृतमत्तु देव-
स्स्वाहा ॥ १५

ब्रह्मज्योतिर्ब्रह्मपत्नीषु गर्भं यमादधात्पुरुरूपं जयन्तम् ।
सुवर्णरं भग्रहमर्कमर्च्यं तमायुषे वर्धयामो घृतेन स्वाहा ॥
श्रियं लक्ष्मीमौपलामम्बिकां गां षष्ठीं जयामिन्द्रसेने
त्युदाहुः ।
तां विद्यां ब्रह्मयोनिं सरूपामिहायुषे तर्पयामो घृतेन
स्वाहा ॥ १७
दाक्षायण्यस्सर्वयोन्यस्सयोन्यस्सहस्रशो विश्वरूपा वि-
रूपाः ।
ससूनवस्सपतयस्सयूथ्या इहायुषेणो घृतमिदं जुषन्तां
स्वाहा ॥ १८
दिव्या गणा बहुरूपाः पुराणा आयुश्छिदो नः प्र-
मथन्तु वीरान् ।
तेभ्यो जुहोमि बहुधा घृतेन मा नः प्रजां रीरिषो मोत
वीरान् स्वाहा ॥ १९
एकः पुरस्ताद्य इदं बभूव यतो बभूवुर्भुवनस्य गोपाः ।
यमप्येति भुवनं साम्पराये स नो हविर्घृतमिहायुषेऽत्तु
देवस्स्वाहा ॥ २०
वसून् रुद्रानादित्यान् मरुतोऽथ साध्यान् ऋभून् यक्षान्
गन्धर्वांश्च पितॄंश्च विश्वान् ।
भृगून् सर्पांश्चाङ्गिरसोथ सर्वान् घृतं हुत्वा स्वायुष्यामह-
याम शश्वत्स्वाहा ॥ २१

षड्विंशतिशतकृत्वस्तदाहुतीनां अष्टसहस्रं संपद्यते ॥ २२

इतरस्मात्पक्वात्सौविष्टकृतं जुहोति ॥ २३

जयप्रभृति सिद्धमाधेनुवरप्रदानात् ॥ २४

अथाग्रेणाग्निं दूर्वास्तम्बेषु हुतशेषं निदधाति—'मा
नो महान्तं, मा नस्तोके' इति द्वाभ्याम् ॥ २५

अपरेणाग्निं प्राङ्मुख उपविश्य वाग्यतः स्थालीपाकं सगणः प्राश्नाति । तस्य प्राशनमन्त्रः—'आयुरसि विश्वायुरसि । सर्वायुरसि सर्वमायुरसि । सर्वं म आयुर्भूयात् । सर्वमायुर्गेषम्' इति प्राश्याप आचम्य जठरमभिमृशति—'यत इन्द्र भयामहे, स्वस्तिदा विशस्पतिः' इति द्वा-
भ्याम् ॥ २६

कुमाराणां ग्रहगृहीतानां ज्वरगृहीतानां भूतोपसृष्टानां आयुष्येण घृतसूक्तेनाहरहस्स्वस्त्ययनार्थं स्वाध्यायमधीयीतैतैरेव मन्त्रैराहुतीर्जुहुयादेतैरेव मन्त्रैर्बलीन् हरेदगदो हैव भवति ॥

तदेतदृद्धमयनं भूतोपसृष्टानां राष्ट्रभृतः पञ्चचोडास्सर्पाहुतिर्गन्धर्वाहुतिरहरहस्स्वस्त्ययनार्थं स्वाध्यायमधीयीतैतैरेव मन्त्रैराहुतीर्जुहुयात् एतैरेव मन्त्रैर्बलीन् हरेदगदो हैव भवति ॥

तदेतदृद्धमयनं हुतप्रहुतानुकृतयोऽन्ये होमाः बलिहरणानुकृतीन्यभ्यर्चनान्याश्रमानुकृतयस्संश्रया इति ॥ २९

इति बोधायनीयगृह्यसूत्रे तृतीयप्रश्ने
सप्तमोऽध्यायः

अथातोऽर्धमासेऽर्धमासेऽष्टम्यां ब्राह्मणा ब्रह्मचारिण-
स्त्रियश्चाहरुपवसान्ति ॥ १

अथ प्रदोषे—'रुद्रं त्रिरूपाक्षं सपत्नीकं सप्तुतं सगणं
सपार्षत्कमावाहयामि' इत्यावाह्य गन्धपुष्पधूपदीपैरभ्यर्च्य प्र-
तिपुरुषं पैष्टिकान् दीपानेकातिरिक्तांश्चतस्रोऽष्टौ वा देवस्याय-
तने प्रतिदिशं प्रद्योतयाति—'उद्दीप्यस्व जातवेदः, मा नो
हिंसीत्' इति द्वाभ्याम्' 'हव्यवाहमभिमातिषाहं, स्विष्टमग्ने
अभि' इति द्वाभ्यां च ॥ २

अथोपसमिद्धमाग्निं कृत्वा यदशनीयस्य जुहोति—'इमा
रुद्राय स्थिरधन्वने गिरः' इति षड्भिरनुच्छन्दसं 'मा नो
महान्तं, मा नस्तोके' इति द्वाभ्यां 'वास्तोष्पते, वास्तो-
ष्पते' इति द्वाभ्यां 'आर्द्रया रुद्रः, हेती रुद्रस्य' इति द्वा-
भ्यां 'द्वादश संपद्यन्ते द्वादश मासास्संवत्सरः संवत्सर
एव प्रतितिष्ठाति' इति ब्राह्मणम् ॥ ३

समिधो वाऽभ्यादधातीति विज्ञायते—'वैष्णवा वै वन-
स्पतयः विष्णोस्सायुज्यं सलोकतामाप्नोति' ॥ ४

स्तुतिभिस्स्तुन्वन्ति ब्रह्म वै ब्रह्मा ब्रह्मणस्सायुज्यं सलो-
कतामाप्नोति ॥ ५

सर्वं पाप्मानं तराति तराति ब्रह्महत्यामपपुनर्मृत्युं जय-
तीत्याह भगवान् बोधायनः ॥ ६

इति बोधायनगृह्यसूत्रे तृतीयप्रश्ने
अष्टमोऽध्यायः.

बलिहरणानुकृतिरुत्सर्गः ॥ १

तैष्यां पौर्णमास्यां क्रियेतापि वा माघ्याम् ॥ २

सहान्तेवासिभिर्ग्रामात्प्राचीं वोदीचीं वा दिशमुपनिष्क्रम्य यत्रापस्सुतीर्थास्सूपावगाहास्स्रवन्त्यस्स्वव्रकिन्यश्शाद्विन्यस्तासामन्तं गत्वा स्नात्वाऽप आचम्य सुरभिमत्याऽब्लिङ्गाभिर्वारुणीभिर्हिरण्यवर्णाभिः पावमानीभिरिति मार्जयित्वाऽन्तर्जलगतोऽघमर्षणेन त्रीन् प्राणायामान् धारयित्वोत्तीर्य वासः पीडयित्वाऽन्यत्प्रयतं वासः परिधायाप आचम्यापां समीपे स्थण्डिलानि कृत्वा दर्भानन्योन्यस्मै संप्रदाय दर्भैरासनानि कल्पयन्ति—ब्रह्मणे कल्पयामि प्रजापतये बृहस्पतये अग्नये वायवे सूर्याय चन्द्रमसे नक्षत्रेभ्यः ऋतुभ्यः संवत्सराय इन्द्राय राज्ञे यमाय राज्ञे वरुणाय राज्ञे सोमाय राज्ञे वैश्रवणाय राज्ञे वसुभ्यः रुद्रेभ्यः आदित्येभ्यः विश्वेभ्यो देवेभ्यः साध्येभ्यो देवेभ्यः मरुद्भ्यः ऋभुभ्यः भृगुभ्यः अथर्वभ्योऽङ्गिरोभ्यः विश्वामित्राय जमदग्नये जामदग्न्याय भरद्वाजाय गौतमाय आत्रेयाय वसिष्ठाय काश्यपाय अरुन्धत्यै कल्पयामीति ॥ ३

अथ दक्षिणतः अगस्त्याय कल्पयामीति ॥ ४

अथोत्तरतः निवीतिनः कृष्णद्वैपायनाय जातुकर्ण्याय तरुक्षाय तृणबिन्दवे सोमशुष्मिणे सोमशुष्मायणाय वाजिने वाजश्रवसे बृहदुक्थाय वर्मिणे वज्रिणे वरूथाय सनत्कुमा-

राय वामदेवाय वाजिरत्नाय वीरजिताय हर्यश्वाय उद्मेघाय ऋणंजयाय तृणंजयाय कृतंजयाय धनञ्जयाय सत्यञ्जयाय बभ्रवे त्र्यरुणाय त्रिवर्षाय त्रिधातवे अश्वज्ञाय * पराशराय मृत्यवे कर्त्रे विकर्त्रे सुकर्त्रे त्वष्ट्रे धात्रे विधात्रे सुश्रवसे श्रुतश्रवसे सत्यश्रवसे सवित्रे सावित्र्यै छन्दोभ्यः ऋग्वेदाय यजुर्वेदाय सामवेदाय अथर्ववेदाय अथर्वाङ्गिरोभ्यः इतिहासपुराणेभ्यः सर्वदेवजनेभ्यः सर्वभूतेभ्यः ॥ ६

अथ दक्षिणतः प्राचीनावीतिनो वैशम्पायनाय फलिङ्गवे तित्तिरये उखायोख्याय आत्रेयाय पदकाराय कौण्डिन्याय वृत्तिकाराय कण्वाय बोधायनाय प्रवचनकारायापस्तम्बाय सूत्रकाराय सत्याषाढाय हिरण्यकेशाय वाजसनेयाय याज्ञवल्क्याय भरद्वाजायाग्निवेश्यायाचार्येभ्य ऊर्ध्वरेतोभ्यो वानप्रस्थेभ्यः वंशस्थेभ्यः एकपत्नीभ्यः कल्पयामीति ॥

अथ यथास्वयं पितृभ्यः कल्पयन्ति मातामहेभ्यश्च ॥ ७

पृथक्पृथगेतैरेव नामधेयैर्गन्धपुष्पधूपदीपैरमुष्मै नमोऽमुष्मै नम इति ॥ ८

अन्नेनामुष्मै स्वाहाऽमुष्मै स्वाहेति । फलोदकेनामुं तर्पयाम्यमुं तर्पयामीति ॥ ९

त्रीनादितोऽनुवाकानधीयीरन् काण्डादीन् वा सर्वान् ॥

'काण्डात्काण्डात्प्ररोहन्ती, या शतेन प्रतनोषि' इति

---

* तवे विज्ञाय विश्वज्ञाय.

द्वाभ्यामुपोदके दूर्वामारोपयन्तेऽथाधीप्सन्तेऽन्योन्यममुष्मा अमुष्मा इति ॥ ११

अथावगाह्य सम्परिगृह्योर्मिमन्तमुदधिं कृत्वा त्रिरुद्युत्या * तमितोराजिं धावन्ति ॥ १२

प्रत्येत्य गृहानथ ब्राह्मणान् तर्पयन्त्यपूपैर्धानाभिस्सक्तुभिरोदनेनेति यद्यु वैतेभ्यो भवति ॥ १३

त्र्यहमेकाहं वा नाधीयीरन् मासं प्रदोषे नाधीयीरन् नित्यं चैव विद्युत्स्तनितवर्षाणामेकस्मिन् द्वयोर्वा काले त्रिषन्निपाते ऽत्र्यहम् ॥ १४

यथोपाकृतौ छन्दसामेवमेवमुत्सृष्टौ कल्पानाम् ॥ १५

एवमेव पारायणसमाप्तौ काण्डादिदूर्वारोपणोदधिधावनवर्जम् ॥ १६

इति बोधायनीयगृह्यसूत्रे तृतीयप्रश्ने
नवमोऽध्यायः.

बलिहरणानुकृतिरेव सर्पबलिः ॥ १

संवत्सरेसंवत्सरे षट्सुषट्सु मासेषु चतुर्षुचतुर्षु ऋतावृतौ मासिमासि वा वर्षास्वाश्रेषासु क्रियेत ॥ २

अपां समीपे वल्मीकाग्रेण वा पचनम् ॥ ३

गन्धोदकैर्दूर्वोदकैश्चाभ्युक्ष्य चित्रास्सुमनसस्सम्प्रकीर्य य-

---

* ग, त्रिरुद्वृध्या.

वपिष्टानि व्रीहिपिष्टानि श्यामाकपिष्टानि वाऽऽज्येनेक्षुरसेन वा पक्त्वा पायसं घृतपक्कांश्च अपूपानोदनं धानास्सक्तून् करम्भान् लाजानित्युपकिरन्ति—'नमो अस्तु सर्पेभ्यः' इति तिसृभिरनुच्छन्दसम् ॥ ४

'सर्पेभ्यस्स्वाहाऽऽश्रेषाभ्यस्स्वाहा दन्दशूकेभ्यस्स्वाहा' इति त्रयस्स्वाहाकाराः ॥ ५

जीर्वरो ग्रहपतिरध्वर्युर्धृतराष्ट्र ऐरावतो ब्रह्मदत्तस्ताप-सो होता पृथुश्रवा दूरेश्रवा उद्गाता ग्लावश्चाजगरश्च*प्र-स्तोता प्रतिहर्ता शितिपृष्ठो मैत्रावरुणः तक्षको वैशालकि-र्ब्राह्मणाच्छंस्युपनीतिस्तार्क्ष्यस्सदस्यश्शिखातिशिखौ नेष्टापोता-रौ वारुणो होताऽच्छावाकश्चक्रः पिशङ्ग आग्नीध्रश्चाहिरो महेयस्सुब्रह्मण्योऽर्बुदो ग्रावस्तुत्साण्ड उन्नेता पशगो ध्रुव-गोपः कौस्तुको धुरिमेजयश्च † जनमेजयश्चेत्येतैरेव नामधेयैः 'समीची नामासि प्राची दिक्' इति षड्भिः पर्यायैः, 'हेतयो नाम स्थ तेषां वः पुरो गृहाः' इति षड्भिः, 'इदं सर्पेभ्यो हविरस्तु जुष्टम्' इति चोपस्थानम् ॥ ६

त्रिवृताऽन्नेन ब्राह्मणान् सम्पूज्य आशिषो वाचयित्वा ॥

व्याख्यातस्सर्पबलिर्व्याख्यातस्सर्पबलिः ॥ ८

इति बोधायनीयगृह्यसूत्रे तृतीयप्रश्ने
दशमोऽध्यायः

---

* ख. ग्लावस्तुश्चागवश्च. † ख. कौतुस्तावध्वर्युररिमेजयश्च.

अथेमे देवने प्रबाधिन्यावुद्वाहकाले यक्ष्यतम्यौ भव-
तस्तयोस्तदुपक्लृप्तं भवति यत्सर्पबलौ ॥ १

अपां समीपे द्वे स्त्रीप्रतिकृती कृत्य गन्धैर्माल्येन चा
लङ्कृत्यैवमेवाभ्यर्चयति ॥ २

तयोरर्चनमन्त्रः—'ते सूनवस्स्वपसम्सुदंससो मही जज्ञु-
र्मातरापूर्वचित्तये । स्थातुश्च सत्यं जगतश्च धर्मणि पुत्रस्य
पाथः पदमद्वयाविनः ॥ ३

'ते मायिनो ममिरे सुप्रचेतसो जामी सयोनी मिथुना
समोकसा । नव्यं नव्यं तन्तुमातन्वते दिवि समुद्रे अन्तः
कवयस्सुदीतयः' इति ॥ ४

अथैते उपसङ्गृह्य पार्श्वे दत्वा प्रवाह्य त्रिवृताऽन्नेन
ब्राह्मणान् सम्पूज्याशिषो वाचयित्वा व्याख्यातो यक्षी-
बलिः ॥ ५

इति बोधायनगृह्यसूत्रे तृतीयप्रश्ने
एकादशोऽध्यायः.

अष्टकानुकृतिर्मासिकं तत्पुरस्ताद्व्याख्यातम् ॥ १

अथाभ्युदयिकेषु प्रदक्षिणमुपचारो यज्ञोपवीतं प्राग-
ग्रान् दर्भान् युग्मान् ब्राह्मणान् यवैस्तिलार्थः पृषदाज्यं
हविः ॥ २

सोपयामेन पात्रेण नान्दीमुखाः पितरः प्रीयन्तामि-
त्यपां प्रतिग्रहणं विसर्जनं च ॥ ३

नान्दीमुखेभ्यः पितृभ्यस्स्वाहेत्यग्नौकरणमनुदेशनम् ॥ ४

आशयेषु परिसमूढेषु प्रागग्रेषु दर्भेषु पृषदाज्येनानु-
प्रदानं सर्वं द्विर्द्विरिति ॥ ५

अथैकोद्दिष्टेषु नाग्नौकरणं नाभिश्रावणं न पूर्वं निम-
न्त्रणं न दैवं न धूपं न दीपं न स्वधा न नमस्कारो नात्रा-
पूपम् ॥ ६

सर्वं सिद्धं समानीयायुग्मान् ब्राह्मणान् सुप्रक्षालित-
पाणिपादानप आचमय्य सदर्भोपक्लृप्तेष्वासनेषूपवेश्य सर्वस्मा-
त्सकृत्सकृत् समवदायाभिघार्य दक्षिणतो भस्ममिश्रानङ्गारा-
न्निरूह्य तेषु जुहुयात्—'प्रेतायामुष्मै यमाय च स्वाहा' इति ।
तद्धुतमहुतं च भवति ॥ ७

अमुष्मै तृप्तिरस्त्वित्यपां प्रतिग्रहणं विसर्जनं च । अ-
मुष्मा उपतिष्ठत्वित्यनुदेशनमाशयेष्वेव * पिण्डदानं तृप्यस्वे-
ति संक्षालनं तृप्तिरस्त्विति विसर्जनमस्तु तृप्तिरितीतरेषां
प्रतिवचनम् ॥ ८

प्रेतस्य द्वितीयाप्रभृति ब्राह्मणभोजनै † रेकोत्तरवृद्ध्या द्वि-
रादशाहात् ॥ ९

अत्र नवं विच्छिद्येत ॥ १०

---

* ख. अनाशयेष्वेव. † ब्राह्मणै.

एकादश्यां श्राद्धं तृतीये पक्षे* द्वितीयं सन्ततमेकै-
केनैकादश मासान्नयन्ति न द्वादशमासमभ्यारोहन्ति ॥ ११
संवत्सरे सपिण्डीकरणं साग्नौकरणं साभिश्रावणं सपूर्वं
सदैवं सधूपं सदीपं सस्वधा सनमस्कारं सापूपम् ॥ १२

अथाप्युदाहरन्ति—

एकोद्दिष्टे नवश्राद्धे नाग्नौ करणमिष्यते ।
न चाभिश्रावणं कुर्यान्न च पूर्वं तु कारयेत् ॥ १३
प्रणामं च न कुर्वीत स्वधाकारं तथैव च ।
ऊर्ध्वं संवत्सरात्प्रेतः पितृत्वमुपपद्यते ॥ १४

इतीन्वा इमा अनुकृतयो व्याख्याताः ॥ १५

इति बोधायनीयगृह्यसूत्रे तृतीयप्रश्ने
द्वादशोऽध्यायः.

अथर्तुसंवेशनादि जन्मप्रभृति वा कुमारः क्रियाभि-
लुप्तस्स्यादुपनयनं चैकं स्यात् तासां पृथक्पृथक्क्रियाणां क
रणं न चैकहोमे सर्वाणि कर्माण्युपपादयेत् ॥ १
यद्येकहोमे सर्वाणि कर्माण्युपपादयेत् प्रधानादौ प्रधा-
नादौ द्वेद्वे मिन्दाहुती जुहुयात् ॥ २
मिन्दाहुती हुत्वा जयानभ्यातानान् ॥ ३
रुद्राहुत्यन्ते च विज्ञायते—'रुद्रो वै क्रूरो देवानां

---

* तृतीयापरपक्षे.

सोऽस्य तुष्टः प्रीतो भवति' इति सर्वत्र छेदनभेदनखनन-
निरसनपितृराक्षसनैर्ऋतरौद्राभिचरणीयेष्वप उपस्पृशेदिति वि-
ज्ञायते—'आपो वै शान्ताश्शान्ताभिरेवास्य शुचं शमयति'
इति ब्राह्मणम् ॥ ४

आ षोडशात् ब्राह्मणस्यानात्यय इत्या द्वाविंशात् क्ष-
त्रियस्या चतुर्विंशाद्वैश्यस्यात ऊर्ध्वं पतितसावित्रीका भवन्ति ॥

नैनानुपनयेयुर्नाध्यापयेयुर्न विवहेयुर्न याजयेयुः ॥ ६

तांस्त्रिवृता व्रात्यस्तोमेन याजयित्वा विवाहयेयुः ॥ ७

यच्च किञ्चित्सगोत्राणां सर्वेषां च सशान्तिकम् ।
कन्यानां चैव जन्मादिकर्तव्याः कर्ममङ्गलाः ॥ ८

क्रियामयं हि ब्राह्मण्यं नाक्रियं ब्रह्मोच्यते नाक्रियं
ब्रह्मोच्यत इति ॥ ९

इति बौधायनीये गृह्यसूत्रे तृतीयप्रश्ने
त्रयोदशोऽध्यायः

अथर्तुसंवेशनादि । अष्टकानुकृतिः । अथेमे देवते ।
बलिहरणानुकृतिरेव सर्पबलिः । बलिहरणानुकृतिरुत्सर्गः ।
अथातोऽर्धमासेऽर्धमासे । आहुतानुकृतिरायुष्यचरुः । अथ
यद्यगारे स्थूणा विरोहेत् । प्रहुतानुकृतिर्वास्तुशमनम् । अथा-
तोऽवान्तरदीक्षां व्याख्यास्यामः । अष्टाचत्वारिंशत्सम्मितम् ।

आचार्यप्रसूतः कर्माणि करोति । हुतानुकृतिरुपाकर्म ॥ १२

हुतानुकृतिरुपाकर्म । आचार्यप्रसूतः कर्माणि करोति । अष्टाचत्वारिंशत्संमितम् । अथातोऽवान्तरदीक्षां व्याख्यास्यामः । प्रहुतानुकृतिर्वास्तुशमनम् । अथ यद्यगारे स्थूणा विरोहेत् । आहुतानुकृतिरायुष्यचरुः । अथातोऽर्धमासेऽर्धमासे । बलिहरणानुकृतिरुत्सर्गः । बलिहरणानुकृतिरेव सर्पबलिः । अथेमे देवते । अष्टकानुकृतिः । अथर्तुसंवेशनादि ॥ १३

इति बोधायनगृह्यसूत्रे तृतीयप्रश्नः.

अथ चतुर्थप्रश्नः.

अथातस्सप्तपाकयज्ञानां प्रायश्चित्तानि व्याख्यास्यामः ॥ १

तत्रादित एवोपलिप्ते श्वा वेटको वा * यदि गच्छेत्कीटो वा पिण्डकारी स्यात् तत्पुनरुपलिप्य प्रोक्षति— 'देवस्य त्वा सवितुः प्रसवेऽश्विनोर्बाहुभ्यां पूष्णो हस्ताभ्यामग्नेस्तेजसा प्रोक्षामि' इति प्रोक्ष्य स्थण्डिलमुपलिप्य स्थण्डिलमुद्धरेत् ॥ २

स्थण्डिलमुद्धृतं गौरश्वो वा यदि विकिरेदन्यद्वा श्वा-

* ख. श्वा वेटो वा.

पदमधितिष्ठेत्तस्य पदमभ्युक्ष्य जपति—'पृथिवि देवयजन्यो-
षध्यास्ते मूलं मा हिंसिषम्' इति ॥ ३

अथ कृतान्तेन * प्रतिपद्यते ॥ ४

अथ यदि प्रणीतापात्रं भिद्येत तदभिमन्त्रयते—
'अभिन्नो घर्मो जीरदानुर्यत आत्तस्तदगन् पुनः' इति ॥ ५

अथान्यदाहरति—'घर्मो देवानप्येतु' इति पूरयित्वा
व्याहृतिभिरुपतिष्ठते ॥ ६

अथ यदि प्रणीताः प्रणीयमानाः प्रणीता वा परा-
सिच्येरंस्ता अभिमन्त्रयते—'अक्षितोऽस्यक्षित्यै त्वा मा मे
क्षेष्ठा अमुत्रामुष्मिन् लोके' इति ॥ ७

पूरयित्वोपतिष्ठते—'भूरायुर्मे धारयत प्राणं मे धार-
यत प्रजां मे धारयत पशून् मे धारयत मा म आयुः प्राणाः
प्रजाः पशवः परासिच्येरन्' इति ॥ ८

अथ यदि कन्योपसाद्यमाना वोह्यमाना वा पतेत्ता-
मुत्थापयेयुः—'उदस्थाद्देव्यदितिर्विश्वरूप्यायुर्यज्ञपतावधात् । इ-
न्द्राय कृण्वती भागं मित्राय वरुणाय च' इति ॥ ९

अथ यदि कन्योपसाद्यमाना वोह्यमाना वा रजस्वला
स्यात्तामनुमन्त्रयते—'पुमांसौ मित्रावरुणौ पुमांसावश्विनावु-
भौ । पुमानिन्द्रश्च सूर्यश्च पुमांसं वर्धयेताम्' इति ॥ १०

---

* ग. कर्मान्तमेव.

अथ यदि कन्योपसाद्यमाना वोह्यमाना वाऽश्रु कुर्याात्तामनुमन्त्रयते—'जीवां रुदन्ति विमयन्ते अध्वरे दीर्घामनु प्रसितिं दीधियुर्नरः । वामं पितृभ्यो य इदं समेरिरें मयः पतिभ्यो जनयः परिष्वजे' इति ॥ ११

इति बोधायनीयगृह्यसूत्रे चतुर्थप्रश्ने
प्रथमोऽध्यायः.

सर्वत्र दर्वीकूर्चप्रस्तरपरिधिबर्हिःपवित्रेध्मद्रव्यसम्भाराणां चेद्दाहोपघातेषु नाशे विनाशे वाऽन्यं यथालिङ्गं कृत्वा यथालिङ्गमुपसाद्य—'त्वं नो अग्ने,* स त्वं नो अग्ने, त्वमग्ने अयाऽसि, प्रजापते' इत्येताभिस्स्रुवाहुतीर्जुहुयात् ॥ १

अथ यदि परिस्तरणदाहे—'अग्नये क्षामवते स्वाहा' इति हुत्वा परिस्तृणाति ॥ २

'इन्द्रं वो विश्वतस्परि, इन्द्रं नरः' इति द्वाभ्यां परिस्तीर्य जुहोति—'इन्द्राय स्वाहा' इति ॥ ३

अथ यदि परिधिदाहे अन्यं यथालिङ्गमुपसाद्य जुहोति—'परित्वाऽग्ने पुरं वयम्' इति ॥ ४

अथ वस्त्राणां प्रोक्षितानां चेद्दाहोपघाते नाशे विनाशे अन्यत् यथालिङ्गं कृत्वा यथालिङ्गमुपसाद्य जुहोति—'सोसाय स्वाहा' इति ॥ ५

---

* इमं मे वरुण, तत्त्वा यामि, त्वं नो अग्ने

अथ सिचाऽभिघातस्स्यात्तदभिमन्त्रयते—' सिगसि न-
सि वज्रोसि नमस्ते अस्तु मा मा हिंसीः ' इति दशा-
सूत्रमादाय मुखवातेन प्रध्वंसयेत् ॥ ६

अथ यदि गौर्वाऽश्वो वा श्वमृगमहिषमेषवराहदंष्ट्राव-
न्तो* वाऽन्यत् श्वापदमपसव्यं† गच्छेत्तस्य पदमभ्युक्ष्य ज-
पति—'तद्विष्णोः परमं पदम्' इति ॥ ७

एतेनैव रौद्रमभिव्याहरेद्वा । रौद्रयाऽऽर्चौ जुहुयात् ज-
पेद्वा—'त्वमग्ने रुद्रः, आवो राजानम्' इति ॥ ८

अथ यदि शकुनमभिव्याहरेत्तां वाचमनुमन्त्रयते—
'द्विपच्चतुष्पदस्माकं सर्वमस्त्वनातुरम्'। 'उद्गातेव शकुने साम
गायसि ब्रह्मपुत्र इव सवनेषु शंससि । स्वस्ति नश्शकुने
अस्तु प्रति नस्सुमना भव' इति ॥ ९

अथ यदि सालावृकी वाश्येत तामनुमन्त्रयते—
'दीर्घमुखि दुर्हणु मा स्म दक्षिणतो वदः। यदि दक्षिण
तो वदाद्विषन्तं मेऽव बाधासै' इति ॥ १०

अथ यद्यर्थी स्यात् परिक्षवे परिकासने चाप उप-
स्पृश्य जपेत्—'अनुहवं परिहवं परीवादं परिक्षपं दुस्स्वप्नं
दुरुदितं ताद्विषद्भ्यो दिशाम्यहम्। अनुहूतं परिहूतं शकुने
यदशाकुनं मृगस्य सृतमक्ष्णया ताद्विषद्भ्यो दिशाम्यहम्'
इति ॥ ११

---

* ख. वज्रवन्तो वा. † श्वापदमन्तराऽभिमपसव्यं.

अथ नदीनां धन्वनां च व्यतिक्रमे पुरस्तादुपस्थानं जपति—'या ओषधयो या वनस्पतयो या नद्यो यानि धन्वानि ये वना । ते त्वा वधु प्रजावतीं प्र त्वे मुञ्चन्त्वंहसः' इति ॥ १२

अथ शकृद्व्यतिक्रमे पुरस्तादुपस्थानं जपति—'नमश्शकृत्सदे रुद्राय नमश्शकृत्सदे । गामहंसि नमस्ते अस्तु मा मा हिंसीः' इति ॥ १३

अथ तीर्थस्थाणुचतुष्पथव्यतिक्रमे पुरस्तादुपस्थानं जपति—'कृतं तीर्थं सुप्रपाणं शुभस्पती । स्थाणुं पथेष्ठामप दुर्मतिं हनत्' इति ॥ १४

अथ चित्रियाणां लक्षणानां व्यतिक्रमे पुरस्तादुपस्थानं जपति—'ये देवा याश्च देवीर्येषु वृक्षेष्वासते । श्रिया मे श्रियं वृद्धिं वहन्तु मा मा हिंसिषुर्वहन्तु मोह्य*मानाम्' इति ॥ १५

अथ कर्मान्तमेव प्रतिपद्यते ॥ १६

इति बोधायनीयगृह्यसूत्रे चतुर्थप्रश्ने
द्वितीयोऽध्यायः.

सर्वत्र स्वयं प्रज्वलितेऽग्नौ समिधावादधाति—'उद्दीप्यस्व जातवेदः' इति द्वाभ्याम् ॥ १

---

* वोह्य.

अथ श्मशानादिव्यतिक्रमे तमेवाग्निमुपसमाधाय सम्प
रिस्तीर्याऽग्निमुखात्कृत्वा पक्वाज्जुहोति—'अग्निर्भूतानामधिपति-
स्स माऽवतु स्वाहा, इन्द्रो ज्येष्ठानामाधिपतिस्स माऽवतु
स्वाहा' इति ॥ २

स्विष्टकृत्प्रभृति* सिद्धमाधेनुवरप्रदानात् ॥ ३

अथैनन्मिथुनमभिमन्त्रयते—'इदं मिथुनमायुष्मदस्त्विदं
मिथुनं प्रजावदस्त्विदं मिथुनं पशुमदस्त्विदं मिथुनं वीर्यव-
दस्तु' इति ॥ ४

अथ 'उदु त्यं जातवेदसम्' इति दक्षिणमनड्वाहं यु-
नक्ति। 'चित्रं देवानामुदगादनीकम्' इति सव्यं युक्त्वा
प्रयातीति ॥ ५

अथ तीर्थव्यतिक्रमे नावा सन्तारः स्याचामनुमन्त्र-
यते—'अयं नो मह्याः पारमेतं स्वस्ति नेषद्वनस्पतिः। सी-
रा नस्सुतरा भव दीर्घायुत्वाय वर्चसे' इति नावा तरन्तीं
वधूं पश्यति ॥ ६

कूलमुत्तीर्य जपति—'समुद्राय वयुनाय सिन्धूनां पतये
नमः' इति ॥ ७

दुर्गमध्वानं वा प्रपाद्य—'जातवेदसे' इति सहस्रेणा-
दित्यमुपातिष्ठते ॥ ८

---

* जयप्रभृति.

आसन्नभये छल*द्यूतव्यवहारे राजकुले व्यसने बद्धो वा निरन्तरमुपांशु जपेदेतदेव । दुस्स्वप्नेषु शतं जपेदेतदेव ॥

इति बोधायनीयगृह्यसूत्रे चतुर्थप्रश्ने
तृतीयोऽध्यायः.

अथाभ्याघातस्स्यादग्निश्चोद्घातस्स्यात् सर्वं तत् 'अपहताः' इति प्रोक्ष्य स्थण्डिलमुद्धृत्य तमेवाग्निमुपसमाधाय सम्परिस्तीर्याऽग्निमुखात्कृत्वा पक्वाज्जुहोति—'ये देवा यज्ञहनो यज्ञमुषः' इति तिसृभिरनुच्छन्दसम् ॥ १

स्विष्टकृत्प्रभृति† सिद्धमाधेनुवरप्रदानात् ॥ २

अथ यद्यक्षभेदस्स्यात्तमेवाग्निमुपसमाधाय सम्परिस्तीर्याऽग्निमुखात्कृत्वा प्रधानाहुतीर्जुहोति—'इह धृतिस्स्वाहेह विधृतिस्स्वाहेह रन्तिस्स्वाहेह रमतिस्स्वाहा' इति ॥ ३

जयप्रभृति सिद्धमाधेनुवरप्रदानात् ॥ ४

अथान्यमक्षमाहरति—'अक्षितोऽस्यक्षित्यै त्वा मा मे क्षेष्ठा अमुत्रामुष्मिन् लोके' इति ॥ ५

अथैनं रथे योजयति—'आतिष्ठ वृत्रहन् रथम्' इति ॥ ६

अथ रथे मिथुनं प्रतिष्ठापयति—'प्रति क्षत्रे प्रति तिष्ठामि राष्ट्रे । प्रत्यश्वेषु प्रति तिष्ठामि गोषु । प्रत्यङ्गेषु

---

* ख. जल. † जयप्रभृति.

प्रति तिष्ठाम्यात्मन्। प्रति प्रजायां प्रति तिष्ठामि भव्ये'
इति ॥ ७

पूर्ववदनड्वाहौ युनक्ति। अथ मिथुनं प्रतिष्ठाप्य
प्रयातीति ॥ ८

अथ यदि बलवता समरथस्स्यात् पथाद्रथं प्रसर्प-
यति—'अनृणा अस्मिन्ननृणाः परस्मिंस्तृतीये लोके अनृणा-
स्स्याम। ये देवयाना उत पितृयाणास्सर्वान् पथो अनृणा
आक्षीयेम' इति ॥ ९

अथ पथमवस्थाय यानाय जपति—'मिथुनस्य स्व-
स्त्ययन्यस्यापि पन्थामगस्महि स्वस्ति गामनेहसम्। येन विश्वाः
परि द्विषो वृणक्ति विन्दते वसु' इति ॥ १० ॥

अथ रथमभिप्रेति—'पथस्पथः परिपतिम्' इति ॥

अथ विद्युत्स्तनिते संत्रासस्स्यात्तमस्यैन्द्र्यावृचौ जप-
ति—'यत इन्द्र भयामहे, स्वस्तिदा विशस्पतिः' इति ॥

अथ कर्मान्तमेव प्रतिपद्यते ॥ १३

इति बोधायनगृह्यसूत्रे चतुर्थप्रश्ने
चतुर्थोऽध्यायः.

अथ पाकयज्ञानां प्रायश्चित्तिः ॥ १

तद्यथा—द्रव्यहविर्मन्त्रकर्मादीनामतिपन्नस्कन्नभिन्नभग्ननष्ट-
दुष्टविपरीतदग्धाशृतानिकृतानामनाम्नातेषु जुहुयात्—'मनो ज्यो-

तिः, अयाश्चाग्ने, यदस्मिन् कर्माणि, स्वस्ति न इन्द्रो वृद्ध-
श्रवाः' इति। व्याहृतिभिश्च ॥ २

व्याहृतीनां प्रयोगे यथाकृतं यथावद्भवतीत्याचार्या
ब्रुवते ॥ ३

तत्रोदाहरन्ति—भूरित्यृचो भुव इति यजूंषि सुवरिति
सामानि ॥ ४

प्रवृत्ते कर्मणि प्रधानादौ जुहुयादिति बोधायनः ॥ ५

प्रधानान्त इति शालिकिः* ॥ ६

पुरस्तात्स्विष्टकृत इत्यौपमन्यवः ॥ ७

इति बोधायनगृह्यसूत्रे चतुर्थप्रश्ने
पञ्चमोऽध्यायः.

अथ गर्भाधानपुंसवनसीमन्तोन्नयनविष्णुबलिजातकर्मना-
मकरणोपनिष्क्रमणान्नप्राशनचौळोपनयनादि कार्यं न कारये-
दिति समानं कर्म। 'तनं म आपः, यत्पाकत्रा' मनस्वती,
मिन्दाहुती, महाव्याहृतीः, व्याहृतयश्च प्रायश्चित्तं जुहुया-
दिति ॥ १

कालातिक्रमे प्रधानादौ प्रधानादौ द्वे द्वे मिन्दाहुती
जुहुयादिति ॥ २

व्याहृतिपूर्वकं चेति सर्वेषां समानमाचार्या ब्रुवते ॥ ३

---

* ख. शालीकिः.

तत्रोदाहरन्ति—पक्वं सौविष्टकृतमाज्यं प्रणीताप्रणयनं* ब्रह्माणमिध्माबर्हिरेकमिति विज्ञायत इति हि ब्राह्मणमिति हि ब्राह्मणम् ॥ ४

इति बोधायनीयगृह्यसूत्रे चतुर्थप्रश्ने
षष्ठोऽध्यायः

अथ विपरीतदर्भास्तरणपवित्रकरणपात्रसादनप्रोक्षणीसंस्कारब्रह्मप्रणीताहविर्निर्वापणाज्यसंस्कार † स्रुक्सम्मार्जनपारिधिपरिषेचनेध्माभ्याधानविपरीतेषु प्रायश्चित्तं—'ततं म आपः, यत्पाकत्रा' मनस्वती, मिन्दाहुती, महाव्याहृतीः, व्याहृतयश्च प्रायश्चित्तं जुहुयादिति बोधायनः ॥ १

इति बोधायनीयगृह्यसूत्रे चतुर्थप्रश्ने
सप्तमोऽध्यायः.

अथ प्रायश्चित्तानि व्याख्यास्यामः—भग्ननष्टदुष्टविपरीतस्फुटिताद्विजश्वबिडालकाकखरमृगपशुपक्षिसरीसृपाणामन्यत्कीटो वा ऋत्विजोऽग्नीनन्तरा गच्छेत्—दुर्गा, मनस्वती, महाव्याहृतीस्तिस्रस्तन्तुमतीर्जुहुयात् । सैव ततः प्रायश्चित्तिः ॥

इति बोधायनगृह्यसूत्रे चतुर्थप्रश्ने
अष्टमोऽध्यायः.

---

* प्रणीतोपसादनं.

† संस्कारपर्यग्निकरण.

अथातस्सप्तपाकयज्ञानां प्रायश्चित्तसमुच्चयं व्याख्या-
स्यामः ॥ १

हुतः प्रहुत आहुतश्शूलगवो बलिहरणं प्रत्यवरोहणम-
ष्टकाहोम इति सप्तपाकयज्ञानां न प्रयाजा इज्यन्ते नानूयाजाः
न सामिधनीः ॥ २

अन्वाहृतेषु कर्मस्वग्निमुपसमाधाय सम्परिस्तीर्य यत्रयत्र
दर्वीहोमं कुर्यात्तत्रतत्र चरुं समवदाय जुहोति ॥ ३

सर्वत्र स्कन्ने भिन्ने छिन्ने क्षामे विपर्यासे उद्दाहे
ऊनातिरिक्ते पवित्रनाशे पात्रभेदे द्वे मिन्दाहुती जुहोति ॥ ४

मक्षिकैर्मशकैर्वा रोमभिः पिपीलिकैर्वा व्यापद्येत प्रजा-
पतये होमं कुर्यात् ॥ ५

व्यापन्नमाज्यमव्यापन्नमन्तर्हितमनाज्ञातप्रायश्चित्तं यज्ञस-
मृद्धीर्जुहोति ॥ ६

अन्तरागमने प्रायश्चित्तं—दशहोतारं चानुरूयां च
जुहोति ॥ ७

अन्तर्हिते प्रायश्चित्तं—चतुर्होतारं चानुरूयां च जुहोति ॥

मण्डूकसर्पमूषिकमार्जारान्तरागमने प्रायश्चित्तं—पञ्चहो-
तारं चानुरूयां च जुहोति ॥ ९

विकृतरूपे विकृतशब्दे विस्फुटे प्रायश्चित्तं—शंयुवाकं
चानुरूयां च जुहोति ॥ १०

अनादिष्टं सर्वप्रायश्चित्तं व्याख्यातं वारुणीमिति निर्दिशेत् ॥ ११

संस्कारान्तेऽग्नावुत्सन्ने तद्भस्मसमारोपणं समिधं वा यदि नोपतिन्देद्याज्ञिकं वा प्रायश्चित्तं महाव्याहृतीः प्रणवं मनस्वतीं च जुहोति ॥ १२

स्वराक्षरपदवृत्तभ्रेषेषु 'आभिर्गीर्भिः' इति ॥ १३

सर्वत्र पाकयज्ञानां सदस्येभ्यो धेनुमृषभमनड्वाहं दद्यात् ॥ १४

सदस्यास्सर्वप्रायश्चित्तानि प्रतिनिधींश्च बोधयिष्यन्तीति ॥ १५

इति बोधायनीयगृह्यसूत्रे चतुर्थप्रश्ने
नवमोऽध्यायः.

अथ यदि होमकालेष्वग्निरुद्वातस्स्यात् सर्वं तत् 'अपहताः' इति प्रोक्ष्य स्थण्डिलमुद्धृत्याग्निमुपसमाधाय सम्परिस्तीर्य प्रायश्चित्तं जुहोति—अयाश्चाग्ने, पञ्चहोता, ब्राह्मण एकहोता, दश मनस्वतीः, भिन्दाहुती, महाव्याहृतीः, व्याहृतयश्च प्रायश्चित्तं जुहुयादिति ॥ १

अथ यद्युपनयनाग्निर्विवाहाग्निर्जातकाग्निश्श्मशानाग्निराचतुर्थादादशाहादासञ्चयनादुद्वातस्स्यात्—'अपहता असुराः' इति प्रोक्ष्य क्षिप्रं भस्मसमारोहणम् । 'अयं ते योनिर् ऋत्वियः'

इति समिधि समारोप्य लौकिकमग्निमाहृत्य समिधमादधाति—आजुह्वानः, उद्बुध्यस्वाग्ने' इति द्वाभ्याम् ॥ २

सम्परिस्तीर्य प्रायश्चित्तं जुहोति—'अयाश्चाग्ने, पञ्चहोता, ब्राह्मण एकहोता, दश मनस्वतीः, मिन्दाहुती, महाव्याहृतीः, व्याहृतयश्च प्रायश्चित्तं जुहुयादिति बोधायनः ॥

इति बोधायनगृह्यसूत्रे चतुर्थप्रश्ने
दशमोऽध्यायः.

अथ गृहमेधिनो ब्रह्मचारिणश्चानुगतेऽग्नौ कालातिक्रमे होमयोर्दर्शपूर्णमासयोश्चाग्रयणेनानिष्ट्वा नवान्नप्राशनाज्यस्कन्नावधूतहीनमन्त्राधिककर्मणश्चाकृतसीमन्तायां प्रसूतायां भार्यायां स्त्रीषु गोषु यमळजनने रजस्वलाऽभिगमने पतितसम्भाषणे दिवामैथुने शूद्राऽभिगमने* स्वप्नान्ते रेतस्स्कन्दने उदके मूत्रपुरीषकरणे कुमारस्य जातस्यासंस्कारेऽकृताग्निसंसर्गे देवताविपर्यासे मन्त्रविपर्यासे कर्मविपर्यासे ब्रह्मचारिणश्च व्रतविपर्यासे मेखलायज्ञोपवीतस्योच्छेदने† कृष्णाजिनस्याधारणे कमण्डल्वधारणे दण्डभङ्गे सन्ध्यालोपेऽग्निकार्यलोपे उदकुम्भलोपे भिक्षाचरणस्वाध्यायलोपे शुश्रूषालोपे एतैश्चान्यैश्चानाम्नातेषु प्रायश्चित्तम् ॥ १

---

* ख. शूद्रीगमने. † ख. पवीतानाच्छादने.

अग्निमुपसमाधाय सम्परिस्तीर्य प्रायश्चित्तं जुहोति— 'पाहि नो अग्न एनसे स्वाहा। पाहि नो विश्ववेदसे स्वाहा। यज्ञं पाहि विभावसो स्वाहा। सर्वं पाहि शतक्रतो स्वाहा। पाहि नो अग्न एकया। पाह्युत द्वितीयया। पाहि गीर्भि-स्तिसृभिरूर्जां पते। पाहि चतसृभिर्वसो स्वाहा' इति ॥

पुरस्ताच्चोपरिष्टाच्च सानुक्रमणं* यथाऽनुपूर्वकरणमवि-च्छिन्नं सन्ततं भवतीति ॥ ३

इति बोधायनीयगृह्यसूत्रे चतुर्थप्रश्ने एकादशोऽध्यायः.

अथ गृहस्थस्य विद्यार्थिनस्त्रियाऽभ्यनुज्ञातस्य ऋतु संवेशनविच्छेदप्रायश्चित्तं व्याख्यास्यामः ॥ १

वसन्तो ग्रीष्मो वर्षाश्शरद्धेमन्ताश्शिशिरेणर्तुकालमुक्त्वा ब्राह्मणेभ्यो निवेदयित्वा चीर्णव्रतान्तेनाथ प्रदोषे देवयज-नमुदानयति ॥ २

अथ देवयजनोल्लेखनप्रभृत्याऽग्निमुखात्कृत्वा पक्वाज्जु-होति—'यस्त्वा हृदा कीरिणा मन्यमानः' इति पुरोऽनु-वाक्यामनूच्य, 'यस्मै त्वं सुकृते जातवेदः' इति याज्यया जुहोति ॥ ३

---

* इमाव्याहृतीभिर्हुत्वा येन चैवास्य शासनात्सानुत्क्रमणं

अथाज्याहुतीरुपजुहोति—'मधुश्च स्वाहा । माधवश्च स्वाहा' इत्याऽन्तादनुवाकस्य ॥ ४

स्विष्टकृत्प्रभृति सिद्धमाधेनुवरप्रदानात् ॥ ५

अपरेणाग्निं आज्यशेषमुदकशेषं चोभौ जायापती प्राश्नीयाताम् ॥ ६

ऋतुसंवेशनविच्छेदप्रायश्चित्तं व्याख्यातम् ॥ ७

इति बोधायनीयगृह्यसूत्रे चतुर्थप्रश्ने
द्वादशोऽध्यायः.

अथ गृहस्थस्य । अथ गृहमेधिनः । अथ यदि होमकालेषु । अथातस्सप्तपाकयज्ञानाम् । अथ प्रायश्चित्तानि । अथ विपरीत । अथ गर्भाधान । अथ पाकयज्ञानाम् । अथाभ्याघातः । सर्वत्र स्वयम् । सर्वत्र दर्वी । अथातस्सप्तपाकयज्ञानाम् ॥ १२ ॥

अथातस्सप्तपाकयज्ञानाम् । सर्वत्र दर्वी । सर्वत्र स्वयम् । अथाभ्याघातः । अथ पाकयज्ञानाम् । अथ गर्भाधान । अथ विपरीत । अथ प्रायश्चित्तानि । अथातस्सप्तपाकयज्ञानाम् । अथ यदि होमकालेषु । अथ गृहमेधिनः । अथ गृहस्थस्य ॥ १२ ॥

इति बोधायनीयगृह्यसूत्रे चतुर्थप्रश्नः

॥ इति बोधायनगृह्यसूत्रं समाप्तम् ॥
हरिः ओम्.

श्री

अथ बोधायनगृह्यसूत्रे परिभाषाप्रारम्भः.

अथ प्रथमप्रश्नः.

अथ वै भवति—'जायमानो वै ब्राह्मणस्त्रिभिर् ऋणवा जायते ब्रह्मचर्येण ऋषिभ्यो यज्ञेन देवेभ्यः प्रजया पितृभ्यः' इति ॥ १

ब्रह्मचर्यं व्याख्यास्यामः ॥ २

आ समावर्तनादेवैतद्भवति 'नाचीर्णव्रतो ब्रह्मचारी भवति' इति तदाश्रमो व्याख्यातः ॥ ३

अत ऊर्ध्वं ब्रह्मचर्यं येनानृणो भवति ॥ ४

स्वदार इत्येकम् ॥ ५

मन्त्रवत्प्रयोग इत्येकम् ॥ ६

ऋतावित्यपरम् ॥ ७

अथाधिब्रह्मचर्यम्—विवाहे त्रिरात्रम् ॥ ८

ऋतौ त्रिरात्रम् ॥ ९

अमावास्यायां पौर्णमास्यां श्राद्धं दत्वा भुक्त्वा चैकरात्रम् ॥ १०

परस्त्रीषु दिवा च यावज्जीवम् ॥ ११

अग्न्याधेये द्वादशरात्रम् ॥ १२

आग्रयणेष्टिपशुबन्धानामुपवसथेष्वेकरात्रम् ॥ १३

एवमेव सर्वेषु वेदकर्मसु ॥ १४

चातुर्मास्येषु संवत्सरम् ॥ १५

यथाप्रयोगमन्येषु यज्ञक्रतुष्वन्यत्रर्तौ दीर्घसत्रेषु घर्म-
व्रतेषु च ॥ १६

तदेतद्धर्म्यं पुण्यं पुत्र्यमायुष्यं स्वर्ग्यं यशस्यमानृण्य-
मिति व्याख्यातं ब्रह्मचर्यम् ॥ १७

'यज्ञेन देवेभ्यः' इति यज्ञं व्याख्यास्यामः ॥ १८

एकविंशतिसंस्थो यज्ञ ऋग्यजुस्सामात्मकच्छन्दोभिश्चि-
तो ग्राम्यारण्यपश्वोषधीभिर्हविष्मान् दक्षिणाभिरायुष्मान् ॥

स चतुर्धा ज्ञेय उपास्यश्च—स्वाध्याययज्ञो जपयज्ञः क-
र्मयज्ञो मानसश्चेति ॥ २०

तेषां परस्पराद्दशगुणोत्तरो वीर्येण ॥ २१

ब्रह्मचारिगृहस्थवनस्थयतीनामविशेषेण प्रत्येकशः ॥ २२

सर्व एवैते गृहस्थस्याप्रतिषिद्धाः क्रियात्मकत्वात् ॥ २३

नाक्रियो ब्राह्मणो नासंस्कारो द्विजो नाविद्वान्
विप्रो नैतैः हीनश्श्रोत्रियो नाश्रोत्रियस्य यज्ञ इति ॥ २४

तस्मादाचारः प्रमाणं संस्था आचारः क्रिया सन्त-
तिरिति नित्या * भावात् ॥ २५

---

* ग. नित्यं.

तस्माद्यः कश्चन क्रियावान् सतामनुमताचारस्स श्रोत्रिय एव विज्ञेयः ॥ २६

अथाप्युदाहरन्ति—

निषेके गर्भसंस्कारे जातकर्मक्रियासु च ।
विधिवत्संस्कृता मन्त्रैश्चीर्णव्रतसमापनाः ॥
श्रोत्रिया इति ते ज्ञेयाश्शाखापाराश्च ये द्विजाः ।
विधिवद्ब्रह्म ये पाणिभृतौ चीर्णव्रतावुभौ ॥
मन्त्रवत्सम्प्रयोगे तौ ब्राह्मण्यं गर्भमादधुः ॥ इति २७

तस्मादाचारः प्रमाणम् ॥ २८

इति बोधायनीयगृह्यपरिभाषायां प्रथमप्रश्ने
प्रथमोऽध्यायः

अथ वै भवति—'सर्वेण वै यज्ञेन देवास्सुवर्गं लोकमायन्' इति स एष हुतादिरासहस्रसंवत्सरान्तस्सर्वो यज्ञो यो हि यद्वेद स्वाध्यायजपकर्ममानसेषु तेनैवास्य तद्गुणेनेष्टं भवतीति तदेतन्मन्त्रब्राह्मणं व्याख्यातम् ॥ १

अथ वै भवति—'देवा वै पुष्टिं नाविन्दन्तां मिथुनेऽपश्यन्' इत्येतद्विज्ञाय दारानाहृत्य सर्वयज्ञभाजो भवन्तीति व्याख्यातो यज्ञः ॥ २

'प्रजया पितृभ्यः' इति अथास्य प्रजा भवन्ति—

'याननुत्पादयते याननुपनयते याननध्यापयते यान् याजयते'
इति सर्वोऽस्यैषा प्रजा भवतीति प्रजा व्याख्याता ॥ ३

'एष वा अनृणो यः पुत्री यज्वा ब्रह्मचारिवासी'
इत्याहिताग्निरित्येवैष उक्तो भवति ॥ ४

अथाप्युदाहरन्ति—

पुदिति नरकस्याख्या दुःखं च नरकं विदुः ।
पुदि त्राणात्ततः पुत्त्रमिहेच्छन्ति परत्र च ॥
न मांसपेशलः पुत्त्रो नाविद्वान् नाप्यकर्मकृत् ।
स्वयं न याति यस्स्वर्गं किं पुनः पितरं तरेत् ॥ इति ॥ ५

विज्ञायते—'अहं त्वदस्मि मदसि त्वमेतन्ममासि यो-
निस्तव योनिरस्मि । ममैव सन्वह हव्यान्यग्ने पुत्रः पित्रे
लोककृज्जातवेदः' इति ॥ ६

एतस्माद्गार्हपत्य उक्तो भवति गार्हपत्यादाहवनीयस्त-
स्मादग्न्याधेयेनानृण आहवनीयादिति प्रणीतः तस्मात् पशु-
बन्धयाज्यनृणश्शालामुखीयादाग्नीध्रीय आग्नीध्रीयादपरे धि-
ष्ण्याः ॥ ७

'विभूरसि प्रवाहणः' इत्येते विहरणोपस्थानीयाः
'एषाऽस्य दैवी प्रजा भवति' इति तस्मात्सोमयाज्यनृणः ॥ ८

तस्मात् गृहस्थस्य सर्व एवैते यज्ञास्तस्माद्गृहाश्श्रेय
इति ॥ ९

अथास्य श्रेयोऽवाप्तिरापूर्यमाणपक्ष इति पूर्वपक्ष एवैष उक्तो भवति सोमेनापूर्यमाणेन व्याख्यातः ॥ १०

अहोरात्राणि वा वृद्धिमन्ति ह्रासवन्ति च भवन्ति । यत्राह्नां वृद्धिर्भवति स एवैष उक्तो भवतीति ॥ ११

अथ हैकेषां विज्ञायतेऽह्नः पञ्चसु कालेषु कुर्वीतेत्युदगयन इत्येवेदमुक्तं भवति ॥ १२

संवत्सरो वै देवानामहोरात्रं तस्यैतदुदगयनमहः दक्षिणायनं रात्रिस्तस्याह्नः पञ्चसु कालेषु कुर्वीतेति तस्य प्रातस्सङ्गवौ शिशिरवसन्तौ मध्यंदिनं ग्रीष्मोऽपराह्णसायाह्ने वर्षाशरदौ प्रातस्सङ्गवे सायमिति विवाहं न कुर्वन्ति । काममितराणि ॥ १३

अथान्यत्रापि कुर्वन् भवति पुण्ये नक्षत्र इति । 'देवनक्षत्राणि वा अन्यानि । यमनक्षत्राण्यन्यानि । यानि देवनक्षत्राणि । तेषु कुर्वीत यत्कारी स्यात्' इत्येवेदमुक्तं भवति ॥ १४

इति बोधायनीयगृह्यपरिभाषायां प्रथमप्रश्ने
द्वितीयोऽध्यायः.

विष्णुश्च ह वै सोमश्च ब्रह्मवाद्यमवदेतामहं ब्राह्मणानां प्रतिष्ठेति विष्णुरब्रवीदहं प्रतिष्ठेति सोमस्तौ प्रजापतिं प्रश्नमैतां सोऽब्रवीत्प्रजापतिश्छन्दांसि विष्णुमधिगच्छन्ति नक्षत्राणि सोमं तावुभौ ब्रह्मण्याविति सोऽब्रवीत्पूजितौ पूज-

यन्तौ स्तुतौ स्तुन्वन्तौ प्रियौ प्रियन्तौ ब्रह्मण्यौ ब्रह्मवित्तौ *
वरप्रतिष्ठातारौ भवत इति ॥ १

यन्मां ब्राह्मणा वक्ष्यन्ति यज्ञेषु सोऽहमिति विष्णु-
रब्रवीत्तस्माद्विष्णुर्यज्ञो यज्ञो वै ब्राह्मणानां प्रतिष्ठेति । विज्ञा-
यते च—'ब्राह्मणा वै छन्दांसि' इत्येतस्मात् ॥ २

यन्मां ब्राह्मणा वक्ष्यन्ति नक्षत्रेषु सोऽहमिति सोमोऽ-
ब्रवीत्तस्माद्ब्राह्मणानां सोमो राजा तस्माद्विज्ञायते च—'ब्राह्म-
णो वा अष्टाविंशो नक्षत्राणां तत्तस्य वचः पुण्यम्' इति ॥

तावुभौ ब्रह्मण्यौ ब्रह्मवित्तौ * ब्राह्मणानां प्रतिष्ठातारौ
ब्राह्मणेषु प्रतिष्ठितौ ॥ ४

य एवं विद्वान् ब्राह्मणपुरस्कृतानि कर्माणि करोति
यज्ञस्य समृद्ध्या इति ॥ ५

युग्ममयुग्ममिति समं विषमं चैतेन दैवं पित्र्यं च
व्याख्यातम् ॥ ६

वेदकर्माणि प्रयोक्ष्यन्नादित एव तीर्थे स्नात्वोदेत्याहतं
वासः परिधायाप आचम्यैकविंशत्या दर्भपुञ्जीलैरात्मानं पव-
यित्वा यस्य कुर्वन् भवति तं पवयति—'पवित्रं वै दर्भाः
पवित्रं विष्णुस्स प्रतिष्ठा सोमस्य प्रतिष्ठित्यै' इति विज्ञा-
यते ॥ ७

---

* ग. ब्रह्मवित्तमौ,

'एकविंशत्या पवयत्येकविंशो वै यज्ञ एकविंशः पुरुष एकविंशतिश्छन्दांस्येकविंशतिर्वै देवलोकाः छन्दोभिरेवैनं यज्ञेन यजमानमेकविंशे प्रतिष्ठाप्य पूतं मेध्यं यज्ञियं पवयति। सप्तभिः पवयति सप्त छन्दांसि छन्दोभिरेवैनं पवयति। सप्तभिः पवयति सप्तैवास्यैते पुरुषास्सन्ततिमनुसन्तन्वन्ति त्रयः प्राञ्चस्त्रयः प्रत्यञ्च आत्मा सप्तम एतावन्त एवैनान् पवयति। त्रेधा विभक्तैः पवयति त्रय इमे लोका एभिरेवैनं लोकैः पवयति' इति ब्राह्मणम् ॥ ८

अथाप आचम्य बाह्याभ्यन्तरतः पूतो मेध्यो यज्ञियो भूत्वा वेदकर्माणि प्रयोक्ष्यन् पूर्वेद्युरेव युग्मान ब्राह्मणान् भोजयेदिति नान्दीमुखा एवैता उक्ता भवन्ति ॥ ९

तेषु भुक्तवत्सु स्वधायै स्थाने 'मधु मनिष्ये मधु जनिष्ये' इत्येतद्यजुर्जपित्वा 'नान्दीमुखाः पितरः प्रीयन्ताम्' इत्यपो निनयति स्वधैवैषोक्ता भवति ॥ १०

नैकाह्ना पित्र्यं दैवं च कुर्वन्ति 'यस्यैकाह्ना पित्र्यं दैवं च कुर्वन्ति प्रजा ह्यस्य प्रमायुका भवति तस्मात्पितृभ्यः पूर्वेद्युः क्रियते यत्पितृभ्यः पूर्वेद्युः करोति पितृभ्य एव तद्यज्ञं निष्क्रीय यजमानः प्रतनुते' इति ब्राह्मणम् ॥

इति बोधायनीयगृह्यपरिभाषायां प्रथमप्रश्ने तृतीयोऽध्यायः.

अथापरेद्युर्दैवानामिति ॥ १

अथापरेद्युर्ब्राह्मणानन्नेन परिवेषयेदिति दैवतं भवति ॥

यद्दैवत्यं भवति तस्य पुण्याहं वाचयिष्यन्नाम गृहीत्वा-
सौ प्रीयतामिति ॥ ३

पुण्याहं वाचयिष्यन् ब्राह्मणान् संपूजयति ॥ ४

अरिक्तपाणयः प्राङ्मुखा युग्मास्तिष्ठन्ति ॥ ५

तेषां दक्षिणत उदङ्मुखोऽपिहितमुदकुम्भं धारयन्
वाचयिता तिष्ठति ॥ ६

तस्य दक्षिणं बाहुमन्वितरस्तिष्ठति ॥ ७

अथैनान् संपूजयति—'मनस्समाधीयताम्' इति ॥ ८

'समाहितमनसः स्मः' इतीतरेषां प्रतिवचनम् ॥ ९

मनो वै चन्द्रमा ब्राह्मणा नक्षत्राणि तस्माद्ब्राह्मणेषु
मनस्समादधाति ॥ १०

'प्रसीदन्तु भवन्तः' इति । 'प्रसन्नास्स्मः' इतीत-
रेषां प्रतिवचनम् ॥ ११

तथैवास्य प्रसन्ना भवन्ति ॥ १२

'शान्तिरस्तु । पुष्टिरस्तु । तुष्टिरस्तु । ऋद्धिरस्तु ।
अविघ्नमस्तु । आयुष्यमस्तु । आरोग्यमस्तु । शिवं कर्मास्तु'
इत्याशिषमेवैतामाशास्ते ॥ १३

तथैवेतरेषां प्रतिवचनम् ॥ १४

'ओमिति ब्रह्म । ओमितीदं सर्वम्' तस्मादोमिति

सन्धाय 'पुण्याहं भवन्तो ब्रुवन्तु' इत्येतेनाहश्च नक्षत्रं च पूते भवतस्ते एवैनं पूते पुनीतः ॥ १५

'ओं स्वस्ति भवन्तो ब्रुवन्तु' इत्येतेन गोब्राह्मणस्याशीरुक्ता भवति । त एवैनमाशिषा समर्धयन्ति ॥ १६

'ऋद्धिं भवन्तो ब्रुवन्तु' इत्येतेन ऋग्यजुस्साम्नामृद्धिरुक्ता । तैरेव ऋद्धिमान् भवति ॥ १७

य एवं विद्वान् पुण्याहं वाचयति नास्य कर्मोपहतं भवति ॥ १८

यत्कर्म करोत्यपरेणाग्निं प्रदक्षिणमुपचारो यज्ञोपवीती दैवानि कर्माणि क्रियते विपरीतं पित्र्येषु ॥ १९

इति बोधायनीयगृह्यपारिभाषायां प्रथमप्रश्ने चतुर्थोऽध्यायः.

अथ शुचौ समे देशे इति कथं विज्ञायते ॥ १

गोमयेन गोचर्ममात्रं चतुरश्रं स्थण्डिलमुपलिप्तं भवति तच्छुचिर्भवति ॥ २

तस्य मध्यत उद्धृत्यावोक्ष्यारत्निमात्रं समचतुरश्रं स्थण्डिलं करोति । तत्रोल्लेखनादि कर्म प्रतिपद्यते ॥ ३

दर्भेषु दक्षिणतो ब्राह्मण उपाविशति । स यद्युपाविशत्यादिशो व्युन्नयन्नाशास्ते ॥ ४

यद्यु वै नोपविशति दर्भेषु दक्षिणतः प्रागग्रं कूर्चं निधाय—'ओं भूर्भुवस्सुवरों ब्रह्मन् ब्रह्मासि नमस्ते ब्रह्मणे' इत्युपतिष्ठते ब्रह्मैवात्रासीनो भवति तस्मै वरं ददाति ब्राह्मणं वा भोजयेदिति ॥ ५

एतेन साशिरस्को यज्ञः—'यो वै यज्ञस्य शिरो वेद शीर्षण्वान् मेध्यो भवति' इति ॥ ६

उत्तरत उदपात्रं ब्राह्मणमिध्माबर्हिरिति—'एतद्वै यज्ञस्य शिरो य एवं वेद शीर्षण्वान मेध्यो भवति' इति ब्राह्मणम् ॥ ७

अथ शम्याः परिदधाति—'शम्या वा परिधयो वा' इति विज्ञायते । 'नापरिधाय जुहुयात् 'रक्षसामपहत्यै' इति ॥ ८

सर्वत्र परिसमूहनपर्युक्षणपरिस्तरणपरिधानोपसमाधाना लङ्करणमित्यादरादाचार्याः ॥ ९

सर्वत्रालङ्कृत्य ये तत्र ब्राह्मणास्सन्तिताननुज्ञाप्य कुर्वीत यत्कारी स्यात् समृद्धमेवास्य तत् ॥ १०

इति बोधायनीयगृह्यपरिभाषासूत्रे प्रथमप्रश्ने पञ्चमोऽध्यायः.

सर्वत्र दर्वीहोमेष्वाघारवत्सु 'पुरोनुवाक्यामनूच्य याज्य
या जुहोति सदेवत्वाय' इति ब्राह्मणम् ॥ १

यत्रैकाऽऽम्नाता स्यात्तां द्विरभ्यावर्तयेत् ॥ २

'तत्सवितुर्वरेण्यम्' इत्यनुद्रुत्याम्नातायां जुहोति। अथ वा
'भूर्भुवस्सुवरोम्' इत्यनुद्रुत्य 'तत्सवितुर्वरेण्यम्' इति जुहोति ॥

अनाम्नातेषु तदेतत्सर्वप्रायश्चित्तम् ॥ ४

विष्णव आहुतीषु नामकरणोपनिष्क्रामणान्नप्राशनोपा-
कर्मव्रतेषु च पक्वहोमस्स्यान्नापक्वाः पाकयज्ञास्सर्वत्र पक्वहोमं
कुर्यादिति ॥ ५

एतेन होमदानप्राशनानि व्याख्यातानि भवन्ति—
पक्वाज्जुहोति पक्वाद्ददाति पक्वात्प्राश्नातीति पाकयज्ञास्तस्मा
द्धुतप्रहुताहुतेषु पक्वः कार्य इति ॥ ६

एकविंशतिदारुमिध्मं करोति यज्ञस्य सरूपत्वाय ॥ ७

अभिघारयति 'तेजसैवैनं समर्धयति' इति ब्राह्मणम् ॥

अरत्निमात्रीं दर्वीं बाहुमात्रीमित्यपरम् ॥ ९

अथ वै भवति 'निरृत्यतिगृहीता वै दर्वी यद्दर्व्या
जुहुयान्निरृत्याऽस्य यज्ञं ग्राहयेत्' इति दर्व्याऽन्नस्य जुहो-
ति स्रुवेणाज्यस्य 'वैकङ्कती स्रुगाकृतिर्भवति' इति विज्ञा-
यते ॥ १०

अथाप्युदाहरन्ति—

यथा सुभूमिजो वृक्षस्सुमूलस्सुप्रतिष्ठितः ।

बहुशाखस्सुपुष्पश्च फलवानुपयुज्यते ॥ ११
देवदानवगन्धर्वै ऋषिभिः पितृभिस्तथा ।
पक्षिभिष्षट्पदैश्चापि मशकैश्च पिपीलिकैः ॥ १२
एवं हि पाकयज्ञेषु सर्वमेतत्प्रतिष्ठितम् ।
हुतस्सुभूमिर्विज्ञेया मूलं प्रहुत उच्यते ॥ १३
आहुतोत्र प्रतिष्ठानं यज्ञवृक्षो महोच्छ्रयः ।
बह्वयस्तस्य स्मृताश्शाखास्सुपुष्पास्सुफलोपगाः ॥ १४
मन्त्रब्राह्मणतत्त्वज्ञैस्सुदृष्टास्ता उपासकैः ।
एवं हि यज्ञवृक्षस्य योऽभिज्ञः श्रोत्रियस्स्मृतः ॥ १५
दारस्याहरणं कुर्यात्कर्मेत्येवं विपश्चितः ।
सुभूमिं च सुमूलं च सुप्रातिष्ठानमेव च ॥ १६
वृक्षं पुष्पफलोपेतं बहुशाखं स पश्यति ।
ज्ञानं सुभूमिराचारो मूलं श्रद्धा प्रतिष्ठितिः ॥ १७
क्षमाऽहिंसा दमश्शाखाः सत्यं पुष्पफलोपगम् ।
ज्ञानोपभोग्यं * बुद्धानां गृहिणां यज्ञपादपम् ॥ १८
अकामहतया बुद्धया त्यक्ताहङ्कारलोभया ।
निश्चयाध्यवसायाभ्यां चक्षुर्भ्यां स तु पश्यति ॥ १९
तस्यैको वज्रसङ्काशः क्रोधः परशुरुच्यते ।
तेनैव माच्छिनन् मोहात् त्याज्यः क्रोधो गृहेष्वतः ॥ २०
गृहा मूलं हि यज्ञानां गृहा ह्यानृण्यकारणम् ।

* ख. दानोपयोग्यं.

गृहा ह्याश्रमपूजार्थे स्थित्यर्थं च गृहास्स्मृताः ॥ २१

पाकयज्ञा हविर्यज्ञास्सोमयज्ञाश्च ते त्रयः ।

स्थिता मूलेषु वृक्षेषु * प्रमादी तेषु सीदति ॥ इति ॥

इति बोधायनीयगृह्यपरिभाषासूत्रे प्रथमप्रश्ने षष्ठोऽध्यायः.

अथ विवाहस्यारुन्धत्युपस्थानात्कृत्वा व्रतमुपैति — 'अग्ने व्रतपत उपयमनव्रतं चरिष्यामि तच्छकेयं तन्मे राध्यतां, वायो व्रतपते, आदित्य व्रतपते, व्रतानां व्रतपते उपयमनं व्रतं चरिष्यामि तच्छकेयं तन्मे राध्यताम्' इति ॥

उभौ जायापती व्रतचारिणौ भवतोऽधश्शयाते तयोश्शय्यामन्तरेणौदुम्बरदण्डो गन्धानुलिप्तो वाससा सूत्रेण वा परिवीतस्तिष्ठत्यापक्वहोमान्निशायाम् ॥ २

हुते पक्वहोमे व्रतं विसृज्य दण्डमुत्थापयति—'ऊर्जः पृथिव्या अभ्युत्थितोऽसि वनस्पते शतवल्शो विरोह त्वया वयमिषमूर्जं वदन्तो रायस्पोषेण समिषा मदेम' इति ॥

अथैनं वध्वै प्रयच्छति—'प्रजया त्वा संसृजामि मासरेण सुरामिव' इति ॥ ४

तं वधूः प्रतिगृह्णाति—'प्रजावती भूयासम्' इति ॥ ५

---

* ख. यज्ञेषु.

अथैनं वराय प्रयच्छति—'प्रजया त्वा पशुभिस्संसृ-
जामि मासरेण सुरामिव' इति ॥ ६

तं वरः प्रतिगृह्णाति—'प्रजावान् पशुमान् भूयासम्' इति ॥

अथैनं स्थूणादेशे निधायान्तिकेन प्रतिपद्यते ॥ ८

प्रसिद्धमुपसंवेशनम् ॥ ९

श्वोभूते दण्डमादाय पुण्याहं वाचयित्वाऽप्सु विस-
र्जयति ॥ १०

अथ देवयजनोल्लेखनप्रभृत्याऽग्निमुखात्कृत्वा पक्वाज्जुहोति—
'अग्निर्मूर्धा, भुवः' इति द्वाभ्याम् ॥ ११

स्विष्टकृत्प्रभृति सिद्धमाधेनुवरप्रदानात् ॥ १२

स एष पार्वणो भवति ॥ १३

अथास्तमित आदिसेऽन्योन्यमलङ्कृत्योपरि शय्यायां
शयाते ॥ १४

अथ वधूमभिमन्त्रयते—'सुमङ्गलीरियं वधूरिमां समेत
पश्यत । सौभाग्यमस्यै दत्वा याथास्तं विपरेतन' इति ॥

अथैनां सर्वसुरभिगन्धया मालया युनक्ति—'सं नौ
मनस्सं हृदयानि नौ सं नाभिस्सं तनुत्वचः सं त्वा कामस्य
योक्त्रेण युज्याम्यविमोचनाय' इति ॥ १६

इति बोधायनीयगृह्यपरिभाषासूत्रे प्रथमप्रश्ने
सप्तमोऽध्यायः.

अथ दशमेऽहन्ययुग्मा ब्राह्मणाः श्राविता भवन्ति ॥

अथ देवयजनोल्लेखनप्रभृत्याऽग्निमुखात् कृत्वा पक्का-
ज्जुहोति—'विश्वे देवाः, विश्वे देवाः' इति द्वाभ्याम् ॥

अथ वैश्वदेवं करोति ॥ ३

तूष्णीं सर्वाण्यायतनानि गन्धपुष्पधूपदीपैः प्रसलङ्क
रोति ॥ ४

प्रसिद्धं बलिहरणम् ॥ ५

वैश्वदेवं कृत्वाऽपरेणाग्निं दर्भेष्वासीनो दर्भान् धार-
यमाणः प्राङ्मुखस्सावित्रीं सहस्रकृत्व आवर्तयेच्छतकृत्वोऽ-
परिमितकृत्वो वा दशवारं वा ॥ ६

वेदादीन् छन्दांसि कूश्माण्ड्यानि चाधीयीत ॥ ७

अथ यज्ञसमृद्धीर्जुहोति—'इष्टेभ्यस्स्वाहा वषडनिष्टे-
भ्यस्स्वाहा' इति ॥ ८

अष्टौ स्रुवाहुतीर्हुत्वा स्विष्टकृत्प्रभृति सिद्धमाधेनुवरप्र-
दानात् ॥ ९

अथापरः—आपरिधानात्कृत्वा विश्वेभ्यो देवेभ्यः ब्रा-
ह्मणावुपवेश्य गन्धपुष्पधूपदीपैरभ्यर्च्य वैश्वदेवेन चरुणाऽनु-
दिश्य 'विश्वेभ्यो देवेभ्यस्स्वाहा' इति ॥ १०

अथ प्राचीनावीतं कृत्वा सौवर्णं राजतं ताम्रायस-
कांस्यं मृन्मयं वा पात्रं याचति * ॥ ११

---

* पात्रमपरानयाति.

तद्दक्षिणाग्रेषु दर्भेषु सादयित्वा तूष्णीं संस्कृताभिर द्भिरुत्तानं पात्रं कृत्वा प्रोक्ष्य तस्मिन् तिरः पवित्रमप आनयन्नाह—'आम आगन्तु पितरो देवयानान् समुद्रान् सलिलान् सवर्णानस्मिन् यज्ञे सर्वकामान् लभन्तेऽक्षीयमाण-मुपदुह्यन्तामिमाः पितृभ्यो वो गृह्णामि पितामहेभ्यो वो गृह्णा-मि प्रपितामहेभ्यो वो गृह्णामि' इति ॥ १२

अपोद्धृत्य पवित्रं तिलानावपति—'तिलोऽसि सोम-देवत्यो गोसवे देवनिर्मितः । प्रत्नवद्भिः प्रत्तस्वधयेहि पितृ-निमान् लोकान् प्रीणयाहि नस्स्वधा नमः' इति ॥ १३

अथ तिरः पवित्रं मध्वानयति—'मधु वाता ऋता-यते' इति तिसृभिरनुच्छन्दसम् ॥ १४

अथैनत्सर्वाभिरङ्गुलीभिस्समुदायुत्याभिमृशति—'सोमस्य त्वित्विषिरसि तवेव मे त्विषिर्भूयादमृतमसि मृत्योर्मा पाहि दिद्योन्मा पाहि' इति ॥ १५

तस्मिंश्चित्किंचिदापतितं स्यात्तदङ्गुष्ठेन च महानाम्न्या चोपसङ्गृह्येमां दिशं निरस्यति—'अवेष्टा दन्दशूका निरस्तं नमुचेश्शिरः' इति ॥ १६

अथाप उपस्पृश्य पुनरेवाभिमृशति—'शं नो देवीर-भिष्टय आपो भवन्तु पीतये । शं योरभिस्रवन्तु नः' इति ॥

अथैनद्गन्धपुष्पधूपदीपैरभ्यर्च्य दक्षिणाग्रेषु दर्भैः प्रति-च्छाद्य भोजनस्थानेष्वासनेषु च तिलान् सिकताश्च सम्प्रकि-

रति—'अपहता असुरा रक्षांसि पिशाचा ये क्षयन्ति पृथिवीमनु । अन्यत्रेतो गच्छन्तु यत्रैषां गतं मनः' इति ॥ १८

अथैनदद्भिरवोक्षति—'उदीरतामवर उत्परास उन्मध्यमाः पितरस्सोम्यासः । असुं य ईयुरवृका ऋतज्ञास्ते नोऽवन्तु पितरो हवेषु' इति ॥ १९

अथ पितॄनावाहयति—'आयात पितरस्सोम्या गम्भीरैः पथिभिः पूर्व्यैः । प्रजामस्मभ्य ददतो रयिं च दीर्घायुत्वं च शतशारदं च' इति ॥ २०

अथ ब्राह्मणानाहूय सदर्भोपक्लृप्तेष्वासनेषूपवेश्य प्रसिद्धमग्नौ कृत्वा श्राद्धं पञ्च स्रुवाहूतीर्जुहोति—'याः प्राचीस्संभवन्त्याप उत्तरतश्च याः । अद्भिर्विश्वस्य भुवनस्य धर्त्रीभिरन्तरन्यं पितुर्दधे स्वधा नमस्स्वाहा ॥ अन्तर्दधे पर्वतैरन्तर्मह्या पृथिव्या । दिवा दिग्भिरनन्ताभिरूतिभिरन्तरन्यं पितामहाद्दधे स्वधा नमस्स्वाहा ॥ अन्तर्दध ऋतुभिस्सर्वैरहोरात्रैस्ससन्धिकैः । अर्धमासैश्च मासैश्चान्तरन्यं प्रपितामहाद्दधे स्वधा नमस्स्वाहा ॥ यन्मे माता प्रलुलोभ चरत्यननुव्रता । तन्मे रेतः पिता वृङ्क्तां माऽऽभुरन्योऽव पद्यतां स्वधा नमस्स्वाहा ॥ यद्वः क्रव्यादङ्गमदहल्लोकाननयन् जातवेदाः । तद्वो अहं पुनरावेशयाम्यरिष्टास्सर्वैरङ्गैस्संभवथ पितरस्स्वधा नमस्स्वाहा' इति ॥ २१

त्रेधा वपां विभज्यौदुम्बर्या दर्व्या जुहोति—'सोमाय

पितृमते शुष्मिणे जुहुमो हविः । वाजन्निदं जुषस्व नस्स्व-
जा हव्यं देवेभ्यः पितृभ्यस्स्वधा नमस्स्वाहा ॥ अङ्गिर-
स्वन्तमूतये यमं पितृमन्तमाहुवे । वैवस्वतेदमद्धि नस्स्वजा
हव्यं देवेभ्यः पितृभ्यस्स्वधा नमस्स्वाहा ॥ यदग्ने कव्यवा-
हन पितॄन्याक्षि ऋतावृधः । प्र देवेभ्यो वह हव्यं पितृभ्यश्च
स्वजा हव्यं देवेभ्यः पितृभ्यस्स्वधा नमस्स्वाहा' इति ॥ २२

अथापूपमष्टधा विभज्य त्रीण्यवदानानि वपायाः क
ल्पेन हुत्वाऽथेतराणि ब्राह्मणेभ्यो दत्वाऽत्रैतान्यवदानानीडा-
सूने प्रतिच्छाद्यौदनं* मांसं यूषमित्याज्येन समुदायुत्यौदु-
म्बर्या दर्व्योपघातं दाक्षिणार्धे जुहोति—'पितृभ्यस्स्वधा नम-
स्स्वाहा' इत्यादिः 'सर्वाभ्यस्स्वधा नमस्स्वाहा' इत्यन्तो
मन्त्र ऊह्यः ॥ २३

'अग्नये कव्यवाहनाय स्विष्टकृते स्वधा नमस्स्वाहा'
इति ॥ २४

परिवेष्य भुक्तवतोऽनुव्रज्य प्रदक्षिणीकृत्य शेषमनुज्ञा-
प्यैतेनैव यथेतमेत्यान्नशेषेण तिस्र आहुतीर्जुहोति—'यन्मे
माता प्रलुलोभ चरत्यननुव्रता । तन्मे रेतः पिता वृङ्क्तां माऽऽ-
भुरन्योऽवपद्यतां स्वधा नमस्स्वाहा ॥ २५

यन्मे पितामही प्रलुलोभ चरत्यननुव्रता । तन्मे रेतः
पितामहो वृङ्क्तां माऽऽभुरन्योऽवपद्यतां स्वधा नमस्स्वाहा ॥

* ख. प्रच्छिद्यौदनं,

यन्मे प्रपितामही प्रलुलोभ चरत्यननुव्रता । तन्मे रेतः प्रपितामहो वृङ्क्तां माऽऽभुरन्योऽवपद्यतां स्वधा नमस्स्वाहा' इति ॥ २७

दक्षिणेनाग्निं दक्षिणाग्रान् दर्भान् संस्तीर्य तेष्वन्नशेषैः त्रीन् पिण्डान् ददाति—'एतत्ते ततासौ ये ते मातामहा ये त आचार्या ये ते गुरवो ये ते सखायो ये ते ज्ञातयो ये तेऽमात्या ये तेऽन्तेवासिनस्तेभ्यश्च पत्न्यस्तेभ्यस्ताभ्यश्च स्वधा नमः' इति ॥ २८

द्वितीयं ददाति—'एतत्ते पितामहासौ ये ते मातामहा ये त आचार्या ये ते गुरवो ये ते सखायो ये ते ज्ञातयो ये तेऽमात्या ये तेऽन्तेवासिनस्तेभ्यश्च पत्न्यस्तेभ्यस्ताभ्यश्च स्वधा नमः' इति ॥ २९

तृतीयं ददाति—'एतत्ते प्रपितामहासौ ये ते मातामहा ये त आचार्या ये ते गुरवो ये ते सखायो ये ते ज्ञातयो ये तेऽमात्या ये तेऽन्तेवासिनस्तेभ्यश्च पत्न्यस्तेभ्यस्ताभ्यश्च स्वधा नमः' इति ॥ ३०

अत्र भूमौ लेपं निमार्ष्टि—

ये नः पतिता गर्भा असृग्भाज उपासते ।
तेभ्यस्स्वजा स्वधा नमस्तृप्णुवन्तु मदन्तु च ॥ ३१
य आमा ये पक्का ये च दुष्टाः पतन्ति नः ।

तेभ्यस्स्वजा स्वधा नमस्तृप्णुवन्तु मदन्तु च ॥ ३२

ये कुमारा यास्स्त्रियो येऽविज्ञाताः पतन्ति नः ।

तेभ्य स्स्वजा स्वधा नमस्तृप्णुवन्तु मदन्तु च ॥ इति ॥

अथैनान् सङ्क्षाळनेनाभिषिञ्चति—'ये समानाः, ये
सजाताः' इति द्वाभ्याम् ॥ ३४

अथ ये बर्हिषि पिण्डास्तेषां तथैव सङ्क्षाळनेन त्रिरप-
सलैः परिषिञ्चति—'ऊर्जं वहन्तीः' इति ॥ ३५

जयप्रभृति सिद्धमत ऊर्ध्वम् ॥ ३६

इति बोधायनीयगृह्यपरिभाषासूत्रे प्रथमप्रश्ने
अष्टमोऽध्यायः.

अथ वै भवति किञ्चिद्यज्ञस्य वाऽतिवेलं वा श्रद्धायु-
क्तस्य तत्त्वविदः ॥ १

पात्रमासाद्य नक्षत्रे वा ब्राह्मणानाहूय सदर्भोपक्लृप्तेष्वा-
सनेषूपवेश्यामन्त्रयते—'भवत्स्वेवाग्नौ करणं पिण्डाश्च' इत्येव
ब्रूयात् ॥ २

तथेत्युक्तस्तेषां सपवित्रेषु पाणिषु तिलोदकं ददाति।
तथाऽलङ्कृत्य ददाति । तथैव भुक्तवत्सु च ददाति ॥ ३

नोच्छिष्टं परिसमूहति ॥ ४

अत्र त्रीन् पिण्डान् ददाति ब्राह्मणेभ्यो दक्षिणतः ॥

विज्ञायते च—'ब्राह्मणो वै सर्वा देवताः, एष वा अ-
ग्निर्वैश्वानरो यद्ब्राह्मणः' इति ॥ ६

हुतमेवास्य भवति ॥ ७

अथ यद्यग्नौ कुर्यादौपासने पचने वाऽन्नस्य तिस्र
आहुतीर्जुहोति—'सोमाय पितृपीताय स्वधा नमस्स्वाहा ।
यमायाङ्गिरस्वते पितृमते स्वधा नमः स्वाहा । अग्नये क-
व्यवाहनाय स्विष्टकृते स्वधा नमः स्वाहा' इति ॥ ८

हुतमेवास्य भवति ॥ ९

अपि वा सङ्कल्पेन ब्राह्मणान् भोजयेत्—'सङ्कल्पसि-
द्धिरस्तु' इति वाचयित्वा ॥ १०

एवमापत्सु कुर्वीत न च नित्यं तु कारयेत् ।
ये नित्या उपासते श्राद्धानि च हवींषि च ॥ ११

गामत्र कुर्यादिति बोधायनः ॥ १२

तस्या औपवसथ्यया कल्पो व्याख्यातः ॥ १३

आमिक्षया वैतत्क्रियत इति शालीकिः ॥ १४

अपूपेनेत्यौपमन्यवः ॥ १५

चरुणा वेत्यौपमन्यवीपुत्रः ॥ १६

'पितॄणामनृणो भवति' इति विज्ञायते ॥ १७

अथोपनिष्क्रम्य बाह्यानि चित्रियाण्यभ्यर्च्य त्रिवृताऽ-
न्नेन ब्राह्मणान् सम्पूज्याशिषो वाचयित्वा प्रतोदमिषुं च

ब्राह्मणेभ्यो दत्वा प्रदक्षिणीकृत्य गृह्यानेत्य अध्वर्युं वृणीते कुनखिनमाङ्गिरसमिति ॥ १८

इति बोधायनगृह्यपरिभाषासूत्रे प्रथमप्रश्ने
नवमोऽध्यायः.

विवाहो व्याख्यातः । अत्राग्न्याधेयस्य कालः ॥ १

यथाश्रद्धमतऊर्ध्वं जीवति पितर्यग्नीनादधीतेति बोधायनः ॥ २

जीवति मृते वा जायामवाप्य दशमेऽहनीति शालीकिः ॥ ३

मा दुर्ब्राह्मणो भवति ॥ ४

अथाप्युदाहरन्ति—

यस्य वेदश्च वेदी च विच्छिद्येते त्रिपूरुषम् ।
स वै दुर्ब्राह्मणो नाम यश्चैव वृषलीपतिः ॥ इति ॥ ५

औपासनो वा नित्यो धार्य इति न दुर्ब्राह्मणो भवति ॥

औपासनं वा धारयमाणो ब्रह्मौदनं कृत्वोत्सृज्य कर्मणिकर्मण्येवैनं पुनस्संस्कृत्याहरति ॥ ७

यद्यु वै नाधारयमानो भवति नैनमुत्सृजाति ॥ ८

अथ वै भवति—'अदितिः पुत्रकामा साध्येभ्यो देवेभ्यो ब्रह्मौदनमपचत्तस्या उच्छेषणमददुस्तत्प्राश्नात्' इति ॥ ९

यस्य पत्नी गृहे ऋतुमती भवति तस्यैतद्व्रतं यथा विवाहे त्रिरात्रम् ॥ १०

एतावदेव नाना नात्र पत्नी दण्डेन सह शेते। न स्नाति। चतुर्थ्यां स्नाति*। ब्रह्मौदनस्य च प्राश्नाति ॥ ११

यः कामयेत देवेभ्य ऋषिभ्यः पितृभ्योऽनृणो भूयासामिति तस्यैतद्व्रतमृतावृतौ भवति ॥ १२

पुंसवनं विष्णव आहुतीश्च नित्याः ॥ १३

पुंसवनप्रभृत्याज्याभिघारितं पत्न्यश्नात्या प्रसवात् ॥

अष्टममासमुष्णोदकेन स्नात्वा विष्णवे बलिमुपहृत्य व्रतयाति ॥ १५

अथ पुत्रप्रसूर्भवतीति विज्ञायते ॥ १६

इति बोधायनीयगृह्यपरिभाषासूत्रे प्रथमप्रश्ने दशमोऽध्यायः.

सा यदि पुत्रप्रसूर्भवति प्रसिद्धमौपासने जातकर्म कृत्वाऽन्यत्र फलीकरणहोमं जुहोति स सूतकाग्निर्भवति ॥ १

तं दशाहं धारयति ॥ २

अथ नवम्यां व्युष्टायां सूतकाग्नावाज्यं विलाप्योत्पूय युगमुत्थापयति—'ब्रह्मजज्ञानम्' इति ॥ ३

---

* ख. स्नात्वा.

अथोदकुम्भमुत्थापयति—'भूर्भुवस्सुवरोम्' इति ॥ ४

अथैनमप्सु विसर्जयति—'समुद्रं वः प्रहिणोम्यक्षिता
स्स्वां योनिमपिगच्छत । अच्छिद्रः प्रजया भूयासं मा
परासेचि मत्पयः' इति ॥ ५

अथैतेनैव यथेतमेत्य सूतकाग्निमुपतिष्ठते—'बोधा नो
अस्य वचसो यविष्ठ मंहिष्ठस्य प्रभृतस्य स्वधा वः । पीय
ति त्वो अनु त्वो गृणाति वन्दारुस्ते तनुवं वन्दे अग्ने' इति ॥

अथ पुत्रप्रसूमुपतिष्ठते—'सबोधि सूरिर्मघवा वसुदा
वा वसुपतिः । युयोध्यस्मद्द्वेषांसि' इति ॥ ७

अथ कुमारमुत्थापयति—'उत्तिष्ठ ब्रह्मण स्पते । दे-
वयन्तस्त्वेमहे । उपप्रयन्तु मरुतस्सुदानवः । इन्द्र प्राशूर्भवा
सचा' इति ॥ ८

अथैनमादायोपनिष्क्रम्य आदित्यमुदीक्षयति—'उद्वयं
तमसस्परि, उदु त्यं, चित्रं, तद्विष्णोः परमं पदम्' इति
चतसृभिः ॥ ९

अथैतेनैव यथेतमेत्य कुमारं मातृहस्ते दत्वा सूतका-
ग्नावाज्यस्य जुहोति—'हिरण्यगर्भस्समवर्तताग्रे' इत्यान्तादनु-
वाकस्य प्रत्यृचम् ॥ १०

उत्सृजसि सूतकाग्निम् ॥ ११

'आयुर्दा अग्ने हविषो जुषाणः' इत्यरण्योर्वा समा-
रोपयते ॥ १२

तम्मुपनयने मन्थाति ॥ १३

अथौपासनमुपातिष्ठते—'अग्न आयूंषि पवसे, अग्ने प-
वस्व स्वपाः' इति द्वाभ्याम् ॥ १४

ज्योतिष्मत्या पुत्रस्य नाम गृह्णाति—'अन्नादमेवैनं
करोति' इति ब्राह्मणम् ॥ १५

अथैनं मूर्धन्यवघ्रायाभिमन्त्रयते-- 'अग्निरायुष्मान्' इति
पञ्चभिः पर्यायैः ॥ १६

प्रवासादेत्यागतं वा पुत्रमेतैरेवाभिमन्त्रयते ॥ १७

प्रसिद्धं दशम्यामुत्थानम् ॥ १८

दशम्यां द्वादश्यां वा नमकरणम् ॥ १९

नामकरणोपनिष्क्रामणान्नप्राशनानि ब्राह्मणभोजनादेवै-
केषाम् ॥ २०

पुण्याहवाचनादेवैकेषाम् ॥ २१

प्रसिद्धे चौळोपनयने ॥ २२

इति बोधायनीयगृह्यपारिभाषासूत्रे प्रथमप्रश्ने
एकादशोऽध्यायः.

अथोपनीतस्याव्रत्यानि भवन्ति ॥ १

नान्यस्योच्छिष्टं भुञ्जीतान्यत्र पितृज्येष्ठाभ्याम् ॥ २

न स्त्रिया सह भुञ्जीत ॥ ३

मधुमांसश्राद्धसूतकान्नमनिर्दशाहं सन्धिनीक्षीरं छत्राकनिर्यासौ विलयनं गणान्नं गणिकान्नमित्येतेषु पुनस्संस्कारः ॥

प्रतिषिद्धदेशगमनमित्येकेषाम् ॥ ५

अथाप्युदाहरन्ति—

सौराष्ट्रं सिन्धुसौवीरमवन्तीं दक्षिणापथम् ।

एतानि ब्राह्मणो गत्वा पुनस्संस्कारमर्हति' ॥ इति ॥ ६

अथ पुनस्संस्कारान् व्याख्यास्यामः ॥ ७

अथ देवयजनोल्लेखनप्रभृत्याऽग्निमुखात् कृत्वा पालाशीं समिधमाज्येनाक्त्वाऽभ्याधापयन् वाचयति—'पुनस्त्वाऽऽदित्या रुद्रा वसवस्समिन्धतां पुनर्ब्रह्माणो वसुनीथ यज्ञैः । घृतेन त्वं तनुवो वर्धयस्व सत्यास्सन्तु यजमानस्य कामास्स्वाहा' इति ॥ ८

अथाव्रत्यप्रायश्चित्ते जुहोति—'यन्म आत्मनो मिन्दाऽभूत्, पुनरग्निश्चक्षुरदात्' इति द्वाभ्याम् ॥ ९

अथ पक्वाज्जुहोति—'सप्त ते अग्ने समिधस्सप्त जिह्वाः' इति ॥ १०

अथाज्याहुतीरुपजुहोति—'येन देवाः पवित्रेण' इति तिसृभिरनुच्छन्दसम् ॥ ११

स्विष्टकृत्प्रभृति सिद्धमाधेनुवरप्रदानात् ॥ १२

अथापरः—आपरिधानात्कृत्वा पालाशीं समिधमाधायाव्रत्यप्रायश्चित्ते जुहोति ॥ १३

अथ व्याहृतिभिर्जुहोति ॥ १.४

अथापरः—ब्राह्मणवचनादेव सावित्र्या शतकृत्वो घृतमभिमन्त्र्य प्राश्य कृतप्रायश्चित्तो भवति ॥ १.५

गुरोर्वोच्छिष्टं भुञ्जीत ॥ १.६

अथाप्युदाहरन्ति—वपनं दक्षिणादानं मेखलादण्डमजिनं भैक्षाचर्या व्रतानि चैतानि निवर्तन्ते पुनस्संस्कारकर्मणीति ॥ १.७

एते पुनस्संस्कारा व्याख्याताः ॥ १.८

इति बोधायनीयगृह्यपरिभाषासूत्रे प्रथमप्रश्ने
द्वादशोऽध्यायः.

वेदमधीत्य स्नास्यन्नुपकल्पयते—एरकां चोपबर्हणं च नापितं च क्षुरं च दारूणि चोपस्तरणं च वृकलांश्च दन्तधावनमुष्णाश्चापश्शीताश्च सर्वसुरभिपिष्टं चाञ्जनं च स्रजं चादर्शं चाहतं च वासः प्रावारं च वसनान्तरं बादरमणिं सुवर्णोपधानं सूत्रं च प्रवर्तौ च दण्डं चोपानहौ च छत्रमानडुहं चर्म सर्वलोहितमित्येतेऽस्य सम्भारा उपक्लृप्ता भवन्ति ॥ १

अथ स्नानस्य मीमांसा ॥ २

रोहिण्यां स्नायादित्येकम्—‘प्राजापत्यं वा एतन्नक्षत्रं तदस्य प्राजापत्य एव नक्षत्रे स्नातं भवत्यथो सर्वान् रोहान् रोहति’ इति ॥ ३

तिष्ये स्नायादित्येकम्—'बार्हस्पत्यं वा एतन्नक्षत्रं तदस्य बार्हस्पत्य एव नक्षत्रे स्नातं भवत्यथो बृहस्पतिप्रसूतोऽसानि' इति ॥ ४

उत्तरयोः फल्गुन्योस्स्नायादित्येकम्—'भग्यं वा एतन्नक्षत्रं तदस्य भग्य एव नक्षत्रे स्नातं भवत्यथो भग्योऽसानि' इति ॥ ५

हस्ते स्नायादित्येकम्—'सावित्रं वा एतन्नक्षत्रं तदस्य सावित्र एव नक्षत्रे स्नातं भवत्यथो सवितृप्रसूतोऽसानि' इति ॥ ६

चित्रायां स्नायादित्येकम्—'ऐन्द्रं वा एतन्नक्षत्रं तदस्यैन्द्र एव नक्षत्रे स्नातं भवत्यथो चित्रोऽसानि' इति ॥ ७

विशाखयोस्स्नायादित्येकम्—'ऐन्द्राग्नं वा एतन्नक्षत्रं तदस्यैन्द्राग्न एव नक्षत्रे स्नातं भवत्यथो विशाखोऽसानि प्रजया पशुभिः' इति ॥ ८

एतेषामेकस्मिन्नापूर्यमाणपक्षे पुराऽऽदित्यस्योदयाद्व्रजमभिप्रपद्यते नैनमेतदहरादित्योभितपेच्चदहस्स्नातानां मुखं वा * एष एतत्तेजसा यशसा तपति ॥ ९

अन्तर्लोम्ना चर्मणा व्रजमभिनिघ्नन्ति ॥ १०

पूर्वार्धमध्ये व्रजस्याग्निमुपसमाधाय सम्परिस्तीर्य आह-

* ख. स्नातानामु ह वा.

रन्त्येतान् सम्भारान् सकृदेव सर्वान् 'यत्सह सर्वाणि मा-
नुषाणि' इत्येतस्मात् ब्राह्मणात् ॥ ११

दक्षिणतो ब्राह्मण उपविशति ॥ १२

उत्तरत उदपात्रं पालाशीं च समिधं निदधाति ॥ १३

अपरेणाग्निमुदीचीनप्रतिषेवणामेरकां साधिवासामास्तीर्य
तस्यां प्राङ्मुख उपविशति ॥ १४

उत्तरतो नापितः ॥ १५

उत्तरत उपबर्हणम् ॥ १६

आमध्यन्दिनं भिक्षां दद्यात् ॥ १७

अपीह गां पचेद्वशा चेत्स्यादत्रैताम् ॥ १८

पालाशीं समिधमाज्येनाक्त्वा मध्यन्दिनेऽभ्यादधाति—
'इमं स्तोममर्हते जातवेदसे रथमिव संमहे मा मनीषया।
भद्रा हि नः प्रमतिरस्य संसद्यग्ने सख्ये मा रिषामा वयं तव
स्वाहा' इति ॥ १९

अथैरकायामुदीचीनशिरा निपद्यते—'त्र्यायुषं जमदग्नेः
कश्यपस्य त्र्यायुषं अगस्त्यस्य त्र्यायुषमृषीणां त्र्यायुषं यद्दे-
वानां त्र्यायुषं तन्मे अस्तु त्र्यायुषम्' इति ॥ २०

छिद्यमानमनुमन्त्रयते—'शिवा मे भवथ संस्पर्शाः'
इति ॥ २१

क्षुरमभिमन्त्रयते—'क्षुरो नामासि स्वाधितिस्ते पिता
नमस्ते अस्तु मा मा हिंसीः' इति ॥ २२

उप्यमानमनुमन्त्रयते—'यत्क्षुरेण वर्चयसि वप्ता वपसि केशश्मश्रु वर्चया मे मुखं मा म आयुः प्रमोषीः' इति ॥ २३

श्मश्रूण्येवाग्रे वपतेऽथोपपक्षावथ केशान् यथोपपादमितराण्यङ्गानि ॥ २४

एतस्माद्ध्येषा जरसा पूर्व आयुषि प्रयान्ति पर्व आयुष्यन्नादा भवन्ति य एवं विद्वांसो लोमानि वापयन्ते स यदि लोमानि वापयिष्यमाणस्स्यात् केशश्मश्रु वापयित्वा लोमानि संहृत्य नखानि निकृन्तयीत ॥ २५

अथैनानि समुच्चित्य ब्रह्मचारिणे प्रयच्छन्नाह—'इमानि हृत्वा दर्भस्तम्बे वोदुम्बरमूले वा निधत्तात्' इति। तानि स तत्र निदधाति ॥ २६

अपरेणाग्निं प्राङ्मुख उपाविश्य मेखलां विस्रंसयति—'इमं विष्यामि वरुणस्य पाशम्' इति ॥ २७

योऽस्य तत्र रातेः पुत्रो वाऽन्तेवासी भवति तस्मै प्रयच्छन्नाह—'इमां हृत्वा न्यग्रोधे वोदुम्बरमूले वा निधत्तात्' इति ॥ २८

तामु स तत्र निदधाति—'इदमहममुष्यामुष्यायणस्य शुचा पाप्मानमपगूहाम्युत्तरस्य द्विषद्भ्यः' इति ॥ २९

वृकलैः प्रधाव्य दन्तान्विधावते—'अन्नाद्याय व्यपोहध्वं भगो राजा यमागतम्। स मे मुखं प्रसर्पतु वर्चसे च भगाय च' इति ॥ ३०

उभयीरपस्संनिषिञ्चति—'उष्णासु शीता आनयति देवमानुषस्य व्यावृत्त्यै' इति ॥ ३१

तासामञ्जलिनोपहत्याभिषिञ्चति—'आपो हिष्ठा मयोभुवः' इति तिसृभिः 'हिरण्यवर्णाश्शुचयः पावकाः' इति तिसृभिः 'षोढा विहितो वै पुरुषः' इत्येतस्मात् ब्राह्मणात् ॥ ३२

अथैतस्य सर्वसुरभिपिष्टं समुदायुत्य त्रिः प्रसिञ्चति—'नमश्शाकजञ्जभाभ्यां नमस्ताभ्यो देवताभ्यो या अभिग्राहिणीः' इति ॥ ३३

अनुलिम्पेत्—'अप्सरासु यो गन्धो गन्धर्वेषु च यद्यशः। दिव्यो यो मानुषो गन्धस्स मामाविशत्विह' इति ॥ ३४

अहतं वासः परिधत्ते—'स्वा मा तनूराविश शिवो मा तनूराविश' इत्येवमेव सायमेवमेवात ऊर्ध्वम् ॥ ३५

अथैतं बादरमणिं स्वर्णोपधानं सूत्रे प्रोत्य दर्व्यामाधाय दर्वीदण्डे सूत्रेण पर्यस्य जुहोति—'इयमोषधे त्रायमाणा सहमाना सहस्वती। सा मा करोतु सोमवर्चसं सूर्यवर्चसं ब्रह्मवर्चसिनं माऽन्नादं करोतु स्वाहा' इति ॥ ३६

अथैनमुदपात्रेण परिप्लावयति—'विश्वा उत त्वया वयं धारा उदन्या इव। अतिगाहेमहि द्विषः' इति ॥ ३७

'अपाशोसि' इत्युक्त्वाऽक्ष्णया परिहरति। 'वध्यं हि प्रत्यञ्चं प्रतिमुञ्चन्ति व्यावृत्त्यै' इत्येतस्माद्ब्राह्मणात् ॥ ३८

अथैतौ प्रवर्तौ सूत्रे प्रोत दर्व्यामाधाय दर्वीदण्डे सूत्रेण पर्यस्य जुहोति—'आयुष्यं वर्चस्यं रायस्पोषमौद्भिद्यम्। इदं हिरण्यं वर्चसे जैत्र्यायाविशतादिमं रयिं स्वाहा' इति ॥ ३९

द्वितीयां जुहोति—'शुनीमिवाहं हिरण्यस्य पितुरिव नामग्राहम्। तं मा करोतु सोमवर्चसं सूर्यवर्चसं ब्रह्मवर्चसिनं माऽन्नादं करोतु स्वाहा' इति ॥ ४०

तृतीयां जुहोति—'उच्चैर्वाजि पृतनासाहं सभासाहं धनञ्जयम्। सर्वास्समृद्धीर् ऋद्धयो हिरण्ये यास्समाहितास्स्वाहा' इति ॥ ४१

चतुर्थीं जुहोति—'विराजं च स्वराजं चाभिष्टीर्या च नोगृहे। लक्ष्मी राष्ट्रस्य या मुखे तया मा सं सृजामसि स्वाहा' इति ॥ ४२

पञ्चमीं जुहोति—'यशो मा कुरु ब्राह्मणेषु यशो राजसु मा कुरु। यशो विश्येषु शूद्रेष्वहमस्मै यशस्तव स्वाहा' इति ॥ ४३

अथैताबुदपात्रेऽनुप्लावयाति—'विश्वा उत त्वया वयम्' इत्येतया ॥ ४४

तयोरन्तरमादाय दक्षिणे कर्ण आबध्नाति—आयुष्यं वर्चस्यम्' इत्येताभिः पञ्चभिः ॥ ४५

अथैनमनुपरिवर्तते—‘ऋतुभिस्त्वाऽऽर्तवैस्संवत्सरस्य धा-
यसा तैस्त्वा सहानुकरोमि’ इति ॥ ४६

एवमेवोत्तरे कर्णे प्रवर्तमाबध्नीत ॥ ४७

अथ स्रजं प्रतिमुञ्चति—‘शुभिके शिर आरोह शो-
भयन्ती मुखं मम । मुखं हि मम शोभय भूयांसं च भगं
कुरु । यां त्वा जहार जमदग्निश्श्रद्धायै कामायान्यै । तां
त्वेमां प्रतिमुञ्चामि वर्चसे च भगाय च’ इति ॥ ४८

त्रैककुदेनाञ्जनेनाङ्क्ते—‘यदाञ्जनं त्रैककुदं जातं हिमवत
उपरि । तेन त्वामाञ्जे मयि पर्वतवर्चसमस्तु’ इति ॥ ४९

आदर्शे परिपश्यते—‘यन्मे मनः परागतमादर्शे परि-
पश्यतः । इदं तं मयि पश्याम्यायुष्यं वर्चस्यं मे अस्तु’
इति ॥ ५०

अथोपानहावुपमुञ्चते—‘द्यौरसि’ इति दक्षिणे पादे ।
‘पृथिव्यासि’ इत्युत्तरे ॥ ५१

अथ दण्डमादत्ते—‘सखा मा गोपाय’ इति ॥ ५२

छत्रमादत्ते—‘दिव्योसि सुपर्णोऽन्तरिक्षान्मा पाहि’
इति ॥ ५३

अथोपनिष्क्रम्य दिशामुपतिष्ठते—‘देवीष्षडुर्वीरुरुणः कृ-
णोत विश्वेदेवास इह वीरयध्वम् । मा हास्महि प्रजया मा
तनूभिर्मा रधाम द्विषते सोम राजन्’ इति ॥ ५४

चन्द्रमसं—'सूपस्थाः' इति ॥ ५५

यत्रयत्र कामयते तदेतीत्येतत्समावर्तनम् ॥ ५६

इति बोधायनीयगृह्यपरिभाषासूत्रे प्रथमप्रश्ने त्रयोदशोऽध्यायः.

अथ व्रतस्नातकस्य वेदमनधीयानस्य तूष्णीं समावर्तनम् ॥ १

तीर्थं स्नात्वाऽग्निमुपसमाधाय सम्परिस्तीर्य मध्याह्ने पालाशीं समिधमाज्येनाक्त्वाऽभ्यादधाति—'इमं स्तोमम्' इत्येतया ॥ २

तूष्णीं वपनं तूष्णीं सम्भारग्रहणं च कृत्वा रथस्य दक्षिणं चक्रमभिमृशति—'रथन्तरमसि' इति । सव्यं—'बृहदसि' इति ॥ ३

रथस्य मध्यममभिमृशति—'वामदेव्यमसि' इति ॥ ४

रथं प्रवर्तमानमभिमन्त्रयते—'रथं वामश्विना रथो मा दुःखे मा सुखे रिषत्' इति ॥ ५

रथाभावेऽप उपस्पृश्य भूमिमभिमृशति—'इह धृतिरिह विधृतिरिह रन्तिरिह रमतिः' इति ॥ ६

अथाप उपस्पृश्य हृदयमभिमृशति—'मयीन्द्रियं वीर्यम्' इति ॥ ७

अपो व्रीहिभिर्यवैर्वा समुदायुत्य शिष्याय प्रयच्छति ॥

तत्प्रतिगृह्णाति—'आ म आगाद्वर्चसा यशसा' इति ॥

ब्राह्मणः—'आ म आगाद्वर्चसा यशसा संसृज प्रियः
पशूनामधिपतिः प्रजानाम्' इति तदुपस्पृश्य वदेत् ॥ १०

प्राक्सिक्तं तज्जलं पुरस्तात्सिञ्चति ॥ ११

अथ दधिमध्वाज्योदकमिश्रं वा दधिमध्वाज्योदकक्षीर-
मिश्रं वाऽर्घ्यमिति निवेदयेत् ॥ १२

शिष्योऽर्घ्यमभिमन्त्रयते—'स माऽवतु समाऽवन्तु स
माजुषताम्' इति ॥ १३

अथ द्वाभ्यां हस्ताभ्यां प्रतिगृह्णाति—'आ म आगा-
द्वर्चसा' इति ॥ १४

तस्मिंश्चित् किञ्चिदापातितं स्यात्तदङ्गुष्ठेन च महाना-
म्न्या च सङ्गृह्येमां दिशं निरस्यति—'नेष्टा विद्मि' इति ॥

अथाप उपस्पृश्य सर्वाभिरङ्गुलीभिस्समुदायुस प्राश्ना
ति—'इदं ते बलं हरामि' इति प्रथमम् । 'श्रेष्ठं माऽधिप
तिं कुरु' इति द्वितीयम् । 'सोमोऽसि सोमपं मा कुरु' इति
तृतीयम् 'अन्नमस्यन्नं मा कुरु' इति चतुर्थम् ॥ १६

एवं चतुष्कृत्वः प्राश्य त्रिरनुपेवेन्न सर्वं न तृप्तिं
गच्छेत् ॥ १७

यमात्मनश्श्रेयांसमिच्छेत्तस्मै शेषं दद्यादिति ॥ १८

अथ कर्णे दाम्ना बद्धां गामनुमन्त्रयते—'जहि मे
पाप्मानमुपवेत्तुः' इति ॥ १९

अथ गामुत्सृजेत्—'गौर्धेनुभव्या' इति ॥ २०

अथौदनमाहृतं प्राश्नाति—'ब्रह्मन् त्वाऽश्नामि' इति ॥

अथोदकमिश्रं सक्तुमाहृतमश्नाति—'ब्रह्मन् त्वाऽश्नामि'
इति ॥ २२

एवमेव जडबधिरमूकान्धकुब्जादीनामशक्तस्तूष्णीं समि-
धमाधाय शेषं तूष्णीमाचरेत् ॥ २३

इति बोधायनीयगृह्यपरिभाषासूत्रे प्रथमप्रश्ने
चतुर्दशोऽध्यायः.

त्रयः स्नातका भवन्ति—वेदस्नातको व्रतस्नातको वे-
दव्रतस्नातकश्चेति ॥ १

अथैतेषामत ऊर्ध्वं नियमानि भवन्ति—'औपासनो
दण्डः कमण्डलुरुपानहौ छत्रं द्वे वाससी द्वे यज्ञोपवीते उष्णी-
षमजिनमन्तर्वासः' इति ॥ २

पूर्वेण ग्रामान्निष्क्रमणप्रवेशनानि च वाग्यत उत्तरेण वा ॥

बहिर्वाचं विसृजेत् ॥ ४

प्रश्नमनुवाकं वाऽधीयीत ॥ ५

ब्रह्मपरो ब्रह्मनित्यो देवेभ्य ऋषिभ्यः पितृभ्यस्तर्प-
णानि कृत्वाऽश्नीयात् ॥ ६

दिवा नोष्णीषी नक्तमुष्णीषी मूत्रपुरीषोत्सर्गेषु च
निवीती नित्ययज्ञोपवीती ॥ ७

तिष्ठन्नाचामेत् प्रह्वो वा ॥ ८

सन्ध्ययोश्च बहिर्ग्रामादासनं वाग्यतश्च ॥ ९

आ जायासङ्गमात् स्नातका भवन्त्यत ऊर्ध्वं गृहस्थाः ॥

अविच्छेदाय त्रेद्व्रतैर्व्यवहरेत् कौमारेण माहेश्वरेण धान्वन्तरेणेति ॥ ११

इति बोधायनीयगृह्यपरिभाषायां प्रथमप्रश्ने पञ्चदशोऽध्यायः.

स यद्यौपासनं न धारयन्ना दशाहादेवैनमाज्येन व्याहृतीभिर्हुत्वाऽग्निनाधास्यमानो ब्रह्मौदनं कृत्वोत्सृजति ॥ १

कर्मणिकर्मण्येवैनं पुनस्संस्कृत्याहरति ॥ २

यद्यु वै नाधास्यमानो भवति नैनमुत्सृजति ॥ ३

यस्मिन्नग्नावुपनयति तस्मिन् व्रतचर्यं तस्मिन् समावर्तनं तस्मिन् पाणिग्रहणं तस्मिन् गृह्याणि कर्माणि क्रियन्ते । तस्मिन् काम्यानि कर्माणि तस्मिन् प्रजासंस्कारा इत्येके ॥ ४

स एष उपनयनप्रभृति व्याहृतिभिस्सामिद्भिर्हूयत आ समावर्तनात् ॥ ५

समावर्तनप्रभृति आज्येन व्याहृतिभिरेव हूयत आ पाणिग्रहणात् ॥ ६

पाणिग्रहणप्रभृति व्रीहिभिर्यवैर्वा ॥ ७

हस्तेनैते आहुती जुहोति—'अग्नये स्वाहा, प्रजापतये स्वाहा' इति सायम् ॥ ८

'सूर्याय स्वाहा, प्रजापतये स्वाहा' इति प्रातरपि ॥

अग्निहोत्रहविषामन्यतमेन हूयते ॥ १०

अथास्य पार्वणः प्रसिद्ध आग्नेयस्थालीपाकः—तस्यायुधानि भवन्त्युलूखलमुसले कृष्णाजिनं शूर्पं स्फ्यः चरुस्थाल्याज्यस्थाली स्रुक्स्रुवं दर्वी मेक्षणमिति ॥ ११

अथामावास्यायां प्रसिद्धः पिण्डपितृयज्ञः ॥ १२

नात्र गार्हपत्यशब्दो विद्यते ॥ १३

एतेनास्य दर्शपूर्णमासयाजित्वम् ॥ १४

उपनयनादिरग्निस्तमौपासन इत्याचक्षते ॥ १५

पाणिग्रहणादिरित्येके ॥ १६

नित्यो धार्योऽनुगतो मन्थ्यः श्रोत्रियागाराद्वाऽऽहार्यः ॥

उपवासश्चानुगतेऽन्यतरस्य भार्यायाः पत्युर्वा ॥ १८

अपि वैकां जुहुयात्—'अयाश्चाग्ने' इति ॥ १९

अथास्याहुतप्रायश्चित्तं—'मनो ज्योतिर्जुषताम्' इति ॥

अथास्यानिपन्न*प्रायश्चित्तम्—'अग्ने नया देवानाम्' इति ॥ २१

* अतिपात.

अथास्याव्रत्यप्रायश्चित्तं—'त्वमग्ने व्रतपा असि, यद्वो वयम्' इति ॥ २२

अथास्यानाज्ञातप्रायश्चित्तम्—'अनाज्ञातं, पुरुषसम्मितः' इति ॥ २३

अथ यद्युखा भिद्येत तामभिमन्त्रयते—'अभिन्नो घर्मो जीरदानुर्यत आत्तस्तदगन् पुनः' इति ॥ २४

अथाज्यं विलाप्योत्पूय स्रुचि चतुर्गृहीतं गृहीत्वा सन्तनीं जुहोति—'इध्मो वेदिः परिधयश्च सर्वे यज्ञस्यायुरनुसञ्चरन्ति । त्रयस्त्रिंशत्तन्तवो ये वितत्निरे य इमं यज्ञं स्वधया मदन्ते तेषां छिन्नं प्रत्येतद्दधामि स्वाहा' इति ॥ २५

अथान्यामाहरति—'घर्मो देवानप्येतु' इति ॥ २६

एकाहं मनस्वतीं द्व्यहं वारुणीं त्र्यहं तन्तुमतीं चतस्रोऽभ्यावर्तिनीराद्वादशाहात् ॥ २७

द्वादशाहं विच्छिन्नः पुनराधेयः ॥ २८

अथ यदि द्वादशाहं विच्छिन्नः पुनराधेयस्स्याद्या प्रकृतिस्तत आहरणं प्रणवेनाहरति ब्रह्मा प्रणवेन प्रसौति ॥

व्याहृतिभिस्सिकतोपोप्ते यथोपपादमग्न्याधेयिकान् सम्भारानाहृत्य व्याहृतिभिर्नियुप्योपसमाधायोपतिष्ठते—'जुष्टो दमूनाः' इति ॥ ३०

अथैनं प्रदक्षिणमग्निं परिसमूह्य पर्युक्ष्य परिस्तीर्याज्यं विलाप्योत्पूय स्रुक्स्रुवं निष्टप्य संसृज्य स्रुचि चतुर्गृहीतं

गृहीत्वा समिद्धत्स्वग्नौ परिश्रृते पूर्णाहुतिं जुहोत्यपरिश्रृते वा–
'सप्त ते अग्ने' इति ॥ ३१

पूर्णाहुतौ वरं ददाति—धेनुमृषभमनड्वाहं कंसं हिरण्यं
वासो वेति ॥ ३२

अपरं चतुर्गृहीतं गृहीत्वा तिस्रस्तन्तुमतीर्विग्राहं जुहो-
ति—'तन्तुं तन्वन्, उद्बुध्यस्वाग्ने, त्रयस्त्रिंशत्तन्तवः' इति ॥

अपरं चतुर्गृहीतं गृहीत्वा चतस्रोऽभ्यावर्तिनीर्विग्राहं
जुहोति—'अग्नेऽभ्यावर्तिन्, अग्ने आङ्गिरः, पुनरूर्जा, सह
रय्या' इति ॥ ३४

अपरं चतुर्गृहीतं गृहीत्वा मनस्वतीं जुहोति—'मनो
ज्योतिः' इति ॥ ३५

अपरं चतुर्गृहीतं गृहीत्वा प्राजापत्यां जुहोति—'प्र-
जापते न त्वदेतान्यन्यः' इति ॥ ३६

अपरं चतुर्गृहीतं गृहीत्वाऽनुख्यां जुहोति—'अन्वग्नि-
रुषसामग्रमख्यत्' इति ॥ ३७

अपरं चतुर्गृहीतं गृहीत्वा प्रायश्चित्तं जुहोति—'अ-
याश्चाग्ने' इति ॥ ३८

अपरं चतुर्गृहीतं गृहीत्वा ज्योतिष्मतीं जुहोति—
'उद्वयं तमसस्परि' इति ॥ ३९

अपरं चतुर्गृहीतं गृहीत्वाऽऽयुर्दां जुहोति—'आयुर्दा
अग्ने' इति ॥ ४०

अपरं चतुर्गृहीतं गृहित्वा द्वे मिन्दाहुती जुहोति—'यन्म आत्मनो मिन्दाऽभूत्, पुनरग्निश्चक्षुरदात्' इति ॥ ४१

अपरं चतुर्गृहीतं गृहीत्वा व्याहृतीर्व्यस्तास्समस्ताश्च जुहोति ॥ ४२

एकाहुत्या वा प्रतिसन्धानं—'पुनस्त्वाऽऽदित्या रुद्रा वसवः' इति ॥ ४३

अथास्याध्वनि समारोपणम्—'अयं ते योनिर् ऋत्वियः' इति ॥ ४४

अरण्योर्वा समारोप्य मथित्वा जुहुयात् ॥ ४५

अपि वाऽऽत्मनि समारोपणं भवति—'या ते अग्ने यज्ञिया तनूः' इत्यात्मनि समारोप्य 'उपावरोह जातवेदः' इति लौकिकेऽग्नावुपावरोह्य जुहुयात् ॥ ४६

अपि वा—'अयं ते योनिर् ऋत्वियः' इति समिधि समारोप्य 'आजुह्वानः, उद्बुध्यस्वाग्ने' इति द्वाभ्यां लौकिकेऽग्नौ समिधमभ्याधाय जुहुयात् ॥ ४७

आत्मनि समारूढेष्वग्निषु न खादेन्न पिबेन्नोपरिशय्यायां शयीत नाप्सु निमज्यान्न मैथुनं व्रजेत् ॥ ४८

कामं खादेत्कामं पिबेत्कामं त्वेवोपरि शय्यायां शयीत पालाशीमाश्वत्थीं खादिरीमौदुम्बरीं वा ॥ ४९

तेषामेतेन प्रसिद्धं समारोपणम् ॥ ५०

इति बोधायनीयगृह्यपरिभाषासूत्रे प्रथमप्रश्ने षोडशोऽध्यायः.

स यद्यौपासनं न धारयति । त्रयः स्नातका भवन्ति । अथ व्रतस्नातकस्य । वेदमधीत्य स्नास्यन् । अथोपनीतस्य । सा यदि पुत्रप्रसूः । अत्राग्न्याधेयस्य कालः । अथ वै भवति किञ्चित् । अथ दशमेऽहनि । अथ विवाहस्य । सर्वत्र दर्वीहोमेषु । अथ शुचौ समे देशे । अथापरेद्युर्देवानाम् । विष्णुश्च ह वै । अथ वै भवति सर्वेण वै । अथ वै भवति जायमानः ॥ १६ ॥

अथ वै भवति जायमानः । अथ वै भवति सर्वेण वै । विष्णुश्च ह वै । अथापरेद्युर्देवानाम् । अथ शुचौ समे देशे । सर्वत्र दर्वीहोमेषु । अथ विवाहस्य । अथ दशमेऽहनि । अथ वै भवति किंचित् । अत्राग्न्याधेयस्य कालः । सा यदि पुत्रप्रसूः । अथोपनीतस्य । वेदमधीत्य स्नास्यन् । अथ व्रतस्नातकस्य । त्रयस्स्नातका भवन्ति । स यद्यौपासनं न धारयति ॥ १६ ॥

इति बोधायनगृह्यपरिभाषायां
प्रथमः प्रश्नः समाप्तः.

अथ द्वितीयः प्रश्नः.

अथ व्रीहिभ्यो यवेभ्यश्च नवानामनिरुप्तं स्थालीपाकं श्रपयित्वाऽग्निमुपसमाधाय संपरिस्तीर्याघारावाघार्याज्यभागाविष्ट्वाऽऽग्रयणदेवताभ्य इन्द्राग्निभ्यां विश्वेभ्यो देवेभ्यो द्यावापृथिवीभ्यां सोमाय स्विष्टकृच्चतुर्थीभ्यो जुहुयात् ॥ १

कामं पुरस्तात्स्विष्टकृतोऽज्यानीरुपजुहोति ॥ २

प्रसिद्धौ प्राशनमन्त्रौ ॥ ३

वैश्वदेवं कृत्वा ब्राह्मणेभ्यो दत्वा प्राशनम् ॥ ४

एतेन सर्वासामोषधीनामाग्रयणं व्याख्यातमन्यत्र श्यामाकवेणुयवेभ्यश्च ॥ ५

सौम्यश्श्यामाकश्चरुराग्नीन्द्रो वेणुयवानां वैश्वदेवो वा ॥

समानौ प्राशनमन्त्रौ ॥ ७

अथ फलानां मूलानां भक्षणानां ब्राह्मणेभ्यो दत्वा प्राशनमेव ॥ ८

पुष्पाणामन्येषां च नवानां ब्राह्मणेभ्यो दत्वोपयोगः ॥

अथ षट्सु षट्सु मासेष्वयनप्रतिपत्तौ वाऽथ देवयजनोल्लेखनप्रभृत्याप्रणीताभ्यः कृत्वा स्रुक्स्रुवं निष्टप्य संमृज्य स्रुचि चतुर्गृहीतं गृहीत्वा सग्राहं* षड्ढोतारं हुत्वाऽऽमिक्षां

* ख. सङ्ग्रहं, सग्रहं.

श्रपयित्वा पक्वमोदनं पायसं वा याचति ॥ १०

तमभ्युक्ष्याग्नावधिश्रयाति ॥ ११

आज्यं निर्वपति ॥ १२

अथाज्यमधिश्रयाति ॥ १३

उभयं पर्यग्नि कृत्वा मेक्षणं स्रुवं च संमार्ष्टि ॥ १४

अथैतं चरुं श्रपयित्वाऽभिघार्योदश्चमुद्वास्य प्रतिष्ठित-
मभिघारयति ॥ १५

परिधानप्रभृत्याऽग्निमुखात् कृत्वा पुरस्तात्स्वाहाकृतिं स्रु-
वाहुतिं जुहोति—'स्वाहा देवेभ्यः' इति ॥ १६

अथ स्रुचि चतुर्गृहीतं गृहीत्वा वपां जुहोति—'जात-
वेदो वपया गच्छ देवान् त्वं हि होता प्रथमो बभूथ। घृतेन
त्वं तनुवो वर्धयस्व स्वाहाकृतं हविरदन्तु देवाः स्वाहा'
इति ॥ १७

अथोपरिष्टात्स्वाहाकृतिं स्रुवाहुतिं जुहोति—'देवेभ्य-
स्स्वाहा' इति ॥ १८

अथ पक्वाज्जुहोति—'इन्द्राग्निभ्यां स्वाहा, अग्नये
स्वाहा' इति ॥ १९

अथ वाजिनस्य जुहोति—'घृतं घृतपावानः पिबत
वसां वसापावानः पिबतान्तरिक्षस्य हविरसि स्वाहा त्वाऽ-
न्तरिक्षाय स्वाहा' इति ॥ २०

अथामिक्षायै जुहोति—'इन्द्राग्नी रोचना दिवः, श्नथ
वृत्रम्' इति ॥ २१

अथ वाजिनस्यैव दिशो जुहोति—'दिशः प्रदिश
आदिशो विदिश उद्दिशस्स्वाहा, दिग्भ्यो नमो दिग्भ्य-
स्स्वाहा' इति ॥ २२

अथ पृषदाज्यात् स्रुवाहुतिं जुहोति—'वनस्पतये
स्वाहा' इति ॥ २३

अथामिक्षाया एव स्विष्टवतीभ्यां सौविष्टकृतं जुहोति ॥

अथ स्रुचि चतुर्गृहीतं गृहीत्वा—'समुद्रं गच्छ स्वाहा'
इत्येकादश विग्राहं जुहोति ॥ २५

जयप्रभृति सिद्धमाधेनुवरप्रदानात् ॥ २६

एतेनास्य पशुबन्धयाजित्वं भवति ॥ २७

पार्वणेनातोऽन्यानि कर्माणि व्याख्यातान्येकदेवत्यान्याग्र-
यणेन बहुदेवत्यान्यामिक्षया पशुबन्ध आचाराद्यानि गृह्यन्ते ॥

यथोपदेशं देवताः ॥ २९

अग्निं स्विष्टकृतं चान्तरेणोपहोमाः ॥ ३०

वैश्वदेवे विश्वेदेवाः पौर्णमास्यां पौर्णमासी यस्यां
क्रियेत ॥ ३१

उपाकरणे समापने च ऋषिर्यः प्रज्ञायते ॥ ३२

सदसस्पतिर्द्वितीयः ॥ ३३

स्त्रियाऽनुपेतेन क्षारलवणावरान्नसंसृष्टस्य तु होमं परि-
चक्षते ॥ ३४

यथोपदेशं काम्यानि बलयश्च ॥ ३५

अथापि काम्यानि भवन्ति—अथ वै भवति—'प्रजा-
पतिः प्रजा असृजत तास्सृष्टा इन्द्राग्नी अपागूहताम्' इत्ये-
तस्माद्ब्राह्मणात् ॥ ३६

येऽमुत्र पुरोडाशास्त इह चरवो यथादेवतं याज्या-
पुरोनुवाक्याः योऽमुत्र वषट्कारस्स इह स्वाहाकार इति ॥ ३७

अग्न्याधेयमग्निहोत्रं दर्शपूर्णमासावाग्रयणं चातुर्मास्यानि
पशुबन्धस्सोम इत्येष आधारवान् दर्वीहोमः ॥ ३८

अथात आग्निहोत्रिकं व्याख्यास्यामः ॥ ३९

सर्वमेवैतत् स्वाहाकारप्रदानं कुर्यादिति सिद्धम् ॥ ४०

आ परिधानात्कृत्वा 'अमुष्मै स्वाहा' इति दैवतं
जुहोति ॥ ४१

अग्निस्स्विष्टकृद्द्वितीयः ॥ ४२

'द्विर्जुहोति द्विर्निमार्ष्टि द्विः प्राश्नात्युत्सृप्याचामति नि-
र्लेढि' इति ॥ ४३

एष आग्निहोत्रिकः ॥ ४४

अथातोऽपूर्वं व्याख्यास्यामः ॥ ४५

'सायंप्रातर्दशहोतारं जुहुयात्पर्वसु चतुर्होतारमाग्रयणे-
ष्वज्यानीः चातुर्मास्येषु पञ्चहोतारं पशुबन्धं षड्ढोतारमृतुमुखे

ऋतुमुखीयं सोमे सप्तहोतारम्' इति 'पयसा दशहोतारं जुहुयादन्नेन चतुर्होतारं पायसेनाज्यानीः पृषदाज्येन पञ्च होतारमामिक्षया षड्ढोतारमाज्येन ऋतुमुखीयं सोमेन सप्तहोतारम्' इति ॥ ४६

स एष औपासननिष्ठानां याथातथ्यदर्शिनां निरीप्सितानां श्रद्धधानानामपूर्वो होमः प्रजासंस्कारार्थो वा किञ्चिज्ज्ञानानां प्राकृतेन हविषा यत्कामयते तज्जुहोति हुतमेवास्य तद्भवति ॥ ४७

इत्यपूर्वो व्याख्यातः ॥ ४८

इति बोधायनीयगृह्यपरिभाषासूत्रे द्वितीयप्रश्ने प्रथमोऽध्यायः.

अथ वै भवति—'निवीतं मनुष्याणां प्राचीनावीतं पितॄणामुपवीतं देवानाम्' इति ॥ १

कथमु खल्वेतानि विजानीयादिति ॥ २

उपरिष्टादंसाभ्यां ग्रीवां हृदयं च संपरिगृह्य हृदयस्याधस्तादूर्ध्वं नाभेरङ्गुष्ठाभ्यां परिगृह्णाति तन्निवीतं मनुष्याणामिति ऋषीणामित्येवेदमुक्तं भवति ॥ ३

एतेन कृष्णद्वैपायनाद्यो व्याख्याताः ॥ ४

तेषां सप्त ऋषयो राजानो भवन्ति येह सन्तातिस्ते मनुष्या इति ॥ ५

अथ निवीतकार्याणि—ऋषीणां तर्पणं व्यवायः प्रजासंस्कारोऽन्यत्रहोमान्मूत्रपुरीषोत्सर्गः प्रेतोद्वहनं यानि चान्यानि मनुष्यकार्याणि कण्ठेऽवसक्तं निवीतमिति ॥ ६

दक्षिणस्यांसस्योपरिष्टाद्ग्रीवां हृदयं पृष्ठं च परिगृह्य सव्यस्य हस्तस्याधस्तात् प्राचीनावीतं पितॄणामिति मृतानामित्येवेदमुक्तं भवति ॥ ७

एतेन वैशम्पायनादयो व्याख्याताः ॥ ८

तेषां सोमः पितृमान् यमोऽङ्गिरस्वान् अग्निकव्यवाहन इति राजानो भवन्ति या प्रेत्य सन्ततिस्ते पितर इति ॥ ९

सव्यस्यांसस्योपरिष्टाद्ग्रीवां हृदयं पृष्ठं च संपरिगृह्य दक्षिणस्य हस्तस्याधस्तादुपवीतं देवानामिस्मृतानामेत्रेदमुक्तं भवति ॥ १०

एतेन ब्रह्मादयो व्याख्याताः ॥ ११

तेषामिन्द्रस्सोमो यमो वरुणः कुबेर इति राजानो भवन्ति याऽमुत्र सन्ततिस्ते देवा इति ॥ १२

कथमु खलु यज्ञोपवीतमिति विजानीयात् ॥ १३

तदेतद्दक्षिणस्य हस्तस्याधस्ताद्भवति योऽयं दक्षिणो हस्तस्स यज्ञ इति यज इत्ययं शब्दो देवपूजासङ्गतिकरणदानेषु यस्मादेतानि कुर्वते तस्माद्यज्ञः ॥ १४

वाग्यज्ञस्तस्याग्निरधिदैवतं स चात्र यतस्तस्माद्यज्ञोप-
वीतम् ॥ १५

यश्चायमङ्गुष्ठस्स विस्णुस्स यज्ञस्याधिदैवतं तस्माच्च
भवतीति, तीर्थत्वाच्च ॥ १६

वागेव यज्ञो यद्वाचा वदति तदनेन निर्वर्तयतीति ॥

यज्ञोपवीतं व्याख्यातम् ॥ १८

इति बोधायनगृह्यपरिभाषासूत्रे द्वितीयप्रश्ने
द्वितीयोऽध्यायः.

अथ वै भवति—'ब्राह्मण एकहोता । स यज्ञः' इति स एष कुसिन्धोऽधिकृतस्तस्य दशहोता निदानं तस्य यश्च कश्चन भवति सोऽन्तरात्मा कुसिन्ध आत्मा यज्ञः परमात्मा स पुरुषः पुरुष एवेदं सर्वं यद्भूतं यच्च भव्यं यद्भविष्यदिति तदाग्निहोत्रं तदेव तत् कुसिन्धोऽधिकृतस्तदस्य दशहोता निदानं स यज्ञस्स आत्मनि वर्तते तस्योपवीतं यज्ञोपवीतमिति ॥ १

अथ वै भवति—'यज्ञवित्सर्वविद्भवति यज्ञस्सर्वम्' इति श्रुतिः 'तस्माद्याज्ञीषु चिन्तासु रमन्ते तत्त्वदर्शिनः' इत्यग्निहोत्रं कुसिन्धमेकहोतृत्वं स्थूरिः केवलमित्येकार्थवाचकाश्शब्दाः श्रद्धालक्षणा भवन्ति 'अप्सु प्रतिष्ठिताः श्रद्धा वा

आपः' इति विज्ञायते । ताश्च * यज्ञ आप्यमग्निहोत्रमाप्यं
कुसिन्धमेकहोतृत्वं स्थौर्यं कैवल्यं तद्ब्रह्मैकाक्षरं परंब्रह्मेत्यो
मिति ब्रह्मेति ॥ २

अथ वै भवति—

अक्ति ब्रह्म प्रणक्त्यापः पापं नुदाति कर्मणा ।

नोदनाच्चैव सज्ञानां ब्राह्मणस्तुतिरुच्यते ॥ इति ब्राह्म-
णत्वमेकहोतृत्वं च ॥ ३

जिह्वाया आप्यत्वादध्यात्मभावेन रसवाचकस्थानत्वा-
दधिभूतभावेन वृद्धिकर्मणोरेकत्वादधिदैवतभावेनाग्नीषोमयोरेक-
त्वादधिदैवतभावेन 'एष सोमो वै चन्द्रमाः' इति मानस-
त्वाद्यज्ञत्वात् 'प्राजापत्यो यज्ञो यज्ञो मनः' इति यज्ञोप-
वीत्यप आचामेदिति नित्यमित्याचार्यास्सम्प्रतिपन्नाः कथमे-
तदुच्यत इति ॥ ४

इति बोधायनीयगृह्यपरिभाषासूत्रे द्वितीयप्रश्ने
तृतीयोऽध्यायः.

अजिनं वासस्सूत्रं वा द्वितीयम्—'यस्य यद्भवति तेन
स उपव्ययते देवलक्ष्ममेव तत्कुरुते' इति ब्राह्मणम् ॥ १

---

* ख. तासु.

अथाप आचम्येति * तदपि द्वितीयमाब्लिङ्गाभिस्त्रिः पिबेद्व्याहृतिभिस्त्रिः परिमृजेदपि वा व्याहृतिभिस्त्रिः पिबेद ब्लिङ्गाभिः त्रिः परिमृजेद्यज्ञस्य देवा देवानां यज्ञ इति यज्ञस्य देवानां च संयोगं करोति ॥ २

अथ दर्शपूर्णमासयोश्चत्वार ऋत्विज आदित्योऽध्वर्यु श्चन्द्रमा ब्रह्माऽग्निर्होता वायुराग्नीध्रश्चातुर्मास्यप्रभृत्यश्विनावध्व- र्यू पर्जन्य उद्गाताऽऽपो होत्रका रश्मयश्चमसाध्वर्यव इति यज्ञस्य देवानां च संयोगं करोति ॥ ३

अथ गृहस्थस्य वैश्वदेवं कृत्वाऽग्रं दत्वा कालयो र्भोजनं मानुषम् ॥ ४

मासिमास्यपरपक्षे मासिकं पितॄणामिति ॥ ५

उभौ कालावग्निपरिचर्या च होमाश्चार्धमासेऽर्धमासे पा र्वणो विधिर्देवानामिति ॥ ६

त्रयाणां त्रयो नियमाष्षट्सम्पद्यन्ते 'षोढाविहितो वै पुरुषः' इति तस्मादात्मनिष्क्रयणम् ॥ ७

पञ्च महायज्ञाः—देवयज्ञः पितृयज्ञो भूतयज्ञो मनुष्य- यज्ञो ब्रह्मयज्ञ इति ॥ ८

देवयज्ञस्स्वाहाकारः आ काष्ठात् ॥ ९

पितृयज्ञस्स्वधाकार औदनपात्रात् ॥ १०

---

* ख. आचामेदिति.

भूतयज्ञो नमस्कार आ पुष्पेभ्यः ॥ ११

मनुष्ययज्ञो दानमा मूलफलशाकेभ्यः ॥ १२

ब्रह्मयज्ञ ओंकार आ व्याहृतिभ्यः ॥ १३

अथास्यातिथयोऽभ्यागता वर्णाश्रमा आनुशंसा अभ्युत्थेया * अर्घ्या अर्चनीया आभ्यन्तरा रहस्या विश्वास्याश्च भवन्ति ॥ १४

श्रान्तोऽदृष्टपूर्वोऽश्रुतः केवलमन्नार्थी नान्यत्प्रयोजनो य एति सोऽतिथिर्भवति ॥ १५

अपि वा सर्ववर्णानामन्यतमः काले यथोपपन्नस्सर्वेषामतिथीनां श्रेष्ठतमोऽतिथिर्भवति ॥ १६

श्वश्रूश्वशुरयोनिसम्बन्धाः स्नेहबन्ध†माभिभाषमाणा भूयोभूयोऽभ्यागच्छेरन् तथा प्रेषणिकाश्चाभ्यागता भवन्ति ॥

सखा सहाधीतिस्सहाध्वनीनः ब्राह्मणक्षत्रियवैश्यरथकाराः सगृहास्साग्निहोत्रिका अनस्विनो ‡ रथिनश्चातिथयो भवन्ति ॥ १८

तेषामन्तराळे विपङ्क्तीः कृत्वा सर्वान् कामानुपहरेत् सानड्वाहपशूनाम् ॥ १९

---

* ख. आनृशंस्यादभ्युत्थेया.

† ख. गुरुश्च गुरवेऽभिसंबंध.

‡ ख. अन्नार्थिनो.

विज्ञायते च—'तस्मादनस्त्री च रथी चातिथीनामपचि
ततमावपचिततमो भवति य एवं वेद' इति ब्राह्मणम् ॥ २०

इति बोधायनीयगृह्यपरिभाषासूत्रे द्वितीयप्रश्ने चतुर्थोऽध्यायः.

अथ यदि ब्राह्मणः क्षत्रियश्च समेत्यायातां ब्राह्मणोऽतिथिः क्षत्रिये सान्त्वम् ॥ १

अथ यदि क्षत्रियो वैश्यश्च समेत्यायातां क्षत्रियोऽतिथिर्वैश्ये सान्त्वम् ॥ २

अथ यदि वैश्यश्शूद्रश्च समेत्यायातां वैश्योऽतिथिश्शूद्रे सान्त्वम् ॥ ३

अथ यदि शूद्रमभ्यागतं कर्मणि नियुञ्ज्यात् ॥ ४

अथ यदि ब्रह्मचारी मातापित्रोराचार्यार्थे वाऽध्वनि वर्तमानो गृहमागच्छेत्तमेनं प्रत्युत्तिष्ठेत् स्वागतमित्युक्त्वाऽऽसनं पादशौचं च दत्वा कुशलमभिभाष्योपासीत ॥ ५

कपाल*मस्मै दद्यात्—'नियममेवो†पतिष्ठस्व' इति ॥

उपावृत्ताय भैक्षमिति ब्रुवते गृहादेवान्नं भैक्षमित्युपहरेत्स तस्योपचारः ॥ ७

अथ यदि वानप्रस्थमभ्यागतं स्वागतमित्युक्त्वाऽभ्युत्थायासनं पादशौचं च दत्वा कुशलमभिभाष्योपासीत ॥ ८

---

* ख. कतर. † नियममेनो.

विदित्वा चरणं कन्दमूलफलशाकान्यारण्याश्चौषधय इत्युपहरेत्स तस्योपचारः ॥ ९

अथ यदि यतिमागतं स्वागतमित्युक्त्वाऽभ्युत्थायासनं पादशौचं च दत्वा कुशलमभिभाष्योपासीत ॥ १०

नैनं पूर्वमुपामन्त्रयेन्न चास्मै प्रक्रियां प्रकुर्वीत ॥ ११

काले त्वन्नं भैक्षमित्युपहरेत्स तस्योपचारः ॥ १२

अथ यद्यर्थी वसस्रा * शय्यादेशमुपकल्प्य काले ज्योतिष्करणं नोपस्तरणमेके ब्रुवते दद्याद्वा ॥ १३

बालानां वृद्धानां स्त्रीणां तु विभ्रष्टानां गूढचरितविकृतवेषाणामपि वा श्वचण्डालादीनामानृशंस्यवत् संविभागो विहितः ॥ १४

मूढो मत्त उन्मत्त आर्तो भीतो राजा † चोरश्चेति सम्भ्रमेणाभ्युत्थेयाः ॥ १५

आचार्य ऋत्विक्पिता मातुलः श्वशुरो वेदविद्ब्राह्मणः क्षत्रियोऽभिषिक्तस्सहस्रप्रदो वैश्यो राजपुरोहितश्चेत्यर्घ्यार्हा भवन्ति ॥ १६

पितृज्येष्ठकनीयसामुपाध्यायपुत्रस्त्रिमधुस्त्रिणाचिकेतस्त्रिसुपर्णः पञ्चाग्निष्षडङ्गवित् शीर्षको ज्येष्ठसामिकोऽथर्वाङ्गिरसोऽ-

---

* ख. अथ यदि सभ्यागमने. ग. अथ यद्यर्थी वसथ्यः.

† ख. धूर्तो राज्ञी.

ध्येतारस्स्नातका इत्येते संवाहनस्नापनशय्यालङ्कारविभूषणा-
च्छादनैरर्चनीया भवन्ति ॥ १७

अथ यदि बहवोऽतिथयोऽभ्यागच्छेरन् तत्रापि वि
द्वद्वृद्धकृशबालाश्चार्चनीया भवान्ति ॥ १८

अथ यद्यतिथिरार्तो व्याधितो वा यद्ब्रूयादिदं मे क्रि-
यतामित्यविद्यमानोऽन्यां प्रक्रियां प्रकुर्वीत ॥ १९

अथ यद्याग्रयणेष्टिपशुचातुर्मास्याध्वराणामुद्यतां दाक्षि-
णां नोत्सृजेत्तां तस्मै दद्यात् 'अतिथिस्सर्वयज्ञक्रतुसम्मितः'
इति विज्ञायते ॥ २०

अथ यद्यतिथिरभ्यागतो वा यस्य गृहे नाश्नीयात्
तस्य सर्वा देवता अवरुद्धा भवन्ति तस्मात्सदारस्सापत्योऽ-
भ्युत्थायासनं पाद्यमर्हणमर्घ्यं वा प्रयच्छेत यास्तत्रौषधयस्ता
उपहरेत् ॥ २१

य एतेन विधिनाऽतिथीन्नियच्छाति यश्चैतेन विधिनाऽ
तिथीन् पूजयति नैनं मृत्युरभिभवति नार्तिर्नावृत्ति * र्न जरा
न शोको यश्चैवं वेद यश्चैवं वेद ॥ २२

इति बोधायनीयगृह्यपरिभाषासूत्रे द्वितीयप्रश्ने
पञ्चमोऽध्यायः.

यथो एतद्यत्किञ्चिदन्यत्र विहाराद्धूयते सर्वास्ताः पा-
कयज्ञसंस्था इति ॥ १

ख. नै रिष्टि.

या एवैता अभिचाराय पावनाय शान्तये समृद्धये
स्वस्तये वा हूयन्ते ता एवैता उक्ता भवन्ति ॥ २

ताश्चेद्राजन्यो वैश्यश्च ब्राह्मणं पुरोदधीत ॥ ३

तदभिगम्याभिवाद्य ब्रूयात् —'आकूत्यै त्वा कामाय
त्वा समृधे त्वा पुरोदधे अमृतत्वाय जीवसे' इति ॥ ४

पुरोहितो जपति—'आकूतिमस्यावसे काममस्य समृ-
द्ध्यै । इन्द्रस्य युञ्जते धियः' इति ॥ ५

स्वयं जपति—'आकूतिं देवीं मनसः पुरोदधे यज्ञ-
स्य माता सुहवा मे अस्तु । यदिच्छामि मनसा स कामो
विदेयमेनद्धृदये निविष्टम्' इति ॥ ६

सर्वत्र दैवेषु पुरस्तादुदग्वोपक्रमोऽपवर्गः प्रदाक्षिणमुप-
चारो यज्ञोपवीतं प्रागग्रैर्दर्भैरग्नीनां परिस्तरणं प्रागुदगग्रैर्वा
पवित्राभ्यामुत्पवनम् ॥ ७

एवमेव विपरीतापक्रमोपवर्गः पित्र्येषु दक्षिणाग्रैर्दर्भैर-
ग्नीनां सम्परिस्तरणं दक्षिणाप्रतीच्यग्रैर्वा पवित्रेणोत्पवनम् ॥

तेषामियमेव प्रतिपत्तिर्व्याहृतिपर्यन्तो होमः ॥ ९

अतोऽन्ये कर्मव्यञ्जका उपहोमाः पृथग्विनिविष्टा अ-
न्योन्यमुपजीवन्तः ॥ १०

तदानींतनेष्वाचार्या * ऊहसन्नमनैश्च मन्त्रैर्यज्ञं प्रतिस-
न्दधुरविच्छेदाय ॥ ११

---

* तदानीमेव तेष्वाचार्या.

य एवं विद्वान् यज्ञं यजेत यश्चैवं विद्वान् यज्ञेन यजते सर्वेण वै यज्ञेन यजते सर्वं चैव यज्ञं यजति ॥ १२

तदेषाऽभिवदति—'आ देवानामपि पन्थामगन्म यच्छक्नवाम तदनु प्रवोढुम् । अग्निर्विद्वान् स यजात्सेदु होता सो अध्वरांत्स ऋतून् कल्पयाति' इति ॥ १३

इति बोधायनीयगृह्यपरिभाषासूत्रे द्वितीयप्रश्ने षष्ठोऽध्यायः

षष्ठेऽहनि शुची स्नातौ शुक्लवस्त्रौ स्वलङ्कृतौ ।
हविष्यमन्नमादाय ब्राह्मणान् सुसमाहितान् ॥ १
भोजयित्वोपसङ्गृह्य सुसंतृप्तेषु तेष्वथ ।
पुण्याहं वाचयित्वा ताननभिवाद्य प्रणम्य च ॥ २
श्वेतायाश्श्वेतवत्सायास्स्थालीपाकं तु पाचयेत् ।
गायत्र्याऽष्टसहस्रं तु सम्पाताभिहुतो भवेत् ॥ ३
उभौ तु तद्धुतं प्राश्य कुर्वीत प्रतिमन्त्रणम् ।
जघन्ये रात्रिपर्याये सर्वत्रोपगमस्स्मृतः ॥ ४
प्रागग्रेषु तु दर्भेषु प्राक्शिरां तु निपातयेत् ।
चतुर्होतारं मनसाऽनुद्रुत्य प्रणवेनाहुतिर्भवेत् ॥ ५
एवमुत्पादिताः पुत्रा न लुप्यन्ते कदाचन ।
न लुप्यन्ते कदाचनेति ॥ ६

इति बोधायनीयगृह्यपरिभाषासूत्रे द्वितीयप्रश्ने सप्तमोऽध्यायः.

षष्ठेऽहनि शुची स्नातौ। यथो एतद्यत्किञ्चित्। अथ यदि ब्राह्मणः क्षत्रियश्च समेत्यायाताम्। अजिनं वासस्सूत्रं वा द्वितीयम्। अथ वै भवति ब्राह्मण एकहोता। अथ वै भवति निवीतं मनुष्याणाम्। अथ व्रीहिभ्यो यवेभ्यश्च ॥ ७ ॥

अथ व्रीहिभ्यो यवेभ्यश्च। अथ वै भवति निवीतं मनुष्याणाम्। अथ वै भवति ब्राह्मण एकहोता। अजिनं वासस्सूत्रं वा द्वितीयम्। अथ यदि ब्राह्मणः क्षत्रियश्च समेत्यायाताम्। यथो एतद्यत्किञ्चित्। षष्ठेऽहनि शुची स्नातौ ॥ ७ ॥

इति बोधायनीयगृह्यपरिभाषासूत्रे
द्वितीयः प्रश्नः समाप्तः.

इति बोधायनगृह्यपरिभाषा समाप्ता.

अथ बोधायनगृह्यशेषसूत्रप्रारम्भः

अथातस्सप्तपाकयज्ञानामुक्तं तच्छेषं व्याख्यास्यामः ॥

पवित्रकरणं प्रोक्षणीसंस्कारं प्रणीताप्रणयनं स्रुक्स्रुव संमार्जनमिति दर्शपूर्णमासवत्तूष्णीम् ॥ २

अथाग्निं परिस्तीर्य दक्षिणेनाग्निं ब्रह्मायतने दर्भान् संस्तीर्योत्तरेणाग्निं प्रागग्रान् दर्भान् संस्तीर्य तेषु पात्राणि सादयित्वा तूष्णीं संस्कृताभिरद्भिरुत्तानानि पात्राणि कृत्वा विस्रस्येध्मं त्रिस्सर्वाभिः प्रोक्ष्य दर्भेषु दक्षिणतो ब्राह्मण-मुपवेशयति * दर्शपूर्णमासवत्तूष्णीम् ॥ ३

अरत्निमात्राः परिधयः आर्द्रा वा सत्वक्काः ॥ ४

'प्रादेशमात्राण्येकविंशतिरिध्मदारूणि भवन्ति' इति ब्राह्मणेन व्याख्यातम् ॥ ५

अथ यदि शम्याः परिदधाति शमीमय्यश्शम्याकृत यो वाऽरत्निमात्राः ॥ ६

अथेध्ममभ्यज्य परिसमिधं शिनष्टि ॥ ७

स्वाहाकारेणाभ्याधायाघारावाघार्याज्यभागौ प्रतिमुखं प्रबाहुग्जुहोति ॥ ८

---

* ख. ब्राह्मण उपविशति.

प्रसिद्धमाग्निमुखात्कृत्वा स्रुवेण दर्व्यामुपस्तीर्य पूर्वार्धा-
दवदायापरार्धादवद्यत्यभिघारयति प्रत्यनक्ति ॥ ९

यदि पञ्चावत्ती स्याद्दर्व्यामुपस्तीर्य मध्यात्पूर्वार्धादव
दायापरार्धादवद्यत्यभिघारयति प्रत्यनक्ति ॥ १०

स्रुवं निमृज्य यथादेवतं पुरोनुवाक्यामनूच्य याज्यया
जुहोति ॥ ११

अथोपस्तीर्य सकृदुत्तरार्धात् स्विष्टकृतमवद्यति द्विरभि-
घारयति न प्रत्यनक्ति ॥ १२

तमन्तःपरिधि सादयित्वा यथाऽऽम्नातमाज्याहुतीर्जु-
होति ॥ १३

व्याहृतिभिरनाम्नातेषु ॥ १४

अथ स्विष्टकृतमादायोत्तरार्धपूर्वार्धे जुहोति पूर्वेण वा
त्रैतं मेक्षणमनुप्रहरति ॥ १५

अथैनत् संस्रावेणाभिजुहोति ॥ १६

दर्व्यामप आनीय संक्षाळनमन्तःपरिधि निनयति ॥

निर्णिज्य स्रुचं निष्टप्याद्भिः पूरयित्वा बहिःपरिधि
निनयति ॥ १८

अथ समिधमाधाय जयान् जुहोति—'चित्तं च स्वा
हा' इति ॥ १९

त्रयोदश स्रुवाहुतीर्हुत्वाऽभ्यातानान् जुहोति—'अग्नि-
र्भूतानामाधिपतिस्स माऽवत्वस्मिन् ब्रह्मन्नस्मिन् क्षत्रे स्यामा-

शिष्यस्यां पुरोधायामस्मिन् कर्मन्नस्यां देवहूत्यां स्वाहा' इति ॥ २०

सप्तदश स्रवाहुतीर्हुत्वा वाचयति—'पितरः पितामहाः परेऽवरे ततास्ततामहा इह माऽवत' इति। २१

अथ राष्ट्रभृतो जुहोति—'ऋताषाडृतधामाऽग्निर्गन्धर्व-स्स इदं ब्रह्म क्षत्रं पातु तस्मै स्वाहा तस्यौषधयोऽप्सरस ऊर्जो नाम ता इदं ब्रह्म क्षत्रं पान्तु ताभ्यस्स्वाहा' इति ॥ २२

एवमेवान्तादनुवाकस्यान्यत्र 'भुवनस्य पते, स नो भुव-नस्य पते' इति ॥ २३

अथामात्यहोमान् जुहोति—'यद्देवा देवहेडनम्' इत्या-न्तादनुवाकस्य प्रत्यृचम् ॥ २४

अथ प्राजापत्यां जुहोति—'प्रजापते न त्वदेतान्यन्यः' इति ॥ २५

अथ सौविष्टकृतं * जुहोति—'यदस्य कर्मणः' इति ॥ २६

स्रुवेण परिधीननक्ति ॥ २७

अथ परिस्तरात्समुल्लिप्याज्यस्थाल्यां प्रस्तरवद्धर्हिरक्त्वा तृणं प्रच्छिद्याग्नावनुप्रहृत्य तूष्णीं तृणं चाथ शम्या अपोह्य परिधीननु प्रहराति ॥ २८

---

* ख. कृतीं. घ. कृतिं.

मध्यमं परिधिमनुप्रहृत्याथेतरावुपसमस्यति ॥ २९

अथैनान् संस्रावेणाभिजुहोति ॥ ३०

अथाग्रेणाग्निं यथाम्नातं हुतशेषं दत्वा * शेषं कुर्यादन्यत्र विवाहशेषात् ॥ ३१

तथैव परिषिञ्चति—'अन्वमंस्थाः प्रासावीः' इति मन्त्रान्तान् सन्नमयति ॥ ३२

अथ प्रणीताभ्यो दिशो व्युन्नयति दर्शपूर्णमासवत्तूष्णीम् ॥ ३३

ब्रह्माणं विसृज्य शेषं प्राश्नाति—'आयुरसि विश्वायुरसि' इति ॥ ३४

प्राश्याप आचम्य जठरमभिमृशति—'यत इन्द्रभयामहे, स्वस्तिदा विशस्पतिः' इति द्वाभ्याम् ॥ ३५

शेषमभिघारितं ब्राह्मणाय दद्यात् ॥ ३६

न पत्न्या हविषां भक्षणमन्यत्रोच्छिष्टमभिसम्पाताभिहुतानां पिण्डदानस्य शेषं च नैव देवता†हुतशेषमन्यत्र ब्रह्मौदनात् ॥ ३७

इति बोधायनीयगृह्यशेषे प्रथमप्रश्ने
प्रथमोऽध्यायः.

---

* ख. 'अन्यत्र' इत्यधिकम्. † ग. दाता.

उपनयनादिरग्निस्तमौपासन इत्याचक्षते ॥ १

दारकाले दायाद्यकाले वा नित्यो धार्यः ॥ २

अनुगते प्रायश्चित्तं प्रसिद्धम् ॥ ३

तस्मिन् पाकयज्ञसंस्थानि दैवानि * कर्माणि क्रियन्ते ॥

उपस्थानादि समानमन्यत्र प्रजासंस्कारात् ॥ ५

प्रजासंस्कारार्थमन्यत्र शुचौ देशे स्थण्डिलं कृत्वोल्लि-
खेन्मध्ये प्राचीनमेवं दक्षिणत एवमुत्तरतो मध्यादुदीचीनमेवं
पश्चादेवं पुरस्तात् ॥ ६

औपासनादेकदेशं प्रणवेनाहृत्य व्याहृतिभिर्नियुप्यापि
वा श्रोत्रियागारात् ॥ ७

एवमौपासनमुपसमाधाय 'मयि गृह्णाम्यग्रे अग्निं, यो
नो अग्निः पितरः' इति द्वाभ्यामात्मन्यग्निं गृहीत्वोपस्था-
नादि समानमा पात्रसादनात् ॥ ८

कथमु खलु पात्रसादनानामानुपूर्व्यं भवति—आज्य
स्थालीं स्रुवं च जुहूं च दर्वीं च प्रणीताप्रणयनं प्रोक्षणीपात्रं
चरुस्थालीं मेक्षणं चेध्माबर्हिरिध्मप्रव्रश्चनान्येवमेवान्यानि द्वन्द्वं
न्यञ्चि न हीने नातिरिक्ते सादयति ॥ ९

समानं कर्म स्रुक्संमार्जनात् ॥ १०

स्रुक्स्रुवं संमृज्य स्रुचि चतुर्गृहीतं गृहीत्वा पूर्णा-
हुतिं जुहोति—'सप्त ते अग्ने समिधस्सप्त जिह्वाः' इति ॥

---

* ख. सर्वाणि.

औपासनादग्निप्रणयनं विद्यते ॥ १२

अथ परिधानप्रभृति समानम् ॥ १३

अथाप्युदाहरन्ति—'असंस्कृताभिरद्भिः प्रोक्षणीभिरप्रोक्षितपात्रैर्होमश्चासंमार्जनैः स्रुक्स्रुवैर्नाधिश्रितपकैराज्येन न प्रचरितव्यं यदि प्रचरेद्यातुधाना असुरा रक्षांसि पिशाचा यज्ञं ग्राहयेयुः' इति ॥ १४

इति बोधायनीयगृह्यशेषे प्रथमप्रश्ने
द्वितीयोऽध्यायः.

अथातोऽपूर्वं व्याख्यास्यामः ॥ १

परिसमूह्य पर्युक्ष्य परिस्तीर्य परिषिच्योपसमाधायालङ्कृत्य यावदाम्नातमाहुतीर्जुहोत्याद्यन्तयोर्व्याहृतिभिराज्याहुतिः परिधानं प्रणीताप्रणयनं ब्रह्मोपवेशनं च न विद्यते विद्यते वा पूर्वैर्मन्त्रैरुपांशूक्त्वा 'उत्सृजत' इत्युच्चैरेवमेवोपकल्पयतीति विज्ञायते ॥ २

पाकयज्ञसंस्थानां न तिष्ठद्धोमो विद्यते विज्ञायते च 'अन्यत्र विहाराद्धूयते सर्वास्ताः पाकयज्ञसंस्थाः' इति ॥ ३

अथ संस्थायामाद्यन्तयोः परिषेचनं यथा पुरस्तात् ॥

विज्ञायते—'नासमित्के जुहुयाद्यदसमित्के जुहुयाद्यथाऽजिह्वेऽन्नं* दध्यात्तादृक्तस्मात्समिद्वत्येव होतव्यम्' इति ॥ ५

---

* ख. ग. जिह्वेनान्नं.

अनादिष्ट उपसमाधाय होतव्यमनादिष्ट उपहत्यैव हो-
तव्यमिति ॥ ६

मेक्षणेन 'अमुष्मै स्वाहा अमुष्मै स्वाहा' इति दैवतं
जुहोति ॥ ७

अथाप्युदाहरन्ति—

ओषध्यस्सक्तवः पुष्पं काष्ठं मूलं फलं तृणम् ।

एतद्धुम्तेन होतव्यं नान्यत्किञ्चिदचोदनात् ॥ इति ॥ ८

ओषध्यादिबद्धलिहरणं प्राक्परिषेचनाद्धुतशेषप्रदानं प्रा
शनं चैवमेव मूर्ध्नि संस्रावहोमः प्रदक्षिणं चान्यत्रोपनयनात् ॥

उपनयने सावित्रीमुक्त्वा प्राश्नाति न प्राक् ॥ १०

सावित्रीमर्थायार्थायाग्निं प्रणयति ॥ ११

अपवृत्ते कर्मणि लौकिकस्सम्पद्यते ॥ १२

अथ यद्युत्करेऽग्न्युपस्थानादि समानं निवर्तते पूर्णा-
हुतिस्समानमत ऊर्ध्वम् ॥ १३

इति बोधायनीयगृह्यशेषे प्रथमप्रश्ने
तृतीयोऽध्यायः.

अथातस्स्थण्डिलविधिं व्याख्यास्यामः— ॥ १

सिकताश्चतुरङ्गुलं प्राचीनमुद्धृत्य पञ्चाङ्गुलिप्रमाणं पश्चि-
मत उर्ध्वमङ्गुलिविशेषं दक्षिणत ऊर्ध्वमङ्गुलिविहीनमुत्तरतः प-

श्वभ्रस्थं सिकताश्शुचयश्शुक्ला अनार्द्रा अरत्निमात्रं समचतुरश्रं
प्राक्प्रवणं स्थण्डिलं करोति ॥ २

न लोष्टेन न काष्ठेन न शर्करैर्न नखैः ।
काष्ठेन व्याधितस्स्याल्लोष्टेन कुलनाशनम् ।
शर्करैः पुत्रनाशस्स्यान्नखैर्बन्धुविनाशनम् ॥ ३

तस्मात्सुवर्णरजतताम्रशकलेन व्रीहिभिर्यवैर्वा दर्भैस्तद-
ङ्गुष्ठेन च महानाम्न्या चोपसङ्गृह्य तस्य मध्यतः प्राचीनं
सन्ततमृजुमुल्लिखेत् । किंदेवत्यं किंमन्त्रमिति? । ब्रह्मदेवत्यं
'ब्रह्म जज्ञानम्' इति ॥ ४

तस्य दक्षिणतः प्राचीनं सन्ततमृजुमुल्लिखेत् । किंदेवत्यं
किंमन्त्रमिति? । यमदेवत्यं 'नाके सुपर्णम्' इति ॥ ५

तस्योत्तरतः प्राचीनं सन्ततमृजुमुल्लिखेत् । किंदेवत्यं
किंमन्त्रमिति? । सोमदेवत्यं 'आप्यायस्व समेतु ते' इति ॥

तस्य मध्यत उदीचीनं सन्ततमृजुमुल्लिखेत् । किंदेवत्यं
किंमन्त्रमिति? । रुद्रदेवत्यं 'यो रुद्रो अग्नौ' इति ॥ ७

तस्यः पश्चादुदीचीनं सन्ततमृजुमुल्लिखेत् । किंदेवत्यं
किंमन्त्रमिति? । विष्णुदेवत्यम् 'इदं विष्णुर्विचक्रमे' इति ॥

तस्य पुरस्तादुदीचीनं सन्ततमृजुमुल्लिखेत् । किंदेवत्यं
किंमन्त्रमिति? । इन्द्रदेवत्यम् 'इन्द्रं विश्वा अवीवृधन्' इत्ये·
तस्मात् स्थण्डिलविधिर्भवति ॥ ९

नकपालो नधूमो नज्वालो नविस्फुटो ननम्रमुखो

द्रप्सं पतितं मुखज्वलितं च वर्जयित्वा—'देवस्य त्वा सवितुः
प्रसवेऽश्विनोर्बाहुभ्यां पूष्णो हस्ताभ्यां भूर्भुवस्सुवरोम्' इत्याह
भगवान् बोधायनः ॥ १०

इति बोधायनगृह्यशेषे प्रथमप्रश्ने
चतुर्थोऽध्यायः.

अथातस्सिकतादोषं व्याख्यास्यामः— १

भस्मकेशतुषकपालशर्करतृणास्थिपिपीलिकैरार्द्रसिकतानि
वर्जयेत् ॥ २

भस्मना यजमानक्षयः केशेन स्त्रीमरणं तुषेण पुत्रघ्नं
कपालैरर्थनाशनं शर्करैर्बन्धुवियोगः तृणेन कर्मक्षयः अस्थिना
ग्रामविनाशः पिपीलिकै राष्ट्रविनाशः आर्द्रसिकतैर्व्याधिभयं भ-
वतीत्याह भगवान् बोधायनः ॥ ३

इति बोधायनगृह्यशेषे प्रथमप्रश्ने
पञ्चमोऽध्यायः

अथातः परिस्तरणविधिं व्याख्यास्यामः— ॥ १

दर्भैरविच्छिन्नाग्रैरनखच्छिन्नैरविवर्णकैरव्याधिकरदग्धमू-
लैश्चतुरङ्गुलाधिकैर्मूलं छिन्द्याद्धस्तसममाज्येनाभ्यज्य वा स्पृ-
ष्ट्वाऽऽज्येन वा स्पृष्टैरद्भिरनुमृज्य—'देवस्य त्वा सवितुः प्रस-

वेऽश्विनोर्बाहुभ्यां पूष्णो हस्ताभ्यां परिस्तृणामि' इति पुरस्तात्परिस्तीर्य, दक्षिणेन व्याहृतिभिः, पश्चिमेन 'उद्वयं तमसस्परि' इति, उत्तरेण 'अग्न आयाहि वीतये' इति, दक्षिणेनाग्निं ब्रह्मायतन उपवेश्य 'ओं भूर्भुवस्सुवरों ब्रह्मन् ब्रह्मासि नमस्ते ब्रह्मन् ब्रह्मणे' इत्यासनं कल्पयित्वोत्तरेणाग्निं प्रणीताभ्यः कल्पयित्वा 'वरुणोऽसि धृतव्रतो वारुणमसि' इति ॥ २

एतस्मात्परिस्तरणविधिर्व्याख्यातः ॥ ३

इति बोधायनयगृह्यशेषे प्रथमप्रश्ने

षष्ठोऽध्यायः.

सर्वत्र दर्वीहोमानामष्टोत्तरशतं दर्भाः—द्वे हस्तपवित्रे द्वे आसनं प्रागुदीचीनाग्रैष्षोडश परिस्तरणं दक्षिणतः प्रागग्रैस्सप्तदश पश्चादुदीचीनाग्रैरष्टादशोत्तरतः प्रागग्रैस्सप्तदश पात्राग्रां पञ्च सप्तदश ब्रह्मासनं प्रणीतासनं द्वे द्वे आज्यपवित्रे द्वे अभिद्योतने द्वे दर्भाग्रे द्वे पर्यग्निकरणे स्रुक्समार्जनं चतुर्भ्य इति ॥ १

अरत्निमात्रं षडङ्गुलं तिस्रश्शम्याः परिधीन् कृत्वा मध्यमाङ्गुलिरनामिका कनिष्ठिकेति स्थविष्ठो मध्यमोऽणीयान् द्राघीयान् दाक्षिणतोऽणिष्ठो ह्रसिष्ठ उत्तरतोऽङ्गुष्ठपर्वमात्रमष्टादश याज्ञिकाः काष्ठाः प्रादेशमात्रं पवित्रं दर्भतरुणकाभ्या-

मङ्गुष्ठपर्वमात्रं प्रोक्षणीमाज्यस्थालीं प्रस्थचतुर्भागं पूर्ण*प्रस्थ द्विभागं प्रणीताप्रणयनं चरुस्थालीं प्रस्थमाहुतिप्रमाणं चतुरङ्गुलमवदानप्रमाणमङ्गुष्ठपर्वमात्रं दर्वीप्रमाणमेकाविंशत्यङ्गुष्ठं तस्या द्व्यङ्गुष्ठमुन्नतं पञ्चाङ्गुष्ठं बिलमेवमेव स्रुक्प्रादेशमात्रमुच्छ्रितं चतुरङ्गुलं वा किञ्चिद्दक्षिणत उन्नतो भवति मेक्षणमिति होमदर्वीप्रमाणमिति ह स्माह बोधायनः ॥ २

इति बोधायनगृह्यशेषे प्रथमप्रश्ने
सप्तमोऽध्यायः.

अथ शुचौ समे देशे गोमयेन गोचर्ममात्रं चतुरश्रं स्थण्डिलं कृत्वा प्रादेशमात्रमुच्छ्रितं चतुरङ्गुलं वा किञ्चिद्दक्षिणत उन्नतो भवति ॥ १

प्राचीनप्रवणं किंकामस्य उदीचीनप्रवणं किंकामस्य? । प्राचीनप्रवणं ब्रह्मवर्चसकामस्योदीचीनप्रवणमन्नाद्यकामस्य प्रागुदक्प्रवणं प्रजाकामस्य समं प्रतिष्ठाकामस्य ॥ २

उपलिप्तं वैश्वदेवत्यमुद्धतं नाकदेवत्यमवोक्षणं पितृदेवत्यं सैकतं सिन्धुदेवत्यमुल्लेखनं. यमदेवत्यं निरसनं रुद्रदेवत्यं स्पर्शनं वरुणदेवत्यसमाग्निविधानं विष्णुदेवत्यं विहरणं वामदेवत्यं कर्म गायत्र्याः परिस्तरणदर्भाज्यस्थालीस्रुवजुहूनां पृथिवीदेवत्यं स्रुक्सोमदेवत्यमाज्यं वसुदेवत्यं पवित्रं विष्णुदे-

---

* चतुर्भागपूर्णां (ग).

वत्यं चरुः प्रजापतिदेवत्यं मेक्षणमग्निदेवत्यं सम्मार्जनं रुद्र-
देवत्यं कूर्चं प्रजापतिदेवत्यमुदकुम्भमब्देवत्यं प्रणीता वरुण-
देवत्यमश्मा महेन्द्रदेवत्यं वासस्सोमदेवत्यं कर्ता बृहस्पति
देवत्यं धूम*मतिथिदेवत्यमिध्ममग्निदेवत्यं मध्यमपरिधिर्यजमान
देवत्यं दक्षिणपरिधिरिन्द्रदेवत्यमुत्तरपरिधिर्वरुणदेवत्यमूर्ध्वसमि-
धौ सूर्यदेवत्यमिन्द्राग्नियमनिरृतिवरुणवायुसोमेशाना अष्ट-
दिग्देवत्यं व्यजनं वायुदेवत्यं गन्धमश्विनिदेवत्यं पुष्पं गान्ध-
र्वदेवत्यं धूपमिन्द्र†देवत्यं दीपं भानु‡देवत्यं प्रयाजानूयाज-
मृतुदेवत्यं पक्वं प्रधानदेवत्यमुपहोमाः यथालिङ्गदेवत्यं यत्र-
यत्र होमे मन्त्राविधानं तत्र तल्लिङ्गदेवत्यं परिषत् ब्रह्मदे-
वत्यं सदस्यास्सर्वदेवत्यमन्येषामनुक्तानां प्रजापतिदेवत्यं योऽ-
स्य दैवतं मन्त्रतः कर्मतो वाऽभिज्ञाय जुहोति सोऽश्नुते
श्रियमायुष्यमारोग्यं स्वर्ग्यं च भवति ॥ ३

अग्निहीनमनावृष्टिः मन्त्रहीनं तु ऋत्विजः ।
आज्यहीनं कुलं हन्ति स्वर§हीनं तु पन्नयः ॥ ४
यजमानं¶दक्षिणाहीनमन्नहीनं तु राष्ट्रकम् ।
सर्वहीनं सदस्यानि नास्ति यज्ञसमो रिपुः ॥ ५
तस्मात्सर्वप्रयत्नेन किञ्चिद्द्रव्यस्समाचरेत् ।
श्रियः कामश्चरेत्सर्वं समृद्धं सहदक्षिणम् ॥ ६

---

* ख. ध्रुव. † ख. धूपं वायु. ‡ ख. अग्नि.
§ ख. स्वाहा. ¶ ख. यज्वानं,

एवं ऋषिविधानोक्तं मुनीनां तत्त्ववेदिनाम् ।

सर्ववेदाह्निकं होमं* सर्वलोकेषु पूजितम् ॥ ७

सर्वलोकेषु पूजितमित्याह भगवान् बोधायनः ॥ ८

इति बोधायनीयगृह्यशेषे प्रथमप्रश्ने

अष्टमोऽध्यायः.

अथातः पुण्याहदेवता व्याख्यास्यामः—

विवाहस्याग्निः प्रीयतामौपासनस्याग्निसूर्यप्रजापतयः प्रीयन्तां पञ्चमेऽहन्युदुम्बरो दशमेऽहन्यन्ते चित्र्याणि स्थालीपाकस्याग्निर्गर्भाधानस्य ब्रह्मा पुंसवनस्य प्रजापतिस्सीमन्तस्य धाता विष्णुबलेस्सविता जातकर्मणो मृत्युर्नामकरणस्य सविता तस्यान्ते प्रजापतिरुपानिष्क्रामणस्य सविता तस्यान्ते चित्र्याण्यन्नप्राशनस्य सविता चौळस्य केशिनः तस्यान्ते प्रजापतिरुपनयनस्येन्द्रश्श्रद्धामेधे इत्यन्ते विसर्गे सुश्रवाः पुनरुपनयनस्याग्निरथ यदि ब्रह्मचार्यव्रत्यमिव चरेत्तस्मिन्नध्यायहोमे सविता समावर्तनस्य श्रीरिन्द्रो वा शूलगवस्येशानः प्रत्यवरोहणस्य सवितोपाकर्मव्रतेषु च सविता वास्तुहोमस्य वास्तोष्पतिरन्ते प्रजापतिरद्भुतहोमस्येन्द्रोऽन्ते प्रजापतिरायुष्यहोमस्याग्निरायुष्मान् नक्षत्रहोमस्य नक्षत्रेष्टिसूक्तमष्टमीप्रदोषस्येशान आग्रयणहोमस्याग्रयणदेवताः सर्पबलेस्सर्पाः† आदित्यपुरोगा

---

* ख. सर्वे वेदाहृतं ह्येवं.

† ख—'द्यावापृथिव्यबलेर्द्यावापृथिवी' इत्यधिकम्.

ग्रहाः प्रीयन्तामथैकोद्दिष्टस्यान्ते प्रजापतिस्त्वष्टाकादीनां वरुणो देवता यक्षिबलेर्यक्षी गृहशान्तिहोमस्यादित्यादिनवग्रहाः गर्भाधानादितन्त्रहोमस्य ब्रह्मादयः प्रीयन्तामित्येवमन्येषां होमानां याज्यापुरोनुवाक्ययोर्देवता तस्यासौ प्रीयतामिति । सूतकान्ते प्रेतकान्ते प्रथमोदक्यान्ते च प्रजापतिः कूश्माण्डहोमस्याग्न्याद-यश्चान्द्रायणहोमस्याग्न्यादयोऽग्न्याधेयेऽग्नीषोमेन्द्रा एवमनादिष्टकर्मसु प्रजापतिः ॥ १.

इति बोधायनीयगृह्यशेषे प्रथमप्रश्ने
नवमोऽध्यायः.

अथातः पुण्याहं व्याख्यास्यामः— ॥ १

शुचौ समे देशे दर्भान्दूर्वा धारयमाणाः चत्वारो ब्राह्मणा अरिक्तहस्ताः प्राङ्मुखा युग्मास्तिष्ठन्ति ॥ २

तेषां दक्षिणत उदङ्मुखो वाऽपिहितमुदकुम्भं धारयन्वाचयिता तस्य दक्षिणं बाहुमाश्रित्य पत्न्यस्तिष्ठन्ति ॥ ३

पूर्णकुम्भमभ्यर्च्य दर्भेष्वासीनो दर्भान्धारयामाणोऽनुज्ञां कुर्यात्—'भवद्भिरनुज्ञातः पुण्याहं वाचयिष्ये' इति । ते प्रणवपूर्वं 'वाच्यताम्' इति प्रतिब्रूयुः ॥ ४

ओं स्थित्वा तेषां सपवित्रेषु पाणिषु जलं ददाति 'ओमापः' इति । 'शिवा आपस्सन्तु' इति प्रत्यूचुः ॥ ५.

ततः 'गन्धाः' इति गन्धं ददाति। 'सुगन्धाः पान्तु' इति प्रतिगृह्णन्ति॥ ६

तेभ्यः 'सुमनसः' इति पुष्पं ददाति। ते 'सौमनस्यमस्तु' इति प्रतिगृह्णन्ति॥ ७

तेषां पाणिषु 'अक्षतम्' इति अक्षतान्ददाति। अक्षतशब्देन व्रीहिमिश्रास्तण्डुला उच्यन्ते। 'अक्षतं चारिष्टं चास्तु' इति प्रतिगृह्णन्ति॥ ८

ब्राह्मणा अभुक्ताश्चेत् 'ओमन्वाहार्यः' इत्योदनं ददाति। ते 'स्वन्वाहार्योऽस्तु' इति प्रतिगृह्णन्ति॥ ९

तेभ्यो 'दक्षिणाः' इति दक्षिणां ददाति। 'स्वस्ति दक्षिणाः पान्तु बहुदेयं* चास्तु' इति प्रत्यूचुः॥ १०

ततो वाचयिता दक्षिणं जानुं भूमौ निधाय सव्यमुत्थाप्योदङ्मुखः 'इडा देवहूः' इति जपति। 'उदकुम्भमादायोपतिष्ठ' इति प्रत्यूचुः॥ ११

ततो वाचयिता 'मनस्समाधीयताम्' इति। 'समाहितमनसस्स्मः' इतीतरे प्रत्याहुः॥ १२

कर्ता 'प्रसीदन्तु भवन्तः' इति। 'प्रसन्नास्स्मः' इति वाचयित्वा। यद्वा—सर्वैर्मन्त्रैरनवानं वदेत्॥ १३

'शान्तिरस्तु पुष्टिरस्तु तुष्टिरस्तु वृद्धिरस्तु अविघ्नमस्तु आरोग्यमस्तु शिवं कर्मास्तु' इति। एवमेवेतरे प्रत्याहुः॥

---

* ख. बहुलेयं

यद्देवत्यं भवति तस्य नाम गृह्णाति 'असौ प्रीयताम्'
इति। एवमेवेतरे ॥ १५

वाचयिता 'पुण्याहं भवन्तो ब्रुवन्तु' 'ओं पुण्याहम्'
इतीतरे प्रत्याहुः। एवमेव त्रिः ॥ १६

ततः 'स्वस्ति भवन्तो ब्रुवन्तु' इति। 'ओं स्वस्ति'
इतीतरे प्रत्यूचुः ॥ १७

ततो वाचयिता 'ओं ऋद्धिं भवन्तो ब्रुवन्तु' इति।
'ओं ऋध्यताम्' इतीतरे प्रत्याहुः ॥ १८

एवमेव त्रिर्वाचयित्वा 'ओं पुण्याहसमृद्धिरस्तु, अस्तु'
इति 'ओं शिवं कर्मास्तु, अस्तु' इतीतरे प्रत्याहुः ॥ १९

यद्देवत्यं भवति तस्य नाम गृह्णाति 'असौ प्रीयताम्'
इति ॥ २०

'प्रीयतामसौ' इति प्रतिब्रूयुः ॥ २१

अथ व्याहृतिभिर्भूमौ जलं विसृज्योपविश्य सुराभिम-
त्याऽब्लिङ्गाभिर्वारुणीभिर्हिरण्यवर्णाभिः पावमानीभिर्व्याहृती-
भिरिति मार्जयित्वा पर्वीं च प्रोक्षतीत्याह भगवान्बो-
धायनः ॥ २२

इति बोधायनीयगृह्यशेषे प्रथमप्रश्ने
दशमोऽध्यायः.

अथ प्रहुते प्रसिद्धं जातकर्म कृत्वा दशम्यां द्वादश्यां वा मातापितरौ स्नात्वा शुच्यगारं कृत्वा पुत्रस्य नामधेयस्य निदधीयातामिति ॥ १

ब्राह्मणानन्नेन परिविष्य 'पुण्याहं स्वस्ति ऋद्धिम्' इति वाचयित्वा देवयजनोल्लेखनप्रभृत्याऽग्निमुखात्कृत्वा प्राजापत्येन सूक्तेन जुहोति—'प्रजापते न त्वदेतान्यन्यः' इति षड्भिरनुच्छन्दसम् ॥ २

जयप्रभृति सिद्धमाधेनुवरप्रदानात् ॥ ३

ब्राह्मणानन्नेन परिविष्य 'पुण्याहं स्वस्ति ऋद्धिम्' इति वाचयन्नामास्मै दधाति नक्षत्रनामधेयेन ॥ ४

द्वितीयमस्य नामधेयं गुह्यमस्यान्यदभिवादनीयमोपनयनकालान्मातापितरौ संविदितौ भवतः ॥ ५

विज्ञायते च—'तस्मात् द्विनामा ब्राह्मणोऽर्धुकः' इति ॥

'सोमयाजी तृतीयं * नामधेयं कुर्वीत' इति विज्ञायते ॥ ७

अयुगक्षरं कुमार्यै स्वस्तिश्रीसोम्येति दीर्घवर्णान्तम् ॥

अथाप्युदाहरन्ति—'शर्मान्तं ब्राह्मणस्य वर्मान्तं क्षत्रियस्य गुप्तान्तं वैश्यस्य भृत्यदासान्तं शूद्रस्य दासान्तमेव वा ॥ ९

अथ यदि ब्राह्मणं न विन्देतौपासने ज्योतिष्मत्या पुत्रस्य नाम गृह्णात्युपतिष्ठते वा ॥ १०

---

* ग. सोमयाजिनस्तृतीयमस्य.

अथ नक्षत्राणि—रोहिणीमृगशीर्षमखाचित्राज्येष्ठाश्रवणशतभिषग्रेवत्याश्वयुक्षु प्रथमाक्षरवृद्धिस्स्याद्रोहिण्यां रौहिणायेति। तथेतराणि ॥ ११

तिष्याश्लेषाहस्तविशाखानूराधाषाढाश्रविष्ठासु प्रकृतिवत्तिष्यायेति। तथेतराणि ॥ १२

फल्गुन्यां फाल्गुनायेति ॥ १३

स्वातीपुनर्वस्वोः स्वातये पुनर्वसव इति ॥ १४

मूलार्द्रयोः मूलकायार्द्रकायेति ॥ १५

प्रोष्ठपदासु प्रोष्ठपदाय प्रौष्ठपदायेति वा ॥ १६

अपभरण्यामपभरणायापभरणायेति वा ॥ १७

अग्नये कृत्तिकाय कार्तिकायेति वा व्याख्यातान्यग्नेर्होतुः ॥ १८

स्त्रीविषये कुमार्यै रोहिण्यै सुश्रियै*गौर्यै स्वस्तीति ॥

इति बोधायनीयगृह्यशेषे प्रथमप्रश्ने

एकादशोऽध्यायः.

सप्तमेऽष्टमे वा मासि कर्णवेधः ॥ १

ब्राह्मणानन्नेन परिविष्य 'पुण्याहं स्वस्ति ऋद्धिम्'

---

* ख. "जयन्त्या इति। प्रकृत्यैव तिष्यायै चेति। फाल्गुन्यै स्वात्यै पुनर्वस्वै इति। मूलार्द्रयोरार्द्रकायै मूलकायै चेति। प्रोष्ठपदासु निरृत्यै रुद्राण्यै चेति। आपभरण्यै कार्तिकायै गौरिण्यै" इत्यधिकः पाठः.

इति वाचयित्वाऽथ देवयजनोल्लेखनप्रभृत्याऽग्निमुखात्कृत्वा प-
क्वाज्जुहोति—'श्रोत्रेण भद्रम्' इति पुरोनुवाक्यामनूच्य 'येन
प्राच्यै' इति याज्यया जुहोति ॥ २

अथाज्याहुतीरुपजुहोति—'प्राणां रक्षाति विश्वमेजत्'
इत्येतेनानुवाकेन प्रत्यृचम् ॥ ३

स्विष्टकृत्प्रभृति सिद्धमाधेनुवरप्रदानात् ॥ ४

अथाग्रेणाग्निं वेणुपर्णेषु हुतशेषं निदधाति—'समुद्राय
वयुनाय सिन्धूनां पतये नमः' इति ॥ ५

अथाशिषो वाचयित्वा लोहितसूच्या वा कण्ठकेन वा
दक्षिणं कर्णमातृणत्ति—'गा त्री त्रिष्टुप्' इति । 'द्विपदा'
इत्युत्तरम् ॥ ६

अथ लोहितसूत्रेण वा वेणुसूत्रेण*वा कर्णौ बध्नाति—
'वरुणस्य स्कम्भनमसि' इति ॥ ७

श्वोभूते विस्रंसयाति—'वरुणस्य स्कम्भसर्जनमसि' इति ॥

सूत्रेण वा वेणुकाण्डेन वा वर्धयति ॥ ९

अथाप्युदाहरन्ति—

पुत्राय च दुहित्रे च समानी ब्राह्मणक्रिया ।
मन्त्रवद्गर्भ आजन्म जन्माद्या आवृतं†स्त्रियै ॥ १०

सर्वेषु व्याहृतीर्विद्यादनाम्नातेषु कर्मसु ।
होतव्या ब्रह्मभूताय‡नाक्रियो ब्राह्मणो भवेत् ॥ ११

---

* ख. शाणसूत्रेण. † ख. आवृतिः. ‡ ख. पूताय.

अनग्निः क्रियश्शूद्रः तस्माज्जातोऽग्निना द्विजः ।
नामधेयादि कर्तव्यमाकार्यादरणीकृतम् * ॥ १२
मथित्वा वाऽथ शकलान् समिद्धे मन्त्रवत्तथा ।
उपनयनादिवा† जस्रं स्वयं चारणिमग्निना ॥ १३
सायंप्रातर्विधानेन समिद्भिस्तत्र हूयते ।
गुरुशुश्रूषणपरस्समारोप्यात्मनि स्वयम् ॥ १४
या ते अग्नेतिमन्त्रेणोपावरोहेति लौकिके ।
हुत्वा व्रतानुचरितं समावृत्ते‡ गुरोर्मतात् ॥ १५
विवाहं विधिवत्कृत्वा गृहस्थाश्रममाविशेत् ।
वैवाहिको विधिः स्त्रीणामौपनायनिकस्स्मृतः ॥ १६
तावुभौ चारिणौ तस्मादौपासनमितिं श्रुतिः ।

इति बोधायनीयगृह्यशेषे प्रथमप्रश्ने
द्वादशोऽध्यायः.

अथ नक्षत्रहोमं व्याख्यास्यामः—संवत्सरेसंवत्सरे ष-
ट्सुषट्सु मासेषु चतुर्षुचतुर्षु ऋतावृतौ मासिमासि वा कुमा-
रस्य जन्मनक्षत्रे क्रियेत ॥ १

ब्राह्मणानन्नेन परिविष्य 'पुण्याहं स्वस्ति ऋद्धिम्'
इति वाचयित्वाऽथ देवयजनोल्लेखनप्रभृत्याऽग्निमुखात्कृत्वा प-
क्वाज्जुहोति—'अग्निर्मूर्धा, भुवः' इति द्वाभ्याम् ॥ २

---

* ख. दरणीगतम्. † ७. उपनीयाथवा. ‡ ख वृत्तो.

अथ नक्षत्रदेवताभ्यो जुहोति यथानक्षत्रम् ॥ ३

'अनु नोऽद्यानुमतिरन्विदनुमते' इति तृतीयम् ॥ ४

अथाज्याहुतीरुपजुहोति नक्षत्रदेवताभ्यो यथानक्षत्रम् ॥

'चन्द्रमसे स्वाहा । प्रतीदृश्यायै स्वाहा । अहोरात्रेभ्यस्स्वाहा । अर्धमासेभ्यस्स्वाहा । मासेभ्यस्स्वाहा' इति मासिमासि ॥ ६

'ऋतुभ्यस्स्वाहा' इत्यृतावृतौ ॥ ७

'संवत्सराय स्वाहा' इति संवत्सरे ॥ ८

स्विष्टकृत्प्रभृति सिद्धमाधेनुवरप्रदानात् ॥ ९

अन्नशेषं सगणः प्राश्नाति ॥ १०

अथ संवत्सरे पर्यवेते प्रसिद्धमाग्निमुखात्कृत्वा पक्वाज्जुहोत्याग्नेयं प्रधानदेवत्यम् ॥ ११

यथानक्षत्रं द्वितीयम् ॥ १२

'अनु नोऽद्यानुमतिरन्विदनुमते त्वम्' इति तृतीयम् ॥

'नवोनवो भवति जायमानः, यमादित्या अंशुमाप्याययन्ति' इत्यान्तादनुवाकस्य ॥ १४

अथ पूर्ववदाज्याहुतीरुपजुहोति नक्षत्रदेवताभ्यो यथानक्षत्रम् ॥ १५

'चन्द्रमसे स्वाहा । प्रतीदृश्यायै स्वाहा' इत्येतैः स्वाहाकारैरान्तादनुवाकस्य ॥ १६

स्विष्टकृत्प्रभृति सिद्धमाधेनुवरप्रदानात् ॥ १७

नक्षत्रहोमो व्याख्यातः ॥ १८

इति बोधायनीयगृह्यशेषे प्रथमप्रश्ने
त्रयोदशोऽध्यायः.

अथ वै भवति—'श्रद्धा वा आपश्श्रद्धामेवारभ्येति । यज्ञो वा आपो यज्ञमेवारभ्येति । वज्रो वा आपो वज्रमेव भ्रातृव्येभ्यः प्रहृत्य' इति । 'आपो वै रक्षोघ्नी रक्षसामपहत्यै' इति । 'आपो वै देवानां प्रियं धाम' इति। 'अमृतं वा आपस्तस्मादद्भिरवतांतमभिषिञ्चन्ति' इति । 'आपो वै सर्वा देवता देवता एवारभ्य' इति 'आपो वै शान्ताश्शान्ताभिरेवास्यशुचं शमयति' इति ब्राह्मणम् ॥ १

तस्मात्पवित्रेण शान्त्युदकं करोति जन्मनक्षत्रे पुण्ये नक्षत्रे विवाहचौळोपनयनसमावर्तनसीमन्तान्नप्राशनानि नामधेयान्यन्यानि मङ्गलकार्याणि ग्रहोपरागे ग्रहोत्पाते वा द्विपात्सु चतुष्पात्सु भयं विन्देताथ शान्तिमारभेत ॥ २

युग्मान् ब्राह्मणान् सुप्रक्षाळितपाणिपादानप आचमय्य प्रतिदिशमासनेषूपवेश्य गोमयेन गोचर्ममात्रं चतुरश्रं स्थण्डिलमुपलिप्य दर्भेषु प्राङ्मुख उपविश्य दर्भान् दूर्वांश्च धारयमाणः पवित्रपाणिस्स्थण्डिलं कृत्वा प्रोक्ष्य लक्षणमुल्लिख्याद्भिरभ्युक्ष्य दूर्वाभिर्दर्भैरवकीर्य गन्धोदकेनाभ्युक्ष्य पुष्पै·

रवकीर्य ब्रह्मपात्रं सूत्रेण परिवेष्ट्य तेषु ब्रह्मपात्रं निदधाति—'ब्रह्म जज्ञानम्' इति ॥ ३

अथ तिरःपवित्रमप आनयन् जपति—'तत्सवितुर्वरेण्यम्' इति ॥ ४

यवाक्षततण्डुलानावपति—'भूर्भुवस्सुवरोम्' इति ॥ ५

अथ पुष्पैर्दूर्वाभिः फलैरवकीर्य दूर्वाभिः दर्भैः प्रतिच्छाद्याभिमृशति—'शं नो देवीरभिष्टये' इति ॥ ६

अन्वारब्धेषु जपति—'तत्सवितुर्वरेण्यम्' इत्येतां पच्छोऽर्धर्चशोऽनवानमुक्त्वा वेदादीन् जपति ॥ ७

राक्षोघ्नं 'कृणुष्व पाजः प्रसितिम्' इत्येतमनुवाकं 'मदे चिदस्य' इत्यर्धर्चमवोद्धृत्य 'इन्द्रं वो विश्वतस्परि हवामहे जनेभ्यः' इत्येतमनुवाकं 'यत इन्द्रभयामहे, स्वस्तिदा विशस्पतिः' इति द्वाभ्यां 'महां इन्द्रः, सजोषा इन्द्र' इति द्वाभ्यां 'ये देवाः पुरस्सदः' इति पञ्चभिः पर्यायैः 'अग्नये रक्षोघ्ने' इति पञ्च 'अग्निरायुष्मान्' इति पञ्च 'या वामिन्द्रावरुणौ' इति चतस्रः 'यो वामिन्द्रावरुणौ' इत्यष्टौ 'अग्ने यशस्विन्' इति चतस्रः राष्ट्रभृतं 'ऋताषाडृतधामा' इत्येतमनुवाकं 'नमो अस्तु सर्पेभ्यः' इति तिसृभिरनुचच्छन्दसं पञ्च चोडा 'अयं पुरो हरिकेशः' इति पञ्चभिः पर्यायैरप्रतिरथं 'आशुश्शिशानः' इत्येतमनुवाकं 'शं च मे मयश्च मे' इत्येतमनुवाकं विहव्यं 'ममाग्ने वर्चो विह-

वेष्वस्तु' इत्येतमनुवाकं सृगारं 'अग्नेर्मन्वे' इत्येतमनुवाकं सर्पाहुतीः 'समीची नामासि प्राची दिक्' इति षड्भिः पर्यायैः गन्धर्वाहुतीः 'हेतयो नाम स्थ तेषां वः पुरोगृहाः' इति षड्भिः अज्यानीः 'शतायुधाय' इति पञ्च 'भूतं भव्यं भविष्यत्' इत्येतमनुवाकं अथर्वशिरसं 'इन्द्रो दधीचो अस्थभिः' इत्येतमनुवाकं प्रत्याङ्गिरसं 'चक्षुषो हेते मनसो हेते' इति प्रतिपद्य 'भ्रातृव्यं पादयामासि' इत्यन्तं 'प्राणो रक्षति विश्वमेजत्' इत्येतमनुवाकं 'सिंहे व्याघ्र उत या पृदाकौ' इत्येतमनुवाकं 'अहमस्मि' इत्येतमनुवाकं 'ता सूर्याचन्द्रमसा' इत्येतमनुवाकं 'अग्निर्नः पातु, ऋध्या स्म, नवोनवः' इत्येतैस्त्रिभिरनुवाकैरुत्तमैरुपहोमैश्च सुरभिमत्याऽब्लिङ्गाभिर्वारुणीभिर्हिरण्यवर्णाभिः पावमानीभिर्व्याहृतीभिः 'तच्छंयोरावृणीमहे' इत्येतमनुवाकं 'नमो ब्रह्मण इति परिधानीयां त्रिरन्वाह' इति ब्राह्मणम् ॥ ८

प्रणवेनोत्थाप्य व्याहृतीभिः प्रोक्षति ॥ ९

अथ दक्षिणां ददाति—पुरस्तादुपविष्टाय हिरण्यं ददाति दक्षिणतो रजतं पश्चात्कांस्यमुत्तरतो वासो ददाति ॥

अथ ग्रहगृहीतानां ज्वरगृहीतानां भूतोपसृष्टानां मित्रबन्धुसुहृज्ज्ञातिसखिसम्बन्धिबान्धवानां राज्ञां च राजपुरोहितानां च बालवृद्धान्तर्वत्निपापरोगिदीर्घरोगिकृशातुरान् प्रोक्षति ॥ ११

हस्त्यश्वोष्ट्रगोमहिष्यजाविकभृत्यांश्च धनधान्यानि च
प्रोक्षति ॥ १२

एवमेकरात्रं त्रिरात्रं पञ्चरात्रं सप्तरात्रं नवरात्रमित्यप
पुनर्मृत्युंजयतीत्याह भगवान् बोधायनः ॥ १३

इति बोधायनीयगृह्यशेषे प्रथमप्रश्ने
चतुर्दशोऽध्यायः.

अथातः प्रतिसरबन्धं व्याख्यास्यामः— १

यस्मिन् दिने नान्दीमुखं कुर्यात्तस्यां रात्र्यां प्रदो-
षान्ते प्रतिसरमारभेत ॥ २

शुचौ समे देशे गोमयेन गोचर्ममात्रं चतुरश्रं स्थण्डिलमु-
पलिप्य युग्मान् ब्राह्मणान् सुप्रक्षालितपाणिपादानप आच-
मय्य प्रतिदिशमासनेषूपवेश्य पश्चात्प्राङ्मुख आचार्य उप-
विशति ॥ ३

तस्य दक्षिणं बाहुमन्वितरः ॥ ४

अथ हस्तमात्रं सैकतं* स्थण्डिलं कृत्वोल्लिख्याद्भिरभ्यु-
क्ष्य स्थण्डिलस्य मध्ये प्रागग्रान् दर्भान् संस्तीर्य तेषूपरि
कुम्भं निधाय व्याहृतीभिश्शुद्धोदकैः पूरयित्वा दूर्वाक्षतफ
लैरवकीर्य गन्धपुष्पधूपदीपैरुदकुम्भमभ्यर्च्य दूर्वाभिर्दर्भैः प्रति
च्छाद्योत्तरतः शालितण्डुलस्योपरि प्रतिसरसूत्रं गन्धानुलिप्तं

---

* ग व्रीहिभिर्यवैर्वा.

निधाय आचार्यमुखांस्त्रीन्* प्राणायामान् धारयित्वा उदकुम्भमन्वारभ्य सावित्रीं जपति—'तत्सवितुर्वरेण्यम्' इत्येतां पच्छोऽर्धर्चशोऽनवानमुक्त्वा वेदादीन् जपति ॥ ५

राक्षोघ्नं 'कृणुष्व पाजः' इत्येतमनुवाकं 'अग्ने यशस्विन्' इति चतस्र आप्यं 'हिरण्यवर्णाश्शुचयः पावकाः' इत्येतमनुवाकं 'पवमानस्सुवर्जनः' इत्येतमनुवाकं वरुणसूक्तम् 'उदुत्तमं वरुण पाशम्' इति षडृचं रुद्रसूक्तं 'परि णो रुद्रस्य हेतिः' इति षडृचं ब्रह्मसूक्तं 'ब्रह्म जज्ञानम्' इति षडृचं विष्णुसूक्तं 'विष्णोर्नुकम्' इति षडृचं पञ्च दुर्गाः 'जातवेदसे' इति श्रीसूक्तं 'हिरण्यवर्णां हरिणीम्' इति पञ्चदशर्चं 'नमो ब्रह्मण इति परिधानीयां त्रिरन्वाह' इति ब्राह्मणम् ॥ ६

प्रणवेनोत्थाप्य व्याहृतीभिस्सुरभिमत्याऽब्लिङ्गाभिः प्रोक्ष्य प्रतिसरसूत्रमादाय वासुकिं ध्यात्वा अङ्गुष्ठेनोपकानिष्ठिकाभ्यां त्र्यम्बकेन त्रिरूर्ध्वं भस्मना सम्मृज्य 'अग्निरायुष्मान्' इति पञ्चभिः तस्य दक्षिणहस्तं गृहीत्वा 'बृहत्साम' इति बध्वा स्त्रीणां वामहस्तं, भस्मना घृतसूक्तेन 'यो ब्रह्म ब्रह्मणः' इत्यष्टर्चेन रक्षां कुर्यादित्याह भगवान् बोधायनः ॥ ७

इति बोधायनीयगृह्यशेषसूत्रे प्रथमप्रश्ने
पञ्चदशोऽध्यायः.

---

* ख. आचार्यमुखाः.

अथातो ग्रहातिथ्यबलिकर्मोपहारान् व्याख्यास्यामः—

अश्रद्दधानमशुचिमजपं त्यक्तमङ्गळम् ।

ग्रहा नयन्ति सुव्यक्तं पुरुषं यमसादनम् ॥ १

ग्रहाणामुग्रचेष्टानां नक्षत्रपथचारिणाम् ।

उपचारान् प्रवक्ष्यामि शान्त्यर्थं तु यथाविधि ॥ २

मासिमास्यृतावृतावयने चन्द्रग्रहे सूर्यग्रहे विषुवे शुभा-
शुभे जन्मनक्षत्रे वा तद्ग्रहाणामातिथ्यं संवत्सरादपि प्रयुञ्जा
नस्सर्वान् कामानवाप्नोतीति ॥ ३

उक्तमेकाग्निविधानम् ॥ ४

एको वा विषमस्थस्स्यात्सर्व एवार्चनीया भवन्ति ॥ ५

भास्कराङ्गारकौ रक्तौ श्वेतौ शुक्रनिशाकरौ ।

सोमपुत्रो गुरुश्चैव तावुभौ पीतकौ स्मृतौ ॥ ६

कृष्णं शनैश्चरं विद्याद्राहुं केतुं तथैव च ।

ग्रहवर्णानि पुष्पाणि प्राज्ञस्तत्रोपकल्पयेत् ॥ ७

बलींश्चैवोपहारांश्च गन्धमाल्यं तथैव च ।

यथाक्रमेणोपहरेत्सर्वेषामानुपूर्वशः ॥ इति ॥ ८

अर्कसमिधमादित्याय खादिरमङ्गारकायौदुम्बरं शुक्राय
पालाशं सोमायापामार्गं बुधायाश्वत्थं बृहस्पतये शमीमयं
शनैश्चराय राहवे दूर्वाः केतवे कुशा इति ॥ ९

सर्वेषामलाभे पालाशीर्वा । ब्राह्मणानन्नेन परिविष्य

पुण्याहं 'स्वस्ति ऋद्धिम्' इति वाचयित्वाऽथ देवयजनोल्लेख-
नप्रभृत्याप्रणीताभ्यः कृत्वा हवींषि निर्वपति ॥ १०

अथोपोत्थायाग्रेणाग्निं तण्डुलैः स्थण्डिलं कृत्वा ग्रह-
देवता आवाहयति ॥ ११

मध्ये तु भास्करं विद्याल्लोहितं दक्षिणेन तु ।
पूर्वे तु भार्गवं विद्यात्पूर्वदक्षिणतश्शशी ॥ १२
पूर्वोत्तरे बुधं विद्यादुत्तरे तु गुरुं तथा ।
पश्चिमे तु शनिं विद्याद्राहुं दक्षिणपश्चिमे ॥ १३
पश्चिमोत्तरतः केतुः ग्रहस्थानं विधीयते ।
दक्षिणोत्तरभागे तु साधिप्रत्यधिदेवताः ॥ १४

वृत्तमादित्याय त्रिकोणमङ्गारकाय पञ्चकोणं शुक्राय
चतुरश्रं सोमाय बाणं बुधाय दीर्घचतुरश्रं बृहस्पतये धनुश्श-
नैश्चराय राहवे शूर्पं केतवे ध्वजमिति ॥ १५

अर्कश्शुक्रो बुधः पूर्वो गुरुरुत्तरतोमुखः ।
पश्चिमे तु शनिश्चन्द्रः शेषा दक्षिणतोमुखाः ॥ १६
यवा आढक्यस्तण्डुलाश्श्यामाका मुद्गमेव च ।
चणकास्तिलमाषाश्च कुलुत्थाश्च क्रमात् क्षिपेत् ॥ १७
अग्नीश्वरौ भास्करस्य भूक्षेत्रेशौ कुजस्य हि ।
इन्द्राणीन्द्रौ सितस्याथ ह्यापो गौरी निशापतेः ॥ १८
विष्णुर्विष्णुर्बुधस्येन्द्रमरुत्वान् ब्रह्म वै गुरोः ।
शनेः प्रजापतियमौ राहोस्सर्पस्तु निर्ऋतिः ॥ १९

केतोः ब्रह्मा च चित्रश्च स्वस्वमन्त्रैस्स्वनामभिः ।
लोकपालान् दुर्गाविघ्नक्षेत्रवास्तुत्रियम्बकान् ॥ २०
अभयंकरमृत्यू च ह्यग्निं वैश्वानरं क्रमात् ।
आवाहयेद्धयाहृतिभिर्यजेद्व्यष्टोपचारकैः ॥ २१

परिधानप्रभृत्याऽग्निमुखात्कृत्वा 'आ सत्येन' इत्यादित्याय 'अग्निर्मूर्धा' इत्यङ्गारकाय 'प्रवश्शुक्राय' इति शुक्राय 'आप्यायस्व' इति सोमाय 'उद्बुध्यस्व' इति बुधाय 'बृहस्पते अति यदर्यो अर्हात्' इति बृहस्पतये 'शं नो देवीरभिष्टये' इति शनैश्चराय 'कया नश्चित्र आ भुवत्' इति राहवे 'केतुं कृण्वन्' इति केतवे ॥ २२

'पुरोनुवाक्यामनूच्य याज्यया जुहोति सदेवत्वाय' इति ब्राह्मणम् ॥ २३

यत्रैकाऽम्नाता स्यात्तां द्विरभ्यावर्तयेत् 'तत्सवितुर्वरेण्यम्' इत्यनुद्धृत्याम्नातया जुहोति वा ॥ २४

नवानां ग्रहाणां पक्वं हुत्वा घृतान्वक्तानां सामिधामष्टसहस्रमष्टशतमष्टाविंशतिं वा जुहुयात्प्रत्यृचं हविषो जुहुयात् प्रत्यृचमाज्यस्य जुहुयात्प्रत्यृचम् ॥ २५

गुळोदनमादित्याय हविष्यमन्नमङ्गारकाय घृतोदनं शुक्राय घृतपायसं सोमाय क्षीरोदनं बुधाय दध्योदनं बृहस्पतये तिलपिष्टमिश्रमाषोदनं शनैश्चराय राहोः मांसोदनं केतोः चित्रोदनमिति ॥ २६

सर्वेषामलाभे हविष्यं वा ॥ २७

यदाऽष्टसहस्रं तदाऽधिमत्साधिदेवतानामष्टाविंशतिं यदाऽष्टशतं तदाऽष्टावष्टौ यदा विंशतिं तदा तिस्रस्तिस्र आहुतीर्जुहुयादेवमेव लोकपालादीनाम् ॥ २८

'अग्नि दूतं, येषामीशे' इत्यादित्याय । 'स्योना पृथिवि, क्षेत्रस्य पते' इत्यङ्गारकाय । 'इन्द्राणीं, इन्द्रं वो विश्वतः' इति शुक्राय । 'अप्सु मे सोमो अब्रवीत्, गौरी मिमाय' इति सोमाय । 'विष्णोर्नुकं, विष्णो रराटम्' इति बुधाय । 'इन्द्र मरुत्वः, ब्रह्म जज्ञानम्' इति बृहस्पतये । 'प्रजापते, इमं यम प्रस्तरम्' इति शनैश्चराय । 'आयङ्गौः, यत्ते देवी' इति राहवे । 'ब्रह्मा देवानां, सचित्र चित्रम्' इति केतवे ॥ २९

'त्रातारमिन्द्रम्, अग्निर्दा द्रविणम्, यमो दाधार पृथिवीम्, असुन्वन्तम्, सधमादो द्युम्निनीः, आनो नियुद्भिः, सोमो धेनुम्, सहस्राणि सहस्रधा' इति लोकपालानाम् ॥ ३०

'जातवेदसे, गणानां त्वा, क्षेत्रस्य पतिना वयम्, वास्तोष्पते, त्र्यम्बकं यजामहे, यत इन्द्र भयामहे, स्वस्तिदा विशस्पतिः, ये ते सहस्रमयुतं पाशाः, मूर्धानं दिवो अरतिं पृथिव्याः' इति दुर्गादीनाम् ॥ ३१

एवमेव हुत्वाऽऽज्यमिश्रतिलव्रीहिभिर्व्याहृतिभिर्हुत्वा सर्व-

स्थात्सकृत्सकृदवदाय द्विरभिघार्य स्विष्टकृतं 'अर्यमणम्' इति पुरोनुवाक्यामनूच्य 'सोमं राजानम्' इति याज्यया जुहोति ॥ ३२

मेक्षणमभ्याधाय जयप्रभृति सिद्धम् ॥ ३३

'मूर्धानं दिवो अरतिम्' इति पूर्णां हुत्वाऽग्रेणाग्निं ग्रहानभ्यर्चयति 'आपो हिष्ठा मयोभुवः' इति तिसृभिः 'हिरण्यवर्णाश्शुचयः पावकाः' इति चतसृभिः 'पवमानस्सुवर्जनः' इत्येतेनानुवाकेन मार्जयित्वा स्वस्वनामभिस्तर्पयित्वा स्वेन स्वेन मन्त्रेण गन्धपुष्पधूपदीपैरभ्यर्च्य बलिमुपहृत्य लाजापूपपृथुकाद्युपहारांश्च दत्वा नमस्कृत्य प्रवाह्य जघनेनाग्निमुपविश्याद्भिर्मार्जयति—'आपो हिष्ठा मयोभुवः' इति तिसृभिः 'देवस्य त्वा' इति तिसृभिः शंयुवाकेन च ॥ ३४

अथ दक्षिणां ददाति—कपिलां धेनुमादित्याय रक्तमनड्वाहमङ्गारकाय रजतं शुक्राय शङ्खं सोमाय काञ्चनं बुधाय वासो बृहस्पतये कृष्णां गां शनैश्चराय राहवे छागं केतवे कुञ्जरमिति ॥ ३५

सर्वेषामलाभे हिरण्यं वा ॥ ३६

येन वा तुष्येदाचार्यः * ॥ ३७

अथाप्युदाहरन्ति—

यथा समुत्थितं घोरं यन्त्रेण प्रतिहन्यते ।

---

* ग. आचार्याय धेनुं ददाति.

एवं समुत्थितं घोरं शीघ्रं शान्तिं नयेत्सदा ॥ ३८

यथा शस्त्रप्रहरणात् कवचं भवति * निवारणम् ।

एवं दैवोपघातानां शान्तिर्भवति वारणम् ॥ ३९

अहिंसकस्य दान्तस्य धर्मार्जितधनस्य च ।

नित्यं च नियमस्थस्य सदा सानुग्रहा ग्रहाः ॥ ४०

ग्रहा गावो नरेन्द्राश्च ब्राह्मणाश्च विशेषतः ।

पूजिताः पूजयन्त्येते निर्दहन्त्यवमानिताः ॥ ४१

ईश्वरं भास्करं विद्यात् स्कन्दमङ्गारकं तथा ।

शुक्रं शचीपतिं विद्यादुमां चैव निशाकरम् ॥ ४२

बुधं नारायणं विद्याद्ब्रह्माणं च बृहस्पतिम् ।

यमं शनैश्चरं विद्याद्राहुं कालं तथैव च ॥ ४३

केतुमाग्निमयं विद्यादेवं देवा यथा ग्रहाः ।

देवता ग्रहरूपेण दर्शयन्ति शुभाशुभम् ॥

दर्शयन्ति शुभाशुभमित्याह भगवान् बोधायनः ॥ ४४

इति बोधायनीयगृह्यशेषे प्रथमप्रश्ने

षोडशोऽध्यायः.

---

†अथ नवग्रहपूजाविधिः—

त्रैलोक्यदीपकं देवं गुणरूपं त्रयीमयम् ।

स्थापयामि महाभक्त्या भास्करं ग्रहनायकम् ॥ १

---

* ग. स्यात्. † ख. पुस्तकमात्रे दृश्यतेऽयमध्यायः.

मध्ये वर्तुलाकारमण्डले प्रत्यङ्मुखं कलिङ्गदेशजं काश्यपगोत्रजं विश्वामित्रार्षं विशाखानक्षत्रजं त्रिष्टुप्छन्दसं कपिलाग्निकं पद्मासनं पद्मवर्णं द्विभुजं रक्तवस्त्रं रक्तगन्धं माणिक्यरत्नाभरणभूषितं किरीटिनं रक्तच्छत्रध्वजपताकिनं छन्दोमयहरितसप्ताश्वं सप्तरज्जुकमेकचक्रं रक्तं रथमारुह्य दिव्यं मेरुं प्रदाक्षिणीकुर्वाणं ग्रहमण्डले प्रविष्टमधिदेवताऽग्निं प्रत्यधिदेवतारुद्रम् ॥ २

वन्दे रविं द्युमणिमम्बुरुहे निषण्णं
दोर्भ्यां दधानमरुणाम्बुरुहे ग्रहेन्द्रम् ।
माणिक्यभूषमरुणांशुकगन्धमाल्यैः
भ्राजन्तमर्कममितद्युतिमब्जमित्रम् ॥ ३

कपिले सर्वदेवानां पूजनीया सुरोहिणी ।
सर्वदेवमयी यस्मादतश्शान्तिं प्रयच्छ मे ॥ ४

जपाकुसुमसंकाशं काश्यपेयं महाद्युतिम् ।
तमोहरं कल्मषघ्नं भास्करं प्रणमाम्यहम् ॥ ५

दिवाकरं दीप्तसहस्ररश्मिं तेजोमयं जगतः कर्मसाक्षिम् ।
मित्रं भानुं सूर्यमार्दिं ग्रहाणां रविं सदा शरणमहं प्रपद्ये ॥

रक्तस्रगम्बरालेपं गदाशक्त्यासिशूलिनम् ।
चतुर्भुजं मेषगमं भारद्वाजं धरासुतम् ॥ ७

रक्तकाञ्चनसङ्काशं रक्तकिञ्जल्कसन्निभम् ।
स्थापयामि महारौद्रं रुद्रमूर्तिं महाबलम् ॥ ८

सूर्यस्य दक्षिणदिग्भागे त्रिकोणाकारमण्डले दक्षिणा-
भिमुखमवन्तीदेशजं भारद्वाजगोत्रजं जामदग्न्यचार्षं गायत्रीछ-
न्दसं धूमकेत्वग्निकं खड्गशक्तिशूलगदाधरं चतुर्भुजं रक्ताम्ब-
रधरं रक्तविद्रुमरत्नाभरणभूषितं किरीटिनं रक्तच्छत्रध्वजप-
ताकिनं रक्तमेषवाहनमग्निजरक्ताष्टाश्वं काञ्चनं रथमारुह्य दि-
व्यं मेरुं प्रदक्षिणीकुर्वाणं ग्रहमण्डले प्रविष्टमधिदेवताभूमिं
प्रत्यधिदेवताक्षेत्रपालम् ॥ ९

रक्तस्रग्गन्धवासाः करविधृतगदाशक्तिखड्गत्रिशूलः
भारद्वाजस्त्रिणेत्रो वसुमतितनयो लोहिताङ्गश्शुभाङ्गः ।
मेषव्याघ्रध्वजोऽर्कद्युतिसदृशमहाकुण्डलाश्लिष्टकर्णः
पायाद्भास्वत्किरीटाङ्गदवलयलसद्विद्रुमालङ्कृतो नः ॥

धर्मस्त्वं वृषरूपेण जगदानन्दकारक ।
अष्टमूर्तेरधिष्ठान अतश्शान्तिं प्रयच्छ मे ॥ ११

धरणीगर्भसम्भूतं विद्युत्काञ्चनसन्निभम् ।
कुमारं शक्तिहस्तं च लोहिताङ्गं नमाम्यहम् ॥ १२

महेश्वरस्याननस्वेदबिन्दोर्भूमौ जातं रक्तमाल्याम्बराढ्यम् ।
सुदीधितिं लोहिताङ्गं कुमारमङ्गारकं सदा शरणमहं
प्रपद्ये ॥ १३

शुक्रं शुक्लतनुं श्वेतवस्त्राढ्यं दैत्यमन्त्रिणम् ।
भार्गवं दण्डवरदकमण्डल्वक्षसूत्रिणम् ॥ १४

कुन्दपुष्पसमानाभं मुक्ताफलसमप्रभम् ।
स्थापयामि महाशान्तं भृगुं दैत्यगुरुं प्रभुम् ॥ १५

सूर्यस्य पूर्वदिग्भागे पञ्चकोणाकारमण्डले प्राङ्मुखं
भोजकटकदेशजं भार्गवगोत्रजं शौनकार्षं तिष्यनक्षत्रजं त्रिष्टु-
प्छन्दसं हाटकाग्निकं श्वेतमक्षसूत्रदण्डकमण्डलुवरदचतुर्भुजं श्वे-
ताम्बरगन्धमाल्यवज्ररत्नाभरणभूषितं किरीटिनं श्वेतच्छत्रध्व-
जपताकिनं श्वेताश्ववाहनं भूसम्भवश्वेतदशाश्वं श्वेतं रथमारुह्य
दिव्यं मेरुं प्रदक्षिणीकुर्वाणं ग्रहमण्डले प्रविष्टं अधिदेवते-
न्द्राणीप्रत्यधिदेवतेन्द्रम् ॥ १६

वन्दे विराजितसितांशुकगन्धमाल्यं
अच्छाभ्रगं तनुविराजितवज्ररत्नम् ।
दोर्भिस्सदण्डवरकुण्डिकमक्षसूत्रं
बिभ्राणमासुरगुरुं भृगुपुत्रमीड्यम् ॥ १७

विष्णुस्त्वमश्वरूपेण यस्मादमृतसम्भवः ।
विष्णोरर्कस्य वाहः स्यादतश्शान्तिं प्रयच्छ मे ॥ १८

हिमकुन्दतुषाराभं दैत्यानां परमं गुरुम् ।
सर्वशास्त्रप्रदातारं भार्गवं प्रणमाम्यहम् ॥ १९

वर्षप्लवं चिन्तितार्थानुकूलं नयप्रधानं विनयोपपन्नम् ।

तं भार्गवं योगविशुद्धसत्त्वं शुक्रं सदा शरणमहं प्रपद्ये ॥

श्वेतवस्त्रधरं श्वेतदशाश्वरथवाहनम् ।
द्विभुजं साभयगदमात्रेयं सामृतं विधुम् ॥ २१
शान्तं नक्षत्रनाथं च रोहिणीवल्लभं प्रभुम् ।
कुन्दपुष्पोज्ज्वलाकारं स्थापयामि निशाकरम् ॥ २२

सूर्यस्याग्नेयदिग्भागे चतुरस्राकारमण्डले प्रत्यङ्मुखं य-
मुनादेशजमात्रेयगोत्रजमात्रेयार्षं कृत्तिकानक्षत्रजं गायत्रीछन्दसं
पिङ्गलाग्निकं अभयगदाधरं द्विभुजं श्वेताम्बरगन्धमाल्यमुक्ता-
भरणभूषितं किरीटिनं श्वेतच्छत्रध्वजपताकिनं वारिसंभूतद-
शाश्वं त्रिचक्रं श्वेतरथमारुह्य दिव्यं मेरुं प्रदक्षिणीकुर्वाणं ग्रह
मण्डले प्रविष्टमाधिदेवतापं प्रत्याधिदेवतागौरीम् ॥ २३

श्वेताम्बरस्रगनुलेपनमात्रिनेत्र-
जातं दशाश्वरथवाहनमोषधीशम् ।
दोर्भ्यां धृताभयगदं भपतिं सुधांशुं
श्रीमत्सुमौक्तिकधरं प्रणमामि चन्द्रम् ॥ २४

पुण्यस्त्वं शङ्ख पुण्यानां मङ्गलानां च मङ्गलम् ।
विष्णुना विधृतो नित्यमतश्शान्तिं प्रयच्छ मे ॥ २५

दधिशङ्खतुषाराभं क्षीरोदार्णवसम्भवम् ।
नमामि शशिनं भक्त्या शम्भोर्मकुटभूषणम् ॥ २६

यः कालहेतोः क्षयवृद्धिमेति
यं देवताः पितरो वा पिबन्ति ।
तं वै वरेण्यं ब्रह्मेन्द्रवन्द्यं सोमं सदा शरणमहं प्रपद्ये ॥

पीतस्रग्गन्धवस्त्राढ्यं स्वर्णाभं च चतुर्भुजम् ।
शक्तिचर्मासिगादिनमात्रेयं सिंहगं बुधम् ॥ २८

चाम्पेयपुष्पसङ्काशं विशुद्धकनकप्रभम् ।
स्थापयामि महासौम्यं बुधं सोमात्मजं प्रभुम् ॥ २९

सूर्यस्येशानदिग्भागे बाणाकारमण्डले प्राङ्मुखं मगधदेशजमात्रेयगोत्रजं भारद्वाजार्षं श्रविष्ठानक्षत्रजं त्रिष्टुप्छन्दसं जाठराग्निकं शक्तिखड्गचर्मगदाधरं चतुर्भुजं पीताम्बरगन्धमाल्यमरकतरत्नाभरणभूषितं किरीटिनं पीतच्छत्रध्वजपताकिनं पीतसिंहवाहनं वाय्वग्निजपीताष्टाश्वं पीतं रथमारुह्य दिव्यं मेरुं प्रदक्षिणीकुर्वाणं ग्रहमण्डले प्रविष्टं अधिदेवताविष्णुं प्रत्यधिदेवताविष्णुम् ॥ ३०

वन्दे बुधं मरकतोज्ज्वलदेहकान्तिं
पीताम्बरस्रगनुलेपनभूषिताङ्गम् ।
शक्तिं च दोर्भिरसिचर्मगदा दधानं
सिंहध्वजं शशिसुतं बुधमत्रिवंशम् ॥ ३१

हिरण्यगर्भगर्भस्थं हेम बीजं विभावसोः ।
अनन्तपुण्यफलदमतश्शान्तिं प्रयच्छ मे ॥ ३२

प्रियङ्गुगुलिकाभासं रूपेणाप्रतिमं बुधम् ।
सौम्यं सौम्यगुणोपेतं नमामि शशिनस्सुतम् ॥ ३३

विशुद्धबुद्धिं श्रुतिकालबोधं सद्ग्रथाहरं सोमवंशप्रदीपम् ।
सुदीधितिं छान्दसं विश्वरूपं बुधं सदा शरणमहं प्रपद्ये ॥

आङ्गीरसं देवगुरुं पीतस्त्रग्गन्धवाससम् ।
दण्डिनं वरदं पीतं साक्षसूत्रकमण्डलुम् ॥ ३५

कुन्दपुष्पसमानाभं तप्तकाञ्चनसन्निभम् ।
स्थापयामि महाभक्त्या प्रसन्नवदनं गुरुम् ॥ ३६

सूर्यस्योत्तरदिग्भागे दीर्घचतुरश्रमण्डले उदङ्मुखं सिन्धु-
देशजमाङ्गिरसगोत्रजं वसिष्ठार्षमुत्तराफल्गुनीनक्षत्रजं त्रिष्टुप्छ-
न्दसं शिख्यग्निकं पीतमक्षसूत्रदण्डकमण्डलुवरदचतुर्भुजं पीता-
म्बरगन्धमाल्यपुष्यरागरत्नाभरणभूषितं किरीटिनं पीतच्छत्रध्व
जपताकिनं विश्वरूपाख्यपाण्डुराष्टाश्वं कांचनं रथमारुह्य दिव्यं
मेरुं प्रदक्षिणीकुर्वाणं ग्रहमण्डले प्रविष्टं अधिदेवतेन्द्रं प्रत्यधि-
देवताब्रह्माणम् ॥ ३७

पीताम्बरं तनुलसद्धृतपुष्यरागं
केयूरहारमणिकुण्डलमण्डिताङ्गं ।
दण्डं वराक्षगुणकुण्डियुतं दधानं
आङ्गीरसं सुरगुरुं हयगं नमामि ॥ ३८

पीतवस्त्रयुगं यस्माद्वासुदेवस्य वल्लभम् ।
प्रदानादस्य मे विष्णुः प्रीतो भवतु सर्वदा ॥ ३९

देवतानामृषीणां च गुरुं काञ्चनसन्निभम् ।
सुवन्द्यं त्रिषु लोकेषु प्रणमामि बृहस्पतिम् ॥ ४०

बुद्ध्या समो यस्य न कश्चिदन्यो मतिं देवा उपजीवन्ति यस्य ।
प्रजापतेरात्मजं धर्मनित्यं बृहस्पतिं सदा शरणमहं प्रपद्ये ॥

इन्द्रनीलनिभं मन्दं काश्यपिं चित्रभूषणम् ।
चापभाणधरं चर्मशूलिनं गृध्रवाहनम् ॥ ४२

इन्द्रनीलसमानाभं नीलोत्पलसमप्रभम् ।
स्थापयामि महारौद्रं सूर्यपुत्रं शनैश्चरम् ॥ ४३

सूर्यस्य पश्चिमादिग्भागे धनुराकारमण्डले उदङ्मुखं
काश्यपगोत्रजं भृग्वार्षेयं रेवतीनक्षत्रजं सौराष्ट्रदेशजं गायत्री-
छन्दसं महातेजोग्निकं नीलं चर्मबाणधनुश्शूलचतुर्भुजं नीला-
म्बरगन्धमाल्यनीलरत्नाभरणभूषितं किरीटिनं नीलच्छत्रध्वज-
पताकिनं नीलगृध्रवाहनमाकाशजजम्बालाष्टाश्वं नीलं रथमारुह्य
दिव्यं मेरुं प्रदक्षिणीकुर्वाणं ग्रहमण्डले प्रविष्टं अधिदेवताप्र-
जापतिं प्रत्याधिदेवतायमम् ॥ ४४

दोर्भिर्धनुर्विशिखचर्मधरं त्रिशूलं
भास्वत्किरीटमकुटोज्ज्वलितेन्द्रनीलम् ।

नीलातपत्रकुसुमांशुकगन्धभूषं
गृध्रस्थितं रविसुतं प्रणतोऽस्मि मन्दम् ॥ ४५

गवामङ्गेषु तिष्ठन्ति भुवनानि चतुर्दश ।
यस्मात्तस्माच्छिवं मे स्यादतश्शान्तिं प्रयच्छ मे ॥ ४६

नीलाञ्जनचयाकारं रविसूनुं नपुंसकम् ।
छायागर्भसमुद्भूतं वन्दे भक्त्या शनैश्चरम् ॥ ४७

शनैश्चरः प्रजापतिं योऽधि यस्य शनैर्भोगो गमनं चेष्टितं च।
सूर्यात्मजं क्रोधनमुग्रसत्त्वं शनैश्चरं सदा शरणमहं प्रपद्ये ॥

सैंहिकेयं करालास्यं कौण्डिनेयं तमोमयम् ।
खड्गचर्मधरं भीमं नीलसिंहासने स्थितम् ॥ ४९

नीलाञ्जनसमानाभं नीलमेघसमद्युतिम् ।
स्थापयामि महावक्त्रं राहुं चन्द्रार्कवैरिणम् ॥ ५०

सूर्यस्य नैर्ऋत्यादिग्भागे शूर्पाकारमण्डले दक्षिणाभिमुखं
बर्बरदेशजं पैठीनसिगोत्रजमाङ्गिरसार्षमश्विनीनक्षत्रजं गायत्रीछ
न्दसं हुताशनाग्निकं कृष्णं खड्गचर्मधरं द्विभुजं कृष्णाम्बर-
गन्धमाल्यगोमेदरत्नाभरणभूषितं किरीटिनं कृष्णच्छत्रध्वजप-
ताकिनं कराळवदनमुरगालङ्कारं कृष्णसिंहासने स्थितमष्टाश्वं
रथमारुह्य दिव्यं मेरुमप्रदक्षिणीकुर्वाणं ग्रहमण्डले प्रविष्टं अधि-
देवतासर्प प्रत्यदिदेवतानिरृऋतिम् ॥ ५१

राहुं कराग्रपरिमण्डितचर्मखड्गं
भीमं तमोमयतनुं तममिन्द्रिनारिम् ।
कौण्डिन्यसूनुमसितांशुकगन्धभूषं
गोमेदभूषिततनुं ह्यरिगं नमामि ॥ ५२

यस्मात्त्वं छाग यज्ञानामङ्गत्वेन व्यवस्थितः ।
यानं विभावसोर्नित्यमतश्शान्तिं प्रयच्छ मे ॥ ५३

अर्धकायं महावीर्यं चन्द्रादित्यविमर्दनम् ।
सिंहिकागर्भसंभूतं तं राहुं प्रणमाम्यहम् ॥ ५४

यो विष्णुनैवामृतं पयिमानं
छित्वा शिरो ग्रहभावे नियुक्तः ।
योऽभ्यर्कचन्द्रौ ग्रसति पर्वकाले
राहुं सदा शरणमहं प्रपद्ये ॥ ५५

धूम्रान् द्विबाहुगादिनो विकृतास्यन् शतात्मकान् ।
गृध्रासनगतान् केतून् वरदान् ब्रह्मणस्सुतान् ॥ ५६

नीलमेघसमानाभं चित्रवर्णं महाबलम् ।
स्थापयामि महारौद्रं केतुं सर्वफलप्रदम् ॥ ५७

सूर्यस्य वायव्यदिग्भागे ध्वजाकारमण्डले दक्षिणाभिमुख-
मन्तर्वेदिदेशजं जैमिनिसूत्रजं रौद्राग्निकं धूम्रं वरदगदाधरं

द्विभुजं चित्राम्बरगन्धमाल्यवैडूर्यरत्नाभरणभूषितं किरीटिनं धूम्र-
च्छत्रध्वजपताकिनं चित्रगृध्रवाहनं धूमारुणाष्टाश्वं धूम्रं रथ-
मारुह्य दिव्यं मेरुमप्रदक्षिणीकुर्वाणं ग्रहमण्डले प्रविष्टं अधि-
देवताब्रह्माणं प्रत्यधिदेवताचित्रगुप्तम् ॥ ५८

गृध्रास्थितान् जलजयोनिसमानवक्त्रान्
धूम्रान् वराभयकरान् सुभुजान् कुमारान् ।
वैदूर्यभूषिततनून् वरजैमिनीयान्
केतून् भयानकमुखान् द्विभुजान्नमामि ॥ ५९

महासत्त्व महाकाय क्षीरोदार्णवसम्भव ।
सर्वसङ्ग्रामविजय जयं गज कुरुष्व मे ॥ ६०

करालधूम्रसङ्काशान् तारकाग्रहमस्तकान् ।
रुद्रान् रौद्रात्मकान् घोरान् तान् केतून् प्रणमाम्यहम् ॥

ये ब्रह्मपुत्रा ब्रह्मसमानवक्त्राः
ब्रह्मोद्भवाः ब्रह्मसमाः कुमाराः ।
ब्रह्मोत्तमा वरदा जैमिनीय्याः
केतून् सदा शरणमहं प्रपद्ये ॥ ६२

इति बोधायनगृह्यशेषे प्रथमप्रश्ने
सप्तदशोऽध्यायः

अथातो गृहकर्मणां गृहवृद्धिमिच्छन् मासिमासि ऋता-
वृतौ संवत्सरेसंवत्सरे वाऽऽपूर्यमाणपक्षे पुण्ये नक्षत्रे गृह-
शान्तिमारभेत ॥ १

अपामार्गपलाशसर्षपोदुम्बर*सदाभद्रामृततृणमिन्द्रवल्ल्या
बध्वा गृहं संमार्ष्टि—'मा नो महान्तं, मा नस्तोके' इति
द्वाभ्याम् ॥ २

पञ्चगव्यैर्दर्भमुष्टिना च संप्रोक्षति—'यत इन्द्र भयामहे,
स्वस्तिदा' इति द्वाभ्याम् ॥ ३

'कृणुष्व पाजः' इत्येतेनानुवाकेन सिद्धार्थान् सम्प्र-
कीर्य वास्तुमध्येऽथ देवयजनोल्लेखनप्रभृत्याऽग्निमुखात्कृत्वा प-
काज्जुहोति—'वास्तोष्पते, वास्तोष्पते' इति द्वाभ्याम् ॥ ४

अथाज्याहुतीरुपजुहोति—'वास्तोष्पते ध्रुवा स्थूणां' इति
षड्भिरनुच्छन्दसम् ॥ ५

सावित्र्या सहस्रं जुहुयात् ॥ ६

स्विष्टकृत्प्रभृति सिद्धमाधेनुवरप्रदानात् ॥ ७

ब्राह्मणानन्नेन परिविष्य 'पुण्याहं स्वस्त्यृद्धिम्' इति
वाचयित्वैवं प्रयुञ्जानो महान्तं पोषं पुष्यति बहवः पुत्रा
भवन्ति न च बालाः प्रमीयन्ते न ग्रहव्याधयो गृह्णन्ति न
दंष्ट्रिणो घातयेयुर्न तस्करसर्पराक्षसपिशाचा बाधन्ते ॥ ८

---

* ख. अपामार्गशिरीषोदुम्बर.

यदि गावः प्रतप्येरन् गवां मध्ये आहुतिसहस्रं जुहुयात् गवां शान्तिरित्याचक्षते ॥ ९

द्विपदां चतुष्पदां चैतदेव व्याख्यातं वासो दक्षिणेति ह स्माह भगवान् बोधायनः ॥ १०

इति बोधायनीयगृह्यशेषे प्रथमप्रश्ने
अष्टादशोऽध्यायः.

अथातोऽश्वशान्तिं व्याख्यास्यामः—

अथ देवयजनोल्लिखनप्रभृत्याऽग्निमुखात्कृत्वा पक्वाज्जुहोति—'तदश्विनावश्वयुजोपयाताम्' इति पुरोनुवाक्यामनूच्य 'यौ देवानां भिषजौ' इति याज्यया जुहोति ॥ १

अथाज्याहुतीरुपजुहोति—'अश्विभ्यां स्वाहाऽश्वयुग्भ्यां स्वाहा श्रोत्राय स्वाहा श्रुत्यै स्वाहा' इति ॥ २

स्विष्टकृत्प्रभृति सिद्धमाधेनुवरप्रदानात् ॥ ३

अथाग्रेणाग्निं अश्वत्थपर्णेषु हुतशेषं निदधाति—'यो अश्वत्थश्शमीगर्भ आरुरोह त्वे सचा । तं ते हरामि ब्रह्मणा यज्ञियैः केतुभिस्सह' इति ॥ ४

स्थालीसङ्क्षालनमाज्यशेषमुदकशेषं च पात्र्यां समानीयाश्वत्थशाखया प्रोक्षन् त्रिः प्रदक्षिणमश्वान् पर्येति—'यो

वा अश्वस्य मेध्यस्य लोमनी वेद*' इत्येतेनानुवाकेनेति
ह स्माह भगवान् बोधायनः ॥ ९

इति बोधायनीयगृह्यशेषे प्रथमप्रश्ने
एकोनविंशोऽध्यायः.

अथातो गजशान्तिं व्याख्यास्यामः—

शुक्लपक्षेऽष्टम्यामेकादश्यां चतुर्दश्यां श्रोणायां वा ब्राह्मणानन्नेन परिविष्य 'पुण्याहं स्वस्त्यृद्धिम्' इति वाचयित्वा पुरस्तात्तिलतण्डुलान्निरुप्य सावित्र्या अप आनीय सावित्र्या पूर्णकुम्भौ नवेन वाससा वेष्टयित्वा फलेनापिधाय पश्चादुक्तं चरुं निधाय पञ्चदूर्वास्तम्बे प्रतिष्ठापयाति ॥

अथ दर्भमालाभिर्गजशालामलङ्कृत्य हस्ती हुतस्य गन्धमाजिघ्रति ॥ २

आश्वत्थं मेक्षणमिध्माबर्हिः करोति ॥ ३

अथ देवयजनोल्लेखनप्रभृत्याऽग्निमुखात्कृत्वा घृतेना†थपक्वं गजसूक्तेन जुहुयात्—'आ तू न इन्द्र क्षुमन्तम्' इति ॥ ४

अथाज्याहुतीरुपजुहोति—'नमस्ते रुद्र मन्यवे' इत्येतैः पञ्चभिरष्टसहस्रं जुहुयात् ॥ ५

स्विष्टकृत्प्रभृति सिद्धमाधेनुवरप्रदानात् ॥ ६

---

* ग. शिरो वेद. † घ. घृतसूक्तेना.

अग्रेणाग्निं दूर्वास्तम्बेषु हुतशेषं निदधाति—'भूतेभ्य-
स्स्वाहा' इति ॥ ७

अथ स्थालीपाकशेषं पञ्चदूर्वास्तम्बं चायुष्यसूक्तेन प्रा-
शयित्वा प्रणीताजलेन प्रोक्षति—'आपो हिष्ठा' इति ति-
सृभिः 'हिरण्यवर्णाश्शुचयः पावकाः' इति चतसृभिः 'पव-
मानस्सुवर्जनः' इत्येतेनानुवाकेन मार्जयित्वा स्वस्थानं नाग-
जातिं नयति हस्ती दीर्घायुर्भवतीत्याह भगवान् बोधायनः ॥

इति बोधायनीयगृह्यशेषे प्रथमप्रश्ने
विंशोऽध्यायः.

यमयज्ञः स्वयं प्रोक्तः प्रवक्ष्ये विधिमुत्तमम् ।
मासिमासि तु कर्तव्यो ह्यन्तकाय बलिस्तथा ॥ १

मेधाकामोऽर्थकामो वा पुत्रकामस्तु वै द्विजः ।
याम्येऽहनि सनक्षत्रे सर्वान् कामात् समश्नुते ॥ २

संवत्सरस्य कार्तिक्यां बलिं कुर्वीत यत्नतः ।
अकुर्वन्नाहि कार्तिक्यां नरके तु निमज्जति ॥ ३

तस्मात्कुर्वीत कार्तिक्यां सर्वकामस्तु वै द्विजः ।
तिलप्रस्थस्य कर्तव्यं गुडामिश्रं तथा हविः ।
एकेन न तु कर्तव्यः कर्तव्यो बहुभिस्सह ॥ ४

हविरुद्वास्याभिमृश्य हविरादाय ग्रामात्प्राचीं वोदीचीं

वा दिशमुपनिष्क्रम्यानिर्णवदेशे * नदीतीरे समे वाऽन्यस्मिन्
शुचौ देशे दिक्षु स्रक्तिं वेदिं करोति मृण्मयीं सिकता-
भिर्वा ॥ ५

तिस्र उत्तरवेद्या दिशास्स्रक्तयो भवन्ति ॥ ६

दक्षिणेन करकूपं खात्वोत्तरेणाग्निं प्रतिष्ठाप्य दर्भैरु-
त्तरवेदिं च प्रच्छादयाति ।· प्रागग्रैस्तथैव विष्टरं निधाय प्रस्तरं
निधाय प्रस्तरे च—'आयातु देवस्सुमनाभिरूतिभिर्यमो ह
वेह प्रयताभिरक्ता । आसीदतां सुप्रयते ह बर्हिष्यूर्जाय जात्यै
मम शत्रुहत्यै' इति यममावाह्य 'यमे इव यतमाने यदैतं
प्रवां भरन्' इति च 'इमं यम प्रस्तरमा हि सीद' इति
तिसृभिः प्रस्तरमभिमन्त्र्य पवित्रपाणिरर्घ्यपाद्याचमनीयस्नानीयं
च प्रदाय वारुणीभिर्हिरण्यवर्णाभिः पावमानीभिरिति मार्ज-
यित्वा सर्वसुरभिगन्धमाल्यं च प्रदाय यथोपलब्धं ददाति ॥

कृष्णाः प्रतिसराः कृष्णसूत्रं वा ॥ ८

मध्यमेन पलाशपर्णेनाज्येनाग्निमन्वारब्धे जुहुयात्—
'यमाय स्वाहा । अन्तकाय स्वाहा । धर्माय स्वाहा । अ-
नन्ताय स्वाहा । वैवस्वताय स्वाहा । मृत्यवे स्वाहा । वि-
ष्णवे स्वाहा' इति ॥ ९

व्याहृतीभिर्हुत्वा प्रागग्राण्यर्कपर्णान्यौदुम्बरपर्णानि वा

---

* ख. निर्णयदेशे. घ. म्यार्णवदेशे.

निधाय तेषु मध्यमस्यामुत्तरवेद्यां हविर्निवेदयते—'यमाय
सोमं सुनुत' इति तिसृभिः ॥ १०

दक्षिणस्यामुत्तरवेद्यां श्वभ्यां हविर्निवेदयते—'यौ ते
श्वानौ यम रक्षितारौ चतुरक्षौ पथिरक्षी नृचक्षसा । ता-
भ्यामेनं परिदेहि राजन् स्वस्ति चास्मा अनमीवं च धेह्यो
म्' इति ॥ ११

उत्तरस्यामुत्तरवेद्यां यमदूताभ्यां हविर्निवेदयते—'उरू-
णसावसुतृपावुलुम्बलौ यमस्य दूतौ चरतो जनां अनु ।
तावस्मभ्यं दृशये सूर्याय पुनर्दत्तामसुमद्येह भद्रमोम्'
इति ॥ १२

'योऽस्य कौष्ठ्य' इति तिसृभिर्यमगाथाभिः प्रदक्षिणं
परिगायते ॥ १३

दक्षिणेन करकूपं गत्वा प्राचीनावीतं कृत्वा सव्यं
जान्वाच्य 'इषमिषं स्वधा पितृभ्यः' इति त्रीनुदकाञ्ज-
लीन् निनयति ॥ १४

आयम्य प्राणान् सप्तभिर्व्याहृतीभिस्सप्त पदानि प्रा-
ञ्चो गच्छन्ति 'त्रयोऽभि स्वर्गं लोकाः' इति सप्त लोकाः
अवरूढा भवन्तीति विज्ञायते ॥ १५

'दधिक्राव्णो अकारिषम्' इति पुनः प्राणानाप्या-
य्याथैनं प्रसेस 'नमोनमस्करकूपेभ्यो नमोनमस्करकूपेभ्यः'
इति करकूपमुपस्थाय 'यस्मै कामाय, यमाभिवादयन्ते, यमो

दाधार' इति तिसृतिः 'सर्वा ता यम आहिता' इति 'नाके सुपर्णम्' इति प्रवाहयन्ते ॥ १६

हविरुत्तरतः पञ्चभिर्व्याहृतिभिस्स्वयमवभृथं गच्छति—'उरुं हि राजा' इत्येतेनानुवाकेन ॥ १७

'प्रवक्काऽवभृथे कलिकलुषमुक्ता अरोगशरीरा भवन्ति' इति विज्ञायते ॥ १८

'यमेन दत्तं त्रित एनम्' इति चतसृभिरादित्यमुपतिष्ठते ॥ १९

'उद्वयं तमसस्परि' इति प्रातिसरमाबध्नन्ति ॥ २०

सर्वसुरभिगन्धमाल्यं च गृहीत्वा हविषा सर्वप्रायश्चित्तं च हुत्वाऽप्सु निमज्जन्तस्तत्र हविश्शेषान् भक्षयन्ते—'भक्षोऽस्यमृतभक्षः । तस्य ते मृत्युपीतस्यामृतवतः स्वगाकृतस्य मधुमत उपहूतस्योपहूतो भक्षयामि' इति ॥ २१

शेषं निनयति पुत्राय प्रियाय प्रियवादिने पुत्रभार्यायै पुत्रस्य भवति ॥ २२

यमो यष्टारमितः प्रयातमङ्के समाधाय पितेव पुत्रम् ।
सुहृच्च गच्छेत न चास्य भिन्नं पन्थानमस्यैव सहैव गच्छेत् ॥

इति ह स्माह बोधायनः ॥ २४

इति बोधायनीयगृह्यशेषे प्रथमप्रश्ने
एकविंशोऽध्यायः.

सर्वपापहरं चैव सर्वव्याधिविनाशनम् ।
तृणगर्भं प्रवक्ष्यामि विद्धि धर्म्यं सनातनम् ॥ * १
सङ्क्रमेषु च सर्वेषु ग्रहणे चन्द्रसूर्ययोः ।
पर्वणोरुभयोश्चैव जन्मनि श्रवणे तथा ॥ २
सरोगाभिभवे चैव व्यतीपाते तथैव च ।
गोमयेनोपलिप्ते तु शुचौ देशे समारभेत् ॥ ३
चतुर्णामपि वर्णानां संस्कारश्च तथा भवेत् ।
गृहीत्वा ब्राह्मणान् शुद्धान् चतुरो वेदपारगान् ॥ ४
आचार्यं च द्विजश्रेष्ठं सर्वशास्त्रविशारदम् ।
प्रागादिषु प्रतिष्ठाप्य तान् विप्रान् दिक्षु मध्यतः ॥ ५
व्रीहिभिस्स्थाण्डिले† शुद्धैश्चतुरश्रं तु कारयेत् ।
तन्मध्ये लेखयेत्पद्मं स्वर्णपद्मं ततः क्षिपेत् ॥ ६
तस्योपरि समासीनं वस्त्रे वस्त्रेण संवृतम् ।
आशिषो वाचयित्वा तु गुरुर्विप्रैस्समन्वितः ॥ ७
प्रच्छाद्य तु तृणैश्शुद्धैर्दूर्वाभिश्च विशेषतः ।
विष्णोर्नामसहस्रं वा शैवं वाऽपि तथा जपेत् ॥ ८
गायत्रीमथ वा शैवं वैष्णवं वा जपेद्गुरुः ।
जपेयुः परितो विप्रास्तथा मन्त्रांश्च वैष्णवान् ॥ ९
ततस्तृणं समुत्थाप्य मधुपर्कं क्रमेण तु ।
प्रोक्षयेत्पावमानीभिर्घृतपात्रं निरीक्षयेत् ॥ १०

* ग. विधिधर्मं वरानने.

† घ. तण्डुलैः.

गुरोश्च दक्षिणां दद्यात् ब्राह्मणेभ्यश्च शक्तितः ।
वस्त्रे च गुरवे दद्याद्धिरण्यं च विशेषतः ॥ ११
घृतपात्रं च तस्यैव नमस्कुर्याच्च तं गुरुम् ।
दत्वैव विधिना तेभ्यो दक्षिणां च विशेषतः ॥ १२
विष्णुलोकमवाप्नोति शिवलोकमथापि वा ।
सर्वरोगाविनिर्मुक्तः सर्वान् कामानवाप्नुयात् ॥ १३
गोसूक्तेन तृणं दद्यात् गवामेव विशेषतः ।
यश्शृणोति पठेद्वाऽपि स याति परमां गतिम् ॥ १४
यो देवस्य प्रियो विद्वान् देवस्य पदमाप्नुयात् ।
देवस्य पदमाप्नुयादित्याह भगवान्बोधायनः ॥ १५

इति बोधायनीयगृह्यशेषे प्रथमप्रश्ने
द्वाविंशोऽध्यायः.

अथातो राजाभिषेकं व्याख्यास्यामः ॥ १

पूर्वपक्षस्य पञ्चम्यां त्रयोदश्यां तिष्ये श्रोणायां वा यानि चान्यानि शुभानि नक्षत्राणि तेषु पूर्वेद्युरेव युग्मान् ब्राह्मणान् भोजयेत् ॥ २

आशिषो वाचयित्वा योनिगोत्रश्रुतवृत्तसम्पन्नं ब्राह्मणं पुरोहितं वृणीत—'आकूत्यै त्वा कामाय त्वा' इति ॥ ३

पुरोहितो जपति—'आकूतिमस्यावसे। काममस्य समृद्ध्यै। इन्द्रस्य युञ्जते धियः' इति ॥ ४

स्वयं जपति—'आकूतिं देवीं मनसः पुरोदधे यज्ञस्य माता सुहवा मे अस्तु। यदिच्छामि मनसा सकामो विदेयमेनद्धृदये निविष्टम्' इति ॥ ५

अथास्तमित आदित्ये पद्माकृतिं मण्डलं कृत्वोपकल्पयते—व्रीहिभिर्यवैस्तिलमाषैः पञ्चगव्यैस्सामुद्राश्चापो नद्या औदुम्बरं भद्रासनं व्याघ्रचर्म हेमकलशैर्गोशृङ्गैश्च सम्भृत्य सह सादयति—'यत्सह सर्वाणि मानुषाणि' इत्येतस्मात् ब्राह्मणात् ॥ ६

उत्तरपूर्वे देशेऽगारस्य पाकयज्ञविधानेन व्रीहिभिर्यवैस्तिलमाषैर्व्याहृतिभिर्महाव्याहृतिभिस्सावित्र्या च त्रियम्बकेनाष्टसहस्रं जुहोति ॥ ७

अथ दक्षिणार्धे श्रीसूक्तविधानेन * श्रीदेवीमाराध्य मकुटं प्रक्षालयति ॥ ८

गायत्र्या गृह्य गोमूत्रं गन्धद्वारेति गोमयम्।
आप्यायस्वेति च क्षीरं दधिक्राव्णेति वै दधि।
शुक्रमसीत्याज्यं देवस्यत्वेति कुशोदकम् ॥ इति ॥ ९

---

* च. श्रीसूक्तेन.

मकुटं प्रक्षाळ्य प्रतिसरं बध्नाति—'भतत्ते अद्य शि-
पिविष्ट' इति ॥ १०

राजानं राजवाहनं चाग्रेऽभिषिञ्चेत् ॥ ११

अथैतां रात्रिमुपविशेत् संविशेद्वा ॥ १२

अथोदित आदित्ये भद्रासनं निधाय तस्मिन् व्या
घ्रचर्मास्तीर्य तस्मिन् प्राङ्मुख उपविश्य हेमकलशानादाय
'आपो हिष्ठा मयोभुवः' इति तिसृभिः 'हिरण्यवर्णाश्शु-
चयः पावकाः' इति चतसृभिर्गृह्णाति ॥ १३

'अव ते हेडः, उदुत्तमम्' इति द्वाभ्याम् 'आपो भद्राः,
आदित्पश्यामि' इति चाभिषिच्य अब्लिङ्गाभिर्वारुणीभिर्हि
रण्यवर्णाभिः पावमानीभिरन्यैश्च पवित्रमन्त्रैरथ शृङ्गोदकैश्चा *
भिषिञ्चाति ॥ १४

'अपां यो द्रवणे रसस्तमहमस्मा आमुष्यायणाय तेजसे
श्रियै यशसे ब्रह्मवर्चसायान्नाद्यायाभिषिञ्चामि' इति सम्मृष्टे
समुत्क्रोशन्तीति समानमामुखस्य विमार्जनात् ॥ १५

एतस्मिन् काले राजवाहनं चाभिषिञ्चेत् ॥ १६

स्नापयित्वा ब्राह्मणेभ्यो निष्कसहस्रं दासीशतं ददाति ॥

स्वस्त्ययनं वाचयित्वा मकुटं वा पट्टं वा करोति—
'अग्ने यशस्विन् यशसेममर्पय' इति ॥ १८

---

* घ. शृङ्गकोशैश्चा.

अथ दुन्दुभिशब्दं करोति—'दुन्दुभीन् समाघ्नन्ति' इति ब्राह्मणम् ॥ १९

प्रदक्षिणीकृत्य स्वराष्ट्रमनुपालयतीत्याह भगवान् बोधायनः ॥ २०

इति बोधायनगृह्यशेषे प्रथमप्रश्ने त्रयोविंशोऽध्यायः.

अथातश्शताभिषेकं व्याख्यास्यामः— १

शतसंवत्सरं जीवतस्सहस्रचन्द्रदर्शिनो वोदगयन आपूर्यमाणपक्षे पुण्ये नक्षत्रेऽथ देवयजनोल्लेखनप्रभृत्या प्रणीताभ्यः कृत्वाऽग्रेणाग्निं व्रीहिभिर्यवैर्वा मिश्रितं सुवर्णं संव्रतानुगुणं चतुरश्रं स्थण्डिलं करोति ॥ २

तत्र सुवर्णरजतताम्रमृण्मयैर्वा कलशैस्तन्तुना परिवृतैः प्रक्षाल्य मध्ये प्रधानकलशं निधाय गन्धपुष्पधूपदीपैः फलै रत्नैरवकीर्यैन्द्रादिक्रमेण दक्षिणापरोत्तरान् कलशान् स्थापयित्वा तिरः पवित्रं निधाय शुद्धोदकेन पूरयित्वा मध्ये प्रधानकलशे नवरत्नैरवकीर्याहतेन वाससा प्रतिच्छाद्य गन्धपुष्पधूपदीपैरलङ्कृत्य मध्ये प्रधानकलशे ब्रह्माणमावाहयत्यैन्द्रादिक्रमेण 'प्रजापतिं परमेष्ठिनं चतुर्मुखं हिरण्यगर्भमावाहयामि' इत्यावाह्य परिधानप्रभृत्याऽग्निमुखात्कृत्वा दैवतमर्चयति—'आपो हिष्ठा मयोभुवः' इति तिसृभिः 'हिरण्य-

वर्णाश्शुचयः पावकाः' इति चतसृभिः 'पवमानस्सुवर्जनः' इत्येतेनानुवाकेन मार्जयित्वाऽथैनान् गन्धपुष्पधूपदीपैः 'अमुष्मै नमोऽमुष्मै नमः' इति। अन्नेन 'अमुष्मै स्वाहाऽमुष्मै स्वाहा' इति ॥ ३

अथ पक्वाज्जुहोति—'आयुष्टे विश्वतो दधत्' इति पुरोनुवाक्यामनूच्य 'आयुर्दा अग्ने' इति याज्यया जुहोति ॥

अथाज्याहुतीरुपजुहोति ब्रह्मसूक्तेन—'ब्रह्म जज्ञानम्' इति षड्भिः 'अग्निरायुष्मान्' इति पञ्चभिः पर्यायैस्स्विष्टकृत्प्रभृति सिद्धमाधेनुवरप्रदानात् ॥ ५

अथाग्रेणाग्निं दूर्वास्तम्बेषु हुतशेषं निदधाति—'आयुष्टे, आयुर्दा अग्ने' इति द्वाभ्याम् ॥ ६

अथैनमद्भिरभिषेकं करोति—'यासु गन्धा रसा वर्णाः' इति चतसृभिः प्रत्यृचं प्रधानकलशेनाभिषिञ्चति ऐन्द्रादिक्रमेण—'याः प्राचीः' इति चतसृभिरनुच्छन्दसमभिषेकं करोति। 'या ऊर्ध्वाः' इति प्रधानकलशशेषेणाभिषिञ्चति ॥

अहतानि वासांसि परिधायाप आचम्यालङ्कृत्य तत आदित्यमुदीक्षयति—'उद्वयं तमसस्परि, उदु त्यं, चित्रं, तच्चक्षुर्देवहितम्, य उदगात्' इति ॥ ८

अथैतेनैव यथेतमेत्यैरकां साधिवासामास्तीर्य तस्यां प्राङ्मुख उपविश्य सुवर्णरजतताम्रकांस्ये वा पात्रे हविराज्यं

हिरण्यं निधाय निमील्योन्मील्यावेक्ष्य ब्राह्मणाय प्रय च्छति ॥ ९

अथ रथमारुह्य ग्रामं प्रदक्षिणीकृत्य दुन्दुभिशब्देन स्वस्तिसूक्तेन गृहं प्रविश्य गुरवे वरं दत्वा ब्राह्मणान् स म्पूज्याशिषो वाचयित्वा दश पूर्वान् दशापरानात्मानं च एकविंशतिं पङ्क्तिं च पुनाति पुत्रपौत्रैश्च षष्टिर्वर्षसहस्राणि स्वर्गलोकमतीत्य ब्रह्मणस्सायुज्यं सलोकतामाप्नोतीत्याह भग- वान् बोधायनः ॥ १०

इति बोधायनीयगृह्यशेषे प्रथमप्रश्ने
चतुर्विंशोऽध्यायः.

अथातश्शताभिषेकम् । अथातो राजाभिषेकम् । सर्व- पापहरं चैव । यमयज्ञस्स्वयं प्रोक्तः । अथातो गजशा- न्तिम् । अथातोऽश्वशान्तिम् । अथातो गृहकर्मणाम् । अथ नवग्रहपूजाविधिः । अथातो ग्रहातिथ्यबलि । अथातः प्रति सरबन्धम् । अथ वै भवति । अथ संवत्सरेसंवत्सरे । सप्त- मेऽष्टमे वा मासि । अथ प्रहुते प्रसिद्धम् । अथातः पुण्याहम् । अथातः पुण्याहदेवताः । अथ शुचौ समे देशे । सर्वत्र द- र्वीहोमानाम् । अथातः परिस्तरणविधिम् । अथातास्सिकतादो- षम् । अथातस्स्थण्डिलविधिम् । अथातोऽपूर्वम् । उपनयना दिराग्निः । अथातस्सप्तपाकयज्ञानाम् ॥ २४ ॥

अथातस्सप्तपाकयज्ञानाम् । उपनयनादिरग्निः । अथातोऽपूर्वम् । अथातस्स्थण्डिलविधिम् । अथातास्सिकतादोषम् । अथातः परिस्तरणविधिम् । सर्वत्र दर्वीहोमानाम् । अथ शुचौ समे देशे । अथातः पुण्याहदेवताः । अथातः पुण्याहम् । अथ प्रहुते प्रसिद्धम् । सप्तमेऽष्टमे वा मासि । अथ संवत्सरेसंवत्सरे । अथ वै भवति । अथातः प्रतिसरबन्धम् । अथातो ग्रहातिथ्यबलि । अथ नवग्रहपूजाविधिः । अथातो गृहकर्मणाम् । अथातोऽश्वशान्तिम् । अथातो गजशान्तिम् । यमयज्ञस्स्वयं प्रोक्तः । सर्वपापहरं चैव । अथातो राजाभिषेकम् । अथातश्शताभिषेकम् ॥ २४ ॥

इति बोधायनगृह्यशेषे प्रथमः प्रश्नः समाप्तः.

अथ द्वितीयप्रश्नप्रारम्भः.

अथातः पञ्चमीश्राद्धं व्याख्यास्यामः—

शैशिरे मास्यारभ्य शुक्लपक्षस्य पञ्चम्यां कृष्णपक्षस्य सप्तम्यां च पुत्रकामी संवत्सरं दीक्षां कृत्वा तस्मात्पूर्वेद्यु-स्सायमौपासनहोमे हुते प्राचीनावीती सङ्कल्पयेत् 'प्रथमसंवत्सरं कर्ताऽस्मि' इति ॥ १

मनसा सङ्कल्पे कृते सायमनश्नः त्र्यवरान् ब्राह्मणान् निमन्त्रयते ॥ २

पादप्रक्षाळनं कृत्वा गन्धादिभिरलङ्कृत्य 'पुत्रानिच्छेवः* पञ्चमीश्राद्धं भविता तत्र भवद्भिः प्रसादः करणीयः' इति ॥ ३

अपरेद्युरामन्त्र्य पादप्रक्षाळनं कृत्वा 'अद्य श्राद्धं भवति' इति ॥ ४

मध्याह्ने तृतीयमामन्त्रणम् ॥ ५

अवटखननादि मासिश्राद्धवत् ॥ ६

पितृणां श्राद्धं मातामहानां च श्राद्धं कुर्यादिति ॥ ७

अथाऽग्निमुखात्कृत्वा मासिश्राद्धवद्धोमं कृत्वा पृथक्पृथग्घोमं पिण्डं च कुर्यात् ॥ ८

---

* ग निच्छे श्वः.

वस्त्राभरणकुण्डलाद्यैरलङ्कृत्य 'सिद्धं भवतु' इति वाचयित्वा तान् भोजयेत् ॥ ९

भोजनवेळायां दिवाकीर्त्यपठनं पुण्यकथनं स्मृतिपठनं च ॥ १०

स्वाचान्तान् प्रणम्य भुक्तदाक्षिणां यथाशक्ति दत्वा पुनस्सिद्धं वाचयित्वा तान् विसृज्य द्वारान्तमनुव्रज्य पिण्डदानानि मासिश्राद्धवत्कृत्वा ततश्शेषं दम्पती अश्नीयाताम् ॥

मध्यमपिण्डं पत्नीं प्राशयति ॥ १२

पूर्वेद्यू रात्रावपरेद्यू रात्रौ च भोजनं मैथुनादि न कुर्याद्वे श्राद्धभोजिनश्च ॥ १३

एवं कुर्वन् पुत्रस्सगणोपेतो भवति पुत्रो न क्षीयते * तस्मात्पञ्चमीश्राद्धं कुर्यात् ॥ १४

पुत्र इति निर्वचनम्—पुदिति नरकस्तस्मात्त्रायते इति पुत्रोऽपुत्रस्य गतिर्नास्तीत्याह भगवान् बोधायनः ॥ १५

इति बोधायनीयगृह्यशेषे द्वितीयप्रश्ने

प्रथमोऽध्यायः.

अथ गर्भाधानं व्याख्यास्यामः—

पूर्वपक्षे पुण्ये नक्षत्रे ब्राह्मणानन्नेन परिविष्य 'पुण्याहं स्वस्त्यृद्धिम्' इति वाचयित्वाऽथ देवयजनोल्लेखनप्रभृत्याऽग्निमुखात्कृत्वा पक्वाज्जुहोति—'प्रवेधसे कवये मेध्याय वचो

---

* न ह्रीयते.

वन्दारु वृषभाय वृष्णे । यतोऽभयमभयं तन्नो अस्त्वव
देवान् यजे हेड्यान् स्वाहा' इति ॥ १

स्विष्टकृतमवदाय तमन्तःपरिधि सादयित्वाऽथाज्याहुतीरुपजुहोति—'ज्येष्ठाय स्वाहा, श्रेष्ठाय स्वाहा, कनिष्ठाय स्वाहा, कनिष्ठित्यै स्वाहा, प्रतिष्ठाय स्वाहा, प्रतिष्ठित्यै स्वाहा, दम्पत्यै स्वाहा, दम्पतये स्वाहा, अयने स्वाहा, अयनपतये स्वाहा, प्रजापतये स्वाहा, ब्रह्मणे स्वाहा' इति ॥ २

स्विष्टकृत्प्रभृति सिद्धमाधेनुवरप्रदानात् ॥ ३

हविष्यमन्नमभिमन्त्रयते—'तत्सवितुर्वृणीमहे वयं देवस्य भोजनम् । श्रेष्ठं सर्वधातमं तुरं भगस्य धीमहि' इति ॥ ४

अपरेणाग्निमुभौ जायापती प्राश्नीयाताम्—'तत्सवितुर्वरेण्यम्' इति ॥ ५

प्राश्याप आचम्य जठरमाभृशति—'यत इन्द्र भयामहे, स्वस्तिदा विशस्पतिः' इति द्वाभ्याम् ॥ ६

यं कामं कामयते तं मनसा ध्यायेदिति गर्भाधानं व्याख्यातम् ॥ ७

इति बोधायनीयगृह्यशेषे द्वितीयप्रश्ने
द्वितीयोऽध्यायः

अथ मङ्गलानि—

आवृतः स्त्रीभ्यः प्रतीयेरन्निन्वकाभिः प्रसृता वरैः*
प्रतिनन्दिताः 'यां कामयेत दुहितरं प्रिया स्यादिति। तां
निष्ट्यायां दद्यात्। प्रियैव भवति। नेव तु पुनरागच्छति'
इति ब्राह्मणावेक्षो विधिः॥ १

इन्वकाशब्दो मृगशीर्षे निष्ट्याशब्दः स्वाताविति॥ २

सुप्तां रुदतीं निष्क्रान्तां वरणे परिवर्जयेत्॥ ३

दत्तां गुप्तां द्योतामृषभां विनतां शरभां विकटां मु-
ण्डां मण्डूषिकां साङ्कारिकां रातां पालीं मित्रां स्वनुजां
वर्षकारीं च वर्जयेत्॥ ४

नक्षत्रनामाः नदीनामाः वृक्षनामाः पर्वतनामाः प्रेष्य-
नामाः पक्षिनामाः पिशाचनामाश्च गर्हिताः सर्वाश्च रेफ-
लकारोपान्ता वरणे परिवर्जयेत्॥ ५

शक्तिविषये द्रव्याणि प्रतिच्छन्नान्युपनिधाय ब्रूयुरुपस्पृ-
शेति नानाबीजानि संसृष्टानि वेद्याः पांसून् क्षेत्राल्लोष्टं शकृ-
च्छ्मशानलोष्टमिति पूर्वेषामुपस्पर्शने यथालिङ्गमृद्धिरुत्तमं परि-
चक्षते॥ ६

बन्धुशीललक्षणसम्पन्नामरोगामुपयच्छेत॥ ७

बन्धुशीललक्षणसम्पन्नः श्रुतवानरोग इति वरसम्पत्॥

यस्यां मनश्चक्षुषोः निबन्धस्तस्यामृद्धिर्नेतरदाद्रियेतेत्येके॥

---

* ग. ख प्रसज्यन्ते ते वराः.

अथ यद्यसम्भवेप्सुः स्यात्तां परेषां स्थूलाढारिकाजीवचूर्णानि कारयित्वा सुप्तायां सम्बाध उपवपेत्—'अवज्यामिव धन्वनो हृदो मन्युं तनोमि ते। इन्द्रापास्य पलिगमन्येभ्यः पूरुषेभ्योऽन्यत्र मत्' इति ॥ १०

सिद्धयर्थे बभ्रुमूत्रेण प्रक्षाळयति ॥ ११

अथ विजननकाले क्षिप्रंसुवनं शिरस्त उदकुम्भं निधाय पत्तस्तूर्यन्तीमथास्या उदरमाभिमृशति—'यथैव वायुः पवते यथा समुद्र एजति। एवं ते गर्भ एजतु सह जरायुणाऽपसर्पतु' इति ॥ १२

अथ यदि जरायुर्न पतेद्दर्भैरेव जठरं संमार्ष्टि—'तिलदेऽवपद्यस्व न मांसमसि नो दलम्। स्थवित्र्यवपद्यस्व स्वप्त्ये' इति ॥ १३

प्रसिद्धं जातकर्म ॥ १४

इति बोधायनीयगृह्यशेषसूत्रे द्वितीयप्रश्ने
तृतीयोऽध्यायः.

अथ प्रजार्थिहोमः— १

पूर्वपक्षे पुण्ये नक्षत्रेऽमावास्यायां विषुवेऽयने वा नदीतीरेऽश्वत्थच्छायायां वा गोमयेन गोचर्ममात्रं चतुरश्रं स्थण्डिलं कृत्वा ब्राह्मणानन्नेन परिविष्य 'पुण्याहं स्वस्त्यृद्धिम्' इति वाचयित्वा प्राच्यां दिशि ब्रह्माणं प्रतिष्ठाप्य पार्श्वयोर्धातारं विधातारं दक्षिणतो धातारमुत्तरतो विधातारम् ॥ २

ततस्तानर्चयेत्पूर्वं 'ब्रह्माणं प्रजापतिं परमेष्ठिनं हिरण्यगर्भमावाहयामि' इत्यावाह्य साविन्या पाद्यं ददाति साविन्या निवेदयेदेतैरेव नामधेयैश्शुक्लान्नं ब्रह्मणे मुद्गान्नं धातुः पीतान्नं विधातुः ॥ ३

ततस्साविन्या अप आचम्य प्रणवेनाष्टशतं हुत्वा ब्रह्माणमुपातिष्ठते—'नमो वाचे नमो वाचस्पतये नमो ब्रह्मणे बृहते करोमि' इत्येवं 'नमो धात्रे नमो विधात्रे' इति ॥ ४

अग्निमुपातिष्ठेत—'नमोऽग्नये सप्तार्चिः सप्त जिह्वाः सप्तधाऽग्निः प्रतिष्ठितः । सप्तैव विश्वा भूतानि को ह्यग्निः प्रतितिष्ठति । तत्त्वमसि विश्वमसि योनिरसि' इति ॥ ५

अथ स्त्रियमाहूय सावित्र्या पलाशपर्णैरष्टोत्तरसहस्रैः स्नापयित्वा पुरुषसूक्तेन जुहुयात्तत्सम्पातेन मूर्ध्नि जुहुयात् प्रणवेन नमस्कुर्यात् ॥ ६

अध्वर्युं वस्त्रकुण्डलाभ्यामलङ्करोति ॥ ७

ततस्सा गर्भिणी भवतीत्याह भगवान् बोधायनः ॥

इति बोधायनीयगृह्यशेषे द्वितीयप्रश्ने चतुर्थोऽध्यायः.

अथ माघमासे शुक्लपक्षस्य सप्तम्यां ब्राह्मणानन्नेन परिविष्य 'पुण्याहं स्वस्ति ऋद्धिम्' इति वाचयित्वाऽथ देवयजनोल्लेखनप्रभृत्या प्रणीताभ्यः कृत्वाऽग्रेणाग्निमादित्यमालि

ल्य संपरिस्तीर्य षोडशभिरर्कपर्णैरभ्यन्तराग्रैः प्रदक्षिणं मण्डल-
मास्तीर्य गन्धोदकेनाभ्युक्ष्य पुष्पैरवकीर्य धूपेनाधिवास्य तस्मिन्
प्रणीतामाद्भिः पूर्णां कृत्वोत्पूयादित्यमावाहयेत्— १

'आदित्सं नावमारोक्ष्ये पूर्णामुपरिवासिनीम्। अच्छि-
द्रां पारयिष्णुं शतारित्रां स्वस्तय ओं नम आदित्याय'
इति ॥ २

परिधानप्रभृत्याऽग्निमुखात्कृत्वा पक्वाज्जुहोति—'आया-
तु देवस्सवितोपयातु हिरण्ययेन सुवृता रथेन। वहन् हस्त
सुभगं विद्मनापसं प्रयच्छन्तं पपुरिं पुण्यमच्छ' इत्येकामा-
हुतिं* हुत्वोत्तरार्धात् स्विष्टकृत†मवदायान्तःपरिधि सादयित्वा
बहुप्रकारैरन्नैरादित्सं तर्पयति—'ओं नमो भगवत आदि-
त्याय नमः। कं नदीवृत्तिस्तटीस्तुटीरुत्रो नावमर्णोलिमुरि-
णोरोरुमिविरिकिताकुनानारुसंन्ध्यतुमे मन्त्रवदानि‡स्वाहा' इति॥

अथाज्याहुतीरुपजुहोति—'स्थविरे स्वाहा तेजसे स्वा-
हा यमिन्द्रमाहुके§स्वाहा, उद्वयम्, उदुत्यं, चित्रं, तच्चक्षुः,
य उदगात्, हंसश्शुचिषत्, वयस्सुपर्णाः, आविश्वदेवं, सूर्यो

---

* घ. 'आयातु देवत्सऽिता' इति पुरोनुवाक्यामनूच्य 'हस्तः प्रयच्छंतु.' इति याज्यया जुहोत्येकामाहुतिं.

† ख. सौविष्टकृत.

‡ सन्धातु मे मन्त्रवादिनां.

§ ख यदिन्द्रमाहुते. व. यम इन्द्रमाहुके.

देवीम्' इति चत्वारि सूक्तानि। द्वादश संपद्यन्ते द्वादश
मासास्संवत्सरस्संवत्सरेण सर्वान् कामानवाप्नोति ॥ ४

स्विष्टकृत्प्रभृति सिद्धमाधेनुवरप्रदानात् ॥ ५

तर्पयित्वा मनसा तान् ध्यात्वा प्रवाहयति—'उद-
स्तांप्सीत्सविता मित्रो अर्यमा सर्वानमित्रानवधीद्युगेन। बृह-
न्तं मामकरद्वीरवन्तं रथन्तरे श्रयस्व स्वाहा पृथिव्यां वाम-
देव्ये श्रयस्व स्वाहाऽन्तरिक्षे बृहति श्रयस्व स्वाहा दिवि
बृहता त्वोपस्तभ्नोमि' इति ॥ ६

अथैना आदाय सहार्कपर्णैरुत्तिष्ठति—'उदायुषा' इति ॥

यत्रापस्तद्गत्वाऽपो निनयति—'समुद्रं वः प्रहिणोमि
स्वां योनिमपि गच्छत। अच्छिद्रः प्रजाया भूयासं मा प
रासेचिमत्पयः' इति ॥ ८

सपवित्रेण पाणिनाऽद्भिर्मार्जयति—'आपो हिष्ठा मयो-
भुवः' इति तिसृभिः 'हिरण्यवर्णाश्शुचयः पावकाः' इति
चतसृभिः 'पवमानस्सुवर्जनः' इत्येतेनानुवाकेन मार्जयित्वा
'याः सुगन्धा रसा वर्णाः' इत्येताभिरीति ॥ ९

एतद्धन्यं पुण्यं पुत्र्यं पौत्र्यमायुष्यं स्वर्ग्यं सूर्याचन्द्र-
मसोस्सायुज्यं सलोकतामाप्नोतीति दीपयेदमुनेति * ॥ १०

इति बोधायनीयगृह्यशेषसूत्रे द्वितीयप्रश्ने
पञ्चमोऽध्यायः.

---

* ख. दीपयेदिदममुनेति.

अथातः पुत्रप्रतिग्रहकल्पं व्याख्यास्यामः— १

शोणितशुक्लसम्भवो मातृपितृनिमित्तकस्तस्य प्रदानपरित्यागविक्रयेषु मातापितरौ कर्तारौ भवतो न त्वेकं पुत्रं दद्यात् प्रति* गृह्णीयाद्वा स हि सन्तानाय पूर्वेषाम् ॥ २

न तु स्त्री पुत्रं दद्यान् प्रतिगृह्णीयाद्वाऽन्यत्रानुज्ञानाद्भर्तुः॥ ३

पुत्रं प्रतिग्रहीष्यन्नुपकल्पयते—द्वे वाससी द्वे कुण्डले अङ्गुलीयकं चाचार्यं च वेदपारगं कुशमयं बर्हिः पर्णमयमिध्ममिति ॥ ४

अथ बन्धूनां मध्ये राजानि चावेद्य परिषदि वाऽगारमध्ये ब्राह्मणानन्नेन परिविष्य 'पुण्याहं स्वस्त्यृद्धिम्' इति वाचयित्वाऽथ देवयजनोल्लेखनप्रभृत्या प्रणीताभ्यः कृत्वा दातुस्समीपं गत्वा 'पुत्रं मे देहि' इति भिक्षेत 'ददामि' इतीतर आह ॥ ५

तं पुत्रं प्रतिगृह्णाति—'धर्माय त्वा गृह्णामि सन्तत्यै त्वा गृह्णामि' इति ॥ ६

अथैनं वस्त्रकुण्डलाभ्यामङ्गुलीयकेन चालङ्कृत्य परिधानप्रभृत्याऽग्निमुखात्कृत्वा पक्वाज्जुहोति—'यस्त्वा हृदा कीरिणा मन्यमानः' इति पुरोनुवाक्यामनूच्य 'यस्मै त्वं सुकृते जातवेदः' इति याज्यया जुहोति ॥ ७

---

* ख, परि.

अथ आज्याहुतीरुपजुहोति—व्याहृतीभिर्हुत्वा स्विष्टकृत्प्रभृति सिद्धमाधेनुवरप्रदानात् ॥ ८

अथ दक्षिणां ददात्येते एव वाससी एते एव कुण्डले एतच्चाङ्गुलीयकम् ॥ ९

यद्येवं कृते औरसः पुत्र उत्पद्यते तुरीयभागेष भवतीति ह स्माह भगवान् बोधायनः ॥ १०

इति बोधायनीयगृह्यशेषे द्वितीयप्रश्ने
षष्ठोऽध्यायः.

अथातो यज्ञोपवीतविधिं व्याख्यास्यामः— ॥१॥

जीर्णे छेदे विनाशे वा हस्तपादान् प्रक्षाळ्याप आचम्य ब्राह्मणकन्यकया वा ब्राह्मणविधवया वा शुचिस्नातया कृताचमनीयया निर्मितं सूत्रं गृहीत्वा ग्रामात्प्राचीं वोदीचीं वा दिशमुपनिष्क्रम्य चतुरङ्गलमात्रं षण्णवतिसूत्रं परिमण्डलं वा द्वितीयमेवं तृतीयमद्भिः प्रक्षाळ्य 'आपो हिष्ठा मयोभुवः' इति तिसृभिः 'हिरण्यवर्णाश्शुचयः पावकाः' इति चतसृभिः 'पवमानस्सुवर्जनः' इत्येतेनानुवाकेन मार्जयित्वा देवागारे गवां गोष्ठे नदीतीरे शुचौ देशे वा यत्रयत्र शुचिर्देशस्स्यात् बिल्वखादिरपलाशोदुम्बराश्वत्थवेण्वादियाज्ञिकवृक्षशाखायामवलम्ब्य सजीवं बध्नाति—'पितृभ्यो नमः' इति प्रथममपसव्यम् ॥ २

सम्पन्ने हस्ते गृहीत्वा प्रतिष्ठापयति—'ओं भूः प्रतिष्ठापयामि ओं भुवः प्रतिष्ठापयामि ओं सुवः प्रतिष्ठापयामि ओं भूर्भुवस्सुवः प्रतिष्ठापयामि' इति प्रतिष्ठाप्यापसव्यकृतं जपति—'भूर्भुवस्सुवः । ओजो बलम्' इत्येतमनुवाकम् ॥ ३

अथ सावित्र्या त्रिगुणीकृत्य 'भूरग्निं च' इति दक्षिणावृत्तिमभिमन्त्रयेत् 'भुवो वायुं च' इति मध्यमावृत्तिं 'सुवरादित्यं च' इत्युत्तरां 'भूर्भुवस्सुवश्चन्द्रमसं' इति त्रिधाऽऽवृत्तिं च ॥ ४

अथ सूत्रान्तेन बध्नाति—'यथा नश्श्रेयसः करत्' इति चतुर्भिर्मध्ये द्विगुणं भवति ॥ ५

तां 'भूः प्रतिष्ठापयामि' इति पुनः प्रतिष्ठाप्य 'उशन्तस्त्वा हवामहे' इत्यृचं जपित्वा प्रदक्षिणतो दृढं करोति ॥ ६

त्रयाणां ब्रह्मेश्वरविष्णूनां प्रमाणं कृत्वा— ७

तन्तुद्विगुणितं सूत्रं विष्णुना त्रिगुणीकृतम् ।
चतुर्वेदस्य चत्वारि त्रिवेदस्य त्रिकं भवेत् ।
द्वे स्यातां वै द्विवेदस्य एकमेवैकवेदिनः ॥ ८

इति यज्ञोपवीतविधिर्व्याख्यातः ॥ ९

इति बोधायनीयगृह्यशेषे द्वितीयप्रश्ने
सप्तमोऽध्यायः.

अथ राजन्यवैश्ययोरुपनयनं प्रसिद्धम् ॥ १

एतावदेव नाना ॥ २

आचार्य एव पक्वाज्जुहोति ॥ ३

ब्रह्मसूत्रमवोद्धृत्य त्रिष्टुब्भी राजन्यस्य 'जिघर्म्यग्निम्,
आ त्वा जिघर्मि, आयुर्दा अग्ने हविषो जुषाणः' इति।
जगतीभिर्वैश्यस्य 'जनस्य गोपा अजनिष्ट जागृविः, त्वामग्ने
मानुषीरीडते विशः, सप्त ते अग्ने समिधस्सप्तजिह्वाः' इति ॥

वैश्यस्य रथकारस्यैतावदेव नानाऽऽचार्य एव पक्का-
ज्जुहोति— 'तत्सवितुर्वरेण्यम्' इति ॥ ५

अथाज्याहुतीरुपजुहोति—'क्षेत्रियै त्वा निरृत्यै त्वा'
इति षड्भिरनुच्छन्दसम्। नात्र जगतीभिर्वैश्यस्य जुहोति ॥

अथाग्रेणाग्निं हुतशेषं दत्वा विरमेत् ॥ ७

ब्राह्मणेन क्षत्रियायामुत्पन्नो ब्राह्मणवदेवैतावदेव नाना
तस्य 'क्षेत्रियै त्वा' इति व्याहृतीभिश्चेत्युपहोमः ॥ ८

क्षत्रियवदम्बष्ठस्य 'क्षेत्रियै त्वा' इत्येवोपहोमः ॥ ९

क्षत्रियाद्वैश्यायामुत्पन्नः क्षत्रियवदेव 'क्षेत्रियै त्वा, सा-
वित्र्या' चोपहोमः ॥ १०

वैश्याच्छूद्रायामुत्पन्नस्तूष्णीं वैश्यवत् ॥ ११

गायत्रीत्रिष्टुब्जगत्यः 'तत्सवितुर्वरेण्यम्, आसत्येन,
युञ्जते मनः' इति सावित्र्यो यथाक्रमं ब्राह्मणक्षत्रियवैश्या-
नाम् ॥ १२

उक्तं समावर्तनम्। समावर्तनप्रभृति स्नातकः पूर्वेण ग्रामान्निष्क्रमणप्रवेशनान्युत्तरेण वा बहिर्वाचं विसृजेदन्यत्र हस्तं दत्वा प्रसिद्धं स्नात्वा देवर्षिपितॄंस्तर्पयित्वा दर्भेषु प्राङ्मुख उपविश्य दर्भान् दूर्वांश्च धारयमाणस्त्रीन् प्राणायामान् धारयित्वा सावित्रीं सहस्रकृत्व आवर्तयेच्छतकृत्वोऽपरिमितकृत्वो वा दशावरं वेदानधीत्य प्रश्नमनुवाकं वाऽधीयीत 'यावत्तरसम्' इति विज्ञायते ततो गृहानेति 'यत्किञ्चिद्ददाति सा दक्षिणा' इति ब्राह्मणम् ॥ १३

अथ दैवतान्यर्चयति वैश्वदेवं करोति प्रसिद्धं बलिहरणम् ॥ १४

अथ वै भवति—'पञ्च वा एते महायज्ञास्सतति प्रतायन्ते सतति संतिष्ठन्ते देवयज्ञः पितृयज्ञो भूतयज्ञो मनुष्ययज्ञो ब्रह्मयज्ञः' इत्येतदानुपूर्व्यं भवति ॥ १५

अथ देवयज्ञः—'देवेभ्यस्स्वाहा, व्याहृतीभिश्च' इति। 'अपि समिधं तद्देवयज्ञस्संतिष्ठते' ॥ १६

अथ पितृयज्ञः—ब्राह्मणान् भोजयेत् पित्र्यानपि वा दक्षिणेनाग्निं दक्षिणाग्रान् दर्भान् संस्तीर्य गन्धपुष्पधूपदीपैरभ्यर्च्यालङ्कृत्य तेषु पिण्डं ददाति—'पितृभ्यस्स्वधा नमः' इति 'अप्यपस्तात्पितृयज्ञस्संतिष्ठते' ॥ १७

अथ भूतयज्ञः—उत्तरेणाग्निं प्रागग्रान् दर्भान् संस्तीर्य

गन्धपुष्पधूपदीपैरलङ्कृत्य तेषु बलिमुपहरति—'भूतेभ्यो नमः' इत्यापुष्पेभ्यस्तद्भूतयज्ञस्संतिष्ठते ॥ १८

अथ मनुष्ययज्ञः—ब्राह्मणेभ्योऽन्नं दद्यादौदनपात्रात् तन्मनुष्ययज्ञस्संतिष्ठते ॥ १९

अथ ब्रह्मयज्ञः—उक्तः ॥ २०

कथमु खलु नित्यानामनुक्रम इति—सन्ध्योपासनमग्न्युपस्थानं नित्यस्वाध्यायगृहकर्मस्नानादित्योपस्थानतर्पणजपयज्ञगृहदेवतार्चनवैश्वदेवपञ्चमहायज्ञात्मयज्ञसन्ध्योपासनं।ग्निहोत्रात्मयज्ञसंवेशनानीत्येतान्युदितहोमिनोऽजस्राग्निहोत्रिणोऽनुदितहोमिनोऽग्निहोत्रं सन्ध्योपासनामिति क्रमः ॥ २१

एतानि नित्यान्युपव्युषमारभ्यासंवेशनात् प्रसिद्धम् ॥

सायं प्रातस्सपत्नीकः प्रीतिं वर्धयेत् ॥ २३

तस्याः पत्न्याः पूर्वरात्रावुपसंवेशनमाऽर्धरात्रादधश्शयनमा ब्राह्ममुहूर्तादथोपोत्थाय नित्यान्यारभते ॥ २४

इति व्याख्यातमुपनयनम् ॥ २५

इति बोधायनीयगृह्यशेषे द्वितीयप्रश्ने
अष्टमोऽध्यायः.

अथ जडबधिरमूकानां संस्कारं व्याख्यास्यामः— १

ऋतुर्यथाकामी स्यात् ॥ २

पुण्ये नक्षत्रे ब्राह्मणान् भोजयित्वाऽऽशिषो वाचयि-

त्वा केशानोप्य स्नातं शुचिवाससं बद्धशिखं यज्ञोपवीतिन-
मप आचमय्य देवयजनमुदानयति ॥ ३

अथ देवयजनोल्लेखनप्रभृत्याऽग्निमुखात्कृत्वा याज्ञिकीं
समिधमाज्येनाक्त्वा तूष्णीमभ्याधापयति । तूष्णीमश्मानं स्था
पयति । यथालाभं तूष्णीं वासः परिधापयति । तूष्णीं मे-
खलां परिव्ययति । मन्त्रवद्ग्रन्थिं करोति । तूष्णीमजिनं प्र-
तिमुञ्चति । तूष्णीं दण्डं प्रयच्छति । याज्ञिकस्य वृक्षस्य
नाम प्रयच्छति ॥ ४

अथैनं दक्षिणे हस्ते गृह्णाति—'यस्मिन् भूतं च भव्यं
च' इति ॥ ५

अथैनं देवताभ्यः परिददाति—'देवेभ्यस्त्वा' इति ॥

अथैनमुपनयति—'देवस्य त्वा' इति सर्वं नामग्रह-
णवर्जम् ॥ ७

आचार्य एव पक्वाज्जुहोति—'तत्सवितुर्वरेण्यम्' इति ॥

अथाज्याहुतीरुपजुहोति—'क्षेत्रियै त्वा' इति षड्भि-
र्व्याहृतिभिश्च ॥ ९

अथ स्विष्टकृत्प्रभृति सिद्धमाधेनुवरप्रदानात् ॥ १०

अथाग्रेणाग्निं याज्ञिकवृक्षस्य पर्णेषु हुतशेषं निदधाति
तत्पुरस्ताद्व्याख्यातम् ॥ ११

अथ पक्वादुपादाय प्राश्नाति * ॥ १२

---

* ग. प्राशयति.

तूष्णीं सर्वान् मन्त्रानाचार्य एव जपेदित्येके ॥ १३

षण्डजडक्लीबान्धव्यसनिव्याधितोन्मत्तहीनाङ्गबधिराधिका
ङ्गामयाव्यपस्मारिश्वित्रिकुष्ठिदीर्घरोगिणश्चैतेन व्याख्याता इ-
त्येके ॥ १४

सद्यो मधुपर्कं * ददाति ॥ १५

तिसृषु व्युष्टासु मधुपर्कवदा व्रतात्तूष्णीम् ॥ १६

अथाग्निमुत्सृजाति—'आयुर्दा अग्ने हविषो जुषाणः'
इति ॥ १७

पिता वा भ्राता वाऽऽत्मनि समारोपयेदित्येके ॥ १८

इति बोधायनगृह्यशेषे द्वितीयप्रश्ने
नवमोऽध्यायः.

अथातोऽश्वत्थसंस्कारं व्याख्यास्यामः— १

ऋतुर्यथाकामी स्यात् ॥ २

पुण्ये नक्षत्रे ब्राह्मणान् भोजयित्वाऽऽशिषो वाचयि-
त्वा प्रदक्षिणमश्वत्थं परिसमूहति—'अश्वत्थे वो निषदनम्'
इति ॥ ३

तमभ्यर्च्य यज्ञोपवीतं प्रतिमुञ्चति ॥ ४

अथ देवयजनोल्लेखनप्रभृत्याऽग्निमुखात्कृत्वा याज्ञिकीं
समिधमाज्येनाक्त्वा तूष्णीमाधापयाति । यथालाभं तूष्णीं

---

* ख. उत्सर्गे मधूपर्कं.

वासः परिधापयति । तूष्णीं मेखलां परिव्ययति । मन्त्र-
वद्ग्रन्थिं करोति । तूष्णीमजिनं प्रतिमुञ्चति । तूष्णीं दण्डं
प्रयच्छति । याज्ञिकस्य वृक्षस्य नाम प्रयच्छति ॥ ५

अथाश्वत्थमुपनयेत्—'देवस्य त्वा' इति नामग्रहण-
वर्जम् ॥ ६

आचार्य एव पक्वाज्जुहोति—'तत्सवितुर्वरेण्यम्' इति ॥ ७

अथाज्याहुतीरुपजुहोति—'क्षेत्रियै त्वा' इति षड्भिर्व्या-
हृतिभिश्च ॥ ८

स्विष्टकृत्प्रभृति सिद्धमाधेनुवरप्रदानात् ॥ ९

अथाग्रेणाग्निं पलाशपर्णेषु हुतशेषं निदधाति । तत्पु-
रस्ताद्व्याख्यातम् ॥ १०

अथ पक्वादुपादायाथैनं निवेदयति ॥ ११

तूष्णीं सर्वान् मन्त्रानाचार्य एव जपेदित्याह भग-
वान् बोधायनः ॥ १२

इति बोधायनीयगृह्यशेषे द्वितीयप्रश्ने
दशमोऽध्यायः.

अथाहुते प्रसिद्धमुपनयनम् ॥ १

एतावदेव नाना ॥ २

कुमारं भोजयित्वा गोमयेन गोचर्ममात्रं चतुरश्रं स्थ

ण्डिलमुपलिप्य मङ्गलानि संस्तीर्य तेषु प्राङ्मुख आचार्य उपाविश्य तस्याग्रेण कुमारो दर्भेषु प्रत्यङ्मुख उपविश्योभयीरपस्सन्निषिञ्चत्युष्णासु शीता आनयति तस्य चौलवत्तूष्णीं केशानोप्य स्नाप्याच्छाद्यालङ्कृत्यादित्याभिमुखस्तिष्ठन् 'अजिनं वासो वा दक्षिणत उपवीय दक्षिणं बाहुमुद्धरतेऽवधत्ते सव्यमिति यज्ञोपवीतम्' इति ब्राह्मणम् ॥ ३

यज्ञोपवीतिनमप आचमय्य देवयजनमुदानयति ॥ ४

कृष्णाजिनं ब्राह्मणस्येत्यादि । चतुरङ्गुलं ब्राह्मणस्य त्र्यङ्गुलं राजन्यस्य द्व्यङ्गुलं वैश्यस्योपवीतवत् बध्नाति ॥ ५

अथ 'सावित्रीं भो अनुब्रूहि' इत्युक्त्वा कुमारस्य दक्षिणे कर्णे उपदिशेदित्येके । 'कर्णाभ्यां भूरि विश्रुवम्' इत्युक्त्वोन्मुखावलोकनं कृत्वा वाचयति सावित्रीम् ॥ ६

अथ सायंप्रातस्सन्ध्यां गृहस्थवत्समापयति ॥ ७

अथैनमग्निमुपसमाधाय प्रोक्षणीस्संस्कृत्य परिसमूह्य परिषिच्य व्याहृतीभिस्समिध आधापयति षोढाविहितेनोपस्थापयति ॥ ८

तदाग्नेयं भस्म सङ्गृह्य वामपाणितले निक्षिप्य 'मा नस्तोके' इत्याद्भिः 'शं नो देवीरभिष्टये' इति संसृज्य संमेळय तिर्यक्त्रिपुण्ड्रमेकपुण्ड्रं वा ब्राह्मणस्य वर्तुळाकारं राजन्यस्यार्धचन्द्राकृतिं वैश्यस्य ॥ ९

अङ्गानि सन्धापयति ‘सरस्वती’ इति शिरसि ‘मेधावी’ इति ललाटे ‘तेजस्वी’ इति वक्षसि ‘वर्चस्वी’ इति दक्षिणेंऽसे ‘ब्रह्मवर्चसी’ इत्युत्तरेंऽसे ‘आयुष्मान्’ इति ग्रीवायां ‘भूयासम्’ इति पिठरे ‘स्वस्ति’ इति शिरस्त्वन्येषां स्त्रीणां वोर्ध्वपुण्ड्रम् ॥ १०

प्रोक्षणीषु करं प्रक्षाल्य नमस्कृत्य प्रोक्षणीशेषं गेहस्योपरिष्टान्निनयेदित्याह भगवान् बोधायनः ॥ ११

इति बोधायनीयगृह्यशेषे द्वितयिप्रश्ने
एकादशोऽध्यायः.

यथो एतद्ग्रहाणामुग्रचेष्टानां नक्षत्रपथचारिणामेवं विवाहं कुर्वन्त्यपरपक्षेऽशुभे दिने वाऽशुचिना वा विवाहं कुर्वन्ति विवाहेन नर्ध्नोतीति मन्येत वाऽऽवसथात् पुनर्विवाहं कुर्वीत ॥

अथ चेदौपासनारम्भात् प्राक् ज्वलनस्य नाशः पुनर्विवाहं कुर्वीत ॥ २

अथ पुनर्विवाहं व्याख्यास्यामः— ३

उदगयन आपूर्यमाणपक्षे पुण्ये नक्षत्रे पूर्वेद्युर्नान्दीमुखं कृत्वोपवसति ॥ ४

अथ श्वोभूते ब्राह्मणानन्नेन परिविष्य पुण्याहं स्वस्ति ऋद्धिम्’ इति वाचयित्वोभौ शुची स्नातौ शुक्लवाससाव-

लङ्कारेणालङ्कृत्य जायां समीक्षते—'अभ्रातृघ्नीम्' इति प्राति
पद्य सप्तपदान्तं कृत्वाऽथ देवयजनोल्लेखनप्रभृत्याऽग्निमुखात्कृ-
त्वाऽथास्या उपोत्थाय हृदयदेशमभिमृशतीति सिद्धमाधेनुव-
रप्रदानादत ऊर्ध्वं नाद्रियेत ॥ ८

अथ पुनर्विवाहेष्वेतानुत्सीदन्ति—प्रतिसरं स्नानं वासः
प्रतोदमिषुं च पूर्वं भोजनमर्घ्यं व्रतं त्रिरात्रमित्यादिविवाहशे-
षान् वर्जयेदित्याह भगवान् बोधायनः ॥ ९

इति बोधायनीयगृह्यशेषे द्वितीयप्रश्ने
द्वादशोऽध्यायः.

अथातो विष्णुप्रतिष्ठाकल्पं व्याख्यास्यामः—द्वादश्या-
मेकादश्यां श्रोणायां वा यानि चान्यानि शुभनक्षत्राणि तेषु
पूर्वेद्युरेव युग्मान् ब्राह्मणानन्नेन परिविष्य 'पुण्याहं स्व-
स्ति ऋद्धिम्' इति वाचयित्वा समागतायां निशायां कपि
लापञ्चगव्येन सहिरण्ययवदूर्वाङ्कुराश्वत्थपलाशपर्णेन सुवर्णोप-
धानं प्रातिकृतिं कृत्वाऽभिषिञ्चति—'आपो हि ष्ठा मयोभुवः'
इति तिसृभिः 'हिरण्यवर्णाश्शुचयः पावकाः' इति चत-
सृभिः 'पवमानस्सुवर्जनः' इत्येतेनानुवाकेन व्याहृतीभिश्च ॥

पुष्पफलाक्षतमिश्रैर्यवदूर्वाङ्कुरं पादपीठे निक्षिपति—
'इदं विष्णुर्विचक्रमे' इति ॥ २

प्रतिसरमाबध्नाति—'रक्षोहणं वाजिनमाजिघर्मि' इति ॥

अथैनं नदीतटाकह्रदनिर्झरसरस्तीर्थानामन्यतमेष्वहतेन वा-
ससा कुशबन्धमाल्यमाच्छाद्याधिश्रयति—'अव ते हेडः, उदु-
त्तमम्' इति ॥ ४

अथ श्वोभूते स्नात्वाऽहतवाससश्चत्वारो ब्राह्मणाः प्र-
तिमामुत्थापयेयुः—'उत्तिष्ठ ब्रह्मणस्पते' इति ॥ ५

अथ शुचौ देशे समवस्थाप्य—

गायत्र्या गृह्य गोमूत्रं गन्धद्वारेति गोमयम् ।
आप्यायस्वेति च क्षीरं दधिक्राव्णेति वै दधि ॥
शुक्रमसि ज्योतिरसीत्याज्यं देवस्य त्वा कुशोदकम् ॥
इत्येतत्पञ्चगव्यं नाम ॥ ६

अत्राह—

कपिलाया वरं क्षीरं श्वेतायाश्च वरं दधि ।
रक्तायास्तु घृतं श्रेष्ठं शेषौ शबलकृष्णयोः ॥ इति ॥ ७

एतेन—'आ वो राजानम्' इति स्नापयति ॥ ८

शमीपलाशखादिरविल्वाश्वत्थविकङ्कतन्यग्रोधपनसाम्रशि-
रीषोदुम्बराणां सर्वयाज्ञिकवृक्षाणां चर्मकषायकलशेनाभिषि-
ञ्चति—'अश्वत्थे वो निषदनम्' इत्येतेनानुवाकेन ॥ ९

मणिमुक्ताप्रवाळरजतताम्राणामप्सु निमग्नानां पूर्णकल-
शेनाभिषिञ्चति—'हिरण्यवर्णाम्' इति नवर्चेन ॥ १०

हिरण्येन तेजसा चक्षुर्विमोचयेत्—'तेजोसि' इति ॥

अथ देवयजनोल्लेखनप्रभृत्याऽग्निमुखात्कृत्वा पक्वाज्जुहोति—'विष्णोर्नुकम्' इति पुरोनुवाक्यामनूच्य 'परो मात्रया' इति याज्यया जुहोति ॥ १२

अथ पुरुषसूक्तेनाज्यहुतीरुपजुहोति—'इदं विष्णुर्विचक्रमे' इति पादयोस्स्पृशेत् ॥ १३

पुनस्तेनैवाज्याहुतीर्जुहुयात्—'विष्णोर्नुकम्' इति नाभिदेशेस्पृशेत् ॥ १४

पुनस्तेनैवाज्याहुतीर्जुहुयात्—'अतो देवा अवन्तु नः' इति मूर्ध्नि स्पृशेत् ॥ १५

पुनस्तेनैवाज्याहुतीर्जुहुयादथ सर्वाङ्गं स्पृशेत्पौरुषेण सूक्तेन ॥ १६

होमान्ते 'उदु त्यं जातवेदसम्' इत्युत्थाप्य शाकुनेन सूक्तेन देवालयं प्रवेश्य मणिमुक्ताप्रवाळसुवर्णरजतानि पादपीठे निधाय 'अतो देवा अवन्तु नः' इति विष्णुं स्थापयेत् ॥ १७

अथ गन्धपुष्पधूपदीपान्याकाशोन्मुखानि कृत्वोपोत्थाय आवाहनं करोति प्रणवयुक्तव्याहृतिभिर्व्यस्तैस्समस्तैश्च—'ओं भूः पुरुषमावाहयाम्यों भुवः पुरुषमावाहयाम्यों सुवः पुरुषमावाहयाम्यों भूर्भुवस्सुवः पुरुषमावाहयामि' इत्यावाह्य रत्नाम्बुकलशेनाभिषिञ्चति—'प्रणवेन धारयेत् ब्रह्म' इति विज्ञायते ॥ १८

प्रणवेन कूर्चं ददाति ॥ १९

दूर्वाविष्णुक्रान्तश्यामाकपद्मपत्रकलशेन पाद्यं ददाति ॥

एलालवङ्गतक्कोलकर्पूरमिश्रकलशेनाचमनीयं ददाति ॥

आपःक्षीरकुशाग्रैश्चाक्षतैर्यवतण्डुलैस्तिलैस्सिद्धार्थकैश्चार्घ्यं
ददाति ॥ २२

'इमा आपश्शान्ताश्शिवाश्शिवतमाः पूताः पूततमा
मेध्या मेध्यतमा अमृता अमृतरसाः पाद्या आचमनीया अ-
र्घ्यास्ता जुषन्तां प्रतिगृह्यन्तां प्रतिगृह्णातु भगवान् महावि-
ष्णुर्विष्णवे नमः' इति पाद्यमाचमनीयमर्घ्यं ददाति ॥ २३

'इदं विष्णुर्वि चक्रमे' इति प्रतिसरं विस्रंसयति ॥

देवतां नमस्कृत्वाऽथ गन्धं ददाति—

इमे गन्धाश्शुभा दिव्यास्सर्वगन्धैरलङ्कृताः ।
पूता ब्रह्मपवित्रेण पूतास्सूर्यस्य रश्मिभिः ॥ २५

'प्रतिगृह्यतां प्रतिगृह्णातु भगवान् महाविष्णुर्विष्णवे न[illegible]
इति ॥

माल्यं ददाति—

इमे माल्याश्शुभा दिव्यास्सर्वमाल्यैरलङ्कृत[illegible]
पूता ब्रह्मपवित्रेण पूतास्सूर्यस्य रश्मिभि[illegible] [illegible]

'प्रतिगृह्यतां प्रतिगृह्णातु भगवान् [illegible]ष्णवे
नमः' इति ॥ २८

पुष्पं ददाति—

इमे पुष्पाश्शुभा दिव्यास्सर्वपुष्पैरलङ्कृताः ।
पूता ब्रह्मपवित्रेण पूतास्सूर्यस्य रश्मिभिः ॥ २९

'प्रतिगृह्यतां प्रतिगृह्णातु भगवान् महाविष्णुर्विष्णवे
नमः' इति ॥ ३०

धूपं ददाति—

वनस्पतिरसो धूपो धूपेभ्यो धूप उत्तमः ।
आघ्रेयस्सर्वदेवानां धूपोऽयं प्रतिगृह्यताम् ॥ ३१

'प्रतिगृह्यतां प्रतिगृह्णातु भगवान् महाविष्णुर्विष्णवे
नमः' इति ॥ ३२

अथ दीपं ददाति—

ज्योतिश्शुक्रश्च तेजश्च देवानां सततं प्रियः ।
भास्वरस्सर्वभूतानां दीपोऽयं प्रतिगृह्यताम् ॥ ३३

'प्रतिगृह्यतां प्रतिगृह्णातु भगवान् महाविष्णुर्विष्णवे
इति ॥ ३४

द्वादशनामभिः पुष्पाणि दद्यात्तैरेव तर्पणानि
'सगुळोदनं हरिद्रोदनमिति हवींषि । 'पवित्रं
े पायसं निवेदयेत् । घृताप्लुतं पूर्णशरावं
न् । कृसरं तिलमिश्रमाज्यं जुहुयात्—
सङ्कर्षणाय स्वाहा । प्रद्युम्नाय स्वाहा ।
ईशान्यै स्वाहा । श्रियै स्वाहा । सरस्वत्यै
। विष्णवे स्वाहा । पुरुषसूक्तेन, वि-

ष्णोर्नुकं, तदस्य प्रियं, प्रताद्विष्णुः, परोमात्रया, विचक्रमे, त्रिर्देवः, इति द्वादशनामभिः 'अमुष्मै स्वाहाऽमुष्मै स्वाहा' इति। स्विष्टकृत्प्रभृति सिद्धमाधेनुवरप्रदानात् ॥ ३५

अथ सर्वहविषां बलिमुपहरति—

त्वामेकमाद्यं पुरुषं पुरातनं नारायणं विश्वसृजं यजामहे। त्वमेव यज्ञो विहितो विधेयस्त्वमात्मनाऽत्मन् प्रतिगृह्णीष्व हव्यम् ॥ इति ॥ ३६

अथाग्रेणाग्निमश्वत्थपर्णेषु हुतशेषं निदधाति—'भूर्भुवस्सुवरोम्' इति ॥ ३७

द्विश्चतुर्वा प्रदक्षिणं साग्निं परिक्रामति—'विश्वभुजे नमः। सर्वभुजे नमः। आत्मने नमः। परमात्मने नमः। सर्वात्मने नमः' इति ॥ ३८

ब्रह्मचारी गृहस्थो वा द्वादश ब्राह्मणान् संयता हरिद्रोदनं भोजयेत्। सन्तिष्ठते विष्णुप्रतिष्ठाविधिः ।'

इति बोधायनीयगृह्यशेषे द्वितीयप्रश्ने

त्रयोदशाध्यायः

अथातो महापुरुषस्याहरह

स्यामः—

स्नातश्शुचिश्शुचौ समे देशे

प्रतिकृतिं कृत्वाऽक्षतपुष्पैर्यथालाभमर्चयित्वा सह पुष्पादकान

महापुरुषमावाहयेत्—'ओं भूः पुरुषमावाहयाम्यों भुवः पुरुषमावाहयाम्यों सुवः पुरुषमावाहयाम्यों भूर्भुवस्सुवः पुरुषमावाहयामि' इत्यावाह्य 'आयातु भगवान् महापुरुषः' इति कुशैरासनं दद्यात्—'भगवतोऽयं कूर्चो दर्भमयस्त्रिवृद्धरितस्सुवर्णस्तं जुषस्व' इति ॥ २

अथ सावित्र्या पात्रमद्भिः प्रक्षाल्य तिरःपवित्रमप आनीय पुनस्तेनैवापोऽभिमन्त्र्य सपवित्रेणादित्यं दर्शयेत्—'ओम्' इत्यातमितोः ॥ ३

तासां 'त्रीणि पदा विचक्रमे' इति पाद्यं ददाति ॥

अथ व्याहृतिभिर्निर्माल्यं व्योह्य 'इदं विष्णुर्विचक्रमे' इत्यर्घ्यं दद्यात् ॥ ५

'दिवो वा विष्णो' इत्याचमनीयम् ॥ ६

अथैनं स्नापयति—'आपो हिष्ठा मयोभुवः' इति [illegible]भिः 'हिरण्यवर्णाश्शुचयः पावकाः' इति चतसृभिः [illegible]सुवर्जनः' इत्येतेनानुवाकेन 'ब्रह्म जज्ञानम्, वामदे-[illegible]पवित्रेण' इति ॥ ७

[illegible]ति—'केशवं तर्पयामि' इति द्वादशनामध[illegible]उदकं परिषिच्य प्रणवेन वासो ददाति [illegible]पवीतं 'इदं विष्णुर्विचक्रमे' इत्याचमनीयं 'गन्धद्वारा[illegible]' इति गन्धं 'इरावती' इत्यक्षतं 'तद्विष्णोः' इति पुष्पं सावित्र्या धूपं 'उद्दीप्यस्व' इति दीपं

'देवस्य त्वा' इति हविर्निवेदनम् ॥ ८

अथास्मै द्वादशनामभिः पुष्पाणि दद्यात् 'त्रीणि—पदा विचक्रमे' इति प्रतिपदं दद्यात्। 'सुमृडीका भवन्तु नः' इत्यन्तेन ॥ ९

अथैनं वैष्णवीभि ऋग्यजुस्सामाथर्वभिः स्तुतिभिस्स्तुन्वन्ति ॥ १०

व्याहृतीभिः पुरुषमुद्वासयेत्—'ओं भूः पुरुषमुद्वासयामि' इत्यादिभिः 'प्रयातु भगवान् महापुरुषः क्षेमाय विजयाय पुनस्संदर्शनाय च' इति ॥ ११

प्रतिमास्थानेष्वावाहनोद्वासनवर्जमहरहस्त्वाचक्षत इत्याह भगवान् बोधायनः ॥ १२

इति बोधायनीयगृह्यशेषसूत्रे द्वितीयप्रश्ने
चतुर्दशोऽध्यायः

अथातस्संप्रवक्ष्यामि विष्णोस्स्नपनमुत्तमम् ।
प्रासादस्याग्रतो विद्वान् कुर्यात्स्नपनमण्डपम् ॥ १
मण्डपस्य च मध्ये तु वेदिकां सम्प्रकल्पयेत् ।
अचलप्रतिष्ठितो यत्र देवस्तत्र न वेदिका ॥ २
तस्यास्समीपे तत्स्थाने कलशस्थानमुत्तमम् ।
सङ्ख्या च नव तेषां तु स्थापनं प्रणवेन तु ॥ ३

यत्किञ्चित्क्रियते चात्र प्रणवेनैव कथ्यते ।
स्थापनं कलशानां तु प्रागादीशानमन्ततः ॥ ४
एतेनैव क्रमेणात्र सर्वं कर्म विधीयते ।
नवमं कलशं मध्ये स्थापयेदन्ततो बुधः ॥ ५
कूर्चेषु स्थापयेत्सर्वान् व्रीहिप्रस्थस्थितेषु च ।
व्रीहयश्शालयः प्रोक्ताः कलशस्थापने बुधैः ॥ ६
तेषामभावे यत्किञ्चिद्ग्राम्यं धान्यमिहेष्यते ।
पूरयेत्कलशान् सर्वान् शुद्धस्फाटिकसन्निभैः ॥ ७
जलैस्तु मध्यमं तत्र पञ्चगव्येन पूरयेत् ।
कूर्चान्निधाय सर्वेषु शरावैरपिधाय च ॥ ८
अरिक्तैरेव कर्तव्यः शरावैर्नवाभिस्सदा ।
अपिधानक्रिया तेषां शालिजैरेव तण्डुलैः ॥ ९
अर्चयेत्कलशान् सर्वान् गन्धपुष्पादिभिः क्रमात् ।
प्राप्ते मुहूर्त आवाह्य परमात्मानमात्मवान् ॥ १०
पूर्वोक्तविधिनाऽऽवाह्य देवमानीय वेदिकाम् ।
अर्चयित्वा ततो विष्णुमर्चितैरेव सर्वशः ॥ ११
आनीतं वेदिकायां तु गोमयेनापरेण तु ।
उपलिप्तेऽक्षतैः कीर्णे शालिभिर्व्रीहिभिश्च तत् ॥ १२
प्राङ्मुखं देवमासीनं सन्निदध्यात्ततः क्षणात् ।
तत्रैव त्वचलस्थाने न चावाहनमिष्यते ॥ १३

तत्रैव नित्यसान्निध्याद्देवस्य परमात्मनः ।
आसनादिक्रमाद्दद्यात्सूक्तं पौरुषमाश्रितः ॥ १४

ततः कलशमादाय कुर्यात्स्नपनमादितः ।
मन्त्रा एते तु मन्तव्याः स्नापने परमात्मनः ॥ १५

वैष्णवं सूक्तमापो हि हिरण्येति च सप्तकम् ।
पवमानानुवाकं च सर्वे साधारणास्स्मृताः ॥ १६

अनुक्तमन्त्रं यत्किञ्चिन्न गृह्णीयात्ततो बुधः ।
अनेन विधिवत्कृत्वा स्नापनं पुरुषस्य तु ॥ १७

दत्वा पायसमन्नं तु शेषं परिसमापयेत् ।
नित्यदेवार्चने यत्स्यात् कलशस्नापनं तु वै ॥ १८

स्नापनस्य त्रयश्चोक्ताः ब्रह्मजज्ञानमन्त्रतः ।
वामदेव्यं ततः कुर्यात्पवित्रं यजुषश्च ग्तत् ॥ १९

पवमानानुवाकं च सर्वे साधारणास्स्मृताः ।
विषुवायनसङ्क्रान्तौ चन्द्रसूर्यग्रहे तथा ॥ २०

अर्चनायाश्च विच्छेदे कदाचित्कालभेदतः ।
उपघातेऽपि वाऽन्यस्मिन् दुस्स्वप्ने तु भयंकरे ॥ २१

आद्यं तु स्नापनं कुर्यात्सर्वशान्तिर्भविष्यति ।
अथ देवोत्सवं कुर्यान्मुच्यते सर्वपातकैः ॥ २२

इह लोके परत्रापि सुखमेवास्य वर्धते ।
पश्चाद्विष्णोश्च सायुज्यमेतीसत्र न संशयः ॥ २३

जगद्धिताय कृष्णाय स्नापनं कृतवान् हि यः ।

इत्याह भगवान् बोधायनः ॥ २४

इति बोधायनीयगृह्यशेषे द्वितीयप्रश्ने
पञ्चदशोऽध्यायः.

अथातो रुद्रप्रतिष्ठाकल्पं व्याख्यास्यामः— १

चतुर्थ्यामष्टम्यामार्द्रायामपभरण्यां वा चतुर्दश्यां वा यानि चान्यानि शुभनक्षत्राणि तेषु पूर्वेद्युरेव युग्मान् ब्राह्मणान अन्नेन परिविष्य 'पुण्याहं स्वस्ति ऋद्धिं' इति वाचयित्वा समागतायां निशायां कपिलापञ्चगव्येन सहिरण्ययवदूर्वाङ्कुराश्वत्थपलाशपर्णेन सुवर्णोपधानं प्रतिकृतिं कृत्वाऽभिषिञ्चति— 'आपो हिष्ठा मयोभुवः' इति तिसृभिः 'हिरण्यवर्णाश्शुचयः पावकाः' इति चतसृभिः 'पवमानस्सुवर्जनः' इत्येतेनानुवाकेन व्याहृतिभिश्च ॥ २

पुष्पफलाक्षतमिश्रयवदूर्वाङ्कुरं पादपीठे निक्षिपति— 'नमस्ते रुद्र मन्यवे' इति ॥ ३

प्रतिसरं बध्नाति—'रक्षोहणं वाजिनम्' इति ॥ ४

अथ नदीतटाकह्रदानिर्झरसरस्तीर्थानामन्यतमेष्वहतेन वाससा कुशबन्धां मालामाच्छाद्याधिवासयति—'अवते हेडः, उदुत्तमम्' इति ॥ ५

अथ श्वोभूते स्नात्वाऽहतवाससश्चत्वारो ब्राह्मणाः प्रतिमामुत्थापयेयुः—'उत्तिष्ठ ब्रह्मणस्पते' इति ॥ ६

अथ शुचौ देशे समवस्थाप्य—

गायत्र्या * गृह्य गोमूत्रं गन्धद्वारेति गोमयम् ।

आप्यायस्वेति च क्षीरं दधिक्राव्णेति वै दधि ।

शुक्रमसि ज्योतिरसीत्याज्यं देवस्य त्वा कुशोदकम् ॥ ७

इत्येतत्पञ्चगव्यं नाम ॥ ८

अत्राह—

कपिलाया वरं क्षीरं श्वेतायास्तु वरं दधि ।

रक्ताया वरमाज्यं च शेषौ शबळकृष्णयोः ॥ इति ॥ ९

एतेन 'नमस्ते अस्तु धन्वने' इत्यष्टाभिः स्नापयति ॥

अथ शमीपलाशखादिरबिल्वाश्वत्थविकङ्कतन्यग्रोधपनसाम्रशिरीषोदुम्बरसर्वयाज्ञिकवृक्षाणां चर्मकषायकलशेनाभिषिञ्चति—'अश्वत्थे वो निषदनम्' इत्येतेन ॥ ११

मणिमुक्ताप्रवाळानामप्सु निमग्नानां पूर्णकलशेनाभिषिञ्चति—'हिरण्यवर्णाः' इति पूर्वोक्तेन ॥ १२

हिरण्येन तेजसा चक्षुर्विमोचयेत्—'तेजोऽसि' इति ॥

लिङ्गे चेन्निवर्तते चक्षुषोरभावात् ॥ १४

अथ देवयजनोल्लेखनप्रभृत्याऽग्निमुखात् कृत्वा पक्वाज्जुहोति— १५

'या त इषुश्शिवतमा' इत्याऽन्तादनुवाकस्य ॥ १६

अथाज्याहुतीरुपजुहोति—'द्रापे, सहस्राणि' इत्येता-

---

* ख. ग. त्रिष्टुभा.

भ्यामनुवाकाभ्यां प्रत्यृचं 'सर्वो वै रुद्रः' इति पादपीठे स्पृशेत् ॥ १७

पुनस्ताभिरेवाज्याहुतीर्जुहुयात् 'कद्रुद्राय' इति नाभिदेशे स्पृशेत् ॥ १८

पुनस्ताभिरेवाज्याहुतीर्जुहुयात् 'नमो हिरण्यबाहवे' इति मूर्ध्नि स्पृशेत् ॥ १९

पुनस्ताभिरेवाज्याहुतीर्जुहुयात् सर्वाङ्गमुपस्पृशेत्—रुद्रेण समस्तेन ॥ २०

ततः 'उदु त्यं जातवेदसम्' इत्युत्थाप्य पञ्चब्रह्मसंज्ञकेन पञ्चानुवाकेन देवालयं प्रवेश्य मणिमुक्ताप्रवाळसुवर्णरजतानि पादपीठे निधाय 'नमस्ते रुद्र मन्यवे' इति रुद्रं स्थापयेत् ॥ २१

अथ गन्धपुष्पधूपदीपान्याकाशोन्मुखानि कृत्वा उपोत्थायावाहनं करोति प्रणवयुक्तव्याहृतीभिर्व्यस्ताभिस्समस्ताभिश्च—'ओं भूः पुरुषमावाहयाम्यों भुवः पुरुषमावाहयाम्यों सुवः पुरुषमावाहयाम्यों भूर्भुवस्सुवः पुरुषमावाहयामि' इति 'आयातु भगवान् महादेवः' इत्यावाह्य रत्नाम्बुकलशेनाभिषिञ्चति 'प्रणवेन धारयेत् ब्रह्म' इति विज्ञायते ॥ २२

प्रणवेन कूर्चं ददाति ॥ २३

विष्णुपदाख्यामाकपद्मपत्रकलशेन पाद्यं ददाति ॥ २४

एलालवङ्गतक्कोलकर्पूरमिश्रकलशेनाचमनीयं ददाति ॥ २५

आपःक्षीरकुशाग्रैश्चाक्षतैर्यवतण्डुलैः । यवैस्सिद्धार्थकै-
श्चार्घ्यं ददाति—'इमा आपश्शिवाश्शिवतमाः पूता पूततमा
मेध्या मेध्यतमा अमृता अमृतरसाः पाद्या आचमनीया
अर्घ्यास्ता जुषतां प्रतिगृह्णतां प्रतिगृह्णातु भगवान् महादेवो
रुद्राय नमः' इति पाद्यमाचमनीयमर्घ्यं ददाति ॥ २६

'नमस्ते रुद्र मन्यवे' इति प्रतिसरं विस्रंसयति ॥ २७

देवतां नमस्कृत्याथ गन्धं ददाति—इमे गन्धाश्शुभा
दिव्यास्सर्वगन्धैरलङ्कृताः । पूता ब्रह्मपवित्रेण पूतास्सूर्यस्य
रश्मिभिः ॥ 'प्रतिगृह्णतां प्रतिगृह्णातु भगवान् महादेवो रुद्राय
नमः' इति ॥ २८

अथ माल्यं ददाति—'इमे माल्याश्शुभा दिव्यास्स-
र्वमाल्यैरलङ्कृताः । पूता ब्रह्मपवित्रेण पूतास्सूर्यस्य रश्मिभिः ॥
'प्रतिगृह्णतां प्रतिगृह्णातु भगवान् महादेवो रुद्राय नमः'
इति ॥ २९

अथ पुष्पं ददाति—इमे पुष्पाश्शुभा दिव्यास्सर्वपु-
ष्पैरलङ्कृताः । पूता ब्रह्मपवित्रेण पूतास्सूर्यस्य रश्मिभिः ॥
'प्रतिगृह्णतां प्रतिगृह्णातु भगवान् महादेवो रुद्राय नमः'
इति ॥ ३०

अथ धूपं ददाति—वनस्पतिरसो धूपो धूपाढ्यो धूप
उत्तमः । आग्नेयस्सर्वदेवानां धूपोऽयं प्रतिगृह्णताम् ॥ 'प्रति
गृह्णतां प्रतिगृह्णातु भगवान् महादेवो रुद्राय नमः' इति ॥

अथ दीपं ददाति—ज्योतिश्शुक्रश्च तेजश्च देवानां सततं प्रियः। भास्वरस्सर्वभूतानां दीपोऽयं प्रतिगृह्यताम् ॥ 'प्रतिगृह्यतां प्रतिगृह्णातु भगवान् महादेवो रुद्राय नमः' इति ॥ ३२

अथ 'भवाय' इत्यष्टाभिः पुष्पाणि दद्यात्तैरेव तर्पणानि कृत्वा कृसरं पायसं गुळोदनं हरिद्रोदनमिति हवींषि 'पवित्रं ते विततम्' इति पायसं निवेदयेत् ॥ ३३

घृताप्लुतं पूर्णशरावं गुळोदनं निवेदयेत् ॥ ३४

कृसरमाज्यमिश्रं जुहुयात्—'भवाय देवाय स्वाहा' इत्यष्टाभिः 'भवस्य देवस्य पत्न्यै स्वाहा' इत्यादिभिः ॥

अथ हरिद्रोदनं जुहुयात्—'भवस्य देवस्य सुताय स्वाहा' इत्यष्टाभिः ॥ ३६

अथ 'त्र्यम्बकं यजामहे, मा नो महान्तं, मा नस्तोके आर्द्रया रुद्रः, हेती रुद्रस्य, आरात्ते अग्निः, विकिरिद विलोहित, सहस्राणि सहस्रधा, सहस्राणि सहस्रशः' इति। द्वादशनामभिः—'शिवाय शङ्कराय सहमानाय शितिकण्ठाय कपर्दिने ताम्राय अरुणाय अपगुरमाणाय हिरण्यबाहवे सस्पिञ्जराय बभ्लुशाय हिरण्याय स्वाहा' इति ॥ ३७

स्विष्टकृत्प्रभृति सिद्धमाधेनुवरप्रदानात् ॥ ३८

हविषां बलिमुपहराति—

त्वामेकमाद्यं पुरुषं पुरातनं रुद्रं शिवं विश्वसृजं यजा-

महे। त्वमेव यज्ञो विहितो विधेयस्त्वमात्मनाऽऽत्मन् प्रतिगृह्णीष्व हव्यम् ॥ इति ॥ ३९

अथाग्रेणाग्निमश्वत्थपर्णेषु हुतशेषं निदधाति—'भूर्भुवस्सुवरोम्' इति ॥ ४०

द्विः चतुर्वा सहाग्निं प्रदक्षिणं परिक्रामति—'विश्वभुजे नमः। सर्वभुजे नमः। आत्मने नमः। परमात्मने नमः' इति ॥ ४१

ब्रह्मचारी गृहस्थो वा द्वादश ब्राह्मणान् संयतान् हरिद्रोदनेन भोजयेत् ॥ ४२

संतिष्ठते प्रतिष्ठाविधिः ॥ ४३

इति बोधायनीयगृह्यशेषे द्वितीयप्रश्ने
षोडशोऽध्यायः.

अथातो महादेवस्याहरहः परिचर्याविधिं व्याख्यास्यामः—

स्नातश्शुचिस्समे शुचौ देशे गोमयेनोपलिप्य देवस्य प्रतिकृतिं कृत्वाऽक्षतपुष्पैर्यथालाभमर्चयित्वा सह पुष्पोदकेन महादेवमावाहयेत्—'ओं भूः पुरुषमावाहयामि' इत्यादि 'आयातु भगवान् महादेवः' इति ॥ १

'यो रुद्रो अग्नौ' इति यजुषा पात्रमभिमन्त्र्य प्रक्षा

ळ्य तिरःपवित्रमप आनीय पुनस्तेनैवाभिमन्त्र्य सह पवि-
त्रेणादित्यं दर्शयेत्—'ओम्' इत्यातमितोः ॥ २

तासां 'पाद्यम्' इति पाद्यं ददाति ॥ ३

अथ व्याहृतीभिर्निर्माल्यं व्यपोह्यार्घ्यमाचनीयं दत्वाऽ-
भिषिञ्चति—'आपो हिष्ठा मयोभुवः' इति तिसृभिः 'हिर-
ण्यवर्णाश्शुचयः पावकाः' इति चतसृभिः 'पवमानस्सुव-
र्जनः' इत्येतेनानुवाकेन 'ब्रह्म जज्ञानम्, कद्रुद्राय, त्वरि-
तरुद्रं, वामदेव्यं, आपो वा इदम्' इति च ॥ ४

अथ व्याहृतीभिः प्रदक्षिणमुदकं परिषिच्य पवित्रं
पादमूले निधायाद्भिस्तर्पयति—'भवं देवं तर्पयामि' इत्य
ष्टाभिः ॥ ५

'ओं नमो भगवते रुद्राय, त्र्यम्बकाय' इति वस्त्र-
यज्ञोपवीते दद्यात् ॥ ६

'भवाय देवाय नमः' इत्यष्टाभिः पुष्पाणि दद्यात् ॥ ७

त्वरितरुद्रेण गन्धपुष्पधूपदीपं ददाति ॥ ८

'देवस्य त्वा' इति हविषो निवेदयेत् ॥ ९

'त्र्यम्बकम्' इति परिषेकं दद्यात् ॥ १०

'अमृतोपस्तरणमसि' इति प्रतिपदं कृत्वा हविरवि-
रुद्धं सर्वं स्वादु वस्तु कन्दमूलफलानि दद्यात् ॥ ११

मुहूर्तमनवेक्षमाण आसीनो 'हविरुद्वासयामि' इति

निवेद्यमुद्वास्य 'अमृतापिधानमसि' इति प्रतिपदं कृत्वा
'त्र्यम्बकम्' इत्याचमनीयं दद्यात् ॥ १२

सर्वोपकरणैरर्चयित्वा 'भवाय देवाय नमः' इत्यादिभिः
'अमुष्मै नमोऽमुष्मै नमः' इति गन्धादीन् ददाति ॥ १३

रौद्रीभि ऋग्यजुस्सामाथर्वभिस्स्तुतिभिस्स्तुन्वन्त्यापैस्स्तो-
त्रैश्च नमस्कृत्य 'प्रयातु भगवान् महादेवः' इति विस-
र्जयति ॥ १४

लिङ्गस्थानेष्वावाहनोद्वासनवर्जमहरहः स्वस्त्ययनमित्या-
चक्षत इत्याह भगवान् बोधायनः ॥ १५

इति बोधायनगृह्यशेषे द्वितीयप्रश्ने
सप्तदशोऽध्यायः.

अथातो रुद्रस्नानार्चनविधिं व्याख्यास्यामः—

आदित एव तीर्थे स्नात्वोदेत्याहतं वासः परिधाय शुचिः प्रयतो ब्रह्मचारी शुक्लवासाः ईशानस्य प्रतिकृतिं कृत्वा तस्य दक्षिणाप्रत्यग्देशे तन्मुखः स्थित्वा आत्मनि देवताः स्थापयेत्—'प्रजनने ब्रह्मा तिष्ठतु । पादयोर्विष्णु-स्तिष्ठतु । हस्तयोर्हरस्तिष्ठतु । बाह्वो रुद्रास्तिष्ठतु । जठरेऽग्नि-स्तिष्ठतु । उदरे पृथिवी तिष्ठतु । हृदये शिवस्तिष्ठतु । कण्ठे वसवास्तिष्ठन्तु । वक्त्रे सरस्वती तिष्ठतु । नासिकयोर्वायुस्ति-

ष्ठतु। नयनयोश्चन्द्रादित्यौ तिष्ठताम् । कर्णयोरश्विनौ तिष्ठताम्। ललाटे रुद्रास्तिष्ठन्तु । मूर्ध्न्यादित्यास्तिष्ठन्तु । शिरसि महादेवस्तिष्ठतु। शिखायां वासुदेवस्तिष्ठतु। पृष्ठे पिनाकी तिष्ठतु। पुरतश्शूली तिष्ठतु। पार्श्वयोश्शिवाशङ्करौ तिष्ठताम्। सर्वतो वायुस्तिष्ठतु। सर्वतोऽग्निज्वाला मालापरिवृतास्तिष्ठन्तु *। सर्वेष्वङ्गेषु सर्वा देवता यथास्थानं तिष्ठन्तु। मां रक्षन्तु' इति। 'अग्निर्मे वाचि श्रितः' इति यथालिङ्गमङ्गानि संमृज्याथैनं गन्धाक्षतपत्रपुष्पधूपदीपैराराधयेत् ॥ १

अथैनं प्रसादयति—

आराधितो मनुष्यैस्त्वं सिद्धैर्देवासुरादिभिः ।

आराधयामि शक्त्या † त्वाऽनुगृहाण महेश्वर ॥ २

'त्र्यम्बकं यजामहे' इति च ॥ ३

अथैनमावाहयति—

आ त्वा वहन्तु हरयस्सचेतसश्श्वेतैरश्वैस्सह केतुमद्भिः ।

वाताजितैर्बलवद्भिर्मनोजवैरायाहि शीघ्रं मम हव्याय

शर्वोम् ॥ इति ॥ ४

स्थापिते नावाहनम् ॥ ५

अथास्मा आसनं ददाति—'सद्योजातम्' इति 'भवेभवे' इति पाद्यं 'भवोद्भवाय नमः' इत्यर्घ्यं 'रुद्राय नमः'

* ख. घ. अग्निः ज्वालामालापरिवृतस्तिष्ठतु. † ख. भक्त्या.

इत्याचमनीयं व्याहृतीभिर्निर्माल्यं व्यपोह्याथैनं स्नापयति—
'आपो हिष्ठा मयोभुवः' इति तिसृभिः 'हिरण्यवर्णाश्शु-
चयः पावकाः' इति चतसृभिः 'पवमानस्सुवर्जनः' इत्येते
नानुवाकेन 'ब्रह्म जज्ञानं, कद्रुद्राय, सर्वो वै, कया नश्चित्र
आभुवत्, आपो वा इदं सर्वम्' इति च ॥ ६

व्याहृतीभिः प्रदक्षिणमुदकं परिषिच्य पवित्रं पाद-
मूले निधायाद्भिस्तर्पयति—'भवं देवं तर्पयामि' इत्यष्टाभिः
'वामदेवाय नमः' इति वस्त्रं 'ज्येष्ठाय नमः' इति यज्ञो-
पवीतं 'रुद्राय नमः' इत्याचमनीयं 'कालाय नमः' इति
गन्धं 'कलविकरणाय नमः' इत्यक्षतं 'बलविकरणाय नमः'
इति पुष्पं 'बलप्रमथनाय नमः' इति धूपं 'सर्वभूतदमनाय
नमः' इति दीपं 'मनोन्मनाय नमः' इति काले नैवेद्यं
'रुद्राय नमः' इत्याचमनीयं ददाति ॥ ७

अथास्याघोरतनूरुपतिष्ठते—'अघोरेभ्योऽथ घोरेभ्यः'
इति ॥ ८

अथ रुद्रगायत्रीं जपेत्—'तत्पुरुषाय विद्महे' इत्येतां
रौद्रीं सहस्रकृत्व आवर्तयेच्छतकृत्वोऽपरिमितकृत्वो वा दशा-
वरम् ॥ ९

अथैनमाशिषमाशास्ते—'ईशानस्सर्वविद्यानाम्' इति ॥ १०

अथास्य मूर्ध्नि कलशधारया सन्ततमभिषिञ्चति—
'नमस्ते रुद्र मन्यवे' इत्येकादशानुवाकान् जपेत् । 'सर्वो

वै रुद्रः' इति त्रीननुवाकान् 'सद्यो जातम्' इति पञ्चानुवाकान् 'इमा रुद्राय' इति द्वादशर्चानन्यांश्च रौद्रमन्त्रान्यथाशक्ति जपेत् ॥ ११

एवमेकादशकृत्वोऽभिषिञ्चति ॥ १२

जपान्तेजपान्ते 'अग्नाविष्णू सजोषसा' इत्येकादशानुवाकानामेकमेकमनुवाकं जपेत् ॥ १३

सर्वेषामन्ते पुनराराधयेत्—'सद्यो जातम्' इत्यासनादि दीपान्तं पूर्वोक्तं सर्वं कृत्वा 'मनोन्मनाय नमः' इति पायसादि महाहविर्निवेदयेद्रौद्रीभिस्स्तुतिभिस्स्तुन्वन्ति ॥

तदेतद्रुद्रस्नानार्चनं पापक्षयार्थी व्याधिमोचनार्थी श्रीकामश्शान्तिकामः पुष्टिकामस्तुष्टिकाम आयुष्काम आरोग्यकामो मोक्षकामश्च कुर्यात् ॥ १५

अथ यथाशक्ति दक्षिणां ददाति—दशगावस्सुवर्णभूषिता ऋषभैकादशास्तदभाव एकां गां दद्यादित्याह भगवान् बोधायनः ॥ १६

इति बोधायनगृह्यशेषे द्वितीयप्रश्ने
अष्टादशोऽध्यायः.

अथातः पुनःप्रतिष्ठाकल्पं व्याख्यास्यामः—

पूर्वोक्तेषु नक्षत्रेषु यानि चान्यानि शुभनक्षत्राणि शुक्लपक्ष उदगयने वसन्तादिकाले पूर्वं प्रतिष्ठितस्यापि बुद्धि-

पूर्वकमेकरात्रं द्विरात्रमेकमासं द्विमासं वाऽर्चनाविच्छेदे शूद्र-
रजस्वलापतिताद्युपप्लुते वा पूर्वेद्युरेव युग्मान् ब्राह्मणानन्नेन
परिविष्य 'पुण्याहं स्वस्ति ऋद्धिम्' इति वाचयित्वा
समागतायां निशायां जलाधिवासं कृत्वा श्वोभूत उत्थाय
द्वौ कलशौ स्थापयेदेकं पञ्चगव्येन पूरयित्वाऽपरं शुद्धोद-
केन सहस्रेन स्नापयेत् ॥ १

अष्टसहस्रमष्टशतमष्टाविंशतिं वा मूलमन्त्रेण रुद्रगायत्र्या
स्नापयित्वा पुष्पाणि दद्याद्यथालाभमर्चयित्वा गुडोदनं नि-
वेदयेत् ॥ २

एवंकृतेऽस्य शान्तिर्भवति ॥ ३

बुद्धिपूर्वेणार्चनाविच्छेदे स्नपनं कर्तव्यम् ॥ ४

एवं कुर्वाणः स्वस्ति ऋद्धिमाप्नोतीत्याचक्षते ॥ ५

एवं पुनःप्रतिष्ठामन्त्रेण प्रतिष्ठापयेदित्याह भगवान्
बोधायनः ॥ ६

इति बोधायनीयगृह्यशेषे द्वितीयप्रश्ने
एकोनविंशोऽध्यायः.

---

* अतः परं प्रवक्ष्यामि पञ्चगव्यविधिं क्रमात् ।
उत्तमं द्रोणमेकं तु मध्यमं तु तदर्धकम् ॥ १

---

* अयमध्यायः (क) पुस्तकमात्रे वर्तते ॥

तदर्धमधमं ज्ञेयं त्रिविधं परिकीर्तितम् ।
प्रस्थपादं घृतं प्रोक्तं गोमूत्रं द्विगुणं भवेत् ॥ २
गोमयं कुडुपं प्रोक्तं दधि प्रस्थसमन्वितम् ।
क्षीरं प्रस्थद्वयं प्रोक्तं.......................... ॥ ३
स्नापनं पञ्चगव्येन भुक्तिमुक्तिप्रदं नृणाम् ।
कपिलाया वरं क्षीरं श्वेतायास्तु वरं दधि ।
रक्ताया वरमाज्यं वै शेषौ शबलकृष्णयोः ॥ ४

...............प्रयतो देवस्य गृहं गत्वा पुरतो मण्डपे
समे देशे गोमयेनोपलिप्य व्रीहिभिर्यवैर्वा खारिमात्रं तद-
र्धं वा संगृह्य सौवर्णं राजतं कांस्यं मृण्मयं वा नव कल-
शान् याचति ॥ ५

तन्तुना परिवेष्ट्य शुचौ देशे निधाय स्थण्डिलस्य दक्षिणत उदङ्मुखासीनो...........दशनामभिर्ब्राह्मणानामन्त्र्य पुण्याहं वाचयित्वा प्रोक्ष्य व्रीहिभिस्स्थण्डिलं कृत्वा तस्य मध्यतः प्रादेशाद्दक्षिणवामपार्श्वे सुवर्णशकलेन ऋजुमुल्लिखेत् —'ब्रह्म जज्ञानम्' इति दक्षिणतः । 'पिता विराजाम्' इत्युत्तरतः । तयोर्दक्षिणतो 'नाके सुपर्णम्' इति । तयो-रुत्तरतः 'आप्यायस्व' इति । सन्ततमृजुमुल्लिखेत्—'यो रुद्रो अग्नौ' इति पश्चात् । 'सर्वो वै रुद्रः' इति पुरस्तात् । तयोः पश्चात् 'इदं विष्णुर्विचक्रमे' इति । तयोः पुरस्तात्
'इन्द्रं विश्वा अवीवृधन्' इति ॥ ६

अथाभ्युक्ष्य शकलं निरस्याप उपस्पृश्य 'भूर्भुवस्सुवरों ब्रह्मणे नमः' इति मध्यमपदेऽभ्यर्च्य 'ईशानाय नमः' इतीशपदे 'तत्पुरुषाय नमः' इति पूर्वे 'अघोराय नमः' इति दक्षिणे 'वामदेवाय नमः' इत्युत्तरे 'सद्योजाताय नमः' इति पश्चिमे 'हृदयाय नमः' इति दक्षिणपूर्वे 'शिरसे नमः' इत्युत्तरपूर्वे 'शिखायै नमः' इति दक्षिणपश्चिमे 'कवचाय नमः' इति पश्चिमोत्तरे 'अस्त्राय नमः' इति दिग्विदिक्ष्वभ्यर्च्य 'ब्रह्मणे नमः' इति मध्ये प्रधानकलशं स्थाप्य ईशादिपदेषु तत्तन्मन्त्रेण कलशान् संस्थाप्य प्रोक्षणीस्संस्कृत्य पात्राणि प्रोक्ष्य गव्यानि च प्रोक्षणीपात्रपरिमाणं कुशोदकं 'देवस्य त्वा' इति ब्रह्मकुम्भे आनयति। 'आपो वा इदं सर्वम्' इत्यभिमन्त्र्य कूर्चं निधायेशपात्रे सपवित्रेण क्षीरम्। पुरुषे दधि। अघोरे घृतम्। सौम्ये गोमयम्। वारुणे गोमूत्रम्। हृदये पिष्टं कदळ्यादीनि च। नाळिकेरं शिरसि। आमलकं शिखायाम्। कवचे हारिद्रम्। तत्तन्मन्त्रेणावाहनाद्याचमनान्तं कृत्वा संपरिस्तीर्याथैनं स्नापयति—'आपो हिष्ठा मयो भुवः' इति तिसृभिः 'हिरण्यवर्णाश्शुचयः पावकाः' इति चतसृभिः, 'पवमानस्सुवर्जनः' इत्येतेनानुवाकेन 'ब्रह्म जज्ञानं, कद्रुद्राय, सर्वो वै, कया नश्चित्रः, आपो वा इदम्' इति प्रदक्षिणमुदकं व्याहृतीभिः परिषिच्याथाद्भिस्तर्पयति। स्वेन मन्त्रेण गन्धपुष्पधूपदीपैर-

भ्यर्च्य बलिमुपहृत्य 'तत्सवितुर्वरेण्यम्' इति सद्यःपात्रमा
दाय ब्रह्मपात्रेण योजयेत् 'सद्योजातम्' इत्यनुवाकेन।
'गन्धद्वाराम्' इति वामदेवमादाय वामदेवानुवाकेन ब्रह्म-
पात्रेण योजयेत्। 'आप्यायस्व' इति क्षीरकुम्भमादायेशा
नानुवाकेन योजयेत्। 'दधिक्राव्णः' इति दध्यादाय पुरु-
षानुवाकेन योजयेत्। 'शुक्रमसि' इत्यनुद्रुत्य घृतमादाया-
घोरानुवाकेन योजयेत्। सोऽहमिति.................फलैरव-
कीर्यगन्धादिभिरभ्यर्च्य व्योमव्यापिना संपूज्य पञ्चगव्यं भ-
वतीति ॥ ७

अथ देवस्य समीपं गत्वा निर्माल्यं व्यपोह्य प्रण-
वेन........'देवस्य त्वा सवितुः प्रसवेऽश्विनोर्बाहुभ्यां पूष्णो
हस्ताभ्यामश्विनोर्भैषज्येन तेजसे ब्रह्मवर्चसायाभिषिञ्चामि, दे-
वस्य त्वा सवितुः प्रसवेऽश्विनोर्बाहुभ्यां पूष्णो हस्ताभ्यां
सरस्वत्यै भैषज्येन वीर्यायान्नाद्यायाभिषिञ्चामि, देवस्य त्वा
सवितुः प्रसवेऽश्विनोर्बाहुभ्यां पूष्णो हस्ताभ्यामिन्द्रस्येन्द्रियेण
श्रियै यशसे बलायाभिषिञ्चामि' इति त्रिभिः। अथ पिष्टा
मलकहरिद्रादिभिः स्नापयति। सुरभिमत्याऽब्लिङ्गाभिर्वारुणीभिः
हिरण्यवर्णाभिः पावमानीभिः व्याहृतीभिरन्यैश्च पवित्रसमू-
हैश्चमकनमकादिभिरभिषेकं कुर्यात् ॥ ८

पुनरेव यथाशक्ति दक्षिणां दद्यादाचार्याय वस्त्रकुण्ड-
लाभरणाङ्गुलीयधेनुभूम्यादीनि दद्यात् ॥ ९

सर्वं पाप्मानं तरति तरति ब्रह्महत्यां ब्रह्मणस्सायु-
ज्यं सलोकतामाप्नोति ॥ १०

नालिकेराम्रपनसकदळीनां फलत्रयम् ।
शर्करामधुसंयुक्तं पञ्चामृतमिति स्मृतम् ॥ ११

ब्रह्मपात्रस्थितं तोयं चतुःप्रस्थं प्रचक्षते ।
..................कपित्थफलमात्रकम् ॥ १२

यावत्सम्पादितं भक्त्या तावत्सम्पादयेद्बुधः ।
इत्याह भगवान् बोधायनः ॥ १३

इति बोधायनगृह्यशेषे द्वितीयप्रश्ने
विंशोऽध्यायः.

अथातस्संप्रवक्ष्यामि देवस्य स्नपने विधिम् ।
महतो लिङ्गदेशे वा कारयेद्वेदिकां बुधः ॥ १

मण्टपं* च पुराणोक्तं कृत्वा स्नपनमारभेत् ।
अचलंप्रतिष्ठितो यत्र देवस्तत्र न वेदिका ॥ २

तस्यास्समीपे तत्स्थाने कलशस्थानमुत्तमम् ।
संख्या च नव तेषां तु स्थापनं प्रणवेन तु ॥ ३

यत्किंचित्क्रियते तत्र प्रणवेनैव कथ्यते ।
स्थापनं कलशानां तु प्रागादीशानमन्ततः ॥ ४

एतैरेव क्रमैरत्र सर्वं कर्म विधीयते ।
नवमं कलशं मध्ये स्थापयेदन्ततो बुधः ॥ ५

---

* ख; मण्डलं.

कूर्चेषु स्थापयेत्सर्वं व्रीहिभिस्तण्डुलेषु च ।
व्रीहयश्शालयः प्रोक्ताः कलशांस्थापयेद्बुधः ॥ ६
तेषामभावे यत्किंचिद्ग्राम्यं धान्यमिहेष्यते ।
पूरयेत्कलशांत्सर्वान्न शुद्धस्फटिकसन्निभैः ॥ ७
जलैस्तु मध्यमं तत्र पञ्चगव्येन पूरयेत् ।
कूर्चान्निधाय सर्वेषु शरावैरपिधाय च ॥ ८
अरिक्तैरेव कर्तव्यश्शरावैर्नवभिस्सदा ।
अपिधानक्रिया तेषां शालिजैरेव तण्डुलैः ॥ ९
अर्चयेत्कलशांत्सर्वान् गन्धपुष्पादिभिः क्रमात् ।
प्राप्ते मुहूर्त आवाह्य परमात्मानमात्मवान् ॥ १०
रुद्रदेवं शिवं साक्षाद्यच्च सर्वस्य दैवतम् ।
तस्मादावाहयेत्प्राज्ञः सर्वत्रावाहने विधिः ॥ ११
एष औत्सर्गिकः प्रोक्तो देवतानां च तर्पणे ।
नारायणादि विष्णोस्स्याद्रुद्रस्य तु शिवादिकम् ॥ १२
जपध्यानादि सर्वं स्यात् विकल्पं मनसि श्रयेत् ।
रौद्रं च सूक्तमापो हि हिरण्येति च सप्तकम् ॥ १३
वैकल्पिकैरेव कुर्यान्मध्येति तु * न विद्यते ।
अथ हैके वदन्त्येवं स्नापने तु महाप्रभोः ॥ १४
सद्योजातादिपञ्चैव सर्वो वै रुद्र इत्यपि ।
एतैरन्यैश्च कुर्याद्वै स्नापनं सार्वकालिकम् ॥ १५

---

* ख. मधो इति.

एवं च कुर्यात्स्नाने तु स्नापनेऽर्चा तथा भवेत् ।
इत्याह भगवान् बोधायनः ॥ १६

इति बोधायनीयगृह्यशेषे द्वितीयप्रश्ने
एकविंशोऽध्यायः.

अथ देवयोः पूजाकरणे सर्वत्र 'त्रीणि पदा विच-
क्रमे, त्र्यम्बकं यजामहे' इत्येताभ्यां यथालिङ्गमासनं पा-
द्यमाचमनीयं च ॥ १

एतयोस्त्रैवर्णिकधर्मत्वात् सर्वत्र वचनाल्लोकप्रसिद्धमास्न-
प्रतिषेधाभावात् क्रियत इति ह स्माह बोधायनः ॥ २

एवं प्रतिष्ठाप्य वा कुर्यात्तयोरेव सायुज्यं सलोकता-
माप्नोति ॥ ३

यदि त्रिंशत्संवत्सरादूर्ध्वं क्रियेत ततो देवयोः परमं
पदं ब्रह्मसंज्ञितं तदेव सगण आप्नोति ॥ ४

यदि तत्प्रवणः स्यान्न उ चैनदेवं विदुर्यस्मै प्रब्रूते
यस्मै वा करोति तस्मै शतं दद्यान्माषाणां ब्राह्मणो राज-
न्यस्सहस्रं दद्याद्वैश्यो यथाश्रद्धं दद्यात् ॥ ५

न स्त्रीशूद्रौ कुर्यातां यदि कुर्यातां स्वतन्त्रोपदेशे
आचार्य आश्रय इति ॥ ६

स्वतन्त्रयोस्तयोश्चेद्वृत्तिक्षीणोऽपि ब्राह्मणः पतत्येवेति
शालिकिः ॥ ७

अथ देवयोर्यथाकामी स्याद्यस्यां कस्यां चिदवस्थायां जले वा स्थण्डिले वा प्रतिमासु वा सर्वं कृत्वाऽभ्यर्चयेन्न तु प्रमाद्येत् ॥ ८

देशाभावे द्रव्याभावे साधारणे कुर्यान्मनसा वाऽर्चयेदिति ।

तदाह भगवान्—

पत्रं पुष्पं फलं तोयं यो मे भक्त्या प्रयच्छति ।

तदहं भक्त्युपहृतमश्नामि प्रयतात्मनः ॥ इति ॥ ९

भक्तिनम्रः एतान्मन्त्रानधीयीत न त्वेवानर्चकः स्यादन्यतरस्योभयोर्वा ततस्तयोरेव सायुज्यं सलोकतामाप्नोति ॥

य एतयोरर्चनां कुरुतेऽन्यत्र पुत्रशिष्येभ्यः स्त्रियाश्च तस्मै सौवर्णं शङ्खं सुवर्णोपधानं वा दद्यादृषभं रुद्रस्य दक्षिणेत्याह भगवान् बोधायनः ॥ ११

प्रतिष्ठाकरणे स्नापनकरणे वाऽऽचार्याय तदुपकरणं सर्वं दत्वा ऋषभैकादश गा दद्यादित्याह भगवान्बोधायनः ॥

इति बोधायनगृह्यशेषे द्वितीयप्रश्ने
द्वाविंशोऽध्यायः.

अथ देवयोः पूजाकरणे । अथातस्संप्रवक्ष्यामि । अतः परं प्रवक्ष्यामि । अथातः पुनःप्रतिष्ठाकल्पम् । अथातो रुद्रस्नानार्चनविधिम् । अथातो महादेवस्याहरहः । अथातो रुद्र-

प्रतिष्ठाकल्पम् । अथातस्संप्रवक्ष्यामि विष्णोः । अथातो महापुरुषस्याहरहः । अथातो विष्णुप्रतिष्ठाकल्पम् । यथो एतद्गृहाणाम् । अथाहुते प्रसिद्धमुपनयनम् । अथातोऽश्वत्थसंस्कारम् । अथ जडबाधिरमूकानां संस्कारम् । अथ राजन्यवैश्ययोः । अथातो यज्ञोपवीतविधिम् । अथातः पुत्रप्रतिग्रहकल्पम् । अथ माघमासे । अथ प्रजार्थिहोमः । अथ मङ्गलानि । अथ गर्भाधानम् । अथातः पञ्चमीश्राद्धम् ॥ २२ ॥

अथातः पञ्चमीश्राद्धम् । अथ गर्भाधानम् । अथ मङ्गलानि । अथ प्रजार्थिहोमः । अथ माघमासे । अथातः पुत्रप्रतिग्रहकल्पम् । अथातो यज्ञोपवीतविधिम् । अथ राजन्यवैश्ययोः । अथ जडबधिरमूकानां संस्कारम् । अथातोऽश्वत्थसंस्कारम् । अथाहुते प्रसिद्धमुपनयनम् । यथो एतद्गृहाणाम् । अथातो विष्णुप्रतिष्ठाकल्पम् । अथातो महापुरुषस्याहरहः । अथातस्संप्रवक्ष्यामि विष्णोः । अथातो रुद्रप्रतिष्ठाकल्पम् । अथातो महादेवस्याहरहः । अथातो रुद्रस्नानार्चनविधिम् । अथातः पुनः प्रतिष्ठाकल्पम् । अतः परं प्रवक्ष्यामि । अथातस्संप्रवक्ष्यामि देवस्य । अथ देवयोः पूजाकरणे ॥

इति बोधायनगृह्यशेषे द्वितीयप्रश्नः समाप्तः.

अथ तृतियप्रश्नप्रारम्भः.

अथातः पवित्राणां पवित्रायातिपवित्रायापराजिताय गुह्याय ब्रह्महृदयाय ओंकारकल्पं व्याख्यास्यामः— १

यत्र ग्राम्याणां पशूनां शब्दं नोपशृणुयादपां समीपे ब्रह्मवृक्षेणैकस्थूणां कुटीं प्राङ्मुखां कारयेत् ॥ २

कुशध्वजी कुशवेष्टी कुशचीरवासाः कुशोपवीतः कुशो पविष्टः कुशहस्तः कुशमेखलां धारयमाणः त्रिषवणस्नायी कुशशायी शाकयावकयोर्भैक्षाहार आदित्याभिमुखस्तिष्ठन्नोङ्कारं पञ्चसहस्रं जपेत्ततोऽस्य मन्त्रास्सर्वे सिध्यन्ति सर्वे वेदा अधीता भवन्ति सर्वेषु वेदेषु चीर्णव्रतो भवति सर्वेषु तीर्थेषु स्नातो भवति सर्ववेदो ज्ञातो भवति सर्वैर्देवैर्ज्ञातो भवति सर्वयज्ञक्रतुभिरिष्टवान् भवत्याचक्षुषः पङ्क्तिं पुनाति मातापितृदोषैः पुरुषदोषैश्च निर्दोषः पूतो भवति चण्डाल श्वपाकानां पुनाति ॥ ३

श्वेतायास्सरूपवत्सायाः पयसि स्थालीपाकं श्रपयित्वाऽऽदित्याभिमुख ओङ्कारसहस्रेणाभिमन्त्रितं कृत्वा स्वयं प्राश्नीयात् सप्तानां पुरुषाणामलक्ष्मीं नुदति जातिस्मरत्वं लभते श्रियं देवीं भजते ब्रह्मचर्यमस्याविच्छिन्नं सन्ततं भवति ॥ ४

प्रणवाद्यास्तथा वेदाः प्रणवे पर्यवस्थिताः ।
वाङ्मयं प्रणवं सर्वं तस्मात्प्रणवमभ्यसेत् ॥ ५
प्रणवेन विहीनं यत्तन्मन्त्रं प्राणहीनकम् ।
सर्वमन्त्रेषु मन्त्राणां प्राणः प्रणव उच्यते ॥ ६
इत्याह भगवान् बोधायनः ॥ ७

इति बोधायनीयगृह्यशेषे तृतीयप्रश्ने
प्रथमोऽध्यायः.

अथातो व्याहृतिकल्पं व्याख्यास्यामः—

त्रिषवणं स्नायादधश्शय्यासनस्त्रिरात्रमहोरात्रं वोपोष्य
द्वादशसहस्रं व्याहृतीर्जपेत् ॥ १

कृतपुरश्चरणोऽथ कर्माण्यारभते ॥ २

दधिमधुघृताक्तानां पलाशसमिधामाहुतिसहस्रं जुहुया-
द्ब्रह्मवर्चसकाम आज्येन तेजस्कामः पयसा पशुकामो दध्नेऽ-
न्द्रियकाम ओदनेनान्नाद्यकामो व्रीहिभिर्यवैर्धान्यकामः कन्या-
कामो लाजैस्तिलैं राक्षोघ्नं पापनाशनं च सद्य एव विनश्याति
ज्वरो वानस्पत्यानां न्यग्रोधैः पुत्रकामः प्लक्षैर्गृह*कामोऽ-
श्वत्थैः पुष्टिकामश्शमीमयैश्शान्तिकामोऽपामार्गैर्वश्यकामः खादि-
रैराधिपत्यकामोऽर्कसमिद्भिरर्थकामः पलाशसमिद्भिस्सर्वकामः ॥

---

* ख, ग्राम.

यावज्जुहोति तावदाप्नोतीति* ह स्माह भगवान् बोधायनः ॥ ४

इति बोधायनगृह्यशेषे तृतीयप्रश्ने
द्वितीयोऽध्यायः.

अथातो दुर्गाकल्पं व्याख्यास्यामः—

यज्ञोपवीतं रक्तपद्मपुष्पं सम्भारानुपकल्प्य मासिमासि कृत्तिकापूर्वाह्णे गोमयेन गोचर्ममात्रं चतुरश्रं स्थण्डिलं कृत्वा प्रोक्ष्य शौचेन सुव्रतास्तिष्ठन् भगवतीमावाहयेत्—'जातवेदसे' इति 'ओमार्यां रौद्रीमावाहयामि' इत्यावाह्य 'तामग्निवर्णां' इति कूर्चं दत्वा 'अग्ने त्वं पारय' इति यज्ञोपवीतं दत्वाऽथैनां स्नापयति—'आपो हिष्ठा मयोभुवः' इति तिसृभिः 'हिरण्यवर्णाः' इति चतसृभिः 'पवमानः' इत्येतेनानुवाकेन मार्जयित्वा 'आर्यायै रौद्र्यै महाकाल्यै महायोगिन्यै सुवर्णपुष्प्यै देवसङ्कीर्त्यै महायज्ञायै† महावैष्णव्यै महापृथिव्यै मनोगम्यै शङ्खधारिण्यै नमः' इत्येकादशनामधेयैर्गन्धपुष्पधूपदीपैः 'अमुष्यै नमोऽमुष्यै नमः' इत्येतैरेवार्चयित्वा सावित्र्या 'भगवत्यै दुर्गादेव्यै हविर्निवेदयामि' इति हविर्निवेद्य शेषमेकादशनामधेयैर्हुत्वा पञ्चदुर्गा जपेद्दश स्वस्ति जपेत् 'जातो यदग्ने, वषट्ते विष्णो, वास्तोष्पते, एवाव-

---

* ख. तावज्जपेदिति. † ख. यज्ञै.

न्द्रश्च, आ नो नियुद्भिः, हिरण्यवर्णाः, अभयं कृणोतु, अश्वावतीः, त्वं वरुणः, बृहस्पते युवमिन्द्रश्च, स्वस्ति न इन्द्रो वृद्धश्रवाः' इति जपित्वा 'शं च मे मयश्च मे' इत्ये-तैरेकादशभिरनुवाकैश्च जपेत् सावित्र्या 'भगवत्यै दुर्गा-देव्यै हविरुद्वासयामि' इत्युद्वास्य शेषं ब्राह्मणेभ्यो दत्वा संवत्सरमुपासीत ॥ १

सर्वे कामास्सिध्यन्तीत्याह भगवान् बोधायनः ॥ २

इति बोधायनीयगृह्यशेषसूत्रे तृतीयप्रश्ने तृतीयोऽध्यायः.

अथात उपश्रुतिकल्पं व्याख्यास्यामः—

आदित्यवारेऽङ्गारकवारे वा चतुर्थ्यामष्टम्यां चतुर्दश्यां भरण्यां कृत्तिकायां वा क्रियेत ॥ १

पूर्वेद्युरकृतभुक्ति * श्शुचिर्ब्रह्मचारी भूत्वाऽथ प्रदोषेऽग्निमुपसमाधाय सम्परिस्तीर्य तस्य दक्षिणत उपश्रुतिमावा-हयेत्—'ओं भूः रात्रीं देवीमावाहयाम्यों भुवरुपश्रुतिं देवी-मावाहयाम्यों सुवर्महारात्रीं देवीमावाहयाम्यों भूर्भुवस्सुवः महा-काळरात्रीं देवीमावाहयामि' इत्यावाह्याथैनां स्नापयति—'आपो हिष्ठा मयोभुवः' इति तिसृभिः 'हिरण्यवर्णाः'

* ख. पूर्वेद्युः कृतैकभुक्ति.

इति चतसृभिः 'पवमानः' इत्येतेनानुवाकेन मार्जयित्वा गन्धैः कृष्णपुष्पैर्धूपैर्दीपैरलंकृत्याज्यं संस्कृत्य जुहोति—'रात्र्यै देव्यै स्वाहोपश्रुत्यै देव्यै स्वाहा महारात्र्यै देव्यै स्वाहा महाकाळरात्र्यै देव्यै स्वाहा निशायै स्वाहा क्षपायै स्वाहा कृष्णायै स्वाहाऽन्धकारिण्यै स्वाहा' 'यत इन्द्र भयामहे, स्वस्तिदा विशस्पतिः' इति द्वाभ्यां च जुहोति ॥ २

अथ समन्तं परिषेकं कृत्वा रात्रिसूक्तेनोपतिष्ठते ॥ ३

व्याहृतीभिः 'रात्रीं देवीमुद्वासयामि' इत्युद्वास्याथ व्रजेच्छ्मशानदेशे देवागारे श्रोत्रियागारे कुलालकारुदेशे वा गच्छेत् ॥ ४

नवधनुर्मात्रात् कर्णौ बध्नाति ॥ ५

'स्वस्ति न इन्द्रो वृद्धश्रवाः' इत्येतामृचं जपित्वा विमुञ्चेद्व्यक्तं तत्प्रतिगृह्यतामनुरूपं युज्यतां सर्वकर्मणां चारम्भ इत्याह भगवान् बोधायनः ॥ ६

इति बोधायनगृह्यशेषे तृतीयप्रश्ने चतुर्थोऽध्यायः.

अथातश्श्रीकल्पं व्याख्यास्यामः—

शुक्लपक्षस्य पञ्चम्यां पौर्णमास्यामपि वा श्रियं कदम्बमयीं बिल्वसारमयीं स्थण्डिले वा विधायाहोरात्रोपोषि-

तश्शुचिः कृतशौचस्समे देशे गोमयेन गोचर्ममात्रं चतुरश्रं स्थण्डिलमुपलिप्य गन्धसुमनसस्सम्प्रकीर्य हिरण्मयेन पात्रेणोदकं पूरयित्वा गन्धान् सुमनसः, तस्मिन् 'हिरण्यवर्णां हरिणीम्' इति द्वाभ्यां 'ओं भूः श्रियमावाहयामि ओं भुवः श्रियमावाहयामि ओं सुवः श्रियमावाहयामि ओं भूर्भुवस्सुवः श्रियमावाहयामि' इत्यावाह्य 'कर्दमेन' इति द्वाभ्यां प्रसिद्धं प्रोक्ष्य 'अश्वपूर्वां' इति स्नापयित्वा 'गन्धद्वाराम्' इति गन्धं ददाति 'कां सोऽस्मि ताम्' इति पुष्पं ददाति 'उपैतु माम्' इति धूपं ददाति 'चन्द्रां हिरणमयीम्' इति दीपं ददाति 'चन्द्रां प्रभासाम्' इति नैवेद्यं ददाति ॥ १

अथ देव्या दक्षिणतोऽग्निमुपसमाधाय सम्परिस्तीर्य महाव्रीहिभि*स्तण्डुलैः पायसं† चरुं श्रपयित्वा हविर्द्वेधा कृत्वा 'मनसः कामम्' इत्यभिप्रेत्य काममन्नं वाऽऽज्यमिश्रं श्रीसूक्तेन पञ्चदशर्चेन हविर्जुहोति ॥ २

तेन सूक्तेन 'श्रियै नमः पुष्ट्यै नमो धात्र्यै नमस्सरस्वत्यै नमः' इति बलिमुपहराति ॥ ३

पद्मपुष्पाणि यथालाभं गृहीत्वा प्रत्यङ्गं निमार्ष्टि— 'क्षुत्पिपासाम्' इत्यलक्ष्मीं निर्णुदति ॥ ४

---

* ख. महाव्याहृतिभि. † ख. पयासि.

एवमेवाहरहर्मासिमासि वा महान्तं पोषं पुष्यति धन्यं यशस्यमारोग्यमायुष्यं पुत्र्यं पशव्यं तस्य महत्स्वस्त्ययनमित्याह भगवान् बोधायनः ॥ ८

इति बोधायनगृह्यशेषसूत्रे तृतीयप्रश्ने
पञ्चमोऽध्यायः.

अथातस्सरस्वतीकल्पं व्याख्यास्यामः—

शुक्लपक्षे त्रयोदश्यां वोत्तरयोः फल्गुन्योर्वा पुण्ये नक्षत्रेऽथ देवयजनोल्लेखनप्रभृत्या प्रणीताभ्यः कृत्वाऽग्रेणाग्निं सरस्वतीमावाहयति—

आयातु वरदा देव्यक्षरं ब्रह्मसम्मितम् ।
गायत्रीं च्छन्दसां मातेदं ब्रह्म जुषस्व नः ॥ १

'सरस्वतीमावाहयामि' इत्यावाह्यात्र स्थानानि कल्पयति—'वाग्देव्यै कल्पयामि गीर्देव्यै कल्पयामि सरस्वत्यै कल्पयामि ब्राह्म्यै कल्पयामि' इति ॥ २

अथैनाः स्नापयति—'आपो हिष्ठा मयो भुवः, हिरण्यवर्णाः, पवमानस्सुवर्जनः' इत्येतेनानुवाकेन मार्जयित्वाऽद्भिस्तर्पयित्वैतैरेव नामधेयैर्गन्धपुष्पधूपदीपैः 'अमुष्यै नमोऽमुष्यै नमः' इति परिधानप्रभृत्याऽग्निमुखात्कृत्वा पक्वाज्जुहोति, पायसं वा—'चोदयित्री सूनृतानां, पावीरवी कन्या' इति द्वाभ्याम् ॥ ३

अथाज्याहुतीरुपजुहोति—'प्रणो देवी, आ नो दिवः, ये ते सरस्व ऊर्मयः, उत नः प्रिया प्रियासु, इमा जुह्वाना, यस्ते स्तनश्शशयः, देवीं वाचमजनयन्त, यद्वाग्वदन्ती' इत्येतेन सूक्तेन ॥ ४

स्विष्टकृत्प्रभृति सिद्धमाधेनुवरप्रदानात् ॥ ५

अथाग्रेणाग्निं पलाशपर्णेषु हुतशेषं निवेदयित्वा ब्राह्मबलिं दत्वोदेत्यापरेणाग्निं प्राङ्मुखं कुमारमुपवेश्य विद्यारम्भं कुरुते ॥ ६

अनन्तरं देवीमुद्वासयेत्—

उत्तमे शिखरे देवि भूम्यां पर्वतमूर्धनि ।

ब्राह्मणेभ्यो ह्यनुज्ञानं गच्छ देवि यथासुखम् ॥ ७

इति पुनरागमनाय पुनर्दानाय* ॥ ८

एवमेव मासिमासि विद्याकांक्षी सरस्वतीमाराधयेदित्याह भगवान् बोधायनः ॥ ९

इति बोधायनगृह्यशेषे तृतीयप्रश्ने
षष्ठोऽध्यायः.

अथातो विष्णुकल्पं व्याख्यास्यामः—

आषाढकार्तिकफाल्गुनशुक्लपक्षेषु द्वादश्यां यदा श्रद्धा भवत्यहोरात्रमुपोषितश्श्वोभूते प्राग्वोदग्वाऽरण्ये शुचिर्गृहे वा यत्र

---

* ख. पुनर्दर्शनाय.

रोचते मनस्तत्र स्थण्डिलेऽग्निमुपसमाधाय संपरिस्तीर्याप्रणी-
ताभ्यः कृत्वा सिद्धे पायसे 'यत्ते पवित्रं, पवित्रं ते वित-
तम्' इत्युदाहृत्य 'ओम्' इति विद्युद्गन्धोशीरमयं भगवन्तं
श्वेतपीतरक्तप्रतिसरेणावेष्ट्य स्थापयित्वाऽऽवाहयेत् ओं भूः
पुरुषमावाहयाम्यों भुवः पुरुषमावाहयाम्यों सुवः पुरुषमा-
वाहयाम्यों भूर्भुवस्सुवः पुरुषमावाहयामि' इत्यावाह्य प्रसि-
द्धमासनस्नानपाद्याचमनीयानि दद्यात् सर्वसुरभिगन्धपुष्पधूप-
दीपमाल्यैरभ्यर्च्य यथोपपन्नं बर्हिष्यश्वत्थपर्णे प्रस्तरे 'गोभि-
र्जुष्टम्' इति धूपभाजने न्यस्यति ॥ १

ततष्षोडशाज्याहुतीर्जुहोति—पुरुषसूक्तेन 'परो मात्राया'
इति तिसृभिः। पवमानमुपनिनीय * चरोराज्यमिश्रं चतस्रः
आहुतीर्जुहोति—'वासुदेवाय स्वाहा बलदेवाय स्वाहा वि-
ष्णवे स्वाहा श्रियै स्वाहा' इति ॥ २

स्विष्टकृतमवदायान्तःपरिधि सादयित्वा दैवतमर्चयत्से-
तैरेव नामधेयैः 'अमुष्मै नमोऽमुष्मै नमः' इति गन्धपु-
ष्पधूपदीपैरन्नेन 'अमुष्मै स्वाहाऽमुष्मै स्वाहा' इति फलो-
दकेन 'अमुं तर्पयाम्यमुं तर्पयामि' इति स्विष्टकृत्प्रभृति
सिद्धमाधेनुवरप्रदानात् ॥ ३

'आभिर्विश्वा अभियुजः' इति जानुं निपात्य चतुः
प्रदक्षिणं परिक्रामेत् 'विश्वभुजे नमः। सर्वभुजे नमः।

---

* ख. पायस आज्यमुपनिनिय.

आत्मने नमः। परमात्मने नमः' इति । ध्रुवसूक्तं जपित्वा पुरुषमुद्वासयेत् 'ओं भूः पुरुषमुद्वासयाम्यों भुवः पुरुषमुद्वासयाम्यों सुवः पुरुषमुद्वासयाम्यों भूर्भुवस्सुवः पुरुषमुद्वासयामि' इत्युद्वास्य यत्रापस्तद्गत्वोत्सृजेदवभृथम् ॥ ४

'प्रतत्ते अद्य, किमित्ते विष्णो परिचक्ष्यं भूत्' इति द्वाभ्यां प्रतिसरं विस्रंसयति ॥ ५

'इदं विष्णुर्वि चक्रमे' इत्येतया चरुं प्राश्नाति ॥ ६

एवं घोषयेत्—'यो वैष्णव इत्याह, वैष्णवोऽस्मि' इति यः प्रतिब्रूयात्तस्मै शेषं दद्यादेतैरेव मन्त्रैः प्राश्नाति ॥

प्राश्याप आचम्य 'ओं नमो भगवते वासुदेवाय' इति द्वादशाक्षरं जपित्वाऽश्वमेधफलमाप्नोतिं सकृदिष्ट्वा सनातनमिति ॥ ८

इति बोधायनीयगृह्यशेषे तृतीयप्रश्ने सप्तमोऽध्यायः.

अथातो रविकल्पं व्याख्यास्यामः—

मण्डलं चतुरश्रं वा गोमयेन गोचर्ममात्रं स्थण्डिलं कृत्वाऽष्टाचत्वारिंशत्कृत्वो रविवारे ताम्रपात्रे रक्तगन्धं रक्तपुष्पं वा 'घृणिस्सूर्य आदित्यः' इत्यावाह्य 'आसत्येन' इत्यर्घ्यं दद्यात् 'हंसश्शुचिषत्' इति पाद्यं 'अग्निर्मूर्धा' इत्याचमनीयम् 'आपो हिष्ठा मयोभुवः, हिरण्यवर्णाः, पवमान-

स्रुवर्जनः' इत्येतेनानुवाकेन मार्जयित्वाऽद्भिस्तर्पयति—'धातारं तर्पयामि विधातारं तर्पयाम्यर्यमणं तर्पयामि मित्रं तर्पयामि वरुणं तर्पयामि भगवन्तं तर्पयामि हंसं तर्पयामि पूषाणं तर्पयामि पर्जन्यं तर्पयामि विवस्वन्तं तर्पयामीन्द्रं तर्पयामि रविं तर्पयामि' इत्येतैरेव नामधेयैर्गन्धपुष्पधूपदीपैः 'अमुष्मै नमोऽमुष्मै नमः'. इति। व्याहृतीभिः 'पुरुषमुद्वा-
सयामि' इत्युद्वास्याथापूपं दद्यादष्टाचत्वारिंशत् ॥ १

एकवारमर्चयित्वा कुष्ठरोगी क्षयरोगी ॥ २

बन्धाद्विमुच्यते बद्धो रोगी रोगाद्विमुच्यते ॥ ३

इत्याह भगवान् बोधायनः ॥ ४

इति बोधायनगृह्यशेषे तृतीयप्रश्ने
अष्टमोऽध्यायः.

अथातो ज्येष्ठाकल्पं व्याख्यास्यामः—

तिलतैलमाज्यं पयोदधिसक्तून् लाजान् करम्भान्
कृष्णानि वासांसीति सम्भारानुपकल्पयते ॥ १

प्रोष्ठपदायामनूराधायां वाऽहविष्यं भुञ्जीत ॥ २

अथ श्वोभूते ज्येष्ठामनुस्मरन्नुत्थाय देवागारे रहस्यप्रदेशे वा यत्र रोचते मनस्तत्र स्थण्डिलं कृत्वाऽथ देवयजनोल्लेखनप्रभृत्याप्रणीताभ्यः कृत्वाऽग्रेणाग्निं ज्येष्ठादेवीमावाहयति—

यस्यास्सिंहा रथे युक्ता व्याघ्राश्चाप्यनुगामिनः ।
तामिमां पुण्डरीकाक्षीं ज्येष्ठामावाहयाम्यहम् ॥ ३

इत्यावाह्य 'इहलोकाकीर्तये नमः । परलोकाकीर्तये नमः । श्रियै नमः । ज्येष्ठायै नमः । सत्यायै नमः । कपिलपत्न्यै नमः । कपिलहृदयायै नमः । कुम्भ्यै नमः । कुम्भिन्यै नमः । प्रकुम्भ्यै नमः । ज्यायायै नमः । वरदायै नमः । हस्तिमुखायै नमः । विघ्नपार्षदायै नमः । विघ्नपार्षद्यै नमः' इति तर्पयति ॥ ४

'आपो हिष्ठा मयोभुवः, हिरण्यवर्णाः, पवमानस्सुवर्जनः' इत्येतेनानुवाकेन मार्जयित्वा तैरेव नामधेयैर्गन्धपुष्पधूपदीपैः 'अमुष्यै नमोऽमुष्यै नमः' इति परिधानप्रभृत्याऽग्निमुखात्कृत्वा पक्वाज्जुहोति—'इन्द्रो ज्येष्ठामनु नक्षत्रमेति' इति पुरोनुवाक्यामनूच्य 'पुरन्दराय वृषभाय धृष्णवे' इति याज्यया जुहोति ॥ ५

अथाज्याहुतीरुपजुहोति—'इन्द्राय स्वाहा । ज्येष्ठाय स्वाहा । श्रेष्ठाय स्वाहा । प्रजापतये स्वाहा' इति । 'नमस्तुते निरृऋते' इति षड्भिरनुच्छन्दसम् ॥ ६

अथ कुत्सै * जुहोति ॥ ७

'देवस्य त्वा सवितुः प्रसवेऽश्विनोर्बाहुभ्यां पूष्णो हस्ताभ्यां भूर्भुवस्सुवरों ज्येष्ठायै हविर्निवेदयामि' इति निवेदयति ॥ ८

---

* ख. कुत्सै.

अथ दिशां बलिं हृत्वा गन्धमाल्ये द्वे वाससी नि-
वेद्यं दत्वाऽन्नं च ब्राह्मणेभ्यो दत्वा 'नमस्तुते निरृते'
इति षड्भिरुपस्थाय स्विष्टकृत्प्रभृति सिद्धमाधेनुवरप्रदानात् ॥

यस्यास्सिंहा रथे युक्ता व्याघ्राश्चाप्यनुयायिनः ।
तामिमां पुण्डरीकाक्षीं ज्येष्ठामुद्वासयाम्यहम् ॥ १०

इत्युद्वास्य ज्येष्ठामन्त्रं सहस्रकृत्व आवर्तयेच्छतकृत्वोऽ-
परिमितकृत्वो वा दशावरम् ॥ ११

शाकयावकभैक्षमूलफलाशी अधश्शायी श्वोभूते तथै-
वाभ्यर्च्य षण्मासादूर्ध्वं समाचरन् नित्यानामाशास्यान् सर्वान्
कामानवाप्नोतीति ह स्माह भगवान् बोधायनः ॥ १२

इति बोधायनगृह्यशेषे तृतीयप्रश्ने
नवमोऽध्यायः

अथातो विनायककल्पं व्याख्यास्यामः—

मासिमासि चतुर्थ्यां शुक्लपक्षस्य पञ्चम्यां वाऽभ्युद-
यादौ सिद्धिकामः ऋद्धिकामः पशुकामो वा भगवतो वि-
नायकस्य बलिं हरेत् ॥ १

पूर्वेद्युः कृतैकभुक्तः शुचिरप आचम्याथ देवयजनो-
ल्लेखनप्रभृत्याऽग्निमुखात्कृत्वा दक्षिणामुखं हस्तिमुखं दक्षिण-
तो ब्राह्मणमुपवेश्योपोत्थाय दैवतमावाहयति—

विघ्न विघ्नेश्वरागच्छ विघ्नेसेव नमस्कृत ।

अविघ्नाय भवान् सम्यक्सदाऽस्माकं भव प्रभो ॥ इति ॥

अथ दूर्वाक्षतसुमनोमिश्रमर्घ्यं ददाति—'इमा आप शिशवाश्शिवतमाश्शान्ताश्शान्ततमाः पूताः पूततमाः पुण्याः पुण्यतमाः मेध्या मेध्यतमा जुष्टा जुष्टतमा अमृता अमृतरसाः पाद्या अर्घ्या अर्हणीया अभिषेचनीया आचमनीया मार्जनीयाश्च प्रतिगृह्णन्तां प्रतिगृह्णातु भगवान् विनायको विनायकाय नमः' इति ॥ ३

अथ तूष्णीं वा गन्धपुष्पधूपदीपैरभ्यर्च्योपतिष्ठते—'भूपतये नमो भुवनपतये नमो भूतानां पतये नमः' इति ॥ ४

उपस्थाय तिस्रो विनायकाहुतीर्जुहोति—'विनायकाय भूपतये नमो विनायकाय स्वाहा । विनायकाय भुवनपतये नमो विनायकाय स्वाहा । विनायकाय भूतानां पतये नमो विनायकाय स्वाहा' इति जयप्रभृति सिद्धमाधेनुवरप्रदानात् ॥

अपूपं करम्भमोदकं सक्तून् पायसमित्यथास्मा उपहरति—'विघ्नाय स्वाहा । विनायकाय स्वाहा । वीराय स्वाहा । शूराय स्वाहा । उग्राय स्वाहा । भीमाय स्वाहा । हस्तिमुखाय स्वाहा । वरदाय स्वाहा । विघ्नपार्षदेभ्यस्स्वाहा । विघ्नपार्षदीभ्यस्स्वाहा' इति ॥ ६

अथ भूतेभ्यो बलिमुपहरेत्—'ये भूताः प्रचरन्ति' इति ॥ ७

अथ पञ्चसूत्रं कङ्कणं हस्ते व्याहृतिभिः बध्नाति—

विनायक महाबाहो विघ्नेश भवदाज्ञया ।

कामा मे साधितास्सर्वे इदं बध्नामि कङ्कणम् ॥ इति ॥

अथ साग्निकं विनायकं प्रदक्षिणं कृत्वा प्रणम्याभिवाद्य विनायकं विसर्जयति—

कृतं यदि मया प्राप्तं श्रद्धया वा गणेश्वर ।

उत्तिष्ठ सगणस्साधो याहि भद्रं प्रसीदतोम् ॥ इति ॥ ९

तस्मिन्याते द्वादशेध्मसमिद्धेनोपरि मध्यमं चैव दक्षिणोर्ध्वे समिधं तथा दधिमधुपयआज्यं संमिश्रय परिषेचनं विसर्जनं कल्पयति ॥ १०

इति बोधायनगृह्यशेषे तृतीयप्रश्ने
दशमोऽध्यायः.

अथातो मृत्युंजयकल्पं व्याख्यास्यामः—

जन्मनक्षत्रे पुण्ये नक्षत्रे त्रिजन्मनि वा ब्राह्मणानन्नेन परिविष्य 'पुण्याहं स्वस्तिऋद्धिम्' इति वाचयित्वाऽथ देवयजनोल्लेखनप्रभृत्याऽग्निमुखात्कृत्वा सावित्र्या पक्वं हुत्वा प्रादेशमात्रास्तिस्रस्तिस्रो दूर्वा एकां समिधमाहृत्य अष्टसहस्रमष्टशतमष्टाविंशतिर्वा दधिमधुघृतपयांसि समुदायुत्याभ्यज्यादधाति—'अपैतु मृत्युः, परं मृत्यो, मा नो महन्तं, मा नस्तोके,

त्रियम्बकं, ये ते सहस्रम्' इत्यष्टषष्टिशतकृत्व आवर्तयेत्तदानीं अष्टसहस्रं संपद्यते ॥ १

अथाज्याहुतीरुपजुहोति—'मृत्युर्नश्यत्वायुर्वर्धतां भूस्स्वाहा। मृत्युर्नश्यत्वायुर्वर्धतां भुवस्स्वाहा । मृत्युर्नश्यत्वायुर्वर्धतां सुवस्स्वाहा । मृत्युर्नश्यत्वायुर्वर्धतां भूर्भुवस्सुवस्स्वाहा' इति ॥ २

जयप्रभृति सिद्धमाधेनुवरप्रदानात् ॥ ३

अथाग्रेणाग्निं दूर्वास्तम्बेषु हुतशेषं निदधाति—'तच्छंयोरावृणीमहे' इति ॥ ४

अथ दक्षिणां ददाति—धेनुमृषभमनड्वाहं कंसं हिरण्यं वासो वेत्यपपुनर्मृत्युं जयतीति ह स्माह भगवान् बोधायनः ॥

इति बोधायनीयगृह्यशेषे तृतीयप्रश्ने
एकादशोऽध्यायः.

अथातोऽभिवृद्धिकल्पं व्याख्यास्यामः—

ग्रामस्य देवतायतनस्य गृहस्य वा सारतमक्षेत्रेषु वा भूतिमिच्छन् पूर्वपक्षे स्थिरराशौ स्थिरमुहूर्ते ब्रह्मस्थाने इन्द्रस्येशानस्य वा दिशि जानुदघ्नमवटं खात्वा गोमयेन गोचर्ममात्रं चतुरश्रं स्थण्डिलमुपलिप्य प्रोक्ष्य सैकतेनावकीर्य मध्ये पद्मपत्रं लिखित्वा कुशाग्रेण पञ्चगव्येन 'आपो हिष्ठा मयोभुवः, हिरण्यवर्णाः, पवमानस्सुवर्जनः' इत्येतेना

नुवाकेन व्याहृतीभिः प्रोक्ष्य सुमनसोऽवकीर्याशिषो वाचयित्वा पद्ममध्ये* सैकतेन स्थण्डिलं कृत्वाऽग्निमुपसमाधाय संपरिस्तीर्य परिधानप्रभृत्याऽग्निमुखात्कृत्वा मध्येऽग्नौ मनसा पद्मासनं ध्यात्वा श्रियमावाहयति—'गन्धद्वाराम्' इत्येतयर्चा गन्धादिभिरन्वाराध्य बिल्वसमिद्भिः श्रीसूक्तेन हुत्वा पक्वाज्जुहोति—'वास्तोष्पते, वास्तोषते' इति द्वाभ्याम् ॥ १

अथाज्याहुतीरुपजुहोति—'ब्रह्म जज्ञानम्' इति षड्भिरनुच्छन्दसम् ॥ २

स्विष्टकृत्प्रभृति सिद्धमाधेनुवरप्रदानात् ॥ ३

अथाग्रेणाग्निं पुष्करपर्णेषु हुतशेषं निदधाति—'यत्पर्यपश्यत्' इति ॥ ४

पुष्करपर्णं प्रक्षाल्य पञ्चगव्येन मथितेन पूरयित्वा गन्धादिभिस्संपूज्य श्रीसूक्तेन स्वक्षेत्राणि प्रोक्षतीत्याह भगवान् बोधायनः ॥ ५

इति बोधायनगृह्यशेषे तृतीयप्रश्ने
द्वादशोऽध्यायः.

अथातश्शिथिलीकल्पं व्याख्यास्यामः—

गृहसीमान्तचतुरश्रादिग्विधानेनान्तश्चोत्तरविधिः ॥ १

---

* ख. 'श्रियं चासनानि कल्पयित्वा इन्द्रस्याग्नेर्यमस्य निर्ऋतेर्वरुणस्य वायोस्सोमस्येशानस्य कल्पयित्वा गन्धोदकेनावोक्ष्य पश्चिमे भाग गोचर्ममात्रं चतुरश्रं स्थाण्डिलमुपलिप्योद्धत्यावोक्ष्य मध्ये' इत्यधिकपाठः.

गृहमध्ये शिथिली जायते सप्ताहात् शुभकरं भवत्यत ऊर्ध्वं प्रजानां व्याधिपीडनं करोति 'यत इन्द्र भयामहे' इति पलाशसमिद्भिरष्टोत्तरशतं जुहुयात् हविष्यमाज्यं च दो-
षमपहराति ॥ २

इन्द्रदिग्भागे शिथिली जायते सकुटुम्बस्य महद्भयं भवति 'सदसस्पतिम्' इति मन्त्रेण खादिरसमिद्भिर्जुहुयात् ॥

अग्निदिग्भागे शिथिली जायते सप्ताहात्सुहृदागमनं भवत्यत ऊर्ध्वं राजक्षोभं करोति 'अयमु ते समतासि कपोत इव गर्भधिम्। वचस्तच्चिन्न ओजसे स्वाहा' इत्यौदुम्बर-
समिद्भिर्जुहुयात् ॥ ४

यमदिग्भागे शिथिली जायतेऽष्टाहादर्थलाभमाप्नोति तत ऊर्ध्वं भार्यामरणं करोति प्लक्षसमिद्भिस्त्रियम्बकेन जुहोति ॥

निरृतिदिग्भागे शिथिली जायते ऽब्दाद्वृष्टिं करोति तत ऊर्ध्वं भार्यानाशं करोत्यपामार्गसमिद्भिः 'प्रजापते न
त्वत्' इति मन्त्रेण जुहोति ॥ ६

वरुणदिग्भागे शिथिली जायते गर्भलाभं करोत्यत ऊर्ध्वं चोरभयं कुर्याद्दूर्वासमिद्भिः 'गणानां त्वा' इति जुहोति ॥

वायुदिग्भागे शिथिली जायते कन्यादोषमुपजायते
दूर्वासमिद्भिः 'सप्त ते अग्ने' इति जुहोति ॥ ८

सोमदिग्भागे शिथिली जायते शत्रुखादनं करोत्यत ऊर्ध्वं धान्यनाशं करोति वटसमिद्भिरघोरमन्त्रेण जुहोति ॥

ईशानादिग्भागे शिथिली जायते गृहपतेर्व्याधिपीडनं करोति 'येषामीशे' इति शमीसमिद्भिर्जुहोति ॥ १०

द्वारप्रदेशे शिथिली जायते गृहिणीनाशं करोति बिल्वसमिद्भिस्त्रियम्बकेन जुहोति ॥ ११

शयनप्रदेशे शिथिली जायते गृहपतेर्मरणं करोति व्याहृतीभिर्यवैर्जुहोति ॥ १२

गोमहिषस्थाने शिथिली जायते प्रजानां चक्षुर्नाशं करोति व्याहृतीभिर्यवैर्जुहोति ॥ १३

जलभाण्डस्थाने शिथिली जायते दासवर्गनाशं करोति सप्तव्याहृतीभिर्यवैर्जुहोति ॥ १४

देवालये शिथिली जायते ग्रामेऽग्निभयं करोति बिल्वसमिद्भिस्त्रियम्बकमन्त्रेण जुहोति ॥ १५

सभास्थाने शिथिली जायते ग्रामस्य सकुटुम्बस्याध्रुवं कुर्यादा त्वाहार्षसूक्तेन दूर्वाभिर्जुहोति ॥ १६

देवालये सभास्थाने तटाके गृह एव वा ।
उत्पन्ने रक्तवल्मीके कुर्याच्चस्य प्रतिक्रियाम् ॥ १७

समिद्भिस्सर्पिषा चैव हविषा तिलसर्षपैः ।
कुर्याद्व्याहृतिमन्त्रेण होममष्टशतं पृथक् ॥ १८

धर्मास्थाने तु वल्मीके जाते मरणमादिशेत् ।
इन्द्रस्थाने श्रियं ब्रूयादाग्नेये च तथाऽश्रियम् ॥ १९

याम्ये बन्धुविनाशस्स्याद्राक्षसे गृहिणीं हरेत् ।
वारुणे बन्धुलाभस्स्याद्वायव्ये दूर आगतिः ॥ २०
सौम्ये सुखं तथा रौद्रे दुर्वाक्यं मरणं भवेत् ।
इत्याह भगवान् बोधायनः ॥ २१

इति बोधायनीयगृह्यशेषसूत्रे तृतीयप्रश्ने
त्रयोदशोऽध्यायः.

अथातो यमळकल्पं व्याख्यास्यामः—

पत्नी गावो वा यमळौ विजायेरन् तस्य संस्कारः
प्राङ्नामकरणात् कार्यः ॥ १

ब्राह्मणाननुज्ञाप्य चतुर्णां क्षीरवृक्षाणां कषायानाहरेयुः प्लक्षन्यग्रोधाश्वत्थोदुम्बराणां चतुर उदकुम्भान् पूरयित्वा चतस्रो विधवा ब्रह्मचारिणो वा हिरण्यमन्तर्धाय स्नापयेयुश्शतधारेण वा कृत्वाऽभिषिञ्चन्ति ॥ २

अथ भूतबलिं करोति । आचार्यमलङ्कृत्य गोमिथुनं
दद्यात् ॥ ३

पुंसो यवमयं गोमूत्रं स्त्रियो 'हिरण्यगर्भस्समवर्तताग्रे'
इत्यष्टाभिर्हुत्वा कार्यो मारुतश्चरुर्न तस्य भयं विद्यत इति
प्रसिद्धं नामकरणम् ॥ ४

इति बोधायनीयगृह्यशेषे तृतीयप्रश्ने
चतुर्दशोऽध्यायः.

अथातोऽर्धमासेऽर्धमासेऽष्टम्यां ब्राह्मणाः ब्रह्मचारिणः स्त्रियश्च पुत्रकामा आयुष्कामा आरोग्यकामा ब्रह्मवर्चसकामास्सौभाग्यकामाश्चोपवसन्ति ॥ १

अथ प्रदोषे 'रुद्रं विरूपाक्षं सपत्नीकंससुतं सगणं सपारिषत्कमावाहयामि' इत्यावाह्य स्वागतेनाभिनन्दयति स्वागतं पुनरागतम् * ॥ २

'भगवते महादेवाय विरूपाक्षाय सपत्नीकाय ससुताय सगणाय सपारिषत्कायेत्येतदासनं क्लृप्तमत्रास्तां भगवान् महादेवो विरूपाक्षस्सपत्नीकस्ससुतस्सगणस्सपार्षत्कः' इति ॥ ३

अथ कूर्चं ददाति—'भगवतोऽयं कूर्चः दर्भमयस्त्रिवृद्धरितस्सुवर्णमयस्तं जुषस्व' इति प्रतिगृह्णातु भगवान् महादेवो विरूपाक्षाय सपत्नीकाय ससुताय सगणाय सपार्षत्कायेति ॥ ४

अथात्र स्थानानि कल्पयति—'महाकालाय नमः शङ्कराय † नमो बभ्रुकर्णाय नमो नन्दिकेश्वराय नमो दण्डिमुण्डाय नमः चण्डिकेश्वराय नमः' इति ॥ ५

अथ देवयजनोल्लेखनप्रभृत्याऽग्निमुखात्कृत्वा पक्वाज्जुहोति—'आर्द्रया रुद्रः, हेती रुद्रस्य' इति द्वाभ्याम् ॥ ६

अथाज्याहुतीरुपजुहोति—'भवाय देवाय स्वाहा' इत्यादिभिश्चतुर्विंशतिभिः हुत्वा 'हव्यवाहं स्विष्टम्' इति स्वि-

---

* ख. पुनरागमनम्.   † ख. शङ्कुकर्णाय.

धृकृतं हुत्वाऽथाग्रेणाग्निमर्कपर्णेषु हुतशेषं निदधाति—'यो
रुद्रो अग्नौ' इति ॥ ७

शिष्टैर्गन्धमाल्यैरभ्यर्च्य रौद्रीभिः ऋग्यजुःसामाथर्वभि
स्स्तुतिभिः स्तुन्वन्त्यार्षैस्स्तोत्रैः ॥ ८

देवतां प्रवाहयति—प्रयातु भगवान्—
ईशानस्सर्वलोकानां सर्वलोकनमस्कृतः ।
अनेन हविषा तृप्तः पुनरागमनं प्रति ॥ इति ॥
प्रत्यभिमृशतेऽयनाय चेति ॥ ९

य एवं विद्वानाचरति पुत्रवान् पशुमान् भवति सर्वं
पाप्मानं तरति तरति ब्रह्महत्यामपपुनर्मृत्युं जयतीति ह स्माह
भगवान् बोधायनः ॥ १०

इति बोधायनगृह्यशेषसूत्रे तृतीयप्रश्ने
पञ्चदशोऽध्यायः.

अथ वृषोत्सर्गः—

कार्तिक्यां पौर्णमास्यां क्रिपेतापि वा आश्वयुज्यां वै-
शाख्यां वा गोष्ठे गवां मध्ये ॥ १

अथ देवयजनोल्लेखनप्रभृत्याऽग्निमुखात्कृत्वा पकाज्जुहो-
ति—'पूषा गा अन्वेतु नः' इति पुरोनुवाक्यामनूच्य 'शुक्रं
ते अन्यत्' इति याज्यया जुहोति ॥ २

अथाज्याहुतीरुपजुहोति—'इह धृतिस्स्वाहा । इह वि-

धृतिस्स्वाहा। इह रन्तिस्स्वाहा। इह रमतिस्स्वाहा' इति 'उपसृजन्मात्रे वत्सं धारयन् धरुणो धयन्नायस्पोषमिषमूर्ज-मस्मासु दीधरत्स्वाहा' इति। 'आ गावो अग्मन्नुत भद्र-मक्रन्' इत्येतेन सूक्तेन 'नमस्ते रुद्र मन्यवे' इत्याऽन्तादनु-वाकस्य ॥ ३

स्विष्टकृत्प्रभृति सिद्धमाधेनुवरप्रदानात् ॥ ४

अथ रुद्रं जपित्वा गोमिथुनमध्वर्यवे ददाति ॥ ५

लाजमन्त्रेण त्रिः प्रदक्षिणं परिक्रमयेदेकवर्णो द्विवर्णो* वा यूथं छादयति। यूथस्य मुख्याश्चतस्रो वत्सतर्यः स्ना-प्याच्छाद्य तिलोदकं गृह्णाति—'ऋचां प्राची' इति ॥ ६

अवधूनुयुर्जलबिन्दून् पीत्वा—'तृप्ता यान्तु पितरः' इति ॥ ७

अथैनं मध्ये गोष्वपिसृजति—'एतं युवानं परि वो ददामि' इति ॥ ८

अपियन्तमनुमन्त्रयते—'त्वां गावः' इति ॥ ९

मध्यस्थमनुमन्त्रयते—'मयोभूर्वातो अभिवातूस्राः' इति ॥

सर्वासां पयसि पायसं श्रपयित्वा ब्राह्मणान् संपू-ज्याशिषो वाचयित्वा यथाशक्ति दक्षिणां ददाति ॥ ११

तिर्यग्योनिगतान् ज्ञातीन् जात्यन्तरे वर्तमानान् दुष्कु-लै†रपरुद्धान् दशपूर्वान् दशापरानात्मानं चैकविंशतिं पङ्क्तिं च पुनाति न च पुनरावर्तते न च पुनरावर्तत इति ॥ १२

---

* ख. एकवर्णो द्विवर्णो वा. † ख. दुष्कृतैः.

अथाप्युदाहरन्ति—

एष्टव्या बहवः पुत्रा यद्येकोपि गयां व्रजेत् ।

गौरीं वा वरयेत्कन्यां नीलं वा वृषमुत्सृजेत् ॥ १३

लोहितो यस्तु वर्णेन श्वेतलाङ्गूललक्षणः ।

खुरे ककुदि च श्वेतस्स वै नीलवृषमुस्स्मृतः ॥ १४

इत्याह भगवान् बोधायनः ॥ १५

इति बोधायनगृह्यशेषे तृतीयप्रश्ने
षोडशोऽध्यायः

अथातस्सहस्रभोजनविधिं व्याख्यास्यामः—

उदगयने पूर्वपक्षे पुण्ये नक्षत्रे त्रिजन्मनि दक्षिणा-
यने वा क्रियेत ॥ १

स्वगृहे देवगृहे वा यत्र शुचिर्देशः स्यात्तत्र शुचिर्भू-
त्वा युग्मान् ब्राह्मणान् सुप्रक्षालितपाणिपादानप आचमय्य
आसनं कल्पयित्वा गन्धपुष्पधूपदीपैरभ्यर्च्य 'सङ्कल्पसिद्धि-
रस्तु' इति वाचयित्वा त्रिवृताऽन्नेन ब्राह्मणान् सम्पूज्या-
शिषो वाचयित्वा प्रदक्षिणनमस्कारं विदधीत ॥ २

सहस्रात्मानमीश्वरं सहस्रभोजनेन सम्पूज्य 'एकस्मै
स्वाहा द्वाभ्यां स्वाहा' इति दशानुवाकान् भोजनान्ते द्वा
दश ब्राह्मणाः श्राविताः भवन्ति षड्वा ॥ ३

ब्राह्मणानन्नेन परिविष्य 'पुण्याहं स्वस्ति ऋद्धिम्' इति

वाचयित्वाऽथ देवयजनोल्लेखनप्रभृत्याऽग्निमुखात्कृत्वा पक्वा-
ज्जुहोति—'विष्णोर्नुकम्' इति पुरोनुवाक्यामनूच्य 'विष्णो
रराटमसि' इति याज्यया जुहोति॥ ४

अथाज्याहुतीरुपजुहोति—'केशवाय स्वाहा' इत्यादि-
द्वादशनामधेयैस्स्विष्टकृत्प्रभृति सिद्धमाधेनुवरप्रदानात् ॥ ५

अथ विप्रान् भोजयित्वा गुळपायसं घृतमिश्रमि-
त्यन्नस्य बलिमुपहरति—'अमुष्मै स्वाहाऽमुष्मै स्वाहा' इति
द्वादशनामधेयैः ॥ ६

अथ ब्राह्मणेभ्यो निवेदयित्वा वस्त्रयुगानि कुण्डल-
युगान्यङ्गुलीयकमुपानहौ छत्रं कमण्डलुमिति च दद्यात् ॥ ७

अन्नशेषमाज्यशेषं पक्वशेषं चोभौ जायापती प्राश्नी
यातां सर्वान् कामानवाप्नोति सर्वकल्मषैः महापातकैः प्रमु-
च्यते षष्टिर्वर्षसहस्राणि ब्रह्मलोकमतीत्य विष्णुलोके महीयत
इत्याह भगवान् बोधायनः ॥ ८

इति बोधायनगृह्यशेषे तृतीयप्रश्ने
सप्तदशोऽध्यायः.

अथातस्सहस्रभोजनप्रस्तुत्यां व्याख्यास्यामः—

विषुवेऽयने जन्मनक्षत्रे चन्द्रसूर्यग्रहणे ग्रहगृहीते व्या-
धिग्रस्ते प्रजाकामोऽन्यकामो वा ब्राह्मणाननुज्ञाप्य अभीष्टमाङ्कु-
र्वरणं *कृत्वा सहस्रब्राह्मणान् वेदपारगान् भोजयित्वा सह-

---

* ख. अभीष्टमङ्कुरं-

स्वसङ्ख्यापरिपूर्णे पुण्ये नक्षत्रे ब्राह्मणान् द्वादश षड्वा निमन्त्रयित्वा स्नानासनादिगन्धपुष्पधूपदीपैरभ्यर्च्याथ देवयजनोल्लेखनप्रभृत्याप्रणीताभ्यः कृत्वोपोत्थायाग्रेणाग्निं व्याहृतीभिर्विष्णुमावाह्य परिधानप्रभृत्याऽग्निमुखात्कृत्वा दैवतमर्चयति—'आपो हिष्ठा मयोभुवः' इति तिसृभिः 'हिरण्यवर्णाः' इति चतसृभिः 'पवमानस्सुवर्जनः' इत्येतेनानुवाकेन मार्जयित्वा गन्धपुष्पधूपदीपैरभ्यर्च्याथ पक्वाज्जुहोति—'विष्णोर्नुकम्' इति पुरोनुवाक्यामनूच्य 'विष्णो रराटमसि' इति याज्यया जुहोति ॥ १

अथाज्याहुतीरुपजुहोति—'केशवाय स्वाहा' इति द्वादशनामधेयैः स्विष्टकृत्प्रभृति सिद्धमाधेनुवरप्रदानात् ॥ २

अथ विप्रान् भोजयित्वा गुळपायसं घृतमिश्रमित्यन्नस्य बलिमुपहरति 'अमुष्मै स्वाहा' इति द्वादशनामधेयैः ॥

अथ ब्राह्मणेभ्यो वस्त्रयुगानि कुण्डलयुगान्यङ्गुलीयकमुपानहौ छत्रं कमण्डलुमिति च दद्यात् ॥ ४

अन्नशेषमाज्यशेषं पक्वशेषं चोभौ जायापती प्राश्नीयातां सर्वान् कामानाप्नोति महापातकैः प्रमुच्यते षष्टिर्वर्षसहस्राणि ब्रह्मलोकमतीत्य विष्णुलोके महीयत इत्याह भगवान् बोधायनः ॥

इति बोधायनगृह्यशेषे तृतीयप्रश्ने

अष्टादशोऽध्यायः.

अथातो जीवश्राद्धं व्याख्यास्यामः—

यस्त्वात्मनश्श्रेय इच्छत्यपरपक्षे त्रयोदशीमुपोष्य तस्मि-
न्नेवाहनि सम्भारानुपकल्पयते यान्यौर्ध्वदैहिकानि मृतानां—
वस्त्रषट्कं सौवर्णीं सूचीमङ्कुशं तान्तवं पाशं कन्थां पलाश-
वृन्तमौदुम्बरीमासन्दीं कलशानित्यन्यान्यपि च ॥ १

श्वोभूते स्नात्वा मध्याह्ने जले स्थित्वोपोत्थाय 'पुण्याहं
स्वस्ति ऋद्धिम्' इति वाचयित्वा वस्त्राङ्गुलीयकं दक्षिणां
दद्यात् सघृतपायसं दक्षिणामुखोऽश्नीयात् ॥ २

अथ श्राद्धविधिनाऽग्निमुपसमाधाय सम्परिस्तीर्याऽग्निमु-
खात्कृत्वा पक्वाज्जुहोति—'चत्वारि शृङ्गा' इति पुरोनुवा
क्यामनूच्य 'त्रिधा हितम्' इति याज्यया जुहोति 'तत्स-
वितुर्वरेण्यम्' इति पुरोनुवाक्यामनूच्य 'योजयित्री सूनृता-
नाम्' इति याज्यया जुहोति 'ये चत्वारः' इति पुरोनु-
वाक्यामनूच्य 'द्वे स्रुती' इति याज्यया जुहोति 'अग्ने नय'
इति पुरोनुवाक्यामनूच्य 'या तिरश्ची' इति याज्यया
जुहोति ॥ ३

अथाज्याहुतीरुपजुहोति—पुरुषसूक्तेनाष्टादशर्चेन हुत्वा गा
यत्र्याऽष्टसहस्रमष्टशतमष्टाविंशतिं वा जुहुयात्स्विष्टकृत्प्रभृति सिद्ध
माधेनुवरप्रदानात् ॥ ४

धार्य एवाग्निरा समाप्तेः ॥ ५

चतुष्पथं गत्वा सूचीमङ्कुशं कन्थां रज्जुमिति कृष्ण

तनवे ह्रस्वाय ब्राह्मणाय दत्वा 'प्रीयन्तां यमकिङ्कराः'
इति वाचयित्वा व्रीहिषु कलशान् सादयेत ॥ ६

तन्तुना परिवेष्ट्य जलपूर्णान् पुरुषाकृतिं कृत्वा त्रीणि
शीर्ष्णि मुखे त्रीणि ग्रीवायामेकविंशतिं शरीरे चतुष्टयं बा-
ह्वोर्द्वे लिङ्गस्यैकं पादयोः पञ्च पञ्चेति 'प्रीतोऽस्तु भगवान्
यमः' इति ॥ ७

तत आसन्दीं कृत्वा पञ्चगव्येन प्रक्षाल्य पलाशवृ-
न्तैः कृष्णाजिने पुरुषाकृतिं कृत्वा कलशपुरुषे प्राणानभि-
निवेश्य वृन्तशरीरे देहमभिनिवेश्य स्वपेत् ॥ ८

उदिते सूर्ये कलशैर्देहं स्वयमेवाभिषेचयेत्पौरुषेण सूक्तेन
पञ्चगव्येन शुद्धोदकेन सायाह्ने सतिलमन्नं सर्पिषाऽश्नीयात् ॥

ब्राह्मणानपि यमकिङ्करतृप्तये भोजयेत् ॥ १०

चतुर्थ्यां यन्त्रदाहः ॥ ११

उदकं पिण्डं च 'अमुकगोत्राय मह्यं पिण्डमामुत्रिकं
स्वधा' इति नमस्कारान्तं कृत्वा समापयेत् ॥ १२

तत्राशौचं दशाहं स्यात्स्वस्य । ज्ञातेर्न विद्यते ॥ १३

एकादश्यामेकोद्दिष्टमिति प्रतिपद्यते ॥ १४

अथाप्युदहरन्ति—

आपन्नस्त्री च शूद्रश्च यन्त्रैर्दग्ध्वा स्वकां तनुम् ।
तदहैव क्रियास्सर्वाः कुर्यादिति हि वै श्रुतिः ॥ १५

स्त्रीणां तूष्णीं समन्त्रकं वा ॥ १६

मासिमास्येवं संवत्सरात्संवत्सरादूर्ध्वमाद्वादशाब्दाचतो
निवृत्तिः ॥ १७

यदा स्वयं न शक्नुयात्तदा पुत्रादयः कुर्युः ॥ १८

अथाप्युदाहरन्ति—

जीवन्नेवात्मनश्श्राद्धं कुर्यादन्येषु सत्स्वपि ।
यथाविधि प्रवर्त्याशु सपिण्डीकरणादृते ॥ इति ॥ १९

तस्योक्तं कालं न विलम्बयेद्यतोऽनित्यं जीवितमिति ह
स्माह भगवान् बोधायनः ॥ २०

इति बोधायनीयगृह्यशेषे तृतीयप्रश्ने
एकोनविंशोऽध्यायः.

अथातो नारायणबलिं व्याख्यास्यामः—

दक्षिणोत्तरायणयोरपरपक्षस्य द्वादश्यां क्रियेत ॥ १

पूर्वेद्युर्द्वादश षड्वा ब्राह्मणान्निमन्त्रयते योनिगोत्रश्रुतवृत्त-
सम्पन्नान् ॥ २

अथापरेद्युर्देवगृहे नदीतीरे वाऽग्निमुपसमाधाय सम्प-
रिस्तीर्य आप्रणीताभ्यः कृत्वोपोत्थायाग्रेणाग्निं दैवतमावाहयति—
पुरुषसूक्ते द्वे ऋचौ जपित्वा व्याहृतिभिः पुरुषमावाहयति ॥ ३

अथैनं स्नापयति—पुरुषसूक्तेन ॥ ४

अथैनं गन्धपुष्पधूपदीपैरष्टाक्षरेणार्चयित्वाऽद्भिस्तर्पयाति—
'केशवं तर्पयामि' इति द्वादशनामाभिः ॥ ५

परिधानप्रभृत्याऽग्निमुखात्कृत्वा पक्वाज्जुहोति—'विष्णोर्नुकम्' इति पुरोनुवाक्यामनूच्य 'परो मात्रया' इति याज्यया जुहोति ॥ ६

अथाज्याहुतीरुपजुहोति—'केशवाय स्वाहा' इत्येतैरेव नामधेयैः ॥ ७

अथ गुळपायसघृतमिश्रमन्नं निवेदयाति—'देवस्य त्वा सवितुः प्रसवेऽश्विनोर्बाहुभ्यां पूष्णो हस्ताभ्यां विष्णवे महापुरुषाय हविर्निवेदयामि' इति । सप्तव्याहृतिभिस्स्वाहाकारेण जपति । व्याहृतिभिराचमनीयम् ॥ ८

अथ ब्राह्मणानाहूय सद्भोंपक्लृप्तेष्वासनेषूपवेश्याथैनान् वस्त्रगन्धपुष्पधूपदीपैर्माल्यैरभ्यर्च्याथाभ्यनुज्ञातास्तिलघृतमिश्रं हविस्समुदायुत्य हस्ते जुहोति—'पितृभ्यस्स्वधा नमो नारायणाय स्वाहा' इत्यादिचतुर्विंशतिः मन्त्रा ऊह्याः ॥ ९

अथ 'अग्नये कव्यवाहनाय स्विष्टकृते स्वधा नमो नारायणाय स्वाहा' इति ॥ १०

अथ ब्राह्मणानन्नेन परितोष्याचम्य तेषां यथाशक्ति दक्षिणां ददाति ॥ ११

प्रदक्षिणीकृत्य शेषमनुज्ञाप्य दक्षिणेनाग्निं प्रागग्रान् दर्भान् संस्तीर्य तेषु बलिं ददाति—'विश्वेभ्यो देवेभ्यो नमस्साध्येभ्यो देवेभ्यो नमस्सर्वेभ्यो देवेभ्यो नमस्सर्वाभ्यो देवताभ्यो नमो विष्णवे नमो नारायणाय नमस्सहस्रशी-

र्षाय नमो यज्ञात्मने नमो यज्ञपुरुषाय नमो विश्वात्मने नम-
स्सर्वात्मने नमस्सर्वेश्वराय नमः' इति ॥ १२

स्विष्टकृत्प्रभृति सिद्धमाधेनुवरप्रदानात् ॥ १३

सर्वान् पितृन् समधिगच्छति ब्रह्मलोके महीयत
इत्याह भगवान् बोधायनः ॥ १४

इति बोधायनगृह्यशेषे तृतीयप्रश्ने
विंशोऽध्यायः.

अथातो नारायणबलिसंस्कारविधिं व्याख्यास्यामः—

चण्डालादुदकात्सर्पाद्ब्राह्मणाद्वैद्युतादपि ।
दंष्ट्रिभ्यश्च पशुभ्यश्च मरणं पापकर्मिणाम् ॥
विषाग्निरज्जुपाषाणदेशान्तरमृतेऽपि वा ॥

अभिशस्तसुरापात्मत्यागिनां द्विजहतानामन्येषां च द्वाद-
श वर्षाणि त्रीण्येकं वा यत्र मरणं यस्य तत्रतत्र कुर्वीत ॥

असाहितानां पालाशाग्रमाहूयपर्ण*त्सरूणां कृष्णाजि-
ने पुरुषाकृतिं कृत्वा होतृकल्पेन वा पितृमेधेन वा संस्कुर्यात् ॥

अथ प्रयोगमन्त्रानपोद्धृत्य पुरुषसूक्तस्य प्रत्यृचं तत्त-
न्मन्त्राणां स्थाने पृथक्पृथक्प्रयोगो भवति ॥ ३

अपि वा तूष्णीं सर्वं क्रियेत ॥ ४

याम्यसूक्तेनोपोषणम् ॥ ५

---

* ख. प लाशाग्रमेवामूयपर्ण

पौरुषेणोपस्थानम् ॥ ६

समानमत ऊर्ध्वम् ॥ ७

तीर्थे स्नात्वा प्रेतायोदकक्रियां कृत्वा नामगोत्रे मनसा ब्रूते 'नारायणैतत्त उदकम्' इति वाचाऽभिव्याहरेत् ॥ ८

स एतमेव सायंप्रातर्दशरात्रं करोति ॥ ९

त्रिरात्रेण वा ॥ १०

पिण्डदाने 'असावेतत्ते पिण्डम्' इति विशेषः ॥ ११

एकादश्यामेकोद्दिष्टम् ॥ १२

एवं 'प्रेतायामुष्मै यमाय च स्वाहा' इत्यग्नौ करणे वा ॥

प्रतिग्रहणे प्रदाने विसर्जने च 'नारायणाय' इत्यनेन मन्त्रेण करोति ॥ १४

सर्वं मनसा सङ्कल्पयेद्वाचाऽभिव्याहरेत् ॥ १५

पर्वत्रये च षाण्मासिके च समानम् ॥ १६

संवत्सरे सपिण्डीकरणम्—

सपिण्डीकरणस्थाने नारायणबलिक्रिया ॥ १७

सायं प्रातर्न विद्यते सोयं बोधायनमतो यथा ॥ १८

द्वयोरयनसङ्क्रान्त्योः पुण्येषु दिवसेषु वा ॥ १९

अथ वाऽपरपक्षस्य क्रिया भवेत् ॥ २०

सपिण्डीकरणमेतेषामन्येषां च समानम् ॥ २१

प्रेतपात्रं पितृपात्रे निनयेत् । त्रिषु वाऽऽसिञ्चेत् । प्रेत-

पिण्डं पितृपिण्डेषु निदध्यात् 'असौ पितृभिः पितामहैः
प्रपितामहैस्संगच्छध्वं भूर्भुवस्सुवरोम्' इत्याह भगवान् बो-
धायनः ॥ २१

इति बोधायनीयगृह्यशेषे तृतीयप्रश्ने
एकविंशोऽध्यायः.

यस्त्वात्मनश्श्रेयांसमिच्छत्यौर्ध्वदैहिकं स्वस्य यदि भ-
वति तदा दहनप्रभृति सपिण्डीकरणान्तं जीवन्नेवाधस्तथोक्तं
सकलं कुर्यात् ॥ १

तथाऽऽह कण्वः—

जीवन्नेव च यः कुर्वन्नात्मनश्श्राद्धमिच्छति ।
यन्त्रेण कृत्वा संस्कारमुदकं बलिमेव च ॥ २
कृत्वाऽथ षोडशश्राद्धं दद्याद्यद्यत्प्रियं भवेत् ।
आत्मनस्तत्स्वयं दत्वा ततश्श्राद्धं समापयेत् ॥ ३
तत्राशौचं दशाहं स्यात् स्वस्य ज्ञातेर्न विद्यते ॥ इति ॥ ४

अत्रैव विष्णुः—

आत्मार्थं पारलौक्यं यच्चत्सर्वं समवाप्नुयात् ।
न हि कर्म कदाचित्तु क्षयमेति कृतं नरैः ॥ इति ॥ ५

तस्माद्यस्य न सन्ति कर्तारो ज्ञातयः पुत्रोऽन्तेवासिनो
वा स जीवन्नेव आमुष्मिकं सर्वमविकृतं कुर्वन् नामोच्चारणे
तद्गोत्राय तच्छर्मणे करिष्यते ॥ ६

अथ वा प्रविदानकल्पेन वा दद्यादितीदमप्येकम् ॥ ७

इति बोधायनगृह्यशेषे तृतीयप्रश्ने
द्वाविंशोऽध्यायः.

अथातश्शुभाशुभनिमित्तानां वायसानां बलिं व्याख्यास्यामः—

शुक्लपक्षे त्रयोदश्यामष्टम्यां नवम्यां वा ग्रामात्प्राचीमुदीचीं वा दिशमुपनिष्क्रम्य देवस्य गृहे गोष्ठे नदीतीरे गोमयेन गोचर्ममात्रं चतुरश्रं स्थण्डिलमुपालिप्य प्रोक्ष्य लक्षणमुल्लिख्याद्भिरभ्युक्ष्य प्रदक्षिणं दर्भैरासनानि कल्पयति—'अङ्कतेभ्यः कल्पयामि। कङ्कतेभ्यः कल्पयामि। कद्रुपुत्रेभ्यः कल्पयामि। वायसेभ्यः कल्पयामि। ब्रह्मपुत्रेभ्यः कल्पयामि' इति तन्मध्ये ॥ १

अथैनानावाहयति—

न कपिलान्न लोहितान्नारिष्टान् न महारिष्टान् वायसमात्रकान् ॥ २

आयान्तु शकुनाश्शीघ्रा वायसा बलिभोजनाः ॥ ३

'अङ्कतानावाहयामि। कङ्कतानावाहयामि। कद्रुपुत्रानावाहयामि। वायसानावाहयामि। ब्रह्मपुत्रानावाहयामि' इति मध्ये ॥ ४

अथैनान् स्नापयति—'आपो हिष्ठा मयोभुवः' इति

तिसृभिः 'हिरण्यवर्णाश्शुचयः' इति चतसृभिः 'पवमान-
स्सुवर्जनः' इत्येतेनानुवाकेन मार्जयित्वाऽथाद्भिस्तर्पयति—'अ-
ङ्कतेभ्यस्तर्पयामि। कङ्कतेभ्यस्तर्पयामि। कद्रुपुत्रेभ्यस्तर्पयामि।
वायसेभ्यस्तर्पयामि। ब्रह्मपुत्रेभ्यस्तर्पयामि' इति मध्ये ॥ ५

अथैनान् गन्धपुष्पधूपदीपैः 'अमुष्मै नमोऽमुष्मै नमः'
इति पायसं दध्योदनं वा हविर्निवेदयति—'अङ्कतेभ्यस्स्वाहा।
कङ्कतेभ्यस्स्वाहा। कद्रुपुत्रेभ्यस्स्वाहा। वायसेभ्यस्स्वाहा।
ब्रह्मपुत्रेभ्यस्स्वाहा' इति मध्ये ॥ ६

अथैनान् ज्ञापयति—

सत्याः स्थ सत्यं वदत सत्ये रमत वायसाः।
यत्सत्यमिह तद्ब्रूयाद्यो मिथ्याबलिमश्नियात् ॥ ७

अथैते मातृघातेन पितृघातेन वा पुनः।
तद्दुष्कृतं प्रतिगृह्णीयाद्यो मिथ्याबलिमश्नियात् ॥ ८

कापिलानां शतं हत्वा ब्राह्मणानां विशेषतः।
तद्दुष्कृतं प्रतिगृह्णीयाद्यो मिथ्याबलिमश्नियात् ॥ ९

भावाय पूर्वं गृह्णीयादभावायानु दक्षिणम्।
नास्तीत्यपरं गृह्णीयाद्भविष्यत्यपि चोत्तरम् ॥ १०

मध्ये सर्वार्थलाभाय शाकुनेष्विदमुत्तमम्।
इत्येवं ज्ञात्वा सर्वकर्माण्यारभत इत्याह भगवान् बोधायनः॥

इति बोधायनीयगृह्यशेषे तृतीयप्रश्ने
त्रयोविंशोऽध्यायः.

अथातश्शुभाशुभनिमित्तानाम् । यस्त्वात्मनश्श्रेयांसामिच्छति । अथातो नारायणबलिसंस्कारविधिम् । अथातो नारायणबलिम् । अथातो जीवश्रद्धम् । अथातस्सहस्रभोजनसुत्राम् । अथातस्सहस्रभोजनविधिम् । अथ वृषोत्सर्गम् । अथातोऽर्धमासेऽर्धमासे । अथातो यमळकल्पम् । अथातश्शिथिलीकल्पम् । अथातोऽभिवृद्धिकल्पम् । अथातो मृत्युंजयकल्पम् । अथातो विनायककल्पम् । अथातो ज्येष्ठाकल्पम् । अथातो रविकल्पम् । अथातो विष्णुकल्पम् । अथातस्सरस्वतीकल्पम् । अथातश्श्रीकल्पम् । अथात उपश्रुतिकल्पम् । अथातो दुर्गाकल्पम् । अथातो व्याहृतिकल्पम् । अथातः पवित्राणाम् ॥ २३ ॥

अथातः पवित्राणाम् । अथातो व्याहृतिकल्पम् । अथातो दुर्गाकल्पम् । अथात उपश्रुतिकल्पम् । अथातश्श्रीकल्पम् । अथातस्सरस्वतीकल्पम् । अथातो विष्णुकल्पम् । अथातो रविकल्पम् । अथातो ज्येष्ठाकल्पम् । अथातो विनायककल्पम् । अथातो मृत्युंजयकल्पम् । अथातोऽभिवृद्धिकल्पम् । अथातश्शिथिलीकल्पम् । अथातो यमळकल्पम् । अथातोऽर्धमासेऽर्धमासे । अथ वृषोत्सर्गम् । अथातस्सहस्रभोजनविधिम् । अथातस्सहस्रभोजनसुत्याम् । अथातो जीवश्राद्धम् । अथातो नारायणबलिम् । अथातो नारायण-

बलिसंस्कारम् । यस्त्वात्मनश्श्रेयांसमिच्छति । अथातश्शुभा-
शुभनिमित्तानाम् ॥ २३ ॥

इति बोधायनीयगृह्यशेषे तृतीयप्रश्नस्समाप्तः.

अथ चतुर्थप्रश्नप्रारम्भः.

अथातो मिथ्यासत्यबलिं व्याख्यास्यामः—

ब्राह्मणक्षत्रियवैश्यशूद्राः पञ्चगव्येन स्नात्वा ग्रामात्प्रा-
चीं वोदीचीं वा दिशमुपनिष्क्रम्य देवगृहे नदीतीरे वाऽथ
देवयजनोल्लेखनप्रभृत्याऽग्निमुखात्कृत्वा पक्वाज्जुहोति—'यत इन्द्र
भयामहे, स्वस्तिदा विशस्पतिः' इति द्वाभ्याम् ॥ १

अथाज्याहुतीरुपजुहोति—'अपैतु मृत्युः, परं मृत्यो,
मा नो महान्तं, मा नस्तोके, त्र्यम्बकं, ये ते सहस्रम्' इति
'विष्णोर्नुकं, जातवेदसे, अग्ने त्वं पारय' इति व्याहृतिभिः
'मृत्युर्नश्यत्वायुर्वर्धतां भूस्स्वाहा । मृत्युर्नश्यत्वायुर्वर्धतां भुव
स्स्वाहा । मृत्युर्नश्यत्वायुर्वर्धतां सुवस्स्वाहा । मृत्युर्नश्यत्वा-
युर्वर्धतां भूर्भुवस्सुवस्स्वाहा' इति । स्विष्टकृत्प्रभृति सिद्धमाधे-
नुवरप्रदानात् ॥ २

अथाग्रेणाग्निं दूर्वास्तम्बेषु हुतशेषं निदधाति—'यो
रुद्रो अग्नौ' इति भस्मसमुल्लेखनम् ॥ ३

आचार्येभ्यो गोवत्सं दद्यात् ॥ ४

अन्नं संस्कृत्य ब्राह्मणान् संपूज्याशिषो वाचयित्वा ऋषभैकादश दक्षिणां दद्यादित्याह भगवान् बोधायनः ॥ ५

इति बोधायनगृह्यशेषे चतुर्थप्रश्ने
प्रथमोऽध्यायः.

आहुतानुकृतिर्बलिहरणानुकृतिर्धूर्तबलिः—

चतुर्षुचतुर्षु * मासेषु फाल्गुने मासि शुक्लपक्षस्य सप्तम्यां क्रियेत। अपि वा त्रयोदश्यामेवमाषाढ एवं कार्तिके ॥ १

साधनानि पुरस्तादेवोपकल्पयते—बर्हिर्बैल्वानि चैव पञ्चदशेध्मदारूणि बैल्वं मेक्षणं परिधींश्च श्वेतरक्तं गन्धमाल्यं श्वेतरक्तांश्च प्रतिसरान् धूपं श्रपयत्यन्नानि विविधांश्च भक्ष्यान् स्थालीपाकं च श्रपयति ॥ २

अथैनानादाय सहान्तेवासिभिर्ग्रामात्प्राचीं वोदीचीं वा दिशमुपनिष्क्रम्य यत्रापस्तद्गत्वा स्नात्वाऽप आचम्य सुरभिमत्याऽब्लिङ्गाभिर्वारुणीभिर्हिरण्यवर्णाभिः पावमानीभिरिति मार्जयित्वाऽन्तर्जलगतोऽघमर्षणेन त्रीन् प्राणायामान् धारयित्वोत्तीर्य वासः पीडयित्वाऽन्यत्प्रयतं वासः परिधायाप आचम्य देवयजनमुदानयाति ॥ ३

---

* ख. त्रिषुत्रिषु.

अथ शुचौ समे देशे वेदिं कुर्वन्ति पुरुषमात्रमपरिमितं वा ॥ ४

तस्याः पूर्वार्धे स्थण्डिलं कल्पयित्वोदुम्बरशाखां बहुपर्णां बहुशाखामप्रतिशुष्काग्रां निहत्य दर्भैर्भगवते धूर्ताय प्रतिकृतिं कृत्वाऽपरेणोदुम्बरशाखां प्रतिष्ठाप्य प्रतिसरेण सह शाखया परिव्ययन्ते ॥ ५

यज्ञोपवीतमुपव्ययन्ते—"यज्ञोपवीतं परमं पवित्रं प्रजापतेर्यत्सहजं पुरस्तात् । आयुष्यमग्रियं प्रतिमुञ्च शुभ्रं यज्ञोपवीतं बलमस्तु तेजः" इति ॥ ६

'तेन त्वामहं प्रतिगृह्णाम्यायुषा ब्रह्मणा ब्रह्मवर्चसाय' इति ॥ ७

अपरार्धे वेद्यास्स्थण्डिलं कृत्वोल्लिखनप्रभृत्या पर्युक्षणात्कृत्वा वेदिं स्तृणात्यनतिदृश्नम् ॥ ८

उत्तरेणाग्निं प्रागग्रान् दर्भान् संस्तीर्य तेषु द्वन्द्वं न्यञ्चि पात्राणि सादयित्वा तूष्णीं संस्कृताभिरद्भिरुत्तानानि पात्राणि कृत्वा विस्रस्येध्मं त्रिस्सर्वाभिः प्रोक्ष्य दर्भेषु दक्षिणतो ब्राह्मणमुपवेश्योत्तरत उदपात्रं निधाय पक्वमोदनं पायसं वा याचितमद्भिरभ्युक्ष्याग्नावधिश्रित्याज्यं निरुप्याधिश्रित्योभयं पर्यग्नि कृत्वाऽऽपरिधानात्कृत्वा समन्वारब्धेष्वन्तेवासिषु प्रदक्षिणमग्निं परिषिच्याथेध्मात्समिधमभ्यज्याग्दधाति—'इमं स्तोममर्हते जातवेदसे रथमिव संमहेमा मनीषया । भद्रा हि नः

प्रमतिरस्य संसद्यग्ने सख्ये मा रिषामा वयं तव स्वाहा'
इति ॥ ९

एवमेवाभ्यज्य द्वितीयामभ्यादधाति—'यस्मै त्वमाय-
जसे ससाधयत्यनर्वा क्षेति दधते सुवीर्यम् । स तूताव नैन-
मश्नोत्यंहतिरग्ने सख्ये मा रिषामा वयं तव स्वाहा' इति ॥१०

एवमेवाभ्यज्य तृतीयामभ्यादधाति—'शकेम त्वा समिधं
साधया धियस्त्वे देवा हविरदन्त्याहुतम् । त्वमादित्या
आवह तान् ह्युश्मस्यग्ने सख्ये मा रिषामा वयं तव स्वाहा'
इति ॥ ११

एवमेवाभ्यज्य चतुर्थीमभ्यादधाति—'तत्ते भद्रं यत्स-
मिद्धः स्वे दमे सोमाहुतो जरसे मृडयत्तमः । दधासि रत्नं
द्रविणं च दाशुषे अग्ने सख्ये मा रिषामा वयं तव स्वाहा'
इति ॥ १२

एवमेवाभ्यज्य पञ्चमीमभ्यादधाति—'तं त्वा समिद्भि-
रङ्गिरो घृतेन वर्धयामसि। बृहच्छोचा यविष्ठ्य स्वाहा'
इति ॥ १३

एवमेवाभ्यज्य एकापचयेन 'भवे नमस्स्वाहा' इति
षडक्षरेण परिशिष्टाः ॥ १४

आघारप्रभृत्याऽग्निमुखात्कृत्वा दैवतमावाहयन्तो नृत्यन्तः
त्रिः प्रदक्षिणं परियन्ति— १५

यस्य सिंहा रथे युक्ता व्याघ्राश्चाप्यनुगामिनः ।
तमिमं पुत्रिकापुत्रं स्कन्दमावाहयाम्यहम् ॥ १६
आयातु देवोत्तमः कार्तिकेयो ब्रह्मण्यपुत्रस्सह मातृभिश्च ।
धात्र्या विशाखेन च विश्वरूपो जुष्टं बलिं सानुचरो जुषस्व ॥
सप्ताहं जातयश्शक्तिस्सप्तपर्वमरिन्दमम् * ।
व्याघ्रावृतं महाधूर्तं प्रपद्ये संशितव्रतम् ॥ १८

परं देवं वरदं प्रपद्ये धूर्तं सेनामुग्रसेनामपर्णासुतं कृत्ति-
कानां षडास्यम् । अग्नेः पुत्रं शमयैर्यथोक्तैश्चातुर्मास्यैस्सप्तमीं
त्वामरण्ये ॥ गन्धैश्च भक्त्या च यजाम शक्ते त्रित्वं वित्ता-
न्यशसश्च राजन् । कामांश्च धूर्तः प्रयच्छतु नमश्शङ्कराय
नमश्च स्थाम्ने नमो नीलग्रीवाय नमः कृत्तिकापुत्राय ॥ प्री-
यतां विनियोगः प्रीयतां विशाखः प्रीयतां कृत्तिकापुत्रः
प्रीयतां नमः प्रीयतां नमोनमः' इति ॥ १९

तमायान्तमनुमन्त्रयते—'स्वागतं पुनरागतं भगवते धू-
र्तायैतदासनं क्लृप्तमत्रास्तां भगवान् महाधूर्तः' इति ॥ २०

अत्र कूर्चमर्हणं च ददाति—'भगवतोऽयं कूर्चः दर्भ
मयः त्रिवृद्धरितस्सुवर्णमयस्तं जुषस्व' इति ॥ २१

अथास्मै कंसे वा चमसे वा पुष्पफलाक्षतमिश्रैर्वर्षीयसा
तेजोमयेनापिधायार्हणीया आपो निवेदयन्ते—'इमा आप-
श्शिवाश्शिवतमाः पूताः पूततमा मेध्या मेध्यतमा अमृता

* ख.-सप्ताहजाता यश्शक्तिस्सप्तपर्वमारिंदमः.

अमृतरसाः पाद्या अर्घ्या अभिषेचनीया आचमनीया मा
र्जनीयाश्च ता जुषन्तां प्रतिगृह्णन्तां प्रतिगृह्णातु भगवान् महा-
धूर्तः' इति। 'आपो हिष्ठा मयोभुवः' इति तिसृभिः
'हिरण्यवर्णाः' इति चतसृभिः 'पवमानस्सुवर्जनः' इत्येते-
नानुवाकेन मार्जयित्वा प्रदक्षिणमावृत्य प्रत्यङ्ङावृत्य जघ-
नेनाग्निमुपविश्यान्वारब्धेष्वाज्याहुतीर्जुहोति—'स्कन्दाय स्वा-
हा। कुमाराय स्वाहा। बालाय स्वाहा। हिरण्यचूडाय
स्वाहा। अङ्गिरसे स्वाहा। गुहाय स्वाहा। भद्रासनाय
स्वाहा। नीलग्रीवाय स्वाहा। भवपुत्राय स्वाहा। धूर्ताय
स्वाहा। पशुभुवे* स्वाहा। षष्ठ्यै स्वाहा। विशाखाय
स्वाहा। सनत्कुमाराय स्वाहा। स्कन्दपार्षदेभ्यस्स्वाहा।
षष्ठीपार्षदेभ्यस्स्वाहा' इत्येतैरेव नामधेयैः मेक्षणेनोपघातं
पूर्वार्धे जुहोति॥ २२

उत्तरार्धात् स्विष्टकृतमवदायान्तःपरिधि सादयित्वोपो-
त्थाय दैवतमर्चयत्येतैरेव नामधेयैर्गन्धपुष्पधूपदीपैः 'अमुष्मै
नमोऽमुष्मै नमः' इति। अन्नेन 'अमुष्मै स्वाहाऽमुष्मै स्वाहा'
इति। फलोदकेन 'अमुं तर्पयाम्यमुं तर्पयामि' इति॥ २३

अत्र नमस्यति—'यं कामं कामयते तन्मे कामस्समृ-
ध्यतां तस्मिन् कामे समृद्धे द्रोणमुपहरिष्यामि कामं वर्धयतु'
इति। कामे समृद्धे द्रोणान्नमुपहरिष्यति॥ २४

---

* ख. पशुपतये.

अथैनमुपतिष्ठते—

नमो भवोद्भव इति गुहो गुह्यपतिर्भवः ॥ २५

वसुर्वसुपतिः नमो धूर्तस्वामी प्रसीदतु ॥ २६

महायशा महातेजा महासेनो महारूपः ॥ २७

महातपा मे भक्तस्य प्रतिगृह्णात्विमं बलिम् ॥ इति ॥

अथोपविश्य स्विष्टकृतं हुत्वोपोत्थाय दैवतं प्रवाहयन्तो नृत्यन्तस्त्रिरपसलैः परियन्ति—

सिंहव्याघ्रसमायुक्तस्सरथो रथिनां वरः ।

प्रयातु भगवान् धूर्तः प्रियवाणिः प्रियंकरः ॥ ओंनम इति॥

अथोपविश्य जयप्रभृति सिद्धमाधेनुवरप्रदानात् ॥ ३०

अथैनां प्रतिकृतिमादाय शिरसि निधायावभृथमन्त्रेणाप्सु मज्जाव्यातिशिष्टैर्गन्धमाल्यैरात्मानमलङ्कृत्य प्रतिसरं बध्नाति ॥

अदित्या सुकृतं सूत्रमिन्द्रेण त्रिवृतं कृतम् ।

अश्विभ्यां ग्रथितो ग्रन्थिर्ब्रह्मणा प्रतिसरं कृतम् ॥

अभिचारं च सर्वं च यच्च मे दुष्कृतं कृतम् ।

सर्वतो मे भयं नास्ति यावत्सूत्रं धारिष्याति ॥ इति ॥

अथान्योन्यमपः प्रतिग्राहयन्ते 'प्रीयतां भगवान् महाधूर्तः' इति ॥ ३३

अथ पक्वादुपादाय प्राश्नाति ॥ ३४

न स्त्रीकुमारौ प्राश्नीयाताम् ॥ ३५

तत्प्राशनमन्त्रः—'आयुरसि' इति ॥ ३६

प्राश्याप आचम्य जठरमभिमृशति—'यत इन्द्र भयामहे, स्वस्तिदा विशस्पतिः' इति द्वाभ्याम् ॥ ३७

पुनःपुनरवोक्ष्यान्त आयुष्यं वर्चस्यं राक्षोघ्नं स्वस्त्ययनमृद्धमिति ॥ ३८

आहुतानुकृतिर्व्याख्यातो बलिहरणानुकृतिः ॥ ३९

दैवतमावाह्य गन्धपुष्पधूपदीपान्नफलोदकैरभ्यर्च्य नमस्कृत्य प्रवाहयन्ते ॥ ४०

धूर्तबलिं चतुर्षुचतुर्षु मासेष्वेवं यजमानः चातुर्मास्यानां फलमवाप्नोतीति ह स्माह भगवान् बोधायनः ॥ ४१

इति बोधायनगृह्यशेषसूत्रे चतुर्थप्रश्ने
द्वितीयोऽध्यायः.

अथातो मृतबलिं व्याख्यास्यामः—

प्राग्दक्षिणायतनं चतुरश्रं गोमयेनोपलिप्य प्राचीनावीती दक्षिणामुखस्सव्यं जानुं निपात्य सकृदुल्लिख्याद्भिरभ्युक्ष्य दक्षिणाग्रान् दर्भान् संस्तीर्याद्भिर्मार्जयित्वोपस्तीर्णाभिघारितं सक्तुत्तिलमिश्रं चरुमवद्यति मुष्टिप्रमाणं कुक्कटाण्डप्रमाणं वा हस्तेन 'अमुकगोत्रायैतत्ते ओदनस्स्वधा नमः' इति ॥

अथाङ्गुष्ठेनाभिमृश्याथाञ्जनाभ्यञ्जने मधु वासो दशोर्णा वा गन्धपुष्पधूपदीपैर्हस्ताद्विपरीतात्सायं प्रातर्दशरात्रं कृत्वा

स्वस्तिग्रामं* भोजयित्वा दशम्यां विकृताहारं सायं बलिं
दत्वाऽथैकादश्यामेकोद्दिष्टं कुर्वन्ति ॥ २

न जातु श्येनकाकादीन् पक्षिणः प्रतिषेधयेत् 'तद्रूपा-
स्तस्य पितरस्समायान्तीति वैदिकाः' इति विज्ञायते ॥ ३

इति बोधायनीयगृह्यशेषे चतुर्थप्रश्ने
तृतीयोऽध्यायः.

अथ प्रहुतानुकृतिः—धर्मोपभोगविधिं व्याख्यास्यामः—

सेतुबन्धनदीखाततटाकपुष्करिणीवापीकूपदेवगृहप्रासादव-
सतीनामोषधिवनस्पतीनां च पूर्तं भवति भूतिकामो निशि
जुहोति ॥ १

उदगयन आपूर्यमाणपक्षे पुण्ये नक्षत्रे यज्ञद्रव्याण्य-
ध्वर्युरुपकल्पयते—खादिरं पालाशं वा त्र्यरत्निमात्रं यूपं कृत्वा
सौवर्णसर्पशिशुमारकूर्ममकरकर्कटकमलकुवलयकुमुदोत्पलकह्लारां-
श्च राजतान् हंसमत्स्यमण्डूकांश्च देवगृहप्रासादवसतीनां तदा-
कृतिवदोषधिवनस्पतीनां तत्फलाकृतिवत् सुवर्णरत्नेषु सर्पि-
श्चरुतिलचूर्णपयोऽपूपधानान् सक्तून् करम्भान् गन्धपुष्पधूप
दीपवासांसीध्माबर्हिषी च ॥ २

सप्रदोषे द्विजातीनां होमः ॥ ३

शूद्राणां नमस्कारैरावृत्तैर्वा ॥ ४

---

*. ख. स्वस्तिकामं.

तटाकतीरे मध्यपूर्वे स्थण्डिलमुपलिप्य यूपावटं खा त्वाऽध्वर्युश्च यूपं प्रतिष्ठापयति—'आब्रह्मन् ब्राह्मणः' इति ब्राह्मणस्य 'आस्मिन् राष्ट्रे' इति राजन्यस्य 'दोग्ध्री धेनुः' इति वैश्यस्य ॥ ५

मणिमुक्ताप्रवाळसुवर्णरजताक्षतैरवकीर्य जघनेन यूपं स्थण्डिलं कृत्वाऽथ देवयजनोल्लेखनप्रभृत्याप्रणीताभ्यः कृत्वोपोत्थायाग्रेणाग्निं देवानावाहयति—'ब्रह्मणे विष्णवे श्रियै सूर्याय चन्द्रायाग्नये यमाय निरृत्यै वरुणाय वायवे सोमायेशानाय' इत्यावाह्य सुवर्णरजताक्षतैरवकीर्य यूपदेवतां गन्धपुष्पधूपदीपैरभ्यर्च्य यूपमुपतिष्ठते—'तद्विष्णोः परमं पदम्' इति ॥ ६

तं वासोभिर्वेष्टयित्वा तस्मिन्नपाणि बध्वा परिधानप्रभृत्याग्निमुखात्कृत्वा पक्वाज्जुहोति—'अवते हेडः, उदुत्तमम्' इति द्वाभ्याम् । ७

अथाज्याहुतीरुपजुहोति—'कूप्याभ्यस्स्वाहा, अद्भ्यस्स्वाहा' इत्येताभ्यामनुवाकाभ्याम् 'इमं मे वरुण, तत्त्वा यामि, यच्चिद्धि, यत्किं चेदं, कितवासो, हिरण्यवर्णाश्शुचयः पावकाः, त्वं नो अग्ने, स त्वं नो अग्ने' इति ॥ ८

स्विष्टकृतोऽथ यूपाहुतीर्जुहोति—'ब्रह्मणे स्वाहा । विष्णवे स्वाहा । श्रियै स्वाहा । सूर्याय स्वाहा । चन्द्रमसे स्वाहा । इन्द्राय स्वाहा । अग्नये स्वाहा । यमाय स्वाहा ।

निरृत्यै स्वाहा। वरुणाय स्वाहा। वायवे स्वाहा। सोमाय स्वाहा। ईशानाय स्वाहा' इति॥ ९

अथौषधिवनस्पतीनां पक्वाज्जुहोति—'या जाताः, शतं वो अम्ब धामानि' इति द्वाभ्याम्॥ १०

अथाज्याहुतीरुपजुहोति—'पुष्पावतीः प्रसूवतीः, ओषधीभ्यस्स्वाहा, वनस्पतिभ्यस्स्वाहा' इति त्रिभिरनुवाकैः प्रत्यृचम्॥ ११

स्विष्टकृतोऽथ देवगृहेभ्यः पक्वाज्जुहोति—'वास्तोष्पते, वास्तोष्पते' इति द्वाभ्याम्॥ १२

अथाज्याहुतीरुपजुहोति—'वास्तोष्पते, ध्रुवास्थूणा' इति षड्भिः॥ १३

स्विष्टकृतोऽथ 'नमस्ते रुद्र मन्यवे' इत्यान्तादनुवाकस्य प्रत्यृचम्॥ १४

अथ कूश्माण्डानि हुत्वा पुरस्तात्स्विष्टकृतो 'वैश्वानराय प्रतिवेदयामः' इति॥ १५

अथ चरुतिलचूर्णपयस्सर्पिर्मिश्रैरपूपैर्धानाभिस्सक्तून् करम्भान् दर्भेषु बलिमुपहरति—'ब्रह्मणे नमः' इति पूर्वोक्तद्वादशनामभिः॥ १६

त्रिः प्रदक्षिणं यजमानो बलीन् सम्प्रकीर्य यमसूक्तं वाचयित्वा पुरुषसूक्तं चोर्मिमन्तमुदार्धं कृत्वा स्नात्वाऽप आ-

चम्य ब्राह्मणेभ्यो वासांसि दद्यादाचार्याय गोमिथुनं दद्या-
दृषभैकादश गा दद्यादाशिषो वाचयित्वा रूपाणि विसर्जयेत् ॥

एवं प्रयुञ्जानो दशपूर्वान् दशापरानात्मानं चैकाविंश-
तिं पङ्क्तिं च पुनाति ॥ १८

अथाप्युदाहरन्ति—नृत्तगीतवाद्यघोषैः प्रत्यूषे बोधयन्ति।
एतेषां नष्टानां पुनः करणमधिकं फलमिति षष्टिर्वर्षसहस्रा-
णि ब्रह्मलोके महीयत इत्याह भगवान् बोधायनः ॥ १९

इति बोधायनगृह्यशेषे चतुर्थप्रश्ने
चतुर्थोऽध्यायः.

अथातः काम्यविधिं व्याख्यास्यामः—

अन्नकामस्य जुहोति—'अन्नपतेऽन्नस्य नो धेहि, जातो
यदग्ने, वषट्ते, वास्तोष्पते, एवावन्दस्व, आनो नियुद्भिः,
हिरण्यवर्णाः, अश्वावतीः, त्वं वरुण, बृहस्पते युवमिन्द्रश्च,
स्वस्ति न इन्द्रः' इत्येता अन्नहोमा बलपश्च ॥ १

अथ समिद्धोमो—'यदग्ने यानि कानि' इति ॥ २

औदुम्बरीं शमीमयीं वा शान्तिकामः—'शन्नो देवीर-
भिष्टये' इति ॥ ३

दूर्वामायुष्कामः—'आयुष्टे, आयुर्दा अग्ने, अपैतु, परं,
वातं प्राणं, अमुत्र भूयात्, हरिं हरन्तं, मानो महान्तं,

मानस्तोके, त्रास्तोष्पते, जातवेदसे, तत्सवितुर्वरेण्यं, ऋतेन, यमादित्याः, प्रजापते' इति ॥ ४

'यदपामार्गहोमो भवति रक्षसामपहत्यै' इति ब्राह्मणम् । सर्वस्य भेषजोऽपामार्गहोमः—'यदपामार्गस्सपत्नहा सहस्राणां पुष्टिवर्धनाय । यन्मे शिरसि पापं केशेषु निहितं ललाटे पृष्ठे जठरे च यद्विश्वं सर्वस्य भेषजोऽपामार्गोऽवलुम्पतु स्वाहा' इति ॥ ५

व्याहृतीभिस्तिलहोमो रक्षोघ्नः पापनाशनश्च ॥ ६

अथाप्युदाहरन्ति—

ओषध्यस्सक्तवः पुष्पं काष्ठं मूलं फलं तृणम् ।
एतद्धस्तेन होतव्यं नान्यात्किञ्चिदचोदनात् ॥ इति ॥ ७

इति बोधायनीयगृह्यशेषे चतुर्थप्रश्ने
पञ्चमोऽध्यायः.

अथातश्शौचविधिं व्याख्यास्यामः—

ग्रामाद्दूरतो गत्वा यज्ञोपवीतं शिरसि दक्षिणे कर्णे वा कृत्वा मृत्तिकां गृह्णाति ॥ १

काष्ठमन्तर्धाय मध्य उपविशेत् ॥ २

अहन्युत्तरत उपेयान्निशायां दक्षिणत उभयोस्सन्ध्ययोरुदङ्मुखः ॥ ३

नाग्नि नापो न नग्नो वृक्षमूले पर्वतमूले चतुष्पथेऽग्न्यगारे गवां मध्ये गोष्ठे दहनपुळिनवर्जमन्तर्जले देवगृहे व-

ल्मीके मूषिकस्थले प्रत्यग्निं प्रतिसूर्यं प्रत्यगारं प्रतिगां प्रति-
ब्राह्मणं च ॥ ४

एकां लिङ्गे मृदं दद्यात्सव्ये पाणौ मृदस्त्रयः ।
उभयोर्द्विर्मृदं दद्यान्मूत्रवच्छौचमिष्यते ॥ ५

पञ्चापाने दशैकस्मिन्नुभयोस्सप्त मृत्तिकाः ।
एतच्छौचं गृहस्थस्य द्विगुणं ब्रह्मचारिणः ॥ ६

त्रिगुणं तु वनस्थस्य यतीनां तु चतुर्गुणम् ।
आचार्यगुरुदाराभिगमने नाभिभाषते ॥ ७

संस्थिते न म्रियते योनिसंस्कारादिति बोधायनः ॥ ८

इति बोधायनगृह्यशेषे चतुर्थप्रश्ने
षष्ठोऽध्यायः

अथात आचमनविधिं व्याख्यास्यामः—

प्राङ्मुख उदङ्मुखो वा बद्धशिखो यज्ञोपवीती नोष्णा-
भिर्न क्षाराभिर्न विवर्णाभिर्न दुर्गन्धरसाभिः न सफेनाभिर्न
चैकहस्ताभिर्न दूषिताभिर्न बहिर्जानुभिर्न विरलाङ्गुलीभिर्न
बुद्बुदाभिर्न तिष्ठन्न हसन् न जल्पन् न विलोकयन्न प्रह्वो
न प्रणतो न रोचयन् ॥ १

ब्राह्मणस्य दक्षिणे हस्ते पञ्च तीर्थानि भवन्ति—
अङ्गुलीमध्ये देवतीर्थमङ्गुल्यग्र आर्षं तीर्थं मध्येऽग्नितीर्थमङ्गु-

ष्ठतर्जन्योर्मध्ये पैतृकतीर्थमङ्गुष्ठतलेऽतिह्रत्य पश्चाल्लेखं तद्ब्रह्म-
तीर्थम् ॥ २

माषमग्नं तु तन्मात्रं प्रतिगृह्य त्रिः पिबेदपो गोक-
र्णवद्धस्तेन त्रिराचामेत् ॥ ३

प्रथमं यत्पिबति तेन ऋग्वेदं प्रीणाति यद्द्वितीयं तेन
यजुर्वेदं प्रीणाति यत्तृतीयं तेन सामवेदं प्रीणाति प्रथमं
यत्परिमृजति तेनाथर्ववेदं प्रीणाति यद्द्वितीयं तेनेतिहासपु-
राणानि यन्मुखं तेनाग्निं यत्सव्यं पाणिमभ्युक्षति तेन नक्ष
त्राणि यत्पादमभ्युक्षति तेन विष्णुं यच्चक्षुषी तेन चन्द्रादित्यौ
यन्नासिके तेन प्राणापानौ यच्छ्रोत्रं तेन दिशो यद्बाहू तेनेन्द्रं
यद्धृदयं तेन रुद्रं यन्नाभिं तेन पृथिवीं यदङ्गुष्ठयोः स्रवन्त्यापः
कुबेरादयः सर्वा देवताः प्रीणन्त्यग्निर्वायुः प्रजापतिरर्कचन्द्रौ
मघवानिति वैदिकाः ॥ ४

अनामिकाङ्गुष्ठाभ्यां चक्षुषी समुपस्पृशेत् । प्रादेशिन्य-
ङ्गुष्ठाभ्यां तु नासिके अङ्गुष्ठकनिष्ठकाभ्यां तु श्रोत्रे अङ्गु-
ष्ठमध्यमाभ्यां तु बाहू चतुरङ्गुलीभिर्हृदयमङ्गुष्ठेन नाभिं सर्वै-
र्मूर्धानं समुपस्पृशेदेतेन विधिना युक्ता न लिप्यन्ते कदा-
चनेति ॥ ५

इति बोधायनीयगृह्यशेषे चतुर्थप्रश्ने
सप्तमोऽध्यायः.

अथ वै भवति 'आपो वा इदमग्रे सलिलमासी-त्तस्मिन् प्रजापतिर्वायुर्भूत्वाऽचरत्स इमामपश्यत्तां वराहो भू-त्वाऽहरत्तां विश्वकर्मा भूत्वा व्यमार्ट् साऽप्रथत सा पृथि-व्यभवत् तत्पृथिव्यै पृथिवित्वं तस्यामश्राम्यत्' इति तदु हैक औपासनमेवोपासते स्त्रिया एव संस्कारार्थमौपासनो नित्यो धार्योऽनुगतो मन्थ्यः श्रोत्रियागाराद्वाऽऽहार्यो द्वादशाहं विच्छिन्नः पुनराधेयोऽथ यदि द्वादशाहं वि-च्छिन्नः पुनराधेयस्स्याद्या प्रकृतिस्तत आहरणमित्युक्तमेतत्स-न्तिष्ठते ॥ १

अथ गृहस्थस्यौपासनम्—षण्मासान्नाजुहवुर्यथोपपादमा-हृत्याग्निं प्रतिष्ठाप्य परिस्तीर्य द्वादशाहमार्याश्चचं हुत्वा त-दानीमेव संम्परिस्तीर्याऽप्रणीताभ्यः कृत्वा चतुश्शरावमोदनं श्रपयित्वाऽभिघार्योदश्चयुद्वास्य प्रतिष्ठितमभिघार्य परिधानप्र-भृत्याग्निमुखात्कृत्वा मेक्षणेनोपघातं पक्वाज्जुहोति—'अग्नये स्वाहा सोमाय स्वाहाऽग्नयेऽन्नवते स्वाहाऽग्नयेऽन्नादाय स्वा-हाऽग्नयेऽन्नपतये स्वाहाऽग्नये पवमानाय स्वाहाऽग्नये पावकाय स्वाहाऽग्नये शुचये स्वाहाऽग्नये ज्योतिष्मते स्वाहाऽग्नये व्रत-पतये स्वाहाऽग्नये पथिकृते स्वाहाऽग्नये तन्तुमते स्वाहाऽग्नये वैश्वानराय स्वाहा सूर्याय स्वाहा प्रजापतये स्वाहा ब्रह्मणे स्वाहा भूस्स्वाहा भुवस्स्वाहा सुवस्स्वाहा भूर्भुवस्सुवस्स्वाहा। अग्नये स्विष्टकृते स्वाहा' इत्युत्तरार्धपूर्वार्धे ॥ २

तूष्णीं मेक्षणमभ्याधाय जयप्रभृति सिद्धमाधेनुवरप्रदा-
नात् ॥ ३

अथास्तमित आदत्ते व्रीहिभिर्यवैर्वा हस्तेनैते आहुती जुहोति—'अग्नये स्वाहा प्रजापतये स्वाहा' इति सायं 'सूर्याय स्वाहा प्रजापतये स्वाहा' इति प्रातरप्यग्निहोत्रहविषामन्यतमेन जुहुयात् ॥ ४

पर्वणि पर्वणि चाग्नेयस्थालीपाकेन यजेत ॥ ५

उपवास एव कालान्तरे भोजनमतृप्तिश्चान्नस्य च ॥ ६

एवमेव सायंहोमेन प्रतिपद्यते सन्तिष्ठत औपासनतन्त्रम् ॥

इति बोधायनगृह्यशेषे चतुर्थप्रश्ने
अष्टमोऽध्यायः.

कथमु खल्वनाहिताग्नेर्दर्शपूर्णमासौ भवत इति ॥ १

पौर्णमास्याममावास्यायामिध्माबर्हिस्सन्नह्योपवसथस्य रूपं कृत्वोपवसति ॥ २

अथ श्वोभूतेऽग्निमुपसमाधाय सम्परिस्तीर्य दक्षिणतो ब्राह्मणमुपवेशयति ॥ ३

उत्तरत उदपात्रमिति निधाय जघनेनाग्निं कृष्णाजिने व्रीहीन्निर्वपति ॥ ४

अथ ... पः पयो वाऽऽनीयाधिश्रित्य
पर्यग्निं कृत्वा स्रुचे ... थैतं चरुं श्रपयित्वाऽ-
भिघार्योदञ्चमुद्वास्य प्रो...

परिधानप्रभृत्याग्निमुखे...
र्भो, भुवः' इति द्वाभ्याम् ॥

चतुरवत्तं पुरस्तादुपस्तरणं
घारणं मध्यात्पूर्वार्धादपरार्धादवदानं प...
त्यञ्जनम् ॥

अथ पुरस्तात्स्विष्टकृतः ॥

पौर्णमास्यां—'ऋषभं वाजिनं वयम्' अमा-
वास्यायां—'अमावास्या सुभगा' इत्याज्याहुति...
स्विष्टम्' इति स्विष्टकृतं हुत्वा मेक्षणमभ्याधा...
णाभिहुत्वा स्रुचाऽद्भिरन्तःपरिधि निनयाति—'वैश्वानरो ...
रिदं जुहोमि' इति ॥ ९

स्रुचं प्रक्षाळ्य निष्टप्याद्भिः पूरयित्वा बहिःपरिधि
निनयाति—'इमं समुद्रं शतधारम्' इति । जयप्रभृति सि-
द्धमाधेनुवरप्रदानात् ॥ १०

अथ पक्वादुपादाय प्राश्नाति—'आयुरसि' इति ॥ ११

प्राश्याप आचम्य जठरमभिमृशति—'यत इन्द्रभयामहे,
स्वस्तिदा विशस्पतिः' इति द्वाभ्याम् ॥ १२

प्रथमे स्थालीपाक आज्यं [illegible] जुहुयात्— 'कर्मादिष्वेतैर्जुहुयात् [illegible] अश्नुते' इति ब्राह्मणम् ॥ [illegible] १३

[illegible] चतुर्थप्रश्ने

नवमोऽध्यायः.

[illegible] ग्निस्तु द्वे भार्ये विन्देत कथं तत्र कुर्यादिति ॥ १

[illegible] यस्मिन् काले विन्देतोभावाग्नी परिचरेत् ॥ २

अपराग्निमुपसमाधाय सम्परिस्तीर्याज्यं विलाप्योत्पूय स्रुक्स्रुवं निष्टप्य सम्मृज्य स्रुचि चतुर्गृहीतं गृहीत्वाऽन्वारब्धायां [illegible] जुहोति—'नमस्त ऋषे गद । अव्यथायै त्वा स्वधायै [illegible] न इन्द्राभितस्त्वदृष्वारिष्टासः । एवाब्रह्मन् तवेदस्तु [illegible] इति ॥ ३

अथ समारोपयति—'अयं ते योनिर् ऋत्वियः' इति ॥

अथ पूर्वाग्निमुपसमाधाय—'आजुह्वानः, उद्बुध्यस्वाग्ने' इति समिधमाधाय सम्परिस्तीर्य आज्यं विलाप्योत्पूय स्रुक्स्रुवं निष्टप्य सम्मृज्य स्रुचि चतुर्गृहीतं गृहीत्वा द्वयोर्भार्ययोरन्वारब्धयोर्यजमानो जुहोति—'यो ब्रह्मा ब्रह्मणः' इत्यान्तेन सूक्तेनैकैकं चतुर्गृहीतं गृहीत्वा जुहोति ॥ ५

प्रसिद्धमग्निमुखात्कृत्वा पकाज्जुहोति—'समितं संकल्पे-

याम्' इति पुरोनुवाक्यामनूच्य 'अग्ने पुरीष्य' इति या-
ज्यया जुहोति ॥ ६

अथान्याहुतीरुपजुहोति—'पुरीष्यस्त्वमग्ने' इत्यान्ताद-
नुवाकस्य । स्विष्टकृत्प्रभृति सिद्धमाधेनुवरप्रदानात् ॥ ७

अथाग्रेणाग्निं दर्भस्तम्बेषु हुतशेषं निदधाति—'ब्रह्मज-
ज्ञानं, पिता विराजां' इति द्वाभ्याम् ॥ ८

प्रसिद्धमौपासने पार्वणानि कुर्यात्सन्तिष्ठत औपासन-
तन्त्रः ॥ ९

इति बोधायनगृह्यशेषे चतुर्थप्रश्ने
दशमोऽध्यायः.

अथ वै भवति 'जायमानो वै ब्राह्मणस्त्रिभिर् ऋ-
णवा जायते ब्रह्मचर्येण ऋषिभ्यो यज्ञेन देवेभ्यः प्रजया
पितृभ्यः' इति 'प्रजातन्तुं मा व्यवच्छेत्सीः' इत्येतस्मा-
द्ब्राह्मणादाहिताग्नेर्दशवर्षाणामूर्ध्वं यदि प्रजा नोत्पद्येत कथं
तत्र कुर्यादिति ॥ १

पुनरेव कुमारीं संस्कृत्य दशमेऽहन्येकादशाहे द्वाद-
शाहे वाऽरण्योरग्नीन् समारोप्योदवसाय मथित्वाऽग्नीन् वि-
हृत्योद्वासन्येष्येद्वा ॥ २

तदानीमेवारण्योरग्नीन् समारोप्यौपासने ब्रह्मौदनं श्र-
पयित्वोपवसथहविःप्रभृति सिद्धमग्न्याधेयं कुर्वन्ति ॥ ३

तस्मिन् संस्थिते पवित्रेष्ट्या यजेत ॥ ४

तस्यां संस्थितायां तन्तुमतीं निर्वपेत् ॥ ५

तस्यां संस्थितायां त्रैधातवीयां निर्वपेत् ॥ ६

अपि वैन्द्राग्नेन पशुना यजेत । पुनराधेयं वा कुर्यात् ॥ ७

अथ यद्येको बह्वीर्जायाः प्रयुञ्जान एवमेवैतत्कुर्यात्
'तस्मादेको बह्वीर्जाया विन्दते' इति ब्राह्मणम् ॥ ८

इति बोधायनगृह्यशेषे चतुर्थप्रश्ने
एकादशोऽध्यायः.

अथ यद्यग्निविमोकमीक्षेताग्निमुपसमाधाय संपरिस्तीर्या-
ज्यं विलाप्योत्पूय स्रुक्स्रुवं निष्टप्य संमृज्य स्रुचि चतुर्गृहीतं
गृहीत्वा द्वयोर्भार्ययोरन्वारब्धयोर्यजमानो जुहोति—'इमं स्त-
नमूर्जस्वन्तं धयापां प्रप्यातमग्ने सरिरस्य मध्ये । उत्सं
जुषस्व मधुमन्तमूर्व समुद्रियं सदनमाविशस्व स्वाहा' इत्य-
ग्निविमोकं हुत्वा तमनलं विभजेत् ॥ १

पुनस्संयोगो न भवति 'विभक्तं न हि संसृजेत्'
इति स्मरणात् ॥ २

पूर्वस्मिन्नग्नौ यदि विवहेत् स हि साधारणो भवति
न तत्र विभाग एकत्वादग्नेरित्याह भगवान् बोधायनः ३

इति बोधायनगृह्यशेषे चतुर्थप्रश्ने
द्वादशोऽध्यायः.

अथ लौकिकौपासनग्रहणधारणोपावरोहणविधिं व्याख्यास्यामः—

त्रिविधं समारोपणमात्मन्यरण्योस्समिधीति ॥ १

समिधि समारोपयति—पालाशीमाश्वत्थीं खादिरीमौदुम्बरीं शमीमयीं वा समिधमादाय समारोपयति—'अयं ते योनिर् ऋत्वियः' इति ॥ २

अरण्योर्वा समारोप्य मथित्वा जुहुयात् ॥ ३

अपि वाऽऽत्मनि समारोपणं भवति—'या ते अग्ने यज्ञिया तनूः' इति ॥ ४

अथैनमुपावरोहयति—'उपावरोह जातवेदः' इति ॥ ५

यत्र गच्छेत्तत्र नो हरेत्तत्र प्राप्य लौकिकमग्निमाहृत्य न्युप्योपसमाधाय तां समिधमादधाति यस्यात्मनि समारूढो भवति—'आजुह्वानः, उद्बुध्यस्वाग्ने' इति द्वाभ्याम् ॥ ६

अथाग्निं परिचरति व्रीहिभिर्यवैर्वा ॥ ७

यवैर्ग्रामकामस्य तण्डुलैरोजस्कामस्य पयसा पशुकामस्य दध्नेन्द्रियकामस्याज्येन तेजस्कामस्य ॥ ८

अथातिपन्नाः प्रतिजुहोति ॥ ९

प्रसिद्धमग्निपरिचरणम् ॥ १०

प्रसिद्धं दर्शपूर्णमासाभ्यां यजनम् ॥ ११

प्रसिद्धः पञ्चानां महायज्ञानामनुप्रयोगः ॥ १२

एतदेव विधानमहरहरध्वनि वर्तते ॥ १३

लौकिको व्याख्यातः ॥ १४

इति बोधायनीयगृह्यशेषे चतुर्थप्रश्ने
त्रयोदशोऽध्यायः.

अथ गृहस्थस्यौपासनं विच्छिद्येत प्राणेषूत्क्रान्तेषूभयोः श्रोत्रिययोर्वचनादुद्धरेत् । श्रोत्रियागाराद्वाऽऽहृत्य व्याहृतीभिर्नियुप्योपसमाधाय पर्युक्ष्य परिस्तीर्याज्यं विलाप्योत्पूय स्रुक्स्रुवं निष्टप्य संमृज्य स्रुचि चतुर्गृहीतं गृहीत्वाऽन्वारब्धो यजमानो जुहोति—'सप्त ते अग्ने' सप्तव्याहृतिभिश्च, 'पूर्वं देवा अपरेण, प्राणापानौ' इति द्वाभ्यां 'मा त्वा वृक्षौ सम्बाधिष्टाम्, मा त्वा वृक्षौ सम्बाधेथाम्' इति द्वाभ्याम् 'अग्नेऽभ्यावर्तिन्, अग्ने अङ्गिरः' इति द्वाभ्यामेकैकं प्रति चतुर्गृहीतं गृहीत्वा जुहोति ॥ १

न च ब्रह्मा न च प्रणीता न चरुर्न च स्विष्टकृतम् ॥ २

अत ऊर्ध्वं पैतृमेधिकं कर्म प्रतिपद्यते ॥ ३

इति बोधायनीयगृह्यशेषसूत्रे चतुर्थप्रश्ने
चतुर्दशोऽध्यायः.

अथ यद्याहिताग्निर्द्वे भार्ये विन्देत प्राक्संयोगान्म्रियेत कथं तर्हि कुर्यादिति ॥ १

औपासनं संपरिस्तीर्याज्यं विलाप्योत्पूय स्रुक्स्रुवं नि·
ष्टप्य संमृज्य स्रुचि चतुर्गृहीतं गृहीत्वा समिद्धत्यग्नौ परि-
श्रिते पूर्णाहुतिं जुहोति—'समितं सङ्कल्पेथाम्' इति मि·
न्दाहुती व्याहृतीभिश्च हुत्वा तमग्निं—'अयं ते योनिः'
इति समिधि समारोप्य गार्हपत्ये समिधमादधाति—'भवतं
नस्समनसौ' इति । गार्हपत्य आज्यं विलाप्योत्पूय स्रुक्स्रुवं
निष्टप्य सम्मृज्य स्रुचि चतुर्गृहीतं गृहीत्वा गार्हपत्ये जु-
होति—'अग्नावग्निश्चरति प्रविष्टः' इति ॥ २

अपरं चतुर्गृहीतं गृहीत्वा गार्हपत्य एव जुहोति—
'चित्तिस्स्रुक्' इति ॥ ३

अथ गार्हपत्ये स्रुवाहुतीर्जुहोति—'ब्राह्मण एकहोता'
इति दशभिः ॥ ४

अथ प्राचीनावीतं कृत्वाऽन्वाहार्यपचने जुहोति—'ये
समानाः, ये सजाताः' इति द्वाभ्याम् ॥ ५

अथान्वाहार्यपचन एव स्रुवाहुतीर्जुहोति—'अग्नये क-
व्यवाहनाय स्विष्टकृते स्वधा नमस्स्वाहा' इति ॥ ६
अथ यज्ञोपवीतं कृत्वा द्वादशगृहीतेन स्रुचं पूरयित्वा पुरु-
षसूक्तेन मनसाऽनुद्रुत्याहवनीये जुहोति ॥ ७

अथ स्रुवाहुतीर्जुहोति—'अग्नये विविचये स्वाहाऽग्नये
व्रतपतये स्वाहाऽग्नये पवमानाय स्वाहाऽग्नये पावकाय स्वा-

हाऽग्नये शुचये स्वाहाऽग्नये पथिकृते स्वाहाऽग्नये तन्तुमते स्वाहाऽग्नये वैश्वानराय स्वाहा' इति ॥ ८

अथ स्रुचि चतुर्गृहीतं गृहीत्वा मनस्वतीं जुहोति—'मनो ज्योतिर्जुषतामाज्यं विच्छिन्नं यज्ञं समिमं दधातु। या इष्टा उषसो निम्रचश्च तास्संदधामि हविषा घृतेन स्वाहा' इति ॥ ९

अत ऊर्ध्वं पैतृमेधिकं कर्म प्रतिपद्यते ॥ १०

इति बोधायनीयगृह्यसूत्रे चतुर्थप्रश्ने
पञ्चदशोऽध्यायः.

अथातः कपिलसंन्यासविधिं व्याख्यास्यामः—

अनग्निकस्तु मुण्डी शिखी वाऽहोरात्रोपोषितः स्नात्वाऽप आचम्याप एव पाणिनाऽप्स्वाहुती जुहोति—'आपो वै सर्वा देवतास्स्वाहा' इति ॥ १

'पुत्रेषणायाश्च वित्तेषणायाश्च लोकेषणायाश्च सर्वभूतेभ्यश्च व्युत्थितोऽहं स्वाहा' इति ॥ २

'संन्यस्तं मया संन्यस्तं मया संन्यस्तं मया' इति त्रिरुपांशूक्त्वा त्रिरुच्चैः 'त्रिषत्या हि देवाः' इति विज्ञायते ॥ ३

'अभयं सर्वभूतेभ्यो मत्तस्स्वाहा' इति दण्डात् गृहीत्वा जलपवित्रं 'पवित्रम्' इति समादाय पुत्रमित्रसुहृद्बन्धुज्ञा-

तिसन्निधौ त्यक्त्वाऽथ ग्रामादाहृत्यैकपात्रमुदकेनाप्लाव्य सकृ-
दल्पेन भुञ्जीत ॥ ४

न केन चित्सह सम्भाषेत ॥ ५

न किञ्चन याचेत ॥ ६

पर्वतगुहानदीपुळिनशून्यागारे देवतायतने बिलदर्योर्निव-
सेत्* ॥ ७

स्वयं पतितं प्रक्षाळ्य जीवितमुक्तम् † ॥ ८

जीर्णमानीयाहृतानि दृढान्यजिनानि यदर्थं बिभृयात् ॥ ९

सूर्योदयहीनयाचितेन कार्यं कुर्वीत ॥ १०

व्रतं स्नानसमर्थो न लभेत् ॥ ११

अथ प्रक्षाळय जलार्द्रेण कर्पटेन सशिरस्कजलापकर्षणं
कृत्वाऽन्तर्वासाः परितस्सन्ध्यामुपासीत ॥ १२

नित्यं मध्याह्ने प्रातस्स्नायीतेत्याह भगवान् बोधायनः॥ १३

इति बोधायनीयगृह्यशेषसूत्रे चतुर्थप्रश्ने
षोडशोऽध्यायः.

अथातस्संप्रवक्ष्यामि संस्कारविधिमुत्तमम् ।
समाहितानां युक्तानां यतीनां च महात्मनाम् ॥ १

शुचौ देशे तु सावित्र्या देहं प्रक्षाळ्य यत्नतः ।
अलङ्कृत्य च गायत्र्या गन्धैर्माल्यैः पृथक्पृथक् ॥ २

* बिल्वदर्यै सजेत्. † जीवितमसुप्त.

वहन्ति ब्राह्मणा ये वै शुचयस्सर्व एव ते ।
तेषां तु वहतां सम्यक्सद्यश्शौचं विधीयते ॥ ३
प्रक्षाळनादि तत्कर्म ये कुर्वन्ति महीयसाम् ।
तेषामपि तथा सद्यश्शौचमेव विधीयते ॥ ४
पुत्रो वा सन्निकृष्टो वा शुचौ देशे निधाय तम् ।
उपावरोहमन्त्रेण तस्याग्नीनवरोप्य तु ॥ ५
तूष्णीं संमार्जनं कृत्वा व्याहृतीभिश्च सप्तभिः ।
प्रोक्ष्य काष्ठं च तद्देहं निधाय तु समन्त्रकम् ॥ ६
विष्णो हव्यं रक्षस्वेति मुखे जलपवित्रकम् ।
पवित्रं तेति मन्त्रेण निदधाति तथा पुनः ॥ ७
त्रिदण्ड दक्षिणे हस्ते वैष्णव्यर्चा निधाय च ।
उदरे च तथा पात्रं सावित्र्या निदधाति वै ॥ ८
यदस्य पारे रजसस्सव्ये शिक्यं निधाय च ।
गुह्ये कमण्डलुं चैव भूमिर्भूमिमगादिति ॥ ९
पितृमेधप्रयोगेण दहेदग्निभिरेव हि ।
संस्कर्तुश्च तथा तस्य नाशौचं नोदकक्रिया ॥ १०
एकोद्दिष्टं न कुर्वीत संन्यस्तानां कदाचन ।
अहन्येकादशे प्राप्ते पार्वणं तु विधीयते ॥ ११
द्वादश्यामह्नि वा पुण्ये नारायणबलिर्भवेत् ।
सर्वं नारायणोद्देशमेकोद्दिष्टवदाचरेत् ॥ १२

अनाहिताग्निनां चैव संन्यस्तानां महात्मनाम् ।
अपि होतृविधानेन गायत्र्या प्रणवेन वा ॥ १३
अप्राकृतानां महतां ब्रह्मनिष्ठमनस्विनाम् ।
तेषां तु खननं कार्यमिति प्राहुर्मनीषिणः ॥ १४
तिसृभिर्व्याहृतीभिस्तु खात्वा दण्डप्रमाणतः ।
त्रिदण्डादीन् यथास्थानममन्त्रैस्स्थापयेद्बुधः ॥ १५
प्रच्छादयेदसंस्पृष्टं सृगालश्वापदादिभिः ।
श्वादयो यदि खादन्ति महान् दोषो भविष्यति ॥ १६
तस्माद्भूमिं भृशं खात्वा सम्यक्प्रच्छादयेद्यतीन् ।
सर्वसङ्गनिवृत्तस्य ध्यानयोगरतस्य च ॥ १७
न तस्य दहनं कुर्यान्नाशौचं नोदकक्रिया ।
निषेकाद्याश्श्मशानान्तास्सत्क्रिया ब्राह्मणाश्रिताः ॥ १८
तस्माद्यत्नेन संस्कारः कर्तव्यो गृहमेधिभिः ।
ये वहन्ति महात्मानं स्पृष्ट्वा दृष्ट्वा द्विजातयः ॥ १९
हयमेधफलं तेषामस्तीत्येवं विदुर्बुधाः ॥ २०

इति बोधायनीयगृह्यशेषसूत्रे चतुर्थप्रश्ने
सप्तदशोऽध्यायः.

अथातोऽङ्कुरार्पणविधिं व्याख्यास्यामः--

ब्राह्मणानन्नेन परिविष्य 'पुण्याहं स्वस्ति ऋद्धिम्' इति वाचयित्वा शुचौ समे देशे गोमयेन गोचर्ममात्रं च-

तुरश्रं स्थण्डिलमुपलिप्याक्षतान् सम्प्रकीर्याद्भिरभ्युक्ष्य पञ्च पालिकास्सौवर्णा राजतास्ताम्रा मृण्मयीर्वा यथासम्भवं गृह्णाति ॥ १

मध्ये चतुर्मुखं विन्द्यात् पूर्वे वज्रिणमेव च ।
दक्षिणे तु यमं विन्द्यात् पश्चिमे वरुणं तथा ।
उत्तरे शशिनं विन्द्यात्पालिकास्थापनं क्रमात् ॥ २
वल्मीकमृत्तिकां हृत्वा गोमयं च तथैव च ।
एतानि प्रक्षिपेत्तासु पालिकासु यथाक्रमम् ॥ ३
दूर्वामश्वत्थपत्रं च शिरीषं बिल्वपत्रकम् ।
तासां मूलेषु बध्नीयाच्छ्वेतसूत्रेण वेष्टयेत् ॥ ४

मध्यमायां व्याहृतीभिर्ब्रह्माणमावाहयति—'ओं भूः ब्रह्माणमावाहयाम्यों भुवः प्रजापतिमावाहयाम्यों सुवः चतुर्मुखमावाहयाम्यों भूर्भुवस्सुवः हिरण्यगर्भमावाहयामि' इति । एताभिरेव प्राच्याम्—'इन्द्रं वज्रिणं शचीपतिं शतक्रतुम्' इति । एताभिरेव दक्षिणस्याम्—'यमं वैवस्वतं पितृपतिं धर्मराजम्' इति । एताभिरेव प्रतीच्याम्—'वरुणं प्रचेतसं सुरूपिणमपांपतिम्' इति । एताभिरेवोदीच्याम्—'शशिनं निशाकरं चन्द्रं सोमम्' इति ॥ ५

अथैनान् स्नापयति—'आपो हिष्ठा मयोभुवः' इति तिसृभिः 'हिरण्यवर्णाश्शुचयः पावकाः' इति चतसृभिः 'पवमानस्सुवर्जनः' इत्येतेनानुवाकेन मार्जयित्वाऽथैनान् गन्धपुष्पधूपदीपैरभ्यर्चयति—'अमुष्मै नमोऽमुष्मै नमः' इति॥

अथैनानुपातिष्ठते—

दिशां पतीन् नमस्यामि सर्वकामफलप्रदान् ।

कुर्वन्तु सफलं कर्म कुर्वन्तु सततं शुभम् ॥ इति ॥ ७

व्रीहियवमाषतिलमुद्गसर्षपान् मिश्रीकृत्य क्षीरेण प्रक्षाल्यौषधिसूक्तेन 'या जाताः' इत्यनुवाकेनाभिमन्त्र्य यथाक्रमं निवपति—'ब्रह्म जज्ञानं, पिता विराजाम्' इति द्वाभ्यां मध्यमायां, 'यत इन्द्र भयामहे, स्वस्तिदा विशस्पतिः' इति द्वाभ्यां प्राच्यां, 'योऽस्य कौष्ठ्य, यमं गाय' इति द्वाभ्यां दक्षिणस्यां, 'इमं मे वरुण, तत्त्वा यामि' इति द्वाभ्यां प्रतीच्यां, 'सोमो धेनुम्, आप्यायस्व' इति द्वाभ्यामुत्तरस्याम् ॥ ८

यथाक्रमं शुद्धाभिस्सिकताभिः प्रच्छादयेत् ॥ ९

पञ्चगव्येन यथाक्रमं सेचयेत् ॥ १०

प्रणवेनैव सापिधानं कृत्वा यावत्कर्म तावत् सुरक्षितं गोपायेत् ॥ ११

समाप्ते कर्मणि ब्राह्मणान् पञ्च भोजयेत् ॥ १२

व्याहृतीभिः देवता यथाक्रममुद्वासयेत् ॥ १३

आसप्तमात्प्रजाकाम आषष्ठात्पुत्रनाशनम् ।

पञ्चमे भक्तिकामानां विष्णोस्सर्वात्मनस्तथा ॥ १४

चतुर्थे चाङ्कुरं विद्यात्पापीयान् जायते तु सः ।

त्रियहे सर्वकामानां सद्यो वाऽप्यङ्कुरार्पणम् ॥ १५

इत्याह भगवान् बोधायनः ॥ १६

इति बोधायनगृह्यशेषे चतुर्थप्रश्ने

अष्टादशोऽध्यायः.

अथातो नान्दीमुखं व्याख्यास्यामः—

आदित एव द्वौ विप्रौ निमन्त्र्य चतुरवरांश्च पित्रर्थानथ श्मश्रुकर्माभ्यञ्जनस्नानैर्यथोपपादं संपूज्याग्निमुपसमाधाय संपरिस्तीर्याज्यं विलाप्योत्पूय दध्ना घृतेन संयुत्य स्रुवं संमृज्य देवार्थौ विप्रावुपवेश्यालङ्कृत्यानुदेश्य द्विःपवित्र एव यवोदकं निधाय पुष्पफलाक्षतामिश्रं भोजनस्थानेष्वासनेषु यवान् सिकताश्च सम्प्रकीर्य पित्रर्थानुपवेश्य तेषां सपवित्रेषु पाणिषु 'नान्दीमुखाः पितरः प्रीयन्ताम्' इत्यनेन मन्त्रेण पात्रान्तरेणोपहृत्य यवोदकं दत्वा द्विरथालङ्कृत्यैवमेव दत्वाऽग्नौकरणमनुज्ञाप्यालङ्कृत्य पृषदाज्यात् स्रुवेणोपहृत्य 'नान्दीमुखेभ्यः पितृभ्यस्स्वाहा' इत्येतावदग्नौ कृत्वाऽन्नमुपस्तीर्णाभिघारितं पात्रेषूद्धृत्य पृषदाज्येन संसृज्य दर्भेषु सादयित्वा दर्भैः प्रतिच्छाद्य 'नान्दीमुखार्थानां पितृणां क्षेष्ठा अमुत्रामुष्मिन् लोके' इति मन्त्रमूह्याभिमृश्य विप्रेभ्यो द्विरुपस्तीर्याभिमृष्टस्यान्नस्य द्विरवदाय द्विरभिघार्य यथावद्भोजयेत् ॥ १

पितृसामान्यवाचिस्वधायुक्तानि ब्रह्माण्यभिश्राव्य भुक्त-
वत्स्वाचान्तेषूपलिप्याशयेषु दध्योदनं संप्रकीर्य संक्षाळनेन
प्रदक्षिणं द्विःपरिषिच्य पूर्ववद्यवोदकं दत्वा दक्षिणां प्रदाय
'नान्दीमुखाः पितरः प्रीयन्ताम्' इति वाचयित्वाऽभिवाद्य
स्वधायै स्थाने सर्वैस्समानं दक्षिणं जानुं निपात्य सव्य-
मुद्धृत्य जपति—'इडा देवहूः' इत्यान्तादनुवाकस्य जपित्वा
'नान्दमिुखाः पितरः प्रियन्ताम्' इत्यपो निनीय ब्राह्मणा-
नुत्थाप्य प्रसाद्य संसाद्य प्रदक्षिणीकृत्य शेषमनुज्ञाप्य देवतां
च विसृज्य दक्षिणेनाग्निं प्रागग्रेषु दर्भेषु नान्दीमुखेभ्यः
पितृभ्यो दद्यात्—'नान्दीमुखेभ्यः पितृभ्यस्स्वाहा' इति
संक्षाळनेन प्रदक्षिणं परिषिच्य 'ऊर्जं वहन्तीः' इति भा-
विजयाद्यर्थेन कालहोमान् पृषदाज्येन पूर्ववद्धोमं केचिदि-
च्छन्तीत्युक्तमेतन्नान्दीमुखम् ॥ २

इति बोधायनगृह्यशेषे चतुर्थप्रश्ने
एकोनविंशोऽध्यायः.

अथातो ग्रामस्योत्पातशान्तिं व्याख्यास्यामः—

अग्निदाहे व्याघ्रादिभिरभिभूते सृगालपीडने ग्रामाद-
न्तश्चण्डालाद्यध्यवसिते ग्रामस्य स्थूणावरोहणे मधुन उपवेशने
वल्मीकपुष्करोत्पन्ने देवगात्रस्वेदकम्पने ज्वराभिभूते बहुब्राह्म-
णमरणे ग्राममध्ये श्मशाने वा दस्युभिश्चापि पीडिते रात्रौ

तटाकसेतुभङ्गे जले विवर्णे वा स्वन्तस्थेऽशनिपाते चिरका लशून्यग्रामप्रवेशे तेष्वन्येषु चोत्पातेषु शान्तिं कुर्यात् ॥ १

शुभवारे शुभनक्षत्रे शुभलग्ने विष्णोस्स्नापनार्थं महादेवाभिषेकार्थं द्वौद्वौ ब्राह्मणौ कल्पयित्वा नवग्रहशान्त्यर्थं चतुरो ब्राह्मणांस्तयैव सङ्ख्यया ग्रामशान्तिहोमार्थं कल्पयित्वाऽथ ग्रामशान्तिहोमे ग्रामस्योत्तरपूर्वदेशे देवागारे चतुष्पथे वा शुचौ समे देशे गोमयेन गोचर्ममात्रं चतुरश्रं स्थण्डिलमुपलिप्य तिलसर्षपलाजैर्गन्धपुष्पाक्षतैरवकीर्य स्थण्डिलं कल्पयित्वा कुम्भस्थापनं कृत्वाऽग्निमुपसमाधाय संपरिस्तीर्याप्रणीताभ्यः कृत्वोपोत्थायाग्रेणाग्निं देवताश्चावाहयति—व्याहृतीभिः 'यज्ञपुरुषमावाहयामि' देवस्य दक्षिणतो 'ब्रह्माणमावाहयामि' उत्तरतः 'त्रियम्बकमावाहयामि' देवस्याग्रे 'वास्तुपुरुषमावाहयामि, इन्द्रादिदेवताश्चावाहयामि' इत्यावाह्य पुरुषसूक्तेन विष्णुमभ्यर्च्य ब्रह्मसूक्तेन चतुर्मुखं रुद्रसूक्तेन त्रियम्बकं चाभ्यर्च्यान्येषां देवानमावाहनादिक्रमेण स्वैस्स्वैर्नामभिरभ्यर्च्यापरेणाग्निं प्राङ्मुख उपविश्याग्निमुखात्कृत्वा पक्वाज्जुहोति—'वास्तोष्पते प्रति जानीह्यस्मान्' इति पुरोनुवाक्यामनूच्य 'वास्तोष्पते शग्मया संसदा ते' इति याज्यया जुहोति ॥ २

तेनैव मन्त्रेण शमीमयीं समिधमष्टोत्तरसहस्रं जुहुयात् ।

'वास्तोष्पते प्रतरणो न एधि' इत्यष्टोत्तरसहस्रमन्त्राहुतीर्जुहुयात् ॥

'अमीवहा वास्तोष्पते' इत्यष्टोत्तरसहस्रमाज्याहुतीर्जुहुयात् ॥ ४

मृगारेष्टिवत् 'अंहोमुचे' इत्यभिर्ज्ञैः प्रत्यृचमाज्याहुतीर्हुत्वा 'या वामिन्द्रावरुणा' इति द्वादशाहुतीर्हुत्वा 'पवमानस्सुवर्जनः' इत्येतेनानुवाकेन प्रत्युचमाज्याहुतीर्हुत्वा पुरुषसूक्तेन, ब्रह्मसूक्तेन, रुद्रसूक्तेन च प्रत्यृचमाज्याहुतीर्हुत्वा 'यत इन्द्र भयामहे, स्वस्तिदा विशस्पतिः' इति द्वाभ्याम् 'अग्निरायुष्मान्' इति पञ्चभिः 'अग्ने नय सुपथा' इति षड्भिः 'योऽस्य कौष्ठ्य' इति 'एष ते निरृते भागः' इति 'इमं मे वरुण, तत्त्वा यामि' इति द्वाभ्यां 'समुद्राय त्वा वाताय स्वाहा' इति त्रयोदशाहुतीः 'आ प्यायस्व, सं ते पयांसि' इति द्वाभ्यां 'ईशानस्सर्वविद्यानाम्' इति त्रियम्बकं यजामहे' इति प्रत्येकमाज्याहुतीर्हुत्वा 'आसत्येन' इत्यादि 'केतुं कृण्वन्नकेतवे' इत्यन्तं नवग्रहमन्त्रेणाज्याहुतीर्हुत्वा स्विष्टकृत्प्रभृति सिद्धमाधेनुवरप्रदानात् ॥ ५

अथाग्रेणाग्निं शमीपत्रेषु हुतशेषं निदधाति—'यो रुद्रो अग्नौ' इति ॥ ६

अथ देवताभ्यो हविर्निवेदयेत् ॥ ७

अथोपतिष्ठते—'हेतयो नाम स्थ' इति ॥ ८

यथाक्रमं दिश उपस्थाय पुण्याहं वाचयित्वा उद-
कुम्भं चान्वारभ्य पञ्चशान्तिं च जपित्वा हुतशेषमाज्यशेषं
च पूर्णकुम्भे निक्षिप्य उदुम्बरशाखया शमीशाखया दर्भमु-
ष्टिना वा 'शिवं शिवं, शं नो देवीरभिष्टये' इति च शा-
कुनेन सूक्तेन ग्रामं त्रिः प्रदक्षिणं परिषिच्य ब्राह्मणेभ्यो
भूरिदक्षिणां दत्वैवं सप्ताहं द्वादशाहं वा कुर्यात्समस्तोत्पात-
शान्तिरित्याह भगवान् बोधायनः ॥ ९

इति बोधायनीयगृह्यशेषे चतुर्थप्रश्ने

विंशोऽध्यायः.

अथाशनिपाते भूमिं जानुदघ्नमुद्धृत्य अद्भिः प्रोक्ष्य
..................पत्रावकां च संस्थाप्य ब्राह्मणानन्नेन परिविष्य
'पुण्याहं स्वस्ति ऋद्धिम्' इति वाचयित्वा खननात्पश्चात्
स्थण्डिलं कृत्वा परिधानप्रभृत्यग्निमुखपर्यन्तं कृत्वा 'शं न
इन्द्राग्नी' इति त्रिभिर्मन्त्रैराज्याहुतीर्हुत्वा 'स प्रत्नथा सहसा
जायमानः' इति सूक्तेन चरुणा जुहोति ॥ २

'स्वस्ति नो मिमीताम्' इति प्रतिपद्य 'स्वस्ति नो
बृहस्पतिर्दधातु' इति स्वस्त्यात्रेयं जपित्वा ब्राह्मणान् सम्पू-
ज्याशिषो वाचयित्वाऽऽचार्याय दक्षिणां ददाति ॥ २

चरुं विद्यावन्तं ब्राह्मणं भोजयेत् ॥ ३

दग्धभूमिसमं ब्राह्मणाय दद्यात् जीवनागन्धमियादिति स्वर्णं ददातीत्याह भगवान् बोधायनः ॥ ४

इति बोधायनीयगृह्यशेषसूत्रे चतुर्थप्रश्ने एकविंशोऽध्यायः.

अथाशनिपाते। अथातो ग्रामस्योत्पातशान्तिम्। अथातो नान्दीमुखम्। अथातोऽङ्कुरार्पणविधिम्। अथातस्सं प्रवक्ष्यामि। अथातः कपिलसंन्यासविधिम्। अथ यद्याहिताग्निः। अथ गृहस्थस्यौपासनम्। अथ लौकिकौपासनग्रहणधारणोपावरोहणविधिम्। अथ यद्यग्निविमोकम्। अथ वै भवति जायमानः। अथ गृहस्थस्तु। कथमु खल्वनाहिताग्नेः। अथ वै भवत्यापः। अथात आचमनविधिम्। अथातश्शौचविधिम्। अथातः काम्यविधिम्। अथ प्रहुतानुकृतिर्धर्मोपभोगविधिम्। अथातो भूतबलिम्। आहुतानुकृतिर्बलिहरणानुकृतिर्धूर्तबलिः। अथातो मिथ्यासत्यबलिम् ॥ २१

अथातो मिथ्यासत्यबलिम्। आहुतानुकृतिर्बलिहरणानुकृतिर्धूर्तबलिः। अथातो भूतबलिम्। अथ प्रहुतानुकृतिर्धर्मोपभोगविधिम्। अथातः काम्यविधिम्। अथातश्शौचविधिम्। अथात आचमनविधिम्। अथ वै भवत्यापः। कथमु खल्वनाहिताग्नेः। अथ गृहस्थस्तु। अथ वै भवति जायमानः। अथ यद्यग्निविमोकम्। अथ लौकिकौपासन

ग्रहणधारणोपावरोहणविधिम् । अथ गृहस्थस्यौपासनम् । अथ
यद्याहिताग्निः । अथातः कपिलसंन्यासविधिम् । अथातस्तं
प्रवक्ष्यामि । अथातोऽङ्कुरार्पणविधिम् । अथातो नान्दीमुखम् ।
अथातो ग्रामस्योत्पातशान्तिम् । अथाशनिपाते ॥ २१

इति बोधायनीयगृह्यशेषे चतुर्थप्रश्नः
समाप्तः

अथ पञ्चमप्रश्नः

अथाग्निमुखप्रयोगः ॥ १

शुचौ समे देशे गोमयेन गोचर्ममात्रं स्थण्डिलमुप-
लिप्य तत्र प्राङ्मुखस्स्नानादिपञ्चकं कृत्वोपविश्य स्फ्येनोद्ध
त्यावोक्ष्य पञ्चप्रस्थसिकताभिस्स्थण्डिलकरणं व्याहृतीभिर्नियु
प्यारत्निमात्रं समचतुरश्रं कृत्वा तस्मिन् प्रादेशमात्रं चतुरश्रं
दर्भैः त्रिःप्राचीनमुल्लिखेदङ्गुष्ठानामिकाभ्यां कनिष्ठिकया वा
'ब्रह्म जज्ञानम्' इति मध्ये । दक्षिणे 'नाके सुपर्णम्'
उत्तरे 'अप्यायस्व' इति त्रिरुदीचीनम् । मध्ये 'यो रुद्रः'
इत्यप उपस्पृश्य पश्चिमे 'इदं विष्णुः' प्राच्यां 'इन्द्रं विश्वा
अवीवृधन्' इति, दर्भं निरस्याप उपस्पृश्याग्नेरासनं कल्प
यित्वा यथोक्तमग्निं पात्रयाऽऽहृतमङ्गाररूपं व्याहृतीभिर्नियुप्य
तत्पात्रेऽक्षतजलं निनयेत् ॥ २

अथ प्रोक्षितस्थूलकाष्ठत्रयेण तूष्णीमन्वाधायोपतिष्ठतेऽ-
ग्निम् —'जुष्टो दमूनाः' इति ॥ ३

अथासनं कल्पयित्वा तृणं निरस्याप उपस्पृश्यात्र वा
पूर्वेदक्षिणतः पश्चादुत्तरतोऽथैनं प्रदक्षिणमग्निं परिसमूह्य प-
र्युक्ष्य परिस्तीर्य दक्षिणानुत्तरानुत्तरानधरान् ॥ ४

पात्रोत्तरासनं ब्रह्मदक्षिणासनं प्रणीतोत्तरासनं पश्चा-
दात्मासनं सर्वं कल्पयित्वा पात्राणि सादयेदाज्यस्थालीं स्रुवं
च जुहूं प्रणीतां च चरुस्थालीं प्रोक्षणीं चेध्माबर्हिश्चेध्म-
प्रव्रश्चनानि मेक्षणं च सादयित्वा दर्भैः प्रतिच्छाद्य शूर्पं
कृष्णाजिनं चेत्यत्र दर्वीहोमो विकल्पे ॥ ५

अथ बर्हिषः पवित्रे कुरुते प्रादेशमात्रे समे अप्रति-
च्छिन्नाग्रे अनखच्छिन्ने तरुणे तूष्णीमद्भिरनुमृज्य कृत्वा प्रो
क्षण्यां निधायाप आनीय त्रिरुत्पूयाद्भिः प्रोक्ष्योत्तानानि
पात्राणि कृत्वा विस्रस्येध्मं त्रिः प्रोक्ष्य ब्राह्मणमिष्टिवद्द-
क्षिणत उपवेश्य 'ओं भूर्भुवस्सुवर्ब्रह्मन् ब्रह्मासि नमस्ते
ब्रह्मन् ब्रह्मणे' इति ब्राह्मणमुपातिष्ठन आदिशो व्युन्नय-
नादास्ते ॥ ६

यद्वा कूर्चमुपवेश्याभ्यर्च्य प्रणीतायां सपवित्रायां व-
रुणं पूजयित्वा सह पवित्रेण नासिकासममुत्थाप्योत्तरतस्सा-
दयन्ति—'भूर्भुवस्सुवरों वरुणोसि धृतव्रतो वारुणमसि'

इति तमभ्यर्च्य दर्भैः प्रतिच्छाद्याथ व्रीहीन्निर्वपति—'अमुष्मै वो जुष्टं निर्वपामि' इति वा तूष्णीं वा । एवं त्रिस्सकृत्तूष्णीम् ॥ ७

.तथा तानभ्युक्ष्यावहत्य त्रिष्फलीकृत्य त्रिःप्रक्षाल्य निदधाति । तण्डुलान्वा निर्वपति । तानभ्युक्ष्य त्रिः प्रक्षाल्यैवं निदधाति । स्थाल्यामपः पयो वाऽऽनीयाधिश्रित्य तिरःपवित्रं तण्डुलानावपति ॥ ८

अथ पक्वमोदनं पायसं वा याचति ॥ ९

तमभ्युक्ष्य स्रुवेण प्रणीताजलं निनयति ॥ १०

अग्नावधिश्रित्याथाज्यस्थाल्यामाज्यं निरुप्योदीचोऽङ्गारान्निरूह्य व्यन्तान् कृत्वा तेष्वधिश्रित्याभिद्योतनेनाभिद्योत्य द्वे दर्भाग्रे प्रच्छिद्य प्रक्षाल्य प्रत्यस्य पुनरभिद्योत्योभयं त्रिः पर्यग्नि कृत्वा वर्त्म कुर्वन्नुदगुद्वास्य प्रत्यूह्याङ्गारानथैनदुदीचीनाग्राभ्यां पवित्राभ्यां पुनराहारं त्रिरुत्पूय विस्रस्य पवित्रे अद्भिस्संस्पृश्याग्नावनुप्रहरति ॥

अथ स्रुवं जुहूं मेक्षणं च संमृज्य त्रिरन्तरतस्त्रिर्बाह्यतस्तथा मूलैर्मूलं संमृज्याद्भिस्संस्पृश्य पुनर्निष्टप्य निदधाति क्रमेण ॥ १२

अथ दर्भानद्भिस्संस्पृश्याग्नावनुप्रहरति ॥ १३

पश्चादग्नेर्बर्हिस्तीर्त्वा तत्राज्यं निदधाति चरुमभिघार्योदञ्चमुद्वास्य बर्हिष्यासाद्य प्रतिष्ठितमभिघारयति ॥ १४

स्थविष्ठो मध्यमो द्राघीयान् दक्षिणतोऽणिष्ठो ह्रसिष्ठ उत्त
रत ऊर्ध्वे समिधावादधाति ॥ १.५

अथाग्निं परिषिञ्चति—'अदितेऽनुमन्यस्व' इति दक्षिणतः प्राचीनम् 'अनुमतेऽनुमन्यस्व' इति पश्चादुदीचीनं 'सरस्वतेऽनुमन्यस्व' इत्युत्तरतः प्राचीनं 'देव सवितः प्रसुव' इति समन्तं प्रदक्षिणम्। समन्तमेव वा तूष्णीं परिषिञ्चति ॥ १६

अथाग्निमैन्द्रादिक्रमेणाभ्यर्च्य परिसमिधं शिनष्टि। ब्राह्मणेनानुज्ञातस्स्वाहाकारेणाभ्याधायानूयाजसमिधमिध्मसंनहनं प्रणीतापात्रं निधायाघारावाघारयति—'प्रजापतये स्वाहा' इति मनसोत्तरे परिधिसन्धौ संस्पृश्याक्ष्णया सन्ततम्। 'इन्द्राय स्वाहा' इत्युपांशु दक्षिणे परिधिसन्धौ संस्पृश्याक्ष्णया
सन्ततम् ॥ १७

अथाज्यभागौ जुहोति—'अग्नये स्वाहा' इत्युत्तरार्ध
पूर्वार्धे ॥ १.८

प्रतिमुखं प्रबाहुग्जुहोति—'सोमाय स्वाहा' इति दक्षिणार्धपूर्वार्धेऽथाग्निमुखं जुहोति—'युक्तः, चतस्रः' आरभ्य व्याहृत्यन्तं हुत्वाऽथ चरुमायश्चित्तं हुत्वा चरुमभिघार्याथान्नसमायश्चित्तं कृत्वा स्रुवेण जुह्वामुपस्तीर्य मेक्षणेन चरुमालोड्य पूर्वार्धादवदायापरार्धादवद्यत्यभिघारयति प्रत्यनक्ति पुरस्तात् स्रुवाहुतिं हुत्वा यथोक्तं पकाज्जुहोत्युपरिष्टात् स्रुवाहुतिं च ॥

अथोपस्तीर्योत्तरार्धात् स्विष्टकृतसकृदवद्यति द्विरभिघारयति न प्रत्यनक्त्यन्तःपरिधि सह मेक्षणेन सादयित्वा यथोक्तमाज्याहुतीर्जुहोति ॥ २०

अथ पुरस्तात्स्रुवाहुतिं स्विष्टकृतमुपरिष्टात् स्रुवाहुतिं च हुत्वाऽप उपस्पृश्य मेक्षणमग्नौ प्रहृत्याथैनत्संस्रावेणाभिजुहोति स्रुक्स्रुवाभ्याम् ॥ २१

जुहूसङ्क्षाळनमन्तःपरिधि निनयति ॥ २२

निर्णिज्य स्रुचं निष्टप्याद्भिः पूरयित्वा बहिःपरिधि निनयति ॥ २३

स्थालीपाकेऽन्तःपरिधि बहिःपरिधि समन्त्रकम् ॥ २४

अथानूयाजसमिधमाधायेध्मसंहनमद्भिस्संस्पृश्याग्नावनुप्रहराति ॥ २५

अथ जयानभ्यातानान् राष्ट्रभृतोऽमात्यहोमांश्च हुत्वाऽथ चतुर्गृहीतेन स्रुवेण वा प्राजापत्यं हुत्वा इध्मप्रव्रश्चनान्यभ्याधाय प्रायश्चित्तानि सौविष्टकृतं च हुत्वा स्रुवेण परिधीननक्ति ॥ २६

अथ परिस्तरांत्समुल्लिप्याज्यस्थाल्यां प्रस्तरवद्बर्हिरक्त्वा तृणं प्रच्छाद्याग्नावनुप्रहराति ॥ २७

अप उपस्पृश्य तृणं च मध्यमं परिधिमनुप्रहराति ॥ २८

अथेतरावुपसमस्यत्यूर्ध्वसमिधौ च ॥ २९

अथैनान् संस्रावेणाभिजुहोति—'वसुभ्यः' इति ॥ ३०

अत्र बलिं प्राशनं चान्यत्रोपनयनादन्यानि तत्तदुक्त-
कर्माणि ॥ ३१

अथाग्निं परिषिञ्चति—'अन्वमꣳस्थाः, प्रासावीः' इति॥

वरुणमुद्वास्य बर्हिषि दिशो व्युह्णीय 'प्राच्याम्'
इत्यादिना स्वयं च प्रोक्ष्य ब्रह्मणे वरं दत्वा चरुशेषं सघृतं वा
ब्रह्माणं विसृजति ॥ ३३

स्थालीपाकनक्षत्रहोमायुष्यहोमादिषु प्राशनमुक्तम् ॥ ३४

पञ्चावत्तिनां पञ्चावदानं मध्यात् पूर्वार्धादपरार्धादव-
द्यति ॥ ३५

स्विष्टकृत उत्तरार्धात् द्विरवद्यति ॥ ३६

शेषं पूर्ववत् ॥ ३७

अथ बहुदेवत्ये द्वितीयमवदानमपरार्धादवदाय पूर्वा-
र्धादवद्यति । सर्वमेवमाऽन्तात् ॥ ३८

अथ स्विष्टकृत उपस्तीर्य यावती देवतासङ्ख्या ता-
वदवदानं सकृत्सकृत् । शेषं समानम् ॥ ३९

तथा मध्यादपरार्धात्पूर्वार्धादवद्यति ॥ ४०

स्विष्टकृतो द्विर्द्विरवद्यति । शेषं समानं भवति ॥ ४१

सर्वन्यायं ज्ञात्वाऽऽचार्यमुखेन कुर्यात् ॥ ४२

इति बोधायनगृह्यशेषे पञ्चमप्रश्ने
प्रथमोऽध्यायः.

अथ विवाह्यकन्यारजस्वलाप्रायश्चित्तादिविधिं व्याख्यास्यामः—

विवाहे वितते यज्ञे होमकाल उपस्थिते ।
कन्यामृतुमतीं दृष्ट्वा कथं कुर्वन्ति याज्ञिकाः ॥ १

यजुःपवित्रैस्सावित्र्या प्रोक्षयेत्पूतवारिभिः ।
अनेन चानुवाकेन पवमानस्सुवादिना ॥ २

स्नापयित्वाऽथ विद्वद्भिरन्यवस्त्रादलङ्कृताम् ।
पूर्णाहुत्यथ मिन्दाभ्यां महाव्याहृतिभिस्सह ॥ ३

हुत्वा तन्तुमतीं चैव व्याहृतीभिस्तथैव च ।
अनाज्ञातं च विद्वद्भिश्शेषं कार्यं समाचरेत् ॥ ४

प्रधानहोमे निर्वृत्ते मलवद्वाससी भवेत् ।
त्रियहे पर्यवेतेऽथ शेषकार्यं समाचरेत् ॥ ५

लाजमाज्यं स्रुवं चैव प्रणीताश्मानमेव च ।
सर्वमभ्यन्तरं कृत्वा ब्रह्मैवैको बहिर्भवेत् ॥ ६

दक्षिणां दिशमाश्रित्य यमो मृत्युश्च तिष्ठति ।
दम्पत्यो रक्षणार्थाय ब्रह्मैवैको बहिर्भवेत् ॥ ७

अङ्गुळ्यग्रैर्न होतव्यं न कृत्वाऽञ्जलिभेदनम् ।
अञ्जलेर्वामभागेन लाजहोम इति स्मृतः ॥ ८

आद्यं प्रदक्षिणं कुर्याद्ब्रह्मणा सह मानवः ।
प्रदक्षिणत्रयं पश्चाद्विना तमिति केचन ॥ ९

नामादिनान्दीकरणमाशिषं द्विजभोजनम् ।
रक्षाबन्धनमन्नादि चौळाद्यङ्कुरमेव च ॥ १०

गर्भवर्जोत्सवात्पूर्वमयुगेऽह्न्यङ्कुरार्पणम् ।
प्रदोषे वाऽथ सायाह्ने गुणाधिक्येऽह्नि वेष्यते ॥ ११

आधानगर्भसंस्कारजातकर्माणि नाम च ।
हित्वाऽन्यत्र विधातव्यं मङ्गळाङ्कुरवापनम् ॥ १२

पुंसि नामान्नचौळोपस्नानपाणिग्रहेषु च ।
अग्न्याधाने च सोमे च दशस्वभ्युदयं स्मृतम् ॥ १३

आधाने सोमयागे च दम्पत्योरुभयोरपि ।
सीमन्ते पुंसवे गर्भे स्त्रिया एव तु कौतुकम् ॥ १४

इति बोधायनीयगृह्यशेषसूत्रे पञ्चमप्रश्ने
द्वितीयोऽध्यायः.

अथ ऋतुशान्तिं व्याख्यास्यामः—

तिथिवारनक्षत्रयोगकरणलग्नदोषशान्त्यर्थं चतुर्थे वा प-
ञ्चमेऽह्नि वा शान्तिस्नानं प्रकुर्वीत ॥ १

देवालये गृहे वा प्रस्थाष्टभिर्धान्यैस्तदर्धं तण्डुलैस्तदर्धं तिलैश्चोपर्युपरि चतुरश्रमरत्निमात्रं चतुरश्रं स्थण्डिलं कृत्वा तन्मध्ये नळिनमुल्लिख्य तस्मिन् तन्तुवेष्टितं कुम्भं निधाय तूष्णीं संस्कृताभिरद्भिः प्रोक्ष्य 'ब्रह्म जज्ञानम्' इति कुम्भं

निधाय सपवित्रेण 'आपो वा इदं सर्वम्' इत्येतेनानुवाकेन अब्लिङ्गाभिश्च कुम्भमुदकैः पूरयित्वा गन्धादिभिरलङ्कृत्य कूर्चमन्तर्धाय—

गजाश्वरथवल्मीकमृदमाहृत्य गोकुलात् ।
चतुष्पथाद्राजगृहात्तुलसीबिल्वमूलयोः ॥ २

देवालयात्पर्वताद्वा गृह्णीयात्पञ्च मृत्तिकाः ।
पालाशोदुम्बराश्वत्थवटप्लक्षकयाज्ञिषु ॥ ३

जम्बूबिल्वकपित्थाम्रशिरीषेषु च पल्लवान् ।
तेषां त्वचश्च पञ्चैव गृह्णीयात्संभवेषु वै ॥ ४

इत्युक्तरीत्या पञ्च मृत्तिकाः पञ्च पल्लवान् पञ्च त्वचश्च निक्षिप्य नवरत्नमीषत्काञ्चनं नववस्त्रेणाच्छाद्य चूतपल्लवैर्बिल्वपल्लवैर्वाऽवकीर्य नाळिकेरफलेनापिधाय दर्भैर्दूर्वादिना प्रतिच्छाद्यालङ्कृत्य संपरिस्तीर्य पुरुषं पुण्डरीकाक्षं ध्यात्वा कुम्भं संपूज्य श्रोत्रियान् विप्रान् षडष्टौ वा वरणपूर्वकमभ्यर्च्याचार्यं चाभ्यर्चयेत् ॥ ५

त ऋत्विजः कुम्भमन्वारभ्य वैष्णवीं गायत्रीमष्टसहस्रमष्टशतं वा वदन्तो वेदादीन् 'आपो हिष्ठा मयोभुवः' इति तिस्रः 'हिरण्यवर्णाः, पवमानः' इत्यनुवाकौ वरुण सूक्तं श्रीसूक्तं पुरुषसूक्तं पञ्चशान्तिम् 'ऋचां प्राची' इत्ये-

तमनुवाकं च जपेयुः । 'नमो ब्रह्मण इति परिधानीयां त्रिरन्वाह' इति ब्राह्मणम् ॥ ६

प्रणवेनोत्थाप्य 'आभिर्गीर्भिः' इति जपेयुः ॥ ७

अथालङ्कृतामङ्कण उरुविष्टर आसीनां 'देवस्य त्वा' इति त्रिभिः प्रोक्ष्य 'ऋतं च सत्यं च' इति त्रिभिर्मन्त्रैः ऋत्विजः स्नापयेयुः ॥ ८

ततो नारीं पञ्चगव्यं प्राशयेत् ॥ ९

गायत्र्या गृह्य गोमूत्रं गन्धद्वारेति गोमयम् ।
आप्यायस्वेति च क्षीरं दधिक्राव्णेति वै दधि ॥
तथा शुक्रमसी·याज्यं देवस्य त्वा कुशोदकम् ।
इति पञ्चगव्यम् ॥ १०

अथ शुचौ समे देशे गोमयेन गोचर्ममात्रं चतुरश्रमुपलिप्य लौकिकमग्निं श्रोत्रियागारादाहृत्य स्वगृह्योक्तविधानेनाऽग्निमुखात् कृत्वा पालाशसमिद्भिरष्टोत्तरशतं विष्णुसूक्तेन जुहुयात् ॥ ११

तथा ब्रह्मसूक्तेनान्नं रुद्रसूक्तेनाज्यम् ॥

एतानि सूक्तान्यष्टादशकृत्वः प्रत्येकमावर्तयेत्तदानीं अष्टोत्तरशतं संपद्यते ॥ १२

अथर्तुनक्षत्रस्य समिदन्नाज्याहुतीः प्रत्येकमष्टाविंशतिकृत्वः तन्मन्त्रेण जुहुयात् ॥ १४

मन्त्रौ चतुर्दशकृत्व आवर्तयेत् ॥ १५

अथ त्र्यम्बकेन तिलहोममष्टोत्तरशतं जुहुयात् ॥ १६

अथाज्याहुतीर्घृतसूक्तेनाष्टौ जुहुयात् १७

स्विष्टकृत्प्रभृति सिद्धमाधेनुवरप्रदानात् ॥ १८

अथ ऋत्विग्भ्यो दक्षिणां ददात्याचार्याय विशेषतः ॥

एवं यदि शान्तिं कुर्यात्ततो नारी दोषान्मुच्यते सर्वा-
रिष्टशान्तिरस्त्वित्याह भगवान् बोधायनः ॥ २०

इति बोधायनीयगृह्यशेषसूत्रे पञ्चमप्रश्ने
तृतीयोऽध्यायः

अथातो मृत्तिकास्नानविधिं व्याख्यास्यामः—

ब्रह्मचारी गृहस्थो वानप्रस्थः परिव्राजको वा 'अश्वक्रान्ते, सहस्रपरमा देवी' इति भूमिं दूर्वाभिरभिमन्त्र्य 'उद्धृताऽसि' इति नदीतटे लोष्टमादाय 'काण्डात्काण्डात्प्ररोहन्ती' इति द्वाभ्यां दूर्वामादाय 'मृत्तिके हन मे पापम्' इति दूर्वां लोष्टे प्रतिष्ठाप्य 'यत इन्द्र भयामहे, स्वस्तिदा विशस्पतिः, स्वस्ति न इन्द्रो वृद्धश्रवाः, त्रातारमिन्द्रम्, आपान्तमन्युः, परं मृत्यो अनु परेहि' इति षड्भिः प्रतिमन्त्रं प्रदक्षिणं प्रतिदिशं लोष्टमुत्सृज्य 'गन्धद्वाराम्' इति लोष्टमादाय 'उदुत्यं जातवेदसम्' इति लोष्टमादित्यं दर्शयित्वा 'श्रीर्मे भजत्वलक्ष्मीर्मे नश्यतु' इति त्रिः प्रदक्षिणीकृत्य

'सहस्रशीर्षा' इति शिर आलिप्य 'विष्णुमुखाः' इति मुखम् 'ओजो ग्रीवाभिः' इति ग्रीवां 'महाꣳ इन्द्रो वज्रबाहुः' इति बाहू 'सोमानꣳ स्वरणम्' इति कक्षः 'शरीरं यज्ञ शमलम्' इति शरीरं 'नाभिर्मे चित्तम्' इति नाभिं 'आपान्तमन्युः' इति कटिम् 'विष्णो रराटमासि' इति पृष्ठम् 'वरुणस्य स्कम्भनमसि' इति मेढ्रम् 'आनन्दनन्दौ' इत्यण्डौ 'ऊरुत्वोरोजः' इत्यूरू 'ऊरू अरत्नी' इति जानुनी 'जङ्घाभ्याम्' इति जङ्घयोः 'चरणं पवित्रम्' इति चरणौ 'इदं विष्णुः, त्रीणि पदा' इति द्वाभ्यां पादौ 'सजोषा इन्द्र' इति शेषं दूर्वासहितं लोष्टं शिरसि निधाय 'हिरण्यशृङ्गम्' इति तीर्थं गत्वा 'सुमित्रा न आप ओषधयस्सन्तु' इत्यात्मानमभिषिञ्चेत् ॥ १

उदकाञ्जलिमादाय लोष्टदेशे निनीय 'दुर्मित्रास्तस्मै भूयासुः' इति प्रथमं 'योऽस्मान् द्वेष्टि' इति द्वितीयं 'यं च वयं द्विष्मः' इति तृतीयम् । 'हिरण्यशृङ्गम्' इति चतुर्थं 'आपो हिष्ठा मयोभुवः' इति तिसृभिः 'हिरण्यवर्णाः' इति चतसृभिः 'पवमानस्सुवर्जनः' इत्यनुवाकेन च मार्जयित्वा 'नमोऽग्नयेऽप्सुमते' इति नमस्कृत्य 'यदपां क्रूरम्' इत्यद्भिः त्रिरावृत्य 'इमं मे गङ्गे' इत्यभिमन्त्र्य 'ऋतं च सत्यं च' इत्यघमर्षणसूक्तेनापोऽवगाह्य 'एष भूतस्य' इति मार्जयित्वा 'आर्द्रं ज्वलति' इति पीत्वा 'अकार्यकारी' इति पुनरव-

गाह्य देवानृषीन् पितॄन् तर्पयित्वा—

येकेचास्मत्कुले जाता अपुत्रा गोत्रिणो मृताः ।
ते गृह्णन्तु मया दत्तं वस्त्रनिष्पीडनोदकम् ॥

इति वस्त्रं निष्पीड्य 'शुची वो हव्या' इति वस्त्रं प्रोक्ष्य 'देवस्य त्वा' इति वस्त्रमादाय 'अवधूतम्' इत्यवधूय 'उदुत्यं, चित्रम्' इति वस्त्रमादित्यं दर्शयित्वा 'आवहन्ती वितन्वाना' इति वासः परिधाय द्विराचम्योत्क्रामन्तु—

भूतप्रेतपिशाचाद्यास्सर्वे ते भूमिभारकाः ।
सर्वेषामविरोधेन ब्रह्मकर्म समारभे ॥

इति दर्भासनं प्रतिष्ठाप्योप्य त्रिः प्राणानायम्याष्टोत्तरशतं गायत्रीं जपेत् ॥ २

ब्राह्मणः पूतो भवति ॥ ३

ब्रह्महत्यागोवधगुरुतल्पसुरापानसुवर्णस्तेयादिसर्वपापप्रणा-
शनमिति विज्ञायते ॥ ४

हित्वा तद्देहं जनार्दनं प्रपद्यत इत्याह भगवान् बो-
धायनः ॥ ५

इति बोधायनगृह्यशेषे पञ्चमप्रश्ने
चतुर्थोऽध्यायः.

अथातोऽर्कोद्वाहं व्याख्यास्यामः—

मूकान्धबधिरादीनां जडानां च तृतीयविवाहिनां च ॥ १

पूर्वपक्षे पुण्ये नक्षत्रे पूर्वाह्णे ब्रह्मसमूहे ग्रामात्प्राचीं वो-
दीचीं वा दिशमुपनिष्क्रम्य यत्रैको बालोऽर्को भवति तस्यो
त्तरत उपलिप्य स्वयं स्नात्वाऽर्कं च स्नापयित्वा पादौ प्रक्षा-
ल्याचम्यालङ्कृत्य तन्त्रेण नान्दीमुखं कृत्वा स्वस्तिसूक्तं वाच-
यित्वा यत्किंचिद्धिरण्यं गृहीत्वा 'आसत्येन' इति जपित्वा
ब्राह्मणेभ्यो दत्वाऽलङ्कृत्यार्कं स्पृष्ट्वाऽऽदित्यमुपतिष्ठते—'सूर्यो
देवीम्' इति पञ्चभिः ॥ २

अथ वस्त्रं माङ्गल्यसूत्रं चार्के बध्वा—'पुण्याहं स्व-
स्त्यृद्धिम्' इति वाचयेदादित्योऽत्र देवता ॥ ३

पूर्वोक्तविधिनाऽग्निमुपसमाधाय संपरिस्तीर्याज्यं संस्कृ-
त्य स्रुक्स्रुवं संमृज्यादित्यं ध्यायन्नर्कं गृह्णाति—'हस्तः प्र-
यच्छत्वमृतम्' इति ॥ ४

अथाग्निं प्रदक्षिणं करोति—'परि त्वाऽग्ने पुरं वयम्'
इति ॥ ५

अथार्कमूलं स्पृष्ट्वाऽऽदित्यमीक्षते—'अभीवृतं शकुनैर्वि-
श्वरूपम्' इति ॥ ६

अथ व्याहृतीर्हुत्वा स्रुचि चतुर्गृहीतं गृहीत्वा जुहो-
ति—'उद्वयं तमसस्परि, उदुत्यं, चित्रम्' इति ॥ ७

अपरं चतुर्गृहीतं गृहीत्वा—मनस्वतीं जुहोति—'मनो ज्योतिः' इति ॥ ८

अपरं चतुर्गृहीतं गृहीत्वा लाजमन्त्रेण द्विरावर्त्य जुहोति ॥

अथ स्रुवेण व्याहृतीर्हुत्वा समाप्यादित्यं व्रतऋग्भ्या मुपातिष्ठते—'अदाभ्यो भुवनानि प्रचाकशत्, त्रिरन्तरिक्षं स विता महित्वना' इति द्वाभ्याम् ॥ १०

अथ गोक्षीरमर्कं स्पृष्ट्वा आयुष्यसूक्तमुक्त्वा प्राश्याचम्य पुनरादित्यमुपतिष्ठते—'अचित्ती यच्चकृम' इति ॥ ११

अथार्काधिदैवतमुद्वास्यार्कमुत्पाट्य व्याहृतीभिरग्नौ दग्ध्वा स्नात्वा यत्किञ्चिद्दत्वा शुद्धो भवति ॥ १२

सद्य एवं कदळीविवाहं कुर्यात् ॥ १३

कदळीं छित्वा त्रिरात्रमशुचिर्भवति ॥ १४

अथाप्युदाहरन्ति—

अर्कोद्वाहो जडादीनामुच्यते तु यवीयसः ।
विवाहार्थं मुनिश्रेष्ठैः तमुत्पाट्य दहेत्तदा ॥
व्याहृतीभिस्तदा दत्वा यथाशक्ति हिरण्यकम् ।
स्नात्वा सद्यश्शुचिर्भूयादुद्वाहे च तृतीयके ॥
तृतीया स्त्री म्रियेच्छीघ्रं तस्मादेवं चरेद्बुधः ।
रम्भोद्वाहं तथा कुर्याच्छित्वा तत्रैव मानवः ॥
त्रिरात्रं सूतकं भूयादिति बोधायनोऽब्रवीत् ॥ १५

इति बोधायनीयगृह्यशेषे पञ्चमप्रश्ने
पञ्चमोऽध्यायः.

अथातः पञ्चमीश्राद्धं व्याख्यास्यामः—

मार्गशीर्ष्यां माघ्यां प्रोष्ठपद्यां वोपरिष्टात्पञ्चम्यामारभ्य
संवत्सरं वा कुर्यात् ॥ १

पूर्वदिने व्रती भूयात् 'इदं करिष्याम्येवं करिष्यामि' इति॥ २

ब्राह्मणांन्निमन्त्रयते योनिगोत्रश्रुतवृत्तसम्पन्नान् ॥ ३

असबन्धानपि श्रुतवृत्तसम्पन्नान्निमन्त्रयते ॥ ४

तस्य मासि श्राद्ध उक्त एतावदेव नाना ॥ ५

पुरस्तात्स्विष्टकृत एता आहुतीर्जुहोति—'आयुष्टे, आयु-
र्दा अग्ने, जातो यदग्ने, अन्नपतेऽन्नस्य नो देहि' इति
चतस्रः ॥ ६

विष्णुसूक्तेन चान्नस्य जुहोति ॥ ७

अथ लाजैर्जुहोति पुरुषसूक्तेन प्रत्यृचम् ॥ ८

अथ तिलैर्जुहोति—'शंनो देवीः, प्रजापते, इमं यम
प्रस्तरम्' व्यहृतीभिश्च ॥ ९

अथाज्यस्य जुहोति—'अग्न आयूंषि पवसे, अग्ने पवस्व' 'यस्त्वा हृदा कीरिणा' इति चतस्रः 'धाता ददातु नो रयिमीशानः' इत्यान्तादनुवाकस्य प्रत्यचम् 'अव ते हेडः, उदुत्तमम्, इमं मे वरुण, तत्त्वा यामि, त्वं नो अग्ने, स त्वं नो अग्ने, त्वमग्ने अयाऽसि, उद्वयं तमसस्परि, उदुत्यं, चित्रं, वैश्वानरो न ऊत्या, पृष्टो दिवि, सोमो धेनुम्'

इति दशहोत्राद्यैष्षड्भिः 'ब्राह्मण एकहोता' इति दशभिः।
स्विष्टकृत्प्रभृति सिद्धमापिण्डदानात् ॥ १०

दक्षिणेनाग्निं दक्षिणाग्रान् दर्भान् संस्तीर्य तेष्वन्नशेषैः
त्रीन् पिण्डान् ददाति ॥ ११

दशमेऽहनि वैवाहिकश्राद्धवत् भूमौ लेपमन्त्रत्रयान्तं
कृत्वाऽथैनान् संक्षाळनेन त्रिरपसलैः परिषिञ्चति—
'ऊर्जं वहन्तीः' इति ॥ १२

अथ मध्यमपिण्डं पत्न्यै प्रयच्छति—'वीरं मे दत्त पि
तरः' इति ॥ १३

तं पत्नी प्राश्नाति—'आधत्त पितरो गर्भं कुमारं
पुष्करस्रजम् । यथेह पुरुषो हसत्' इति 'पुमांस एव मे
पुत्रा जायेरन्' इति ब्राह्मणम् ॥ १४

जयप्रभृति सिद्धमाधेनुवरप्रदानात् ॥ १५

यदि जीवपिता पिण्डं न दद्यात् 'पितृभ्यस्स्वधा'
इति मन्त्रान् सन्नमय्य प्राचीमुदीचीं वा दिशमुपनिष्क्रम्य च
तुष्पथे दर्भस्तम्बेषु बलिमुपहराति— १६

नमस्स्त्रियै नमः पुंसे नमस्सवयसे नमः।
शुक्लाय कृष्णदन्ताय पापिनां पतये नमः ॥ १७

ये मे प्रजामुपलोपयन्ति ग्रामे वसन्त उत वाऽरण्ये ।
तेभ्यो नमो अस्तु बलिमेतेभ्यो हरामि स्वस्ति मेऽ-
स्तु प्रजां मे दध इति ॥ १८

'सह देवमनुष्या अस्मिन् लोके पुरा बभूवुरथ देवाः कर्मभिर्दिवं जग्मुरहीयन्त मनुष्यास्तेषां ये तथा कर्माण्यारभन्ते सह देवैर्ब्रह्मणा चामुष्मिन् लोके भवन्त्यथैतन्मनुश्श्राद्धशब्दं कर्म प्रोवाच प्रजानिश्श्रेयसाय' इति 'पञ्चम्यां श्राद्धेन बहु-
पत्यो भवति । न चानपत्यः प्रमीयते । श्राद्धेन वार्षयो
दिवमागच्छन्' इति ॥ १९

विज्ञायते च—'प्रजामनुप्रजायसे । तदु ते मर्त्यामृतम्'
इति ॥ २०

तस्मिन्प्रजापतौ यत्नः कार्यः । अत्रोदाहरन्ति— २१

परानपहरेद्यस्तु बालवृक्षान् छिनत्ति यः ।
भक्षयन्दण्डिशिशुकान्गुरून्वा सर्वदा द्विषन् ॥ २२

परपुत्रांश्च यो द्वेष्टि क्रीडन् बद्धमृगादिभिः ।
निर्दयस्सर्वभूतेषु पितृपूजां विलोपयन् ॥ २३

स वध्यो मृतपुत्रो वा भवेत्तेषां तु निष्कृतिः ।
मौनी व्रती हविष्याशी हूयते नियतेन्द्रियः ॥ २४

जुह्वा घृतेन कूश्माण्डैर्गणानष्टौ घृतोदनैः ।
जपन् वा पौरुषं सूक्तं हेमगोभूतिलान् ददत् ॥ २५

कृच्छ्रातिकृच्छ्रैः जपकृन्मुच्यते सोंऽहसः क्षणात् ।
इत्याह भगवान् बोधायनः ॥ २६

इति बोधायनगृह्यशेषे पञ्चमप्रश्ने
षष्ठोऽध्यायः.

अथातो वनस्पतिहोमं व्याख्यास्यामः—

क्रमुकपनसनालिकेरकदळीष्वन्यस्मिन् पक्के ब्राह्मणैर्बन्धु-
भिस्सहागत्य यजमानः क्रमुकादिवृक्षमध्ये अथ देवयजनो-
ल्लेखनप्रभृत्याऽग्निमुखात्कृत्वाऽग्नेर्दक्षिणतो व्रीहीनवकीर्य 'मेधां
म इन्द्रः' इति श्रीदेवीं सरस्वतीमावाह्य प्रागाद्यष्टदिक्पाला
नावाह्य चतुरः प्रतिदिशं क्रमुकादिवृक्षानर्चयित्वा चतस्र
ओषधीस्तेषां पार्श्वे निधाय 'उच्छ्रयस्व वनस्पते' इति
गोमयं क्रमुकमूले निधाय लाजैः पुष्पैरक्षतैस्संप्रकीर्य पूर्ण
पात्रं निधाय 'क्षेत्रस्य पते' इति क्षेत्रमभ्यर्च्य 'या जाता
ओषधयः, या ते धामानि, या ओषधयस्सोमराज्ञीः, शतं
वो अम्ब, अश्रवं हि भूरिदावत्तरावाम्' इति 'वनस्पति-
भ्यस्स्वाहा' इत्येतेनानुवाकेन हविराज्यचरून् हुत्वा जयादि
प्रतिपद्यते । परिषेचनान्तं कृत्वा ब्राह्मणान् भोजयित्वा द-
क्षिणाभिस्संपूज्य स्वस्तिसूक्तेनाध्वर्युराशिषो वाचयित्वाऽऽचा-
र्याय दक्षिणां ददातीत्याह भगवान् बोधायनः ॥ १

इति बोधायनगृह्यशेषे पञ्चमप्रश्ने
सप्तमोऽध्यायः.

अथात उग्ररथशान्तिविधिं व्याख्यास्यामः—

ब्राह्मणराजन्यवैश्यानां जन्मदिनादारभ्य षष्टितमसंव-
त्सरे जन्ममासे जन्मनक्षत्रे गोमयेन गोचर्ममात्रं चतुरश्रं

स्थण्डिलं कृत्वा तस्याग्नेयदिग्भागे निष्कद्वयेन मृत्युप्रतिमां कृत्वा धान्यानामुपरि यथाविधि कलशस्थापनं कृत्वा कलशस्योपरि प्रतिमां पूजयेत्—'अपैतु मृत्युः, परं मृत्यो, मा नस्तोके, त्रियम्बकम्' इत्यष्टोत्तरशतवारं जपित्वाऽथ देवयजनोल्लेखनप्रभृत्यग्निमुखान्तं कृत्वा पक्वाज्जुहोति द्विरवदानम्—'मा नो महान्तम्' इति पुरोनुवाक्यामनूच्य 'मा नस्तोके' इति याज्यया जुहोति ॥ १

अथाज्याहुतीरुपजुहोति—घृतसूक्तेन प्रत्यृचम् ॥ २

स्विष्टकृत्प्रभृति सिद्धमाधेनुवरप्रदानात् ॥ ३

अथाग्रेणाग्निं दूर्वास्तम्बेषु हुतशेषं निदधाति ॥ ४

अपरेणाग्निं प्राङ्मुख उपविश्य मृत्युसूक्तायुष्यसूक्तपुराणमन्त्रैः कलशोदकेनात्मानमभिषिच्याचार्यं संपूज्य ऋत्विग्भ्यो यथाशक्ति दक्षिणां दत्त्वा ब्राह्मणान् भोजयेदित्याह भगवान् बोधायनः ॥ ५

इति बोधायनीयगृह्यशेषसूत्रे पञ्चमप्रश्ने
अष्टमोऽध्यायः.

अथात उग्ररथशान्तिविधिम् । अथातो वनस्पतिहोमम् । अथातः पञ्चमीश्राद्धम् । अथातोऽर्कोद्वाहम् । अथातो मृत्तिकास्नानविधिम् । अथर्तुशान्तिम् । अथ विवाह्यकन्या । अथाग्निमुखप्रयोगः ॥ ८

अथाग्निमुखप्रयोगः । अथ विवाह्यकन्या । अथर्तुशान्तिम् । अथातो मृत्तिकास्नानम् । अथातोऽर्कोद्वाहम् । अथातः पञ्चमीश्राद्धम् । अथातो वनस्पतिहोमम् । अथात उग्ररथशान्तिविधिम् ॥ ८

इति बोधायनीयगृह्यशेषसूत्रे पञ्चमप्रश्नः.

इति बोधायनीयगृह्यशेषसूत्रं समाप्तम्.

अथ बोधायनीयं पितृमेधसूत्रम्.

प्रथमः प्रश्नः.

अथ यद्याहिताग्निर्निमीरं गच्छत्युपतपता वा जरया वाऽग्निष्ठ* एवास्य यजमानायतने शयनं कल्पयेयुर्जघनेन गार्हपत्यम् ॥ १

तदस्मै भक्षानाहरन्ति यावदलं भक्षाय मन्यते ॥ २

स यद्यु हागदो भवति पुनरेति । यद्यु वै प्रैति न पयस्समासिञ्चति ॥ ३

अथैतदग्निहोत्रं सायमुपक्रमं प्रातरपवर्गमित्याचार्या ब्रुवते ॥ ४

तत्रोदाहरन्ति—स यदि सायं हुतेऽग्निहोत्रे प्रेयात् प्रतिकृष्य प्रातरग्निहोत्रं जुहुयात् ॥ ५

अथ यदि प्रातरग्निहोत्रे हुते कुशलम् ॥ ६

अथेमौ दर्शपूर्णमासौ पौर्णमास्युपक्रमावमावास्यासंस्थावित्याचार्या ब्रुवते ॥ ७

तत्रोदाहरन्ति—स यदि पौर्णमास्यां वृत्तायां प्रेयात् प्रतिकृष्यामावास्यां यजेत ॥ ८

अथ यद्यमावास्यायां वृत्तायां कुशलम् ॥ ९

---

* ख. ग्निष्ठत.

अथ यस्योभे पर्वणी अतिपन्ने स्यातामतिपन्नप्राय-
श्चित्तं कुर्वीत ॥ १०

अथ यद्यार्तस्याग्निहोत्रं विच्छिद्येत यद्यस्य पुत्रो वाऽ-
न्तेवासी वाऽलं कर्मणस्स्यात् । सोऽरण्योरग्नीन् समारोह्यो
दवसाय मथित्वाऽग्नीन् विहृत्याग्नये नन्तुमते पुरोडाशमष्टाकपालं
निर्वपति शरावं दक्षिणां ददाति सा प्रसिद्धेष्टिस्संतिष्ठते ॥ ११

अथ यदि विप्रक्रान्ते प्रेयात्तूष्णीमेतत्तन्त्रं संस्थाप्या-
पो भक्षानभ्यवहरेयुः—'अपो भक्षानभ्यवहरन्ति' इति वि
ज्ञायते ॥ १२

अथास्याग्नीनुपनिर्हृत्येमां दिशं विहारं कल्पयित्वा द-
क्षिणाप्राचीम्—'एषा हि पितॄणां प्राची दिक्' इति वि-
ज्ञायते ॥ १३

अथैनमादायान्तरेण वेद्युत्करौ प्रपाद्य जघनेन गार्ह-
पत्यमुपसादयन्त्यत्र हविर्निरुप्यत इति ॥ १४

अथैनमादायान्तर्वेदि प्राक्शिरसमासादयन्त्यत्र हविरा-
साद्यत इति ॥ १५

अथ गार्हपत्य आज्यं विलाप्योत्पूय स्रुचि चतुर्गृहीतं
गृहीत्वा प्रेतस्य दक्षिणं बाहुमन्वारभ्याहवनीये जुहोति ॥ १६

इति बोधायनपितृमेधसूत्रे प्रथमप्रश्ने
प्रथमः खण्डः.

'परेयुवांसं प्रवतो महीरनु बहुभ्यः पन्थामनपस्पशानम् । वैवस्वतं सङ्गमनं जनानां यमं राजानं हविषा दुवस्यत स्वाहा' इति ॥ १

एतेनैव गार्हपत्ये जुहोति । तूष्णीमन्वाहार्यपचने हुत्वा ॥

अथैनमादायान्तरेण वेद्युत्करावुदङ्ङुपनिर्हृत्याथैनं परिश्रयन्ति ॥ ३

तस्य दक्षिणाद्वारं कुर्वन्ति ॥ ४

अथास्य केशश्मश्रुणी वापयित्वा लोमानि संहृत्य नखानि निकृन्तयीत ॥ ५

अथास्य दक्षिणं कुक्षिमपावृत्य निष्पुरीषं कृत्वाऽद्भिः प्रक्षाळ्य सर्पिषाऽऽन्त्राणि पूरयित्वा दर्भैः संसीव्यति ॥ ६

तदु तथा न कुर्यात् 'क्षोधुकाऽस्य प्रजा भवति' इति विज्ञायते ॥ ७

अपि वा सपुरीषमेवाप्लाव्याच्छाद्यालङ्कृत्याथैनमादायान्तरेण वेद्युत्करौ प्रपाद्य जघनेन गार्हपत्यमासन्द्यां कृष्णाजिने दक्षिणाशिरसं संवेश्य शिरस्तो नळदमालां प्रतिमुच्य पत्तोऽदशेनाहतेन वाससा प्रोर्णोति ॥ ८

इति बोधायनीयपितृमेधसूत्रे प्रथमप्रश्ने द्वितीयः खण्डः.

'इदं त्वा वस्त्रं प्रथमं न्वागन्' इति ॥ १

अथैतदपोहति—'अपैतदूह यदिहाबिभः पुरा। इष्टा-
पूर्तमनुसंपश्य दक्षिणां यथा ते दत्तं बहुधा विबन्धुषु'
इति ॥ २

तस्य पुत्रोऽन्तेवासी वा पत्नी वा परिदधीत तदु
हाजरसमेव वसीताहश्शेषं वा ॥ ३

अथ त्रीन् छगलानुपकल्पयते ॥ ४

अथ यदि न छगला भवन्त्यन्तर्वेदि परागवहतानां
कृष्णानां व्रीहीणामन्वाहार्यपचने त्रीन् चरूञ्छ्रपयन्त्येकं वा ॥ ५

गार्हपत्य आमिक्षां श्रपयन्ति ॥ ६

अथैनान् सम्भारानुपकल्पयते—दधि च सर्पिर्मिश्रमा
ज्यं चोदकुम्भं च दर्भांश्च परिस्तरणीयान् हिरण्यं चाजं
च* शासं चेडसूनं च कुम्भीं च प्रच्यावनीं सिकताश्च
शुल्बे च तिस्रश्च पर्णशाखाः ॥ ७

कथमु खल्वेनं दहेयुरिति?—यो बहुयाजी स्यात्तं
पूर्वाग्निना दहेयुरित्येतदेकं† निर्मन्थ्यैरेनं दहेयुरित्येतदेकमुत्त-
पनीयैरेनं दहेयुरित्येतदेकमपि वा तिस्र उलप‡राजीरादीप्य
यत्राग्नयस्सङ्गच्छेरंस्तत्रोल्मुकमादीप्य तेनैनं दहेयुरित्येतदपरम् ॥

इति बोधायनपितृमेधसूत्रे प्रथमप्रश्ने
तृतीयः खाण्डः.

---

*ख. चाजिनं च. †ख. 'अजखैरेनं दहेयुरित्येतदेकम्' इत्यधिकम्. ‡ख. उलूम.

अथातोऽनुस्तरणीकल्पः—

आनयन्त्येतां कृष्णां कूटां* जरतीं मूर्खां तज्जघन्यामनुस्तरणीं पदिबद्धाम् । 'सव्यपादे बद्धा भवति' इति विज्ञायते ॥ १

एतस्मिन् कालेऽस्यामात्यास्तिस्त्रभिस्तिस्त्रभिरङ्गुलीभिरुपहत्य पांसूनंसेष्वावपन्ते—'खल्वघं न्वा स्यादघं नो एवाघम्' इति ॥ २

अस्य भार्याः कनिष्ठप्रथमाः प्रकीर्णकेश्यो व्रजेयुः पांसूनंसेष्वावपमानाः—'खल्वघं न्वा स्यादघं नो एवाघम्' इति ॥ ३

एतस्मिन् काले गार्हपत्ये पालाशं काष्ठमादीप्याथोल्मुकप्रथमाः प्रतिपद्यन्तेऽथ स्वधितिरथाग्नयोऽथ पात्राणि दध्याज्यं दर्भा राजगवीति यच्चान्यदप्येवंयुक्तमिति ॥ ४

अथैनमेतयाऽऽसन्द्या तल्पेन कटेन वा संवेष्ट्य दासाः प्रवयसो वा वहेयुः ॥ ५

अथैनमनसा वहन्तीत्येकेषाम् ॥ ६

अनश्चेद्युञ्ज्यात्—'इमौ युनज्मि ते वह्नी असुनीथाय वोढवे । याभ्यां यमस्य सादनं सुकृतां चापि गच्छतात्' इति समारोप्याग्नीन् हरन्ति । समारोप्य वाऽन्तरेण वा कृत्वाऽग्नीन् हरन्त्यथैनमाददते ॥ ७

---

*ख. कृशां.

आदीयमानमनुमन्त्रयते—'पूषा त्वेतश्च्यावयतु प्रविद्वाननष्टपशुर्भुवनस्य गोपाः। स त्वैतेभ्यः परिददात्पितृभ्योऽग्निर्देवेभ्यस्सुविदत्रेभ्यः' इति ॥ ८

तृतीयमेतस्याध्वनो गत्वा निदधाति ॥ ९

अथैतेषां छगलानामेकमशस्त्रेण प्रक्ष्णोति ॥ १०

अथ यदि न छगला भवन्ति चरुं मेक्षणेन प्रयौति ॥ ११

यद्यु वा एक एव च भवति चरोस्तृतीयं मेक्षणेन प्रयौय लोष्टानुपसंहृत्य तेषूपमृज्य कनिष्ठप्रथमाः प्रकीर्णकेशास्त्रिरपसलैः परियन्ति सिग्भिरुपवातयन्तः ॥ १२

एवममात्या एवं स्त्रियः संयम्य केशान्यथेतं त्रिः पुनः प्रति परियन्ति ॥ १३

अथैनमाददते ॥ १४

आदीयमानमनुमन्त्रयते ॥ १५

इति बोधायनीयपितृमेधसूत्रे प्रथमप्रश्ने चतुर्थः खण्डः.

'पूषेमा आशा अनुवेद सर्वास्सो अस्मा अभयतमेन नेषत्। स्वस्तिदा अघृणिस्सर्ववीरोऽप्रयुच्छन्पुर एतु प्रविद्वान्' इति ॥ १

अर्धमेतस्याध्वनो गत्वा निदधाति ॥ २

अथैतेषां छगलानामेकमशस्त्रेण प्रक्ष्णोति ॥ ३

अथ यदि न छगला भवन्ति चरुं मेक्षणेन प्रयौति ॥ ४

यद्यु वा एक एव भवति चरोरर्धं मेक्षणेन प्रयौय
लोष्टानुपसंहृत्य तेषूपमृज्य कनिष्ठप्रथमाः प्रकीर्णकेशास्त्रिरप-
सलैः परियन्ति सिग्भिरुपवातयन्तः ॥ ५

एवममात्या एवं स्त्रियः ॥ ६

संयम्य केशान्यथेतं त्रिः पुनः प्रति परियन्त्यथैनमाददते॥

आदीयमानमनुमन्त्रयते—'आयुर्विश्वायुः परिपासति त्वा
पूषा त्वा पातु प्रपथे पुरस्तात् । यत्रासते सुकृतो यत्र ते
ययुस्तत्र त्वा देवस्सविता दधातु' इति ॥ ८

समस्तमेतस्याध्वनो गत्वा निदधाति ॥ ९

अथैतेषां छगलानामेकमशस्त्रेण प्रक्ष्णोति ॥ १०

अथ यदि न छगला भवन्ति चरुं मेक्षणेन प्रयौति ॥ ११

यद्यु वा एक एव भवति चरोरवशिष्टं मेक्षणेन प्रयौय
लोष्टानुपसंहृत्य तेषूपमृज्य कनिष्ठप्रथमाः प्रकीर्णकेशास्त्रिरप-
सलैः परियन्ति सिग्भिरुपवातयन्तः ॥ १२

एवममात्या एवं स्त्रियः ॥ १३

संयम्य केशान्यथेतं पुनः प्रतिपरियन्त्यथैतां चरुस्था-
लीं सुसम्भिन्नां भिनत्ति यथाऽस्यै कपालेषूदकं न तिष्ठेदिति ॥

यथातस्त्रिय आहुस्तत्कुर्वन्ति ॥ १५

इति बोधायनीयपितृमेधसूत्रे प्रथमप्रश्ने
पञ्चमः खण्डः.

अथास्यावकाशं जोषयते—पश्चादुदकमनूषरमनुपहतमावि-
स्रद्धार्यमनिरिणमसुषिरमभङ्गुरमजागार्तबहुलौषधि यत्र क्षीरि
णो वृक्षा ओषधयो वाऽभ्याशे न स्युर्यस्माद्दक्षिणाप्रतीच्य आ-
पश्शनैर्गत्वा प्रतिष्ठेरंस्ताः प्रदक्षिणमभिपर्यावृत्य महानदीम-
भ्यवेत्य प्राच्यस्सम्पद्येरन् दक्षिणाप्रत्यक्प्रवणमित्येकेषामुदक्-
प्रत्यक्प्रवणमित्येकेषामपि वा यस्समभूमिः ॥ १

तस्माद्वीरुध उद्धारयन्ति—काळां च पृश्निपर्णीं च ति-
ल्वकां चापरकां चापामार्गं च शुण्ठीं च बहुपुत्रिकां च विस्रं-
सिकां च राजक्षपर्णीं* च याश्चान्याः क्षीरिण्य ओषधयो
भवन्ति ॥ २

अथैनं मध्ये शकलेनोद्धत्यावोक्ष्य हिरण्येन परिक्रीय प-
र्णशाखया पेटयति† 'अपेत वीत वि च सर्पतातो येऽत्र स्थ
पुराणा ये च नूतनाः । अहोभिरद्भिरक्तुभिर्व्यक्तं यमो ददा-
त्ववसानमस्मै' इति ॥ ३

तद्दारुचितां कुर्वन्ति दक्षिणाप्राचीम्—'एषा हि पितृ-
णां प्राची दिक्' इति विज्ञायते ॥ ४

जघनेन चितां दक्षिणाप्राचीं विहारं कल्पयित्वा
दर्भैराग्निं चितां चापसलैः परिस्तीर्य दक्षिणेन विहारं द-
क्षिणाग्रान् दर्भान् संस्तीर्य नेष्वेकैकशो न्यञ्चि पात्राणि
संसादयति ॥ ५

---

* ख. राजपर्णीं. † ख. ऽपकर्षति,

एकपवित्रेण प्रोक्षणीं संस्कृत्य पात्राणि प्रोक्ष्य प्रेतं चितां चाज्यं निरूप्याधिश्रित्य पर्यग्निकृत्वोद्वास्योत्पूय तूष्णीं दर्भैः पात्राणि संमृज्य तूष्णीं दार्शिकपौर्णमासिकान्याज्यानि गृहीत्वाऽथास्य राजगवीमुपाकरोति ॥ ६

इति बोधायनीयपितृमेधसूत्रे प्रथमप्रश्ने

षष्ठः खण्डः.

'भुवनस्य पत इदं हविः। अग्नये रयिमते स्वाहा' इति ॥ १

तस्यां निपद्यमानायां सव्यानि जानून्युपनिघ्नन्ते— 'पुरुषस्य सयावर्यपेदघानि मृज्महे। यथा नो अत्र नापरः पुरा जरस आयति' इति ॥ २

तामन्यत्रैव शस्त्रात् घ्नन्ति ॥ ३

अथास्यै प्राणान्विस्रस्यमानाननुमन्त्रयते— 'पुरुषस्य सयावरि वि ते प्राणमसिस्रसम्। शरीरेण महीमिहि स्वधयेहि पितॄनुप प्रजयाऽस्मानिहावह' इति ॥ ४

उपोत्थाय पांसूनवमृशन्ते—'मैवं मांस्ता प्रियेऽहं देवी सती पितृलोकं यदैषि। विश्ववारा नभसा सं व्ययन्त्युभौ नो लोकौ पयसाऽभ्यावव्रृथ्स्व' इति ॥ ५

अथ संज्ञास्यङ्गादङ्गादनास्थिकानि पिशितानि प्रच्छिद्य

संह्लादयन्तः* प्रच्यावयन्त एकोल्मुकेन श्रपयन्तः प्रज्ञातां वपां निधत्त प्रज्ञातं हृदयं प्रज्ञातौ च मतस्नू प्रज्ञाता जिह्वा प्रज्ञातं चर्म सशीर्षवालपादं प्रज्ञातं मेद इति ॥ ६

अथास्य भार्यामुपसंवेशयति ॥ ७

इति बोधायनीयपितृमेधसूत्रे प्रथमप्रश्ने सप्तमः खण्डः.

'इयं नारी पतिलोकं वृणाना निपद्यत उप त्वा मर्त्य प्रेतम्। विश्वं पुराणमनु पालयन्ती तस्यै प्रजां द्रविणं चेह धेहि' इति ॥ १

तां प्रतिहितस्सव्ये पाणावभिपाद्योत्थापयति—'उदीर्ष्व नार्यभि जीवलोकमितासुमेतमुपशेष एहि। हस्तग्राभस्य दिधिषोस्त्वमेतत्पत्युर्जनित्वमभि संबभूव' इति ॥ २

अथास्य सुवर्णेन हस्तौ निमृजते—'स्वर्णं हस्तादाददाना मृतस्य श्रियै ब्रह्मणे तेजसे बलाय। अत्रैव त्वमिह वयं सुशेवा विश्वा स्पृधो अभिमातीर्जयेम' इति ब्राह्मणस्य ॥ ३

'धनुर्हस्तादाददाना मृतस्य श्रियै क्षत्रायौजसे बलाय। अत्रैव त्वमिह वयं सुशेवा विश्वा स्पृधो अभिमातीर्जयेम' इति क्षत्रियस्य ॥ ४

---

* ख. संसादयन्तः.

'मणिं हस्तादाददाना मृतस्य श्रियै विशे पुष्ट्यै ब-
लाय। अत्रैव त्वमिह वयं सुशेवा विश्वा स्पृधो अभिमा-
तीर्जयेम' इति वैश्यस्य ॥ ५

यच्चात्र स्त्रिय आहुस्तत्कुर्वन्ति ॥ ६

अथैनमेतयाऽऽसन्द्या सह चितायामादधाति ॥ ७

अपकृष्य रज्जूमासन्दीमपविध्यन्ति ॥ ८

कृष्णाजिने चैव रज्जुषु चोत्तानश्शेते ॥ ९

तस्य प्राणेषु हिरण्यशकलान् प्रत्यस्य नाना चतुर्गृ-
हीताभ्यामक्ष्णोर्जुहोति—'चित्रं देवानामुदगादनीकम्' इत्य-
र्धर्चाभ्यां जुहोतीति विज्ञायते ॥ १०

कथमु खल्वस्य पात्राणि नियुञ्ज्यादिति? दध्ना
सर्पिर्मिश्रेण पूरयित्वा मुखेऽग्निहोत्रहवणीं नासिकयोस्स्रुवाव-
क्ष्णोर्हिरण्यशकलावाज्यस्रुवौ वा प्रसस्य कर्णयोः प्राशित्र-
हरणं भित्त्वा शिरसि कपालानि ललाट एककपालं शिरस्तः
प्रणीताप्रणयनं चमसं निदधाति ॥ ११

इति बोधायनीयपितृमेधसूत्रे प्रथमप्रश्ने
अष्टमः खण्डः.

'इममग्ने चमसं मा विजीहरः प्रियो देवानामुत सो-
म्यानाम्। एष यश्चमसो देवपानस्तस्मिन्देवा अमृता माद-
यन्ताम्' इति ॥ १

दक्षिणे हस्ते जुहूं सव्य उपभृतमुरसि ध्रुवामरणीं च दक्षिणेंऽसे मेक्षणं सव्ये पिष्टोद्वपनीं पृष्ठे स्फ्यमुदरे दारुपात्रीं पार्श्वयोश्शूर्पं छित्वा वैकं कुक्ष्योश्चमसौ सान्नाय्यापिधानीं चेडोपहवनं च वङ्क्षणयोस्सान्नाय्यकुम्भ्यौ श्रोण्योरन्वाहार्यस्थालीं चरुस्थालीं च पादयोरग्निहोत्रस्थालीमाज्यस्थालीं चोर्वोरुलूखलमुसले अण्डयोः दृषदुपले शिश्ने वृषारवं शम्यां च शिरस्त उपसादनीयं कूर्चं निदधाति पत्त उपावहरणीयमथातिशिष्टानि पात्राण्यन्तरेण सक्थिनी निर्वपेयुः ॥ २

अपो मृण्मयान्यभ्यवहरेयुरपो मृण्मयान्यभ्यवहरेयुः 'अपो मृण्मयान्यभ्यवहरन्ति' इति विज्ञायते ॥ ३

अत्रैव वा निदध्युः ॥ ४

ब्राह्मणेभ्योऽयस्मयानि च लोहमयानि च दद्युः ॥ ५

तेषां यान्यासेचनवन्ति* तानि दध्ना सर्पिर्मिश्रेण पूरयेत्संस्पृशेदितराण्यरिक्तानि पात्राणि भवन्तीति विज्ञायते॥

अत्रैव वाऽध्यस्यन्त्युपवाजिनं खारीं नल्वमिति ॥ ७

अथास्यामीक्षां व्युद्धृत्य पाण्योरादध्यात्—'श्यामशबळाभ्यां त्वा' इति दक्षिणे दक्षिणं सव्ये सव्यं हृदये हृदयमास्ये जिह्वां यथाङ्गमङ्गैरितराणि संप्रच्छाद्य वपयाऽ-

*ख यान्यभ्यक्तानि.

स्य मुखं प्रच्छादयति 'मेदसा स्रुचौ प्रोर्णोति' इति विज्ञायते ॥ ८

अथैनं चर्मणा सशीर्षवालपादेनोत्तरलोम्ना प्रोर्णोति ॥

इति बोधायनपितृमेधसूत्रे प्रथमप्रश्ने
नवमः खण्डः.

'अग्नेर्वर्म परिगोभिर्व्ययस्व संप्रोर्णुष्व मेदसा पीवसा च । नेत्त्वा धृष्णुर्हरसा जर्हृषाणो दधृग्विधक्ष्यन्पर्यङ्खयातै' इति । 'स एष यज्ञायुधी यजमानोऽञ्जसा स्वर्गं लोकमेति' इति विज्ञायते ॥ १

अथ यद्यनुस्तरणीं नानुस्तरिष्यन्तो भवन्त्युत्सृजेद्वैनां ब्राह्मणाय वा दद्यात् । 'दत्ता त्वेव श्रेयसे भवति' इति विज्ञायते ॥ २

अथ यद्युत्स्रक्ष्यन् भवति तां त्रिरपसलैरग्निं पर्याणयति—'अपश्याम युवतिमाचरन्तीम्' इति तिसृभिस्त्रिः पर्याणीयोत्तरतः प्रतिष्ठितामनुमन्त्रयते—'ये जीवा ये च मृता ये जाता ये च जन्त्याः' इति ॥ ३

अथास्याः कर्णलोमान्युत्पाट्य पाण्योरेवादध्याद्दक्षिणे दक्षिणानि सव्ये सव्यानि ॥ ४

अथैनामुत्सृजति—'माता रुद्राणां दुहिता वसूनां स्वसाऽऽदित्यानाममृतस्य नाभिः । प्रणुवोचं चिकितुषे जनाय

मा गामनागामदितिं वधिष्ट। पिबतूदकं तृणान्यत्तु । ओमु-
त्सृजत' इति ॥ ५

अथैनमुपोषयति पुरस्तादाहवनीयेन दक्षिणतोऽन्वाहा
र्यपचनेन पश्चात् गार्हपत्येनोत्तरतस्सभ्यावसथ्याभ्याम् ॥ ६

अत्राप्युत्प्रेक्षा भवन्ति तं यद्याहवनीयः प्रथममभ्यु
ज्ज्वलयेद्देवलोकमभ्यजैषीदित्येनं जानीयादथ यद्यन्वाहार्यपचनः
पितृलोकमथ यदि गार्हपत्यो गन्धर्वलोकमथ यदि सभ्या-
वसथ्यौ सप्तर्षीणां लोकमथ यदि सर्व एव सहाभ्युज्ज्वल-
येयुः ब्रह्मलोकमभ्यजैषीदित्येनं जानीयात् ॥ ७

यच्चात्र स्त्रिय आहुस्तत्कुर्वन्ति ॥ ८

इति बोधायनपितृमेधसूत्रे प्रथमप्रश्ने
दशमः खण्डः.

अथैनमादीपयत्यादीप्यमानमनुमन्त्रयते—'मैनमग्ने विदहो
माऽभिशोचो माऽस्य त्वचं चिक्षिपो मा शरीरम्। यदा
शृतं करवो जातवेदोऽथेमेनं प्रहिणुतात्पितृभ्यः' इति ॥

प्रज्वलितमनुमन्त्रयते—'शृतं यदा करसि जातवेदोऽ-
थेमेनं परिदत्तात्पितृभ्यः। यदा गच्छात्यसुनीतिमेतामथा दे-
वानां वशिनीर्भवाति' इति ॥ २

अत्र षड्ढोतारं व्याचष्टे—'सूर्यं ते चक्षुर्गच्छतु वात-
मात्मा द्यां च गच्छ पृथिवीं च धर्मणा। अपो वा गच्छ

यदि तत्र ते हितमोषधीषु प्रतितिष्ठा शरीरैः' इति ॥ ३

अत्रैतमजं चित्यन्तेऽबलेन शुल्बेन बध्नाति—'अजो भागस्तपसा तं तपस्व तं ते शोचिस्तपतु तं ते अर्चिः। यास्ते शिवास्तनुवो जातवेदस्ताभिर्वहेमं सुकृतां यत्र लोकाः' इति ॥ ४

स यद्यहो द्रवति नैनं प्रत्यानयति। प्रागु हैक उपोषणात्। उदकुम्भेन त्रिरपसलैः परिषिञ्चति वारुणीभिः ॥५

तत्प्रच्छाद्येन पर्णमयेन स्रुवेणोपघातं जुहोति—'य एतस्य पथो गोप्तारस्तेभ्यस्स्वाहा' इति नव स्रुवाहुतीः॥६

अथान्यां जुहोति—'अयं वै त्वमस्मादधि त्वमेतदयं वै तदस्य योनिरसि। वैश्वानरः पुत्रः पित्रे लोककृज्जातवेदो वहेमं सुकृतां यत्र लोकास्स्वाहा' इति ॥ ७

अत्रैव स्रुवमनु प्रहरति ॥ ८

अत्रैतान्यवदानानीडसूने प्रच्छाद्यौ*दुम्बर्या दर्व्योपघातं जुहोति—'अग्नये रयिमते स्वाहा' इति ॥ ९

अत्रैव दर्वीमनु प्रहरति जघनेन चिताम् ॥ १०

अथैनं नवर्चेन याम्येन सूक्तेनोपतिष्ठते—'प्रकेतुना बृहता भात्यग्निः' इति ॥ ११

आसीनः पराचाऽनुशंसति वा ॥ १२

---

* ख. नीडासूने प्रच्छिद्यौ.

जघनेन दहनं तिस्रो दक्षिणाप्राचीः कर्षूः कुर्वन्ति ॥ १३

अथैना अद्भिरनुप्लाव्य सिकताभिरनुप्रकीर्य संगाहन्ते यवीयान्यवीयान् पूर्वःपूर्वस्संगाहन्ते ॥ १४

इति बोधायनीयपितृमेधसूत्रे प्रथमप्रश्ने
एकादशः खण्डः.

'अश्मन्वती रेवतीस्संरभध्वमुत्तिष्ठत प्रतरता सखायः। अत्रा जहाम ये असन्नशेवाश्शिवान् वयमभि वाजानुत्तरेम' इति॥

जघनेन कर्षूः पर्णशाखे निहत्यावलेन शुल्बेन बध्वा विनिस्सर्पन्ति—'यद्वै देवस्य सवितुः पवित्रं सहस्रधारं विततमन्तरिक्षे। येनापुनादिन्द्रमनार्तमार्त्यै तेनाहं मां सर्वतनुं पुनामि' इति ॥ २

जघन्यो न्युदस्यति—'या राष्ट्रात्पन्नादपयन्ति शाखा अभिमृता नृपतिमिच्छमानाः। धातुस्तास्सर्वाः पवनेन पूताः प्रजयाऽस्मान्रय्या वर्चसा संसृजाथ' इति ॥ ३

यत्रापस्तद्यन्त्यनवेक्षमाणा अपस्सचेला दक्षिणामुखा स्समृत्तिका आप्लावन्ते*—'धाता पुनातु सविता पुनातु' इति ॥ ४

नामग्राहं त्रिरुदकमुत्सिच्योत्तीर्याचम्यादित्यमुपतिष्ठते—'उद्वयं तमसस्परि' इति ॥ ५

अथ गृहानायान्ति यच्चात्र स्त्रिय आहुस्तत्कुर्वन्ति ॥ ६

---

* ख. आप्लवन्ते.

एतस्मिन् कालेऽस्यामात्याः केशश्मश्रूणि वापयन्ते ये सान्निधाने भवन्ति । विकल्पमितरेषु वापयेरन्वा निवर्तयेरन् वा ॥ ७

श्रुतवता तु वप्तव्यमेवासान्निधानेऽपीति बोधायनस्य कल्पः ॥ ८

न समावृत्ता वपेरन्नन्यत्र विहारादित्येके ॥ ९

मातरि पितर्याचार्य इति त्रिरात्रमक्षारलवणभोजनमधश्शयनं ब्रह्मचर्यं त्र्यहं षडहं द्वादशाहं संवत्सरं यावत् ग्रहणं द्वादशाहावराध्यं परमगुरुष्वेत्रमघोदकमितरेषु त्रिरात्रं यावज्जीवं प्रेतपत्नी ॥ १०

इति बोधायनीयपितृमेधसूत्रे प्रथमप्रश्ने
द्वादशः खण्डः.

अथ यद्याहिताग्निरन्यत्र प्रेयाद्दीप्यमानैराहूयमानैरासीरन्यावदस्य शरीरमग्निभिस्समागमयेरन्निति ॥ १

अथैनदभिवान्यायै पयो दोहयित्वा गार्हपत्येऽभिविष्यन्दयित्वाऽऽहवनीयेऽभिविष्यन्दयेत्—'अधस्तात् समिधमाहरन्त्युपरिष्टाद्धि देवेभ्यो हरन्ति' इति विज्ञायते ॥ २

अथैनमादायान्तरेण वेद्युत्करौ प्रपाद्य प्रसिद्धमुपोषेयुरिति॥

अथ यदि दग्धस्स्यादस्थान्याहृत्यान्तर्वेदि शरीराणां कृष्णाजिने पुरुषाकृतिं कृत्वा तेषूपरि पात्राणि चित्वा कुशतरुणकैः प्रतिच्छाद्य प्रसिद्धमुपोषेयुरिति ॥ ४

अथ यद्यस्थानि न विन्देयुरन्तर्वेदि त्रीणि षष्टिशता-
न्याहृत्य पर्णत्सरूणां कृष्णाजिने पुरुषाकृतिं कृत्वा तेषूपरि
पात्राणि चित्वा कुशतरुणकैः प्रतिच्छाद्य प्रसिद्धमुपोषेयुः ॥ ५

अथ यदि दिगेव प्रज्ञायते तां दिशं विहारं कल्प-
यित्वा 'असावेहि' इति नामग्राहमाहूय पर्णत्सरूणामेव कृ
ष्णाजिने पुरुषाकृतिं कृत्वा तेषूपरि पात्राणि चित्वा कुश-
तरुणकैः प्रतिच्छाद्य प्रसिद्धमुपोषेयुरिति ॥ ६

अथ यदि दिगपि न प्रज्ञायते इमां दिशं विहारं
कल्पयित्वा 'असावेहि' इति नामग्राहमाहूय पर्णत्सरूणामेव
कृष्णाजिने पुरुषाकृतिं कृत्वा तेषूपरि पात्राणि चित्वा कु-
शतरुणकैः प्रतिच्छाद्य प्रसिद्धमुपोषेयुरिति ॥ ७

अथ 'यद्याहिताग्निमग्निभिर्दहन्ति यज्ञपात्रैश्च' इति
विज्ञायते । 'पुरुषाहुतिर्ह्यस्य प्रियतमा' इत्येतामनुव्याख्यां
दहनस्य ब्रुवतेऽथाप्युदाहरन्ति—'शरीरदायादा ह वा अग्नयो
भवन्ति' इति ॥ ८

तदपि दाशतये विज्ञायते—'शतमिन्नु शरदो अन्ति
देवा यत्रा नश्चक्रा जरसं तनूनाम् । पुत्रासो यत्र पितरो
भवन्ति मा नो मध्या रीरिषतायुर्गन्तोः' इति ॥ ९

इति बोधायनीयपितृमेधसूत्रे प्रथमप्रश्ने
त्रयोदशः खण्डः

अथातस्सञ्चयनम्—एकस्यां व्युष्टायां तिसृषु वा पञ्चसु वा सप्तसु नवसु वैकादशसु वाऽयुग्मा रात्रीरर्धमासान्मासानृतून् संवत्सरं वा संपाद्य संचिनुयुरिति ॥ १

स उपकल्पयते—स्तं च क्षीरं चाज्यं चोदकुम्भं च दर्भांश्च परिस्तरणीयान् नीललोहिते सूत्रे बृहतीफलं चाश्मानं चापामार्गं च वेतसशाखां च सिकताश्च शुल्बं च पर्णखाखे च ॥ २

अत एव दहनादङ्गारान्निवर्त्य तिस्रोऽवसर्जनीया जुहोति—'अवसृज पुनरग्ने पितृभ्यः' 'संगच्छस्व पितृभिः' 'यत्ते कृष्णश्शकुन आतुतोद' इति ॥ ३

अथैतस्मिन् स्ते क्षीरं चोदकुम्भं च निषिच्य वेतसशाखयाऽवोक्ष्यन् संपादयत्यप्रकाथ* यंच्छरीराणि—'यं ते अग्निममन्थाम' इति षड्भिः ॥ ४

प्रथमां वोत्तमां वा द्विरभ्यावर्तयेयुः ॥ ५

अथैनदादहनमुदकुम्भैः स्ववोक्षितमवोक्ष्य याऽस्य स्त्रीणां मुख्या सव्ये पाणौ बृहतीफलं नीललोहिताभ्यां सूत्राभ्यां विग्रथ्याश्मानमन्वास्थायापामार्गेण सकृदुपमृज्यानन्वीक्षमाणा पत्तश्शिरस्तो वाऽस्थि गृह्णाति—'उत्तिष्ठातस्तनुवं संभरस्व मेह गात्रमवहा मा शरीरम् । यत्र भूम्यै वृणसे तत्र गच्छ तत्र त्वा देवस्सविता दधातु' इति ।

---

* ख. प्रकथ.

'इदं त एकम्' इति द्वितीयम्। 'पर ऊत एकम्' इति
तृतीयम्। 'तृतीयेन ज्योतिषा संविशस्व' इति चतुर्थम्।
'संवेशनस्तनुवै चारुरेधि' इति पञ्चमम्। 'प्रियो देवानां
परमे सधस्थे' इति षष्ठम्॥ ६

अथैनं सुसञ्चितं सञ्चित्य भस्म पिण्डं करोति तं
तथा करोति यथाऽस्य कपोतः छायायां नोपविशेदिति॥ ७

अथैनमपरिमितैः क्षुद्रमिश्रैरश्मभिः परिचिनोति न तेन
परिचिनुयात् यथाऽस्य कपोतः छायायामुपविशेदिति॥ ८

अथैतान्यस्थान्यद्भिः प्रक्षाळ्य कुम्भे वा सते वा
कृत्वाऽऽदायोपोत्तिष्ठति॥ ९

इति बोधायनीयपितृमेधसूत्रे प्रथमप्रश्ने
चतुर्दशः खण्डः.

'उत्तिष्ठ प्रेहि प्रद्रवौकः कृणुष्व परमे व्योमन्।
यमेन त्वं यम्या संविदानोत्तमं नाकमधिरोहेमम्' इति॥ १

तं गर्तदेशं* कुम्भं निधायाथातो हविर्यज्ञियं निव-
पनम्—यं कामयेतानन्तलोकस्स्यादिति तमस्या उद्धते सि-
कतोपोप्ते परिश्रिते निदधाति—'पृथिव्यास्त्वा अक्षित्या
अपामोषधीनां रसे स्वर्गे लोके नाकस्य त्वा पृष्ठे ब्रध्नस्य
त्वा विष्टपे सादयाम्यसावित्यनन्तलोको हैव भवति' इति
विज्ञायते॥ २

---

*ख. प्रतिवेशं.

जघनेन कुम्भं तिस्रो दक्षिणाप्राची: कर्षूः कुर्वन्तीति
तत्पुरस्ताद्व्याख्यातम् ॥ ३

जघनेन कर्षूः पर्णशाखे निहत्यावलेन गुल्वेन बध्वा
विनिस्सर्पन्तीति तत्पुरस्ताद्व्याख्यातम् ॥ ४

यत्रापस्तद्यन्त्यनवेक्षमाणा अपस्सचेला दक्षिणामुखास्स-
मृत्तिका आप्लावन्ते*—'धाता पुनातु सविता पुनातु' इति ॥

नामग्राहं त्रिरुदकमुत्सिच्योत्तीर्याचम्यादित्यमुपतिष्ठते—
'उद्वयं तमसस्परि' इति ॥ ६

अथ गृहानायन्ति । यच्चात्र स्त्रिय आहुस्तत्कुर्वन्ति ॥ ७

इति बोधायनीयपितृमेधसूत्रे प्रथमप्रश्ने
पञ्चदशः खण्डः.

ते यदि पुनर्धक्ष्यन्तो भवन्ति पुरस्तादेवावशेषयेयुर्जुहूं
चारणीं च कृष्णाजिने† दृषदुपले शम्यामिति ॥ १

अथ यद्यनुप्रहृतानि स्युर्यस्य चैवैकस्याश्वत्थस्यारणी
गृहीत्वाऽग्निं मथित्वोपसमाधाय संपरिस्तीर्य दक्षिणेनाग्निं
दक्षिणाग्रान् दर्भान् संस्तीर्य तेषूपरि कृष्णाजिने शम्यायां
दृषदुपले युक्त्वाऽथैतान्यस्थान्येवाञ्जनं पिष्ट्वा पुराणसर्पिषा
समुदायुत्य जुह्वा प्रसेकं जुहोति—'अस्मात्त्वमधिजातोऽ-
स्ययं त्वदधिजायताम् । अग्नये वैश्वानराय सुवर्गाय लोकाय
स्वाहा' इति ॥ २

---

* आप्लवन्ते.

† ख. कृष्णाजिनं.

अत्रैवानुप्रहरति जुहूं चारणीं च कृष्णाजिनं दृषदु-
पले शम्यामिति ॥ ३

अत्राप्युत्प्रेक्षा भवन्ति तं यदि ज्वालोर्ध्वमभ्युज्ज्वलयेत्
देवलोकमभ्यजैषीदित्येनं जानीयादथ यदि मुहूर्तमुदेत्य व्या-
भ्रमेदन्तरिक्षलोकमित्येनं जानीयादथ यदि भूम्यामनुविनये*-
दिहैवेति जानीयाद्यच्चात्र स्त्रिय आहुस्तत्कुर्वन्ति ॥ ४

न चास्यात ऊर्ध्वं श्मशानं कर्तुमाद्रियेताकृतीर्वा स्या
द्दहने वपेदपस्याभिर्वा परिचिनुयात् ॥ ५

तमभ्येवादित्यस्तपत्यभिवातः पवते तमापस्स्पृशन्ति स
नादित्यस्य सकाशान्न वायोर्नापां स्पर्शाच्छिद्यते यमेवं नि-
दध्युर्य उ चैनदेवं विदुरेवमु हाहीना†हाश्वत्थ्या हायनास्तं
हो हैवं चक्रे तस्यो हेमेऽहीना हाश्वत्थ्या हायनाश्श्रेयसि
श्रेयसि ह्यस्मै व्युच्छन्ती व्युच्छन्त्यस्मै वस्यसी वस्यसी प्रजा
भवति यमेवं निदध्युर्य उ चैनदेवं विदुरेतां ह कौषीतकि-
र्विदांचकार तस्यो हेमे कौषीतकिनश्श्रेयसि श्रेयसि ह्यस्मै
व्युच्छन्ती व्युच्छन्त्यस्मै वस्यसी वस्यसी प्रजा भवति यमेवं
निदध्युर्य उ चैनदेवं विदुर्य उ चैनदेवं विदुः ॥ ६

इति बोधायनीयपितृमेधसूत्रे प्रथमप्रश्ने
षोडशः खण्डः.

---

*ख. यदीमामनुविशे. †ख. रेवमुखल्वाहाहीना.

एकाहं धुनुयुस्त्रीण्यहानि धुनुयुः पञ्चसप्तनवैकादशाहा-
न्यर्धमासं धुनुयुरयुग्मा रात्रीरर्धमासान्मासानृतून् संवत्सरं वा
संपाद्य संधुनुयुरिति ॥ १

स उपकल्पयते—दधि च वाजिनमिश्रं कुम्भीं च श-
तातृण्णां तिस्रः पालाश्यो मेथ्यो रोहितं चर्मानडुहमाहनना-
र्थमपसलावृत्तां रज्जुं परिश्रयणीं षट्छुतानीष्टका आममया
अपरिमिताश्च लोकंपृणा द्वया धानास्तिलमिश्राश्चातिलमिश्राश्चा-
भिवान्यायै दुग्धमर्धपात्रं समूल बर्हिर्नलेषीकां भुक्तभोगं च
वासः क्षेत्रवितृण्णीं चतुरो लोष्टान् पञ्च चरून् पञ्चापूपान्
तेषां घृतेनैकोऽभिघारितः शृतेनैकः क्षीरेणैको दध्नैको मधु-
नैकश्चतुरस्स्तम्बानर्जुनस्तम्बं दूर्वास्तम्बं कुशस्तम्बं काशस्तम्बं
चतुरो नानावृक्ष्यान् परिधीन् पर्णमयवारणवैतसशमीमयान्
द्वे शाखे वारणशाखां च शमीशाखां च यवान् सर्वौषधं
सिकताश्च शुल्बे च तिस्रश्च पर्णशाखाः ॥ २

अथान्तरेण ग्रामं च श्मशानं चागारं वा विमितं वा
कारितं भवति ॥ ३

तद्द्वधाऽग्निमुपसमाधाय जघनेनाग्निं तिस्रः पालाश्यो
मेथ्यो निहत्य तासामन्तरेणास्थिकुम्भं निधाय तदुपरिष्टाच्छ-
तातृण्णामभ्युद्यम्य दध्ना वाजिनमिश्रेण पूरयति—'वैश्वानरे
हविरिदं जुहोमि, इमं समुद्रं शतधारम्' इति द्वाभ्याम् ॥ ४

द्रप्साननुमन्त्रयते—'द्रप्सश्चस्कन्द पृथिवीमनु द्याम्' इति ॥

अथैनं रोहितेनानडुहेन चर्मणाऽभिघातमभिघातं त्रिर-
पसलैः पर्यन्ति—'अजिनमौ अजिनमौ' इति । त्रिस्त्रिरेव
रात्रेः पर्यन्ति त्रिरह्नः ॥ ६

एवममात्या एवं स्त्रियः ॥ ७

तदनु नर्तक्यश्चानुनृत्येयुः ॥ ८

यश्चापहन्यते स्वार्यां वा पल्वले वा समवशमयन्ते ॥ ९

यदेषां समवशमतव्यं भवति ते न तथा प्रययुर्यदहर्न
पुरस्तात् न पश्चाच्चन्द्रमसं पश्येयुः ॥ १०

इति बोधायनीयपितृमेधसूत्रे प्रथमप्रश्ने
सप्तदशः खण्डः.

ते महारात्र उत्थाय प्रययुर्ज्ञात्वा श्मशानकरणम् ॥ १

अथैते ब्राह्मणा अभ्रिमादायोत्तरतो गत्वा लोष्टानु-
पसंहरन्तीष्टका वा ॥ २

अथैनदादहनमुदकुम्भैः स्ववोक्षितमवोक्षति—'अपेत वीत
वि च सर्पतातो येऽत्र स्थ पुराणा ये च नूतनाः । अहो-
भिरद्भिरक्तुभिर्व्यक्तं यमो ददात्ववसानमस्मै' इति ॥ ३

यथाजीवमुपसर्पेद्विज्ञायते—'न जीवन्तमभि निदध्याद्य
ज्जीवन्तमभि निदध्याज्जीवतो ह्येष प्राणानभि निदध्यात्' इति ॥

पर्णशाखया पेटयित्वाऽपसलावृत्तया रज्ज्वा पर्यन्ति—
'मेमां मात्रामुपस्तुहि' इति ॥ ५

तस्य मात्रा यदि ग्रीवदघ्नं पश्चात्पुरस्तान्नाभिदघ्नं यदि
नाभिदघ्नं पश्चात्पुरस्ताज्जानुदघ्नं यदि जानुदघ्नं पश्चात्पुरस्ताद्गु-
ल्फदघ्नं यादि गुल्फदघ्नं पश्चात्समं भूमेः पश्चात् पुरुषमात्रं भव-
तीति विज्ञायते ॥ ६

उक्तविधाभ्यां समनु स्पन्द्यां लेखां लिखति ॥ ७

अपोद्धृत्य स्पन्द्यां कर्षूः खानयन्ति । उच्छ्रयन्त्यपस्याः
दक्षिणतश्च पश्चाच्च ह्रसीयसीः कुर्वन्ति ॥ ८

अथ द्वाभ्यामात्मन्यग्निं गृह्णीते—'मयि गृह्णाम्यग्रे अग्निं
यो नो अग्निः' इति ॥ ९

स्वयं चितिं जपति—'यास्ते अग्ने समिधो यानि धाम'
इति ॥ १०

श्वेतमश्वमभिमृश्यान्तश्शर्करामिमामुपदधाति—'प्रजापति-
स्त्वा सादयतु तया देवतयाऽङ्गिरस्वद्ध्रुवा सीद' इति ॥ ११

अथास्यैतत्पुरस्तादेवौदुम्बरं युगलाङ्गलं कारितं भवति
सप्तगवं वा त्रयोदशगवं वा युग्मा युक्तस्य भवति ॥ १२

अथानडुहो युनक्ति—'सवितैतानि शरीराणि पृथिव्यै
मातुरुपस्थ आदधे । तेभिर्युज्यन्तामघ्नियाः' इति ॥ १३

कृषति—'शुनं वाहाश्शुनं नाराः, शुनासीराविमां वा-
चम्' इति द्वाभ्याम् ॥ १४

सीतां प्रत्यवेक्षते—'सीते वन्दामहे त्वाऽर्वाची सुभगे
भव । यथा नस्सुभगा ससि यथा नस्सुफला ससि' इति ॥१५

अथास्थिकुम्भं सीतायां निदधाति —'सवितैतानि श-
रीराणि पृथिव्यै मातुरुपस्थ आदधे । तेभिरदिते शं भव'
इति ॥ १६

अथानडुहो विमुञ्चति—'विमुच्यध्वमाघ्निया देवयाना
अतारिष्म तमसस्पारमस्य । ज्योतिरापाम सुवरगन्म' इति ॥

त एतेऽध्वर्यवो भवन्ति यदि दक्षिणावान् पितृमेधः ।
यद्यु वै सत्रियोऽग्निर्यथागवं व्युदश्चन्ति ॥ १८

यत्रैवानड्वाहस्तद्युगलाङ्गलम् ॥ १९

अथैनमुपवातयति—'प्रवाता वान्ति पतयन्ति विद्युतः'
इति ॥ २०

अग्निवत्स*वौषधीर्वपति—'यथा यमाय हार्म्यम्' इति।

अत्र सिकता निवपति—'अग्ने तव श्रवो वयः' इति
षड्भिरनुच्छन्दसम् ॥ २१

अथोर्ध्वचित उपदधाति—'चितस्स्थ परिचित ऊर्ध्व
चितश्श्रयध्वं पितरो देवता। प्रजापतिर्वस्सादयतु तया देवतया
ऽङ्गिरस्वद्ध्रुवा सीद' इति ॥ २२

अथानुव्यूहति—'आ प्यायस्व' इति गायत्र्या ब्राह्मण
स्य । 'संते पयाꣳसि' इति त्रिष्टुभा राजन्यस्य ॥ २३

यथासुष्ठु यथाशर्करमनुव्यूहति ॥ २४

इति बोधायनीयपितृमेधसूत्रे प्रथमप्रश्ने
अष्टादशः खण्डः.

---

* अग्नींत्स.

अथ द्वाभ्यामात्मन्यग्निं गृह्णीते—'मयि गृह्णाम्यग्रे अग्निं, यो नो अग्निः' इति द्वाभ्याम् ॥ १

स्वयं चितिं जपति—'यास्ते अग्ने समिधो यानि धाम' इति ॥ २

श्वेतमश्वमभिमृश्याधिद्रवणं जपति—'अपामिदं न्ययनं, नमस्ते' इति द्वाभ्याम् ॥ ३

अथ क्षेत्रवितृर्ण्णी चतुरो लोष्टानुपदधाति—'उत्ते तभ्नोमि पृथिवीम्' इति पुरस्तादुपदधाति ॥ ४

'उपसर्प मातरम्' इत्युत्तरतः ॥ ५

'उच्छ्वञ्चस्व पृथिवि मा विबाधिथाः' इति पश्चात् ॥ ६

'उच्छ्वञ्चमाना पृथिवी हि तिष्ठसि' इति दक्षिणतः ॥ ७

तया देवतं कृत्वा सूददोहसः* करोति ॥ ८

अथैनं तिलमिश्राभिर्धानाभिरुपकिरति—'एणीर्धाना हरिणीः' इति ॥ ९

अथैतदभिवान्यायै दुग्धमर्धपात्रं दक्षिणत उपदधाति—'एषा ते यमसादने स्वधा निधीयते गृहे। अक्षितिर्नाम ते असौ' इति। अत्र यजमानस्य नाम गृह्णाति ॥ १०

तया देवतं कृत्वा सूददोहसं करोति ॥ ११

अथ दक्षिणतस्समूलं बर्हिर्निदधाति—'इदं पितृभ्यः प्रभरेम बर्हिः' इति ॥ १२

---

* सूददोहसं.

तया देवतं कृत्वा सूददोहसं करोति ॥ १३

अथ नळेषिकामुपदधाति—'नळं प्लवमारोह' इति ॥

तया देवतं कृत्वा सूददोहसं करोति ॥ १५

अथास्थिकुम्भं भुक्तभोगेन वाससा निर्णिज्य यथाऽङ्गं चिनोति—'सवितैतानि शरीराणि पृथिव्यै मातुरुपस्थ आदधे। तेभ्यः पृथिवि शं भव' इति ॥ १६

अत्र षड्ढोतारं व्याचष्टे—'षड्ढोता सूर्यं ते चक्षुर्गच्छतु वातमात्मा द्यां च गच्छ पृथिवीं च धर्मणा। अपो वा गच्छ यदि तत्र ते हितमोषधीषु प्रतितिष्ठा शरीरैः' इति। 'परं मृत्यो अनु परेहि पन्थाम्' इति च ॥ १७

अथैनमुपवातयति—'शं वातश्शं हि ते घृणिश्शमु ते सन्त्वोषधीः। कल्पन्तां मे दिशश्शग्माः' इति ॥ १८

अथैनान् पञ्च चरून् सापूपान् उपदधाति—'अपूपवान् घृतवाꣳश्चरुरेह सीदतूत्तभ्नुवन् पृथिवीं द्यामुतोपरि। योनिकृतः पथिकृतस्सपर्यत ये देवानां घृतभागा इह स्थ। एषा ते यमसादने स्वधा निधीयते गृहेऽसौ' इत्यत्र यजमानस्य नाम गृह्णाति ॥ १९

'दशाक्षरा ताꣳरक्षस्व' इति पुरस्तादुपदधाति 'अपूपवान् शृतवान्' इत्युत्तरतः 'अपूपवान् क्षीरवान्' इति पश्चात् 'अपूपवान् दधिवान्' इति दक्षिणतः 'अपूपवान् मधुमान्' इति मध्ये 'शताक्षरा सहस्राक्षराऽयुताक्षराऽच्युताक्षरा' इति प्रतिदिशमनुषजति ॥ २०

तयादेवतं कृत्वा सूददोहसः करोति ॥ २१

अथैनं तिलमिश्राभिर्धानाभिरुपकिरति—'एतास्ते स्वधा अमृताः करोमि' इति ॥ २२

अथ चतुरस्तम्बान् उपदधाति चरूणामुपरिष्टात्—'त्वा-मर्जुनौषधीनाम्' इति पुरस्तादर्जुनस्तम्बं 'दूर्वाणां स्तम्बमाहर' इत्युत्तरतो दूर्वास्तम्बं 'काशानां स्तम्बमाहर' इति पश्चात् काशस्तम्बं 'दर्भाणां स्तम्बमाहर' इति दक्षिणतो दर्भस्त-म्बम् ॥ २३

चतुर्णां स्तम्बानामग्रैर्मध्यमं चरुमपिदधात्येतैरेव चतुर्भि-र्मन्त्रैः ॥ २४

तया देवतं कृत्वा सूददोहसः करोति ॥ २५

अथ चतुरो नानावृक्ष्यान् परिधीन् परिदधाति—मा त्वा वृक्षौ सम्बाधिष्टाम्' इति पर्णमयवारणौ पुरस्ताच्चोत्त-रतश्च । 'मा त्वा वृक्षौ सम्बाधेथाम्' इति वैतसशमीमयौ पश्चाच्च दक्षिणतश्च ॥ २६

तया देवतं कृत्वा सूददोहसौ करोति ॥ २७

अत्र नळेषीकावित्येके ॥ २८

इतिं बोधायनीयपितृमेधसूत्रे प्रथमप्रश्ने

एकोनविंशः खण्डः.

अथ लोष्टानुपदधाति ॥ १

‘पृथिव्यास्त्वा लोके सादयाम्यमुष्य शर्माऽसि पितरो देवता । प्रजापतिस्त्वा सादयतु तया देवतयाऽङ्गिरस्वद्ध्रुवा सीद’ इति शतं पुरस्तादुपदधाति । ‘अन्तरिक्षस्य त्वा लोके सादयामि’ इति शतमुत्तरतः । ‘दिवस्त्वा लोके सादयामि’ इति शतं पश्चात् । ‘दिशां त्वा लोके सादयामि’ इति शतं दक्षिणतः । ‘नाकस्य त्वा पृष्ठे ब्रध्नस्य त्वा विष्टपे सादयामि’ इति द्विशतं मध्ये ॥ २

तया देवतं कृत्वा सूददोहसः करोति ॥ ३

अथ लोकंपृणा उपदधाति—‘लोकं पृणच्छिद्रं पृण’ इति लोकंपृणाभिस्सहस्रं संपद्यते ॥ ४

द्विषाहस्रादिष्वेतान्येव पुनःपुनरुपदध्यात् ॥ ५

काठकाग्निचितावपि पञ्चाशीतिशतमुपदध्यात् ॥ ६

विज्ञायते—‘अग्निं चित्वा सौत्रामण्या यजेत मैत्रावरुण्याऽऽमिक्षया वा’ इति काठकाग्नीनां ब्राह्मणम् ॥ ७

तयादेवतं कृत्वा सूददोहसः करोति ॥ ८

अथावद्रुत्य कृष्णमश्वमभिमृश्य तनुपुरीषमुपदधाति—‘पृष्टो दिवि’ इति ॥ ९

तयादेवतं कृत्वा सूददोहसं करोति ॥ १०

अथैनमुपवातयति—'शं वातश्शं हि ते घृणिश्शमु ते
सन्त्वोषधीः । कल्पन्तां ते दिशस्सर्वाः' इति ॥ ११

अथैनमभिमृशति—'इदमेव मेतोऽपराम्' इति ॥ १२

पुरस्ताद्वारणीशाखां निदधाति—'वरणो वारयात्' इति॥

उत्तरतः क्षेत्रवितृण्णीं निदधाति—'विधृतिरसि' इति ॥

पश्चाच्छमीशाखां निदधाति—'शमि शमयास्मदघाद्वे-
षाꣳसि' इति ॥ १५

दक्षिणतो यवान्निदधाति—'यव यवयास्मदघाद्वेषाꣳसि'
इति ॥ १६

अथैनमुपतिष्ठते—'पृथिवीं गच्छान्तरिक्षं गच्छ' इति ॥

जघनेन चितां तिस्रः दक्षिणाप्राचीः कर्षूः कुर्वन्ति ।
तत्पुरस्ताद्व्याख्यातम् ॥ १८

जघनेन कर्षूः पर्णशाखे निहत्याबलेन शुल्बेन बध्वा
विनिस्सर्पन्ति । तत्पुरस्ताद्व्याख्यातम् ॥ १९

यत्रापस्तद्यन्त्यनवेक्षमाणा अपस्सचेला दक्षिणामुखास्स-
मृत्तिका आप्लवन्ते—'धाता पुनातु सविता पुनातु' इति ॥ २०

नामग्राहं त्रिरुदकमुत्सिच्योत्तीर्याचम्यादित्यमुपतिष्ठते—
'उद्वयं तमसस्परि' इति ॥ २१

अथ गृहानायन्ति । यच्चात्र स्त्रिय आहुस्तत्कुर्वन्ति ॥ २२

अत्र शान्तिं कुर्वन्ति सौत्रामण्याः प्रत्याम्नायो भवत्या-
भिक्षया चेति ॥ २३

संतिष्ठते लोष्टचितिस्संतिष्ठते लोष्टचितिः ॥ २४

इति बोधायनीयपितृमेधसूत्रे प्रथमप्रश्ने
विंशः खण्डः.

अथ गृहानेष्यन्नुपकल्पयते—वारणं स्रुक्स्रुवं च वारणान् परिधीन् कुशमयं बर्हिः पर्णमयमिध्मं रोहितं चर्मानडुहं नवं च सर्पिराञ्जनं चाश्मानं चानड्वाहं च शमीशाखां च कुशतरुणकानि च दर्भस्तम्बं चाञ्जनं च यवांश्चेति ॥ १

अथान्तरेण ग्रामं च श्मशानं च तद्धृत्याऽग्निमुपसमाधाय कुशमयं बर्हिस्तीर्त्वा वारणान् परिधीन् परिधाय पर्णमयमिध्ममभ्यज्य स्वाहाकारेणाभ्याधायाथैतद्रोहितं चर्मानडुहं जघनेनाग्निं प्राचीनग्रीवमुत्तरलोमोपस्तृणाति ॥ २

तदारोहन्ति यावन्तोऽस्य ज्ञातयो भवन्ति—'आरोहतायुर्जरसं गृणानाः' इति ॥ ३

अथैनाननुपूर्वं कल्पयति—'यथाऽहान्यनुपूर्वं भवन्ति' इति ॥ ४

अथ वारणेन स्रुवेण वारण्यां स्रुचि चतुर्गृहीतं गृहीत्वा जुहोति—'न हि ते अग्ने तनुवै क्रूरं चकार मर्त्यः । कपिर्ब-

भस्ति ते जनं पुनर्जरायु गौरिव । अप नश्शोशुचदघमग्ने शुशु-
ध्या रयिम् । अप नश्शोशुचदघं मृत्यवे स्वाहा' इति ॥ ५

अथ वारणेन स्रुवेणोपघातं जुहोति—'अप नश्शोशुच-
दघम्' इति द्वादश स्रुवाहुतीः ॥ ६

अथोपोत्थायानड्वाहमन्वारभन्ते—'अनड्वाहमन्वारभामहे
स्वस्तये । स न इन्द्र इव देवेभ्यो वह्निस्संपारणो भव'
इति ॥ ७

प्राञ्चो यान्ति—'इमे जीवा विमृतैः' इति ॥ ८

जघन्यश्शमीशाखया पदानि संलोपयन्ते—'मृत्योः प-
दम्' इति ॥ ९

अथान्तरेणाग्निं च श्मशानं चाश्मानमुपदधाति—'इमं
जीवेभ्यः परिधिं दधामि' इति ॥ १०

अथैताः पत्नयो नवेन सर्पिषा संमृशन्ति—'इमा नारीर-
विधवाः' इति ॥ ११

कुशतरुणकैस्त्रैककुदेनाञ्जनेनाङ्क्ते—'यदाञ्जनं त्रैककुदं जा-
तं हिमवतस्परि' इति ॥ १२

अथैतानि कुशतरुणकानि समुच्चित्य दर्भस्तम्बे निद-
धाति—'यथा त्वमुद्भिनत्स्योषधे' इति ॥ १३

प्रत्येत्य गृहानासन्दीं प्रोष्ठादय आरोहन्ति*—'अनश्रवो
अनमीवास्सुशेवा आरोहन्तु जनयो योनिमग्रे' इति ॥ १४

* प्रोष्ठावित्यारोहन्ति.

अजं चैतदहः पचन्ते यवोदनं च ॥ १६

अजस्याश्नन्ति—'अजोऽस्यजास्मदघाद्द्वेषांसि' इति ॥

यवोदनस्य च प्राश्नन्ति—'यवोसि यवयास्मदघाद्द्वेषा-
ऽसि' इति ॥ १७

अथास्य श्राद्धं कुर्वन्ति । एकस्यां व्युष्टायां तिसृषु वा
पञ्चसु वा सप्तसु वा नवसु वैकादशसु वाऽयुग्मेष्वहस्स्वर्धमासेषु
मासेष्वृतुषु संवत्सरेषु वा दद्यात् । काममहरहरेकादशमासान्न-
यन्ति । न द्वादशमासमभ्यारोहन्ति । संवत्सरेसंवत्सर एतस्मि-
न्नहनि दद्यात् ॥ १८

य एष एवं विहितोऽनाहिताग्नेः स्त्रियाः पुल्लिङ्गपात्रचयने-
ष्टकाः केशवपनवर्जं पितुर्मातुराचार्यस्य वा क्रियते ॥ १९

सहस्रदक्षिणो वाऽप्यन्यस्य पितृमेधः ॥ २०

संतिष्ठते पितृमेधस्संतिष्ठते पितृमेधः ॥ २१

इति बोधायनपितृमेधे प्रथमप्रश्ने
एकविंशः खण्डः.

अथ गृहानेष्यन् । पृथिव्यास्त्वा लोके । अथ द्वाभ्या
मात्मन्यग्निम् । ते महारात्र उत्थाय । एकाहं धुनुयुः । ते यदि
पुनर्धक्ष्यन्तः । उत्तिष्ठ प्रेहि । अथातस्संचयनम् । अथ यद्याहि
ताग्निः । अश्मन्वती । अथैनमादीपयति । अग्नेर्वर्म । इममग्ने ।
इयं नारी । भुवनस्य पते । अथास्यावकाशम् । पूषेमाः । अथा-

तोऽनुस्तरणीकल्पम् । इदं त्वा वस्त्रम् । परेयुवांसम् । अथ
यद्याहिताग्निः ॥ २१

अथ यद्याहिताग्निः । परेयुवांसम् । इदं त्वा वस्त्रम् ।
अथातोऽनुस्तरणीकल्पम् । पूषेमाः । अथास्यावकाशम् । भुवन-
स्य पते । इयं नारी । इममग्ने । अग्नेर्वर्म । अथैनमादीपयति ।
अश्मन्वती । अथ यद्याहिताग्निः । अथातस्संचयनम् । उत्तिष्ठ
प्रेहि । ते यदि पुनर्भक्ष्यन्तः । एकाहं धुनुयुः । ते महारात्र
उत्थाय । अथ द्वाभ्यामात्मन्यग्निम् । पृथिव्यास्त्वा लोके ।
अथ गृहानेष्यन् ॥ २१

इति बोधायनीये पितृमेधसूत्रे
प्रथमः प्रश्नः.

यथो एतदाहिताग्नेर्निमारं गच्छतः प्रतिकृष्य प्रातरग्नि-
होत्रं जुहुयात् प्रतिकृष्यामावास्यां यजेतेति तथैते कर्मणी अभि
सञ्चरेद्यथा जीवतः कृते स्याताम् ॥ १

स उ चेदहुते प्रातरग्निहोत्रेऽनिष्टायाममावास्यायां प्रेयात्त-
दानीमेवास्य तूष्णीं प्रातरग्निहोत्रं यादृक्कीदृक्च होतव्यं तदानी-
मेवास्य तूष्णीममावास्यां यादृशीं कीदृशीं च यजेतेति ॥ २

स उ चेत्पुनरागतस्स्यात् पुनरेवास्य प्रातरग्निहोत्रं का-
ल्यमव्यापन्नं होतव्यं पुनरेवामावास्यां काल्यामव्यापन्नां यजे-
तेति ॥ ३

यथो एतन्न पयस्समासिञ्चन्तीत्यामिक्षार्थं पयोऽवशेष-
येयुरित्येवेदमुक्तं भवति ॥ ४

यथो एतदासन्द्यामौदुम्बर्यामासन्द्यामित्येवेदमुक्तं भवति॥

यथो एतदन्तर्वेदि शरीराणां कृष्णाजिने पुरुषाकृतिं
कृत्वा तेषूपरि पात्राणि चित्वा कुशतरुणकैः प्रतिच्छाद्य प्रसिद्ध-
मुपोषेयुरिति पात्रचयनप्रभृति सिद्धमत ऊर्ध्वम् ॥ ६

एतावदेव नाना नात्र गोरालम्भोऽनुस्तरणीकाले कुश-
तरुणकैश्शुष्कगोमयैर्घृतेनेत्यनुस्तरणीयात् 'अग्नेर्वर्म परि गो-
भिर्व्ययस्व' इत्येतदेव पर्णत्सरुषु । अपि वा यथेष्टिकल्पे ।
अपि वा तूष्णीं सर्वं कृत्वाऽन्यत्र गोरालम्भादिति । अपि वा
तूष्णीमेव पात्राणि चित्वा कुशतरुणकैः प्रतिच्छाद्य प्रसिद्धमुपो-
षेयुरिति । अपि वाऽन्यत्र चैव गोरालम्भादिति ॥ ७

इति बोधायनीयपितृमेधसूत्रे द्वितीयप्रश्ने
प्रथमः खण्डः.

अथ वै भवति प्रजापतिः प्रजास्सृष्ट्वा वृत्तोऽशयत्तं देवा
भूतानां* रसं तेजस्संभृत्य तेनैनमभिषज्यन्निति तत्पृच्छन्ति
कतमद्ब्राह्मणानां तेजो रसो येनैनमभिषज्यन्निति चतुर्होतार
इत्येव ब्रूयात् ॥ १

---

* ख. ग्रा ना .

तस्य सग्रहैर्होतृभिर्होमो भर्तृसूक्तेन भरणं पत्नीभिरुपसंवेशनं दक्षिणाप्रतिग्रहैर्हीनमार्गो हृदयैः हिरण्यशकलान्* सम्भारैः पात्रचयः ज्योतिष्मतीभिरुपोषणं नारायणाभ्यां 'ब्राह्मण एकहोता' इति चोपस्थानं 'प्रयासाय स्वाहा' इत्याज्याहुतीः 'चित्तं संतानेन' इति हविराहुतीः मृत्युसूक्तेनानुशंसनं सौम्यया संगाहनमीयुष्ट्याऽवगाहनं सौर्येणादित्यस्योपस्थानमिति तानेतान् परं ब्रह्मेत्याचक्षते ॥ २

तान्न साधारणे श्मशाने प्रयुञ्जीत नानाचार्याय नाश्रोत्रियाय नागुरवे† ॥ ३

इति बोधायनीयपितृमेधसूत्रे द्वितीयप्रश्ने
द्वितीयः खण्डः.

यथो एतद्धविर्यज्ञियं निवपनं पुनर्दाहश्चेति यदहस्साश्चिनुयात्तदहरेवैतत्कुर्यात् ॥ १

कुम्भान्तमनाहिताग्नेः स्त्रियाश्च निवपनान्तं हविर्यज्ञयाजिनः‡ पुनर्दहनान्तं सोमयाजिनाश्चित्यन्तमग्निचितो यदीतरं यदीतरमघोदकक्षुत्सिच्य दशरात्रमाशौचम् ॥ २

दशरात्रे शौचं कृत्वा शान्तिः ॥ ३

अथ यदि चितिश्चित्यन्ते शौचम् ॥ ४

---

* ख. हिरण्यशकलात्. † ख. 'नाब्रह्मविदे कामं पित्रे च' इत्यधिकम्.

‡ ख. हविर्याजिनः.

चित्याः प्राक्पर्षूभ्यः कृत्वा श्वोभूते धवनेनैव प्रतिपद्यते॥

प्रसिद्धमतऊर्ध्वमथैतं*षामुदकम् ॥ ६

सपिण्डानां सबान्धवानां मातुश्च योनिसम्बन्धेभ्यः पितु-
श्चासप्तमात् पुरुषादाचार्यान्तेवासिनोश्च सपत्नीकानां सापत्या-
नां सपिण्डानां दशरात्रं त्रिरात्रमितरेषाम् ॥ ७

बाले देशान्तरस्थे च सद्यश्शौचमित्येके ॥ ८

एवं नित्योदकतर्पणेअनुस्मरणं स्त्रीयाज्याशिष्याणाम् ॥ ९

न प्राक् चौळात् प्रमीतानां दहनं विद्यते ॥ १०

नानुपनीतानां कन्यानां वा पितृमेधः ॥ ११

अनुपनीतानां कन्यानां वा पुनर्दहनमन्त्रेण दहेयुः ॥ १२

नानाहिताग्नेः पात्रचयो विद्यते ॥ १३

नापशुबन्धयाजिनां गौश्छगलाः ॥ १४

नासन्नयतामामिक्षा ॥ १५

नाग्निचितां चितिः ॥ १६

न स्त्रीणां केशवपनं विद्यते न चितिर्नेष्टका न पुनर्दाहो
दारुवत्स्त्रीणां पात्राणि भवन्तीति विज्ञायते ॥ १७

बह्वृचां पितृमेधे स्त्रीणामिमान्मन्त्रानुपोद्धरेत् ॥ १८

इति बोधायनीयपितृमेधसूत्रे द्वितीयप्रश्ने
तृतीयः खण्डः.

---

* ख. यथैते.

'इयं नारी पतिलोकम्, उदीर्ष्व नार्यभिजीवलोकं, सुवर्णं हस्तात्, धनुर्हस्तात, मणिं हस्तात्, मैनमग्ने, शृतं यदा, अजो भागस्तपसा, अयं वै त्वम्, इदं त एकम्, यौ ते श्वानौ, यत्ते कृष्णः, उत्तिष्ठ प्रेहि, अस्मात्त्वम्, अपेत वीत, उच्छ्वञ्चस्व पृथिवि मा विबाधिथाः' इति ॥ १

मृतपत्नीकः क्रतूनाहरिष्यन् जायामुपयम्याग्नीनादध्यात् । विज्ञायते च—'तस्मादेको द्वे जाये विन्दते, तस्मादेको बह्वीर्जाया विन्दते' इति च ॥ २

मृतपतिकाया औपासने पितृमेधः ॥ ३

न ह्यस्या अपतित्वात् पुनरग्न्याधेयं विद्यते । विज्ञायते च—'तस्मान्नैका द्वौ पती विन्दते' इति ॥ ४

'आहिताग्निमग्निभिर्दहन्ति यज्ञपात्रैश्च' इत्यविशेषाज्जायापत्योराहिताग्न्योरित्येवेदमुक्तं भवति ॥ ५

तयोर्यः पूर्वो म्रियेत तस्याग्नित्रेतया यज्ञपात्रैश्च पितृमेधः, यः पश्चात्तस्यौपासनेन ॥ ६

सह प्रमीतयोस्सहैकः पितृमेधः ॥ ७

औपासनस्योल्मुकार्थत्वादौपासनेऽविद्यमाने निर्मन्थ्येन पितृमेधः ॥ ८

'औपासनेनानाहिताग्निम्' इत्यविशेषाज्जायापत्योरनाहिताग्न्योरित्येवेदमुक्तं भवति ॥ ९

तयोर्यः पूर्वो म्रियेत तस्यौपासनेन पितृमेधः, यः पश्चा

त्तस्य निर्मन्थ्येन ॥ १०

उत्तपनीयमेके समामनन्ति ॥ ११

निर्मन्थ्येन स्त्रीकुमाराणां दहेयुरित्येकेषाम् ॥ १२

मृतपत्नीकस्याग्निभिर्जायायां दग्धायामौपासने का प्रति-
पत्तिरिति ॥ १३

क्रतूंश्चेदाहरिष्यन् स्याद्ब्रह्मौदनिकमेनं कुर्यात् ॥ १४

वनं चेदातिष्ठेदौपासनमेवोपास्यन् स्यात् ॥ १५

आत्मानं चेद्युञ्ज्यादात्मन्येनं समारोपयेत् ॥ १६

अथ चेत्संन्यसेत् नैनमाद्रियेत ॥ १७

यथो एतत् ग्रहानेष्यन्नुपकल्पयत इति स्वान् स्वान्
गृहस्थधर्मान् प्रतिपत्स्यन्नित्येवेदमुक्तं भवति ॥ १८

नाशुचिः काम्यं तप आतिष्ठेन्न यजेन्न स्वाध्यायमधी-
यीतान्यत्राग्निहोत्रदर्शपौर्णमासाभ्यां न दद्यात् कामस्त्वृत्विग्भ्यो-
दद्यात् ॥ १९

कथमु खलु प्राचीनावीतिना पितृमेधः कर्तव्योऽन्यत्र
यज्ञोपवीतिनेति । प्राचीनावीतिनेत्येव ब्रूयात् । विज्ञायते च—
'पितॄणां वा एष मेधो देवानां वा अन्ये मेधाः' इति ॥ २०

निवीतिनस्त्वेवैनं वहेयुश्चितायां चादध्युः ॥ २१

इति बोधायनीयपितृमेधसूत्रे द्वितीयप्रश्ने
चतुर्थः खण्डः.

अथ यदि नष्टाग्निरपहृताग्निर्विधुराग्निर्विच्छिन्नाग्निरुत्सृ-
ष्टाग्निस्समारूढाग्निर्वा यजमानः प्रेयाद्यद्यस्य पुत्रो वाऽन्तेवासी
वाऽलं कर्मणस्स्यात् प्राचीनावीतं कृत्वोद्धृत्यावोक्ष्य यजमानाय-
तने प्रेतं निधाय गार्हपत्यस्यायतनेऽरणीं निधाय प्रेतस्य दक्षिणं
बाहुमन्वारभ्य मन्थति—'येऽस्याग्नयो जुह्वतो मांसकामास्सङ्क-
ल्पयन्ते यजमानं जायन्तु ते हविषे स्वादिताय स्वर्गलोकमि-
मं प्रेतं नयन्तु' इति ॥ १

मथित्वाऽग्नीन्विहृत्य तूष्णीं विहारं कल्पयित्वा गार्हपत्य
आज्यं विलाप्योत्पूय द्वादशगृहीतेन स्रुचं पूरयित्वा पुरुष-
सूक्तेन मनसाऽनुद्रुत्याहवनीये जुहोति ॥ २

एतेनैव गार्हपत्ये जुहोति ॥ ३

तूष्णीमन्वाहार्यपचने हुत्वा तदूर्ध्वं पैतृमेधिकं कर्म प्रति-
पद्यते ॥ ४

अथ यद्यात्मनि समारूढेष्वग्निष्वरण्योर्वा यजमानो म्रि-
येत यद्यस्य पुत्रोऽन्तेवासी वाऽलं कर्मणस्स्यात् प्राचीनावीतं
कृत्वोद्धत्यावोक्ष्य यजमानायतने प्रेतं निधाय गार्हपत्यायतने
लौकिकमग्निमुपसमाधाय प्रेतस्य दक्षिणं बाहुमन्वारभ्य जपति—
'उपावरोह जातवेद इमं तं स्वर्गाय लोकाय नय प्रजानन् । आयुः
प्रजां रयिमस्मासु धेहि प्रेताहुतीश्चास्य जुषस्व सर्वाः' इति ॥

अपि वाऽरण्योरुपावरोह्य मथित्वा तूष्णीं विहारं
कल्पयित्वा गार्हपत्ये जुहोति—'हिरण्गर्भस्समवर्तताग्रे' इत्या-

न्तादनुवाकस्य प्रत्यृचं हुत्वा पूर्णाहुतिं हुत्वाऽत ऊर्ध्वं पैतृमेधिकं कर्म प्रतिपद्यते ॥ ६

अथ यदि समारूढस्स्यान्मथ्यमानेन्वारभ्यैतामृचं जपति । प्रसिद्धमत ऊर्ध्वं पैतृमेधिकं कर्म प्रतिपद्यते ॥ ७

इति बोधायनीयपितृमेधसूत्रे द्वितीयप्रश्ने
पञ्चमः खण्डः.

अथो एतत्परोक्षमेतस्य यजमानस्यास्थान्याहृत्य संस्कुर्यादिति कथमत्राहरणं विद्यत इति ॥ १

शिरस्तः प्रथमं गृहीत्वाऽथोरस्तोऽथो जठरतोऽथोरुबाहुभ्यामथ पत्त इति त्रयास्त्रिंशतमस्थानि गृह्णातीति विज्ञायते—'त्रयास्त्रिंशत्पुरुषः' इति ॥ २

अथैतान्यस्थान्यद्भिः प्रक्षाल्य कृष्णाजिनं प्राचीनग्रीवमुत्तरलोमास्तीर्य तस्मिन्नस्थानि सम्भरति—'इन्द्रो दधीचो अस्थभिः' इत्येतेनानुवाकेन ॥ ३

अत्र तयादेवतं करोति—'तया देवतयाऽङ्गिरस्वद्ध्रुवा सीद' इति ॥ ४

अथ सूददोहसं करोति—'ता अस्य सूददोहसस्सोमं श्रीणन्ति पृश्नयः । जन्मन् देवानां विशस्त्रिष्वारोचने दिवः' इति ॥ ५

दीर्घवंशे विग्रथ्याक्षारलवणाशिनो मृण्मयभोजना आहरन्ति ॥ ६

तानि ग्राममर्यादायां निधायाग्नीनुपनिर्हृत्य पैतृमेधिकं कर्म प्रतिपद्यते ॥ ७

नासति यजमाने ग्राममर्यादामातिहरेयुः ॥ ८

यद्यतिहरेयुरग्नयो लौकिकासम्पद्येरन्। विज्ञायते—'प्रवसत्सु वसति यजमानेऽग्निभ्यः परिदाय गृहानोति तस्मात् ग्राममर्यादां नाति व्रजन्ति' इति ॥ ९

अथ यदि परोक्षप्रेतस्य यजमानस्य दिगेव प्रज्ञायते तां दिशं विहारं कल्पयित्वा 'असावेहि' इति नामग्राहमाहूय पर्णत्सरूणां कृष्णाजिने पुरुषाकृतिं कृत्वा तेषूपरि पात्राणि चित्वा कुशतरुणकैः प्रतिच्छाद्य प्रसिद्धमुपोषेयुरिति ॥ १०

अथ यदि परोक्षप्रेतस्य यजमानस्य दिगापि न प्रज्ञायते इमां दिशं विहारं कल्पयित्वा 'असावेहि' इति नामग्रहमाहूय पर्णत्सरूणां कृष्णाजिने पुरुषाकृतिं कृत्वा तेषूपरि पात्राणि चित्वा कुशतरुणकैः प्रतिच्छाद्य प्रसिद्धमुपोषेयुरिति ॥ ११

अथ यदि यजमाने म्रियमाणे पत्न्यालम्भुका * स्यात् कथं तत्र प्रायश्चित्तं?। द्वादशगृहीतेन स्रुचं पूरयित्वा दुर्गामन-

---

* ख. पत्न्यनालम्भुका.

स्वतीमहाव्याहृतीर्हुत्वा 'तद्यमो राजा' इति द्वाभ्यां पूर्णा-
हुतिं हुत्वा यद्यर्थिनो विन्देरंस्तेभ्यो धेनुं दद्यादिति ॥ १२

इति बोधायनीयपितृमेधसूत्रे द्वितीयप्रश्ने
षष्ठः खण्डः.

यद्येवं कृतेऽग्निभिर्यजमानः पुनरागच्छेत् कथं तत्र कु-
र्यादिति ॥ १

यज्ञियात् काष्ठादग्निं मथित्वाऽग्निमुपसमाधाय सम्परि-
स्तर्याग्निमुखात् कृत्वा पक्वाज्जुहोति—'हिरण्यगर्भस्समवर्तताग्रे,
इति द्वाभ्याम् ॥ २

अथाज्याहुतीरुपजुहोति—'सहस्रशीर्षा' इत्येतेनानुवा-
केन प्रत्यृचम् ॥ ३

स्विष्टकृत्प्रभृति सिद्धमाधेनुवरप्रदानात् ॥ ४

अपरेणाग्निं सौवर्णेन पात्रेण घटेन वा मृण्मयेन कृष्णा-
जिनेन वा दृतीभूतेन घृतेनाद्भिः पूरयित्वा जीवपितुश्चेत्
पिताऽभिमन्त्रयते—'विष्णुर्योनिं कल्पयतु' इति ॥ ५

अथैनं प्रवेशयाति—'त्वां पूषंच्छिवतमामेरयस्व' इति ॥ ६

स गर्भो भूत्वा कृष्णाजिनदृतावेतां रात्रीं वसाति ॥ ७

व्युष्टायां पुंसवनप्रभृत्या जातकर्मणः कारयित्वा जघना-
र्धादात्मानमपकृष्य जायेत ॥ ८

जातस्य जातकर्मप्रभृति संस्कारान् कारयित्वा द्वादश-
रात्रमेतत् व्रतं चरेत् ॥ ९

तयैव भार्ययाऽग्नीनाधाय व्रात्येनैन्द्राग्नेन पशुना यजेत॥

गिरिं गत्वाऽग्नये कामायेष्टिं निर्वपेदायुष्मतीं शतकृष्ण-
लाम् ॥ ११

दिशामवेष्ट्या वा यजेत ॥ १२

अत ऊर्ध्वमीप्सितैः यज्ञक्रतुभिर्यजेतेति विज्ञायते ॥१३

हिरण्यगर्भस्सम्भूतो ब्राह्मणश्चीर्णनिर्णयः * ।
प्रत्युत्थानं न कस्यापि कुर्याद्देवसमस्तु सः ॥

इति विज्ञायते ॥ १४

तस्मात्प्रोषिते यजमाने चतुर्विंशतिवर्षाणि परिपाल्या-
ग्निहोत्रं संस्कुर्याद्यद्यश्रुतं स्यादिति ॥ १५

अथ यद्याग्रयणेष्टिपशुचातुर्मास्याध्वराणामसमाप्तानां व्रता-
न्तराळे प्रमीयेत यद्यस्य पुत्रोऽन्तेवासी वा शेषांश्चैकतन्त्रे समा-
प्नुयात् ॥ १६

पश्वलाभे तत्तद्देवत्यं पुरोडाशमामिक्षां वा यजेत ॥ १७

अथ वै भवति 'तमसो वा एष तमः प्रविशति य आ-
हिताग्निमन्यैरग्निभिस्संस्कुर्यात्' इति ॥ १८

अथाप्युदाहरन्ति—'शरीरदायादा ह वाऽग्नयो भवन्ति'
इति । मरणे श्रेयोऽवाप्तिः । 'य एवं विद्वानुदगयने प्रमीयते
सौर्येण पथा स्वर्गं लोकमेत्यथ यो दक्षिणे प्रमीयते चान्द्रम-

---

* ख, छिन्ननिर्णयः

सेन पथा पितृलोकमेति' इति विज्ञायते ॥ १९

'ता सूर्याचन्द्रमसा विश्वभृत्तमा महत्' इत्याहुतिभिष्ष-
ड्भिरेवैनं पूर्वपक्ष उदगयन आहरोदिति ॥ २०

'उदगयन आपूर्यमाणपक्षे दिवा कृत्वन्ते श्रेयो मरणम्'
इत्युपदिशन्ति ॥ २१

अन्येषु वा नियमीभूतेषु सत्रेषु दीक्षितप्रमीतप्रायश्चित्तव-
देकाहेऽहीने च कुर्यादिति कुर्यादिति ॥ २२

इति बोधायनीयपितृमेधसूत्रे द्वितीयप्रश्ने

सप्तमः खण्डः.

अथ द्विजातीनां पापकर्मणामज्ञातमृतनां मुख्यमेव शरीर-
संस्कारं कुर्वन्ति । तदानीमेव प्रायश्चित्तं कुर्वन्ति ॥ १

सर्पदष्टमृतानां 'नमो अस्तु सर्पेभ्यः' इति तिस्र आहु-
तीर्जुहुयात् ॥ २

जले मृतानां 'इमं मे वरुण, तत्त्वा यामि' इति द्वा-
भ्याम् ॥ ३

समुद्रे मृतानां 'समुद्राय वयुनाय' इत्यृचा ॥ ४

पश्वादिभ्यो मृतानां 'आ गावः, इन्द्रो यज्वने' इति
द्वाभ्याम् ॥ ५

अशनिपातमृतानां 'अग्निर्मूर्धा, भुवः' इति द्वाभ्याम् ।
'मूर्धानं दिवः' इत्येतया वा ॥ ६

अथ सूतिकाया उदक्यायाः आशौचिनां वा मरणे आ-
शौचकालेऽतीते वा तावत्कालं शरीररक्षणाशक्तौ मृद्भस्ममिश्रि-
तेन पञ्चगव्येन गोमूत्रेण वा कुशैः प्रोक्षति । सुरभिमत्याऽब्लि-
ङ्गाभिर्वारुणीभिर्हिरण्यवर्णाभिः पावमानीभिर्व्याहृतीभिरिति ॥

शतरुद्रियेण 'अग्निर्मूर्धा' इत्यनुवाकेन चेत्येके ॥ ८

अथान्येन वाससाऽऽच्छाद्य विधिना दहेत् ॥ ९

अथानाहिताग्नेरौपासनं सायमुपक्रमं प्रातरपवर्गमित्यादि
समानं भवति ॥ १०

अथ यद्यार्तस्स्यादौपासनं विच्छिद्येत द्वादशाहादूर्ध्वमार्ष्टिं
वा कर्तुमशक्तः आज्यं संस्कृत्य चतुर्गृहीतेनाज्येन यावदाम्नात-
माज्याहुतीर्जुहोति ॥ ११

इति बोधायनीयपितृमेधसूत्रे
अष्टमः खण्डः

---

* अथैकोद्दिष्टेष्वादित एव प्राचीनावीतं कृत्वा दक्षिणा-
प्रत्यक्प्रवणं स्थण्डिलं कृत्वा सकृदुल्लिख्याद्भिरभ्युक्ष्याग्निं प्रति-
ष्ठाप्य परिस्तृणाति—पुरस्ताद्दक्षिणाग्रानुत्तरतः प्रागग्रान् प-
श्चाद्दक्षिणाग्रान् दक्षिणतः प्रागग्रानुत्तरानुत्तरान् दक्षिणान-
धरान् ॥ १

*एतन्नवमखण्डमारभ्य चत्वारः खण्डाः क. पुस्तकमात्रे वर्तन्ते.

दक्षिणेनाग्निं दक्षिणाग्रान् दर्भान् संस्तीर्य तेष्वेकैकशो न्यञ्चि पात्राणि संसादयति—अथाज्यस्थालीं स्रुवमौदुम्बरं दर्वीं तिलोदकपात्रं प्रोक्षणीपात्रमुद्धरणीयं पात्रमिति ॥ २

तूष्णीं संस्कृताभिरद्भिरुत्तानानि पात्राणि कृत्वा प्रोक्ष्य सिद्धमोदनं सविशेषमानीय दक्षिणतो निधाय नात्रापूपमथाज्यं निर्वपति ॥ ३

दक्षिणतो भस्ममिश्रानङ्गारान्निरूह्य तेष्वधिश्रित्याभिद्योतनेनाभिद्योत्य दर्भाग्रं प्रत्यस्य पुनरभिद्योत्य सिद्धमोदनं सहापसलैः पर्यग्निकृत्वा स्रुवं च दर्वीं च सम्मृज्य सविशेषमोदनं प्रतिष्ठितमभिघारयति ॥ ४

पवित्रं कृत्वा तिलोदकपात्रे निधायाप आनयन्नाह—

'आम आगच्छतु प्रेतो देवयानान् समुद्रान् सलिलान् सवर्णानस्मिन् यज्ञे सर्वकामं लभतेऽक्षीयमाणामुपदुह्यतामिमां प्रेताय वो गृह्णामि' इति पुंसाम् । 'प्रेता देवयानान्....प्रेतायै वो गृह्णामि' इति स्त्रीणाम् ॥ ५

अपोद्धृत्य पवित्रं तिलानावपति—'तिलोसि सोमदेवत्यो गोसवो देवनिर्मितः । प्रत्नवाद्भिः प्रत्नयेहि प्रेतामिमान् लोकान् प्रीणयाहि नः' इति पुंसाम् । 'प्रेताम्' इति स्त्रीणाम् ॥ ६

अथ तिरः पवित्रं मध्वानयति—'मधु वाता ऋतायते' इति तिसृभिरनुच्छन्दसम् ॥ ७

अथैनत्सर्वाभिरङ्गुलीभिस्समुदायुत्याभिमृशति—'सोमस्य त्विषिरसि तवेव मे त्विषिर्भूयादमृतमसि मृत्योर्मा पाहि दिद्योन्मा पाहि' इति ॥ ८

तस्मिंश्चित्किञ्चिदापतितं स्यात्तदङ्गुष्ठेन च महानाम्न्या चोपसङ्गृह्येमां दिशं निरस्यति—'अवेष्टा दन्दशूका निरस्तं नमुचेश्शिरः' इति ॥ ९

अथाप उपस्पृश्य पुनरेवाभिमृशति—'शं नो देवीरभिष्टये । आपो भवन्तु पीतये । शंयोरभिस्रवन्तु नः' इति ॥

अथैनद्गन्धपुष्पैरभ्यर्च्य दक्षिणाग्रैर्दर्भैः प्रतिच्छाद्य भोजनस्थानेष्वासनेषु च तिलान् सिकताश्च संप्रकिरति—'अपहता असुरा रक्षाꣳसि पिशाचा ये क्षयन्ति पृथिवीमनु । अन्यत्रेतो गच्छन्तु यत्रास्य गतं मनः' इति पुंसाम् । 'यत्रास्या गतं मनः' इति स्त्रीणाम् ॥ ११

अथैनदद्भिरवोक्षति—'उदीतामवर उत्पर उन्मध्यमः प्रेतस्सोम्यः । असुं य इयायावृक ऋतज्ञस्स नोऽवतु प्रेतो हवेषु' इति पुंसाम् 'उदीतामवरोत्परोन्मध्यमा प्रेता सोम्या । असुं येयायावृकर्तज्ञा सा नोऽवतु प्रेता हवेषु' इति स्त्रीणाम् ॥

अत प्रेतमावाहयति—'आयाहि प्रेत सोम्य गम्भीरैः पथिभिः पूर्व्यैः । प्रजासस्यभ्यं ददद्रयिं च दीर्घायुत्वं च शतशारदं च' इति पुंसाम् । 'आयाहि प्रेते सोम्ये गम्भीरैः

पथिभिः पूर्व्यैः । प्रजामस्मभ्यं ददती रयिं च दीर्घायुत्वं च शतशारदं च' इति स्त्रीणाम् ॥ १३

अथ ब्राह्मणानाहूय सुप्रक्षालितपाणिपादानप आचमय्य सदर्भोपक्लृप्तेष्वासनेषूपवेश्य तेषां सपवित्रेषु पाणिषु तिलोदकं ददाति—'अमुष्मै तृप्तिरस्तु' इति 'अस्तु तृप्तिः' इतीतरेषां प्रतिवचनम् ॥ १४

अथैनान् वस्त्रगन्धपुष्पमाल्यैस्संपूज्य शुद्धोदकं दत्वा पूर्ववत्तिलोदकम् ॥ १५

अथैनान् पृच्छति—'करिष्यामि' इति । 'कुरुष्व' इतीतरे प्रत्याहुः ॥ १६

अथाभ्यनुज्ञातो दर्व्यामुपस्तीर्य सर्वस्मात्सकृत्सकृत्समवदायाभिघार्य दक्षिणतो भस्ममिश्रानङ्गारान्निरूह्य तेषु जुहुयात्—'प्रेतायामुष्मै यमाय च स्वाहा' इति । तद्धुतमहुतं च भवति ॥ १७

अथैतानि ब्राह्मणेभ्य उपनिक्षिप्य दक्षिणाग्रेषु दर्भेषु सादयित्वा दर्भैः प्रतिच्छाद्याभिमृशति—'पृथिवी ते पात्रं द्यौर पिधानं ब्राह्मणस्य त्वा विद्यावतः प्राणापानयोर्जुहोम्यक्षितमसि मा प्रेतस्य क्षेष्ठा अमुत्रामुष्मिन् लोके' इति ॥ १८

अथैतानि ब्राह्मणेभ्य उपनिक्षिप्य ब्राह्मणस्याङ्गुष्ठेनानखेनानुदिशति—'अमुष्मा उपतिष्ठतु' इति । भुञ्जानान् समी-

क्षते—'प्राणे निविष्टोऽमृतं जुहोमि' इति पञ्च 'ब्रह्मणि म आत्माऽमृतत्वाय' इत्यात्मानम् । न चात ऊर्ध्वं निरीक्षते ॥

तृप्तानप आचमयथ 'स्वादितमुच्यताम्' इति 'अस्तु स्वदितम्' इतीतरेषां प्रतिवचनम् ॥ २०

पूर्ववत्तिलोदकं दत्वाऽऽशयेष्वन्नशेषैः पिण्डान् ददाति— 'अमुष्मा उपतिष्ठतु' इति सक्षाळनेनापसव्यं 'तृप्यस्व' इति परिषिच्य दक्षिणां दत्वाऽक्षय्यं वाचयित्वा यज्ञोपवीत्य-भिवादनं कृत्वा उत्थाप्य प्रसाद्य संसाद्य प्रदक्षिणीकृत्य शेषमनुज्ञाप्यैतेनैव यथेतमेसान्नशेषान्निवेदयते । यथाब्रूयुस्तथा कुर्यात् । तृतीये पक्षे द्वितीयम् । सन्ततमेकैकेनैकादश मासान्न-यन्ति । न द्वादशमासमभ्यारोहन्ति ॥ २१

इति बोधायनपितृमेधे द्वितीयप्रश्ने

नवमः खण्डः.

अथैकोद्दिष्टे प्राप्ते विप्राभावे द्रव्याभावे वा कथमत्र कुर्यादिति ! । द्वात्रिंशत्कबळेन सघृतपायसेनाग्नावेव कुर्यादिति विज्ञायते ॥ १

अथ कर्ता स्नात्वा शुचौ देशे ब्राह्मणानाहूयानुज्ञाप्य पूर्ववत्प्रेतावाहनान्तं कृत्वाऽग्निं प्रेताकारं ध्यात्वाऽऽसनं पाद्य-माचमनीयं तिलोदकं चाग्निसमीपे दक्षिणतो दत्वाऽथ तिलग-

न्धपुष्पमाल्यैरग्निमभ्यर्च्य तथा तिलोदकम् । अथ ब्राह्मणैरनुज्ञातोऽग्निं परिषिच्य व्याहृतीभिर्हुत्वा प्रेताहुतिं जुहुयात् । तस्मिन् हविषि मुष्टिप्रमाणं घृततिलमिश्रमुपस्तीर्णाभिघारितं द्वात्रिंशत्कबळं दर्व्या जुहोति—'यमाय सोमं, यमाय घृतवत्' इति द्वाभ्याम् ॥ २

अथ दर्वीं प्रहृत्याभिहुत्य तिलोदकं चरुशेषेण पिण्डं च दत्वा तिलोदकपात्रमानीय 'तृप्तिरस्तु' इति परिषिच्यापसव्यमथ ब्रह्मसमूहमग्निं च प्रदक्षिणीकृत्य यथाशक्ति दक्षिणां दत्वा 'प्रेततृप्तिरस्तु' इति वाचयित्वाऽऽशिषो वाचयित्वाऽथ व्याहृतीभिर्हुत्वा दर्भान् प्रहृत्याग्निं परिषिच्य पिण्डमप्सु प्रक्षिप्य स्नात्वा पुण्याहं वाचयित्वा प्रोक्षति ॥ ३

अथाप्युदाहरन्ति—

आद्यश्राद्धे तु संप्राप्ते विप्राभावे कथं भवेत् ।
द्रव्याभावे तु कुर्वीत चरुणा पायसेन तु ॥ ४

अग्नौ हुत्वा यमायेति द्वाभ्यां द्वात्रिंशदाहुतीः ।
प्रेतस्तृप्तिमवाप्नोति पुण्यलोके महीयते । इति ॥ ५

अथ नवश्राद्धं विच्छिद्येतैतस्मिन्नहि कुर्यात् अथाप्युदाहरन्ति—चतुर्थे पञ्चमे चैव नवमैकादशेऽहनि ।
यदत्र दीयते जन्तोस्तन्नवश्राद्धमुच्यते ॥ ६

एकोद्दिष्टे नवश्राद्धे यदि विघ्नः प्रवर्तते ।
तिथिवारादिभिः कुर्यात्प्राप्तमेकादशेऽहनि ॥ इति ॥ ७

इति बोधायनीयपितृमेधसूत्रे द्वितीयप्रश्ने
दशमः खण्डः.

'संवत्सरे सपिण्डीकरणं साग्नौकरणम्' इति तत्पुरस्ताद्व्याख्यातमेतावदेव नाना ॥ १

द्वे स्थण्डिले करोति दक्षिणतश्चोत्तरतश्च दक्षिणतो मासिश्राद्धवदुत्तरत एकोद्दिष्टवत् । दक्षितोऽथ देवयजनोल्लेखनप्रभृत्या प्रणीताभ्यः कृत्वा विश्वेभ्यो देवेभ्यो ब्राह्मणावुपवेश्य गन्धपुष्पधूपदीपैरभ्यर्च्य वैश्वदेवेन चरुणाऽनुदिश्य 'विश्वेभ्यो देवेभ्यस्स्वाहा' इत्यथ प्राचीनावीतं कृत्वा पूर्ववत्तिलोदकं संयुज्याथोत्तरत उल्लेखनप्रभृत्या परिषेचनात्कृत्वा पवित्रं कृत्वा तिलोदकपात्रे निधायाप आनयन्नाह—'आम आगच्छतु प्रेतो देवयानान्समुद्रान्सलिलान्सवर्णान् । अस्मिन् यज्ञे सर्वकामं लभतेऽक्षीयमाणमुपदुह्यतामिमाम् । प्रेताय वो गृह्णामि' इति पुंसाम् । 'प्रेता देवयानान....प्रेतायै वो गृह्णामि' इति स्त्रीणाम् ॥ २

अपोद्धृत्य पवित्रं तिलानावपति—'तिलोसि सोमदेवत्यो गोसवो देवनिर्मितः । प्रत्नवाद्भिः प्रत्नस्वधयेहि प्रेत-

भिमान् लोकान् प्रीणयाहि नः स्वधा नमः' इति पुंसाम्। 'प्रेताम्' इति स्त्रीणाम्। स्वधाशब्दो नमस्कारशब्दो नमस्काराभिधेयत्वात् ॥ ३

मध्वानयनप्रभृति समानमा प्रेतावाहनात् ॥ ४

दक्षिणस्य पितॄणामावाहनप्रभृति तिलोदकदानान्तं कृत्वाऽथोत्तरस्य 'अमुष्मै स्वधानमः' इति तथाऽलङ्कृत्य ददाति। 'अग्नौ करिष्यामि' इति 'कुरुष्व' इतीतरे प्रत्याहुः ॥ ५

अथाभ्यनुज्ञातः परिधानप्रभृत्याऽन्नाभिमर्शनात्कृत्वाऽथोत्तरस्य परिषेकं कृत्वा व्याहृतीभिर्हुत्वा दर्व्यामुपस्तीर्य सर्वस्मात्सकृत्सकृदवदायाभिघार्य दक्षिणतो भस्मामिश्रानङ्गारान्निरूह्य तेषु जुहुयात्—'प्रेतायामुष्मै यमाय च स्वधा नमस्स्वाहा, अग्नये कव्यवाहनाय स्विष्टकृते स्वधा नमस्स्वाहा' इति दक्षिणार्धपूर्वार्धे ॥ ६

अथौदनं पात्रेषूद्धृत्य दर्भेषु सादयित्वा दर्भैः प्रतिच्छाद्याभिमृशति—'पृथिवी ते पात्रं द्यौरपिधानं ब्राह्मणस्य त्वा विद्यावतः प्राणापानयोर्जुहोम्यक्षितमसि मा प्रेतस्य क्षेष्ठा अमुत्रामुष्मिन् लोके' इत्यभिमृश्य निधायाथ दक्षिणस्य ब्राह्मणानामङ्गुष्ठेनानखेनानुदिशति—'अमुष्मै स्वधानमोऽमुष्मै स्वधा नमः' इति ॥ ७

अथोत्तरस्य तन्मन्त्रेणानुमन्त्रणं परिषेचनादि तत्राभिश्रावणान्तं कृत्वा तृप्तानप आचमय्याशयेष्वन्नशेषान् संप्रकीर्य

संक्षाळनेनावकीर्य दक्षिणां दत्वाऽक्षय्यं वाचयित्वा यज्ञोपवीत्यभिवादनं कृत्वाऽथोत्तरस्याशयेषूपलिप्य दक्षिणाग्रान् दर्भान् संस्तीर्य तेष्वन्नशेषैः ददाति—'अमुष्मा उपातिष्ठतु' इति संक्षाळनेनापसव्यं 'तृप्यस्व' इति परिषिच्य दक्षिणां दत्वाऽक्षय्यं वाचयित्वाऽभिवाद्य स्वधां वाचयित्वोत्थाप्य प्रसाद्य संसाद्य प्रदक्षिणीकृत्य शेषमनुज्ञाप्यैतेनैव यथेतमेत्याथोत्तरे व्याहृतीर्हुत्वा दर्भान् प्रहृत्य परिषिच्य दक्षिणे चतुर्विंशतिपिण्डान् दत्वा प्रेतपात्रं पितृपात्रेषु निनयेत्—मधुमतीभिः, 'संगच्छध्वम्' इति द्वाभ्याम्। प्रेतपिण्डं पितृपिण्डेषु निदध्यात्—'समानो मन्त्रस्समितिः, समानीव आकूतिः' इति द्वाभ्याम् ॥ ८

अथैनानुपतिष्ठते—'ये समानाः' 'ये सजाताः' इति द्वाभ्याम् ॥ ९

संक्षाळनप्रभृति सिद्धमत ऊर्ध्वम् ॥ १०

इति बोधायनीयपितृमेधसूत्रे द्वितीयप्रश्ने
एकादशः खण्डः,

संवत्सरे सपिण्डीकरणमेकादशे मासि षष्ठे चतुर्थे द्वादशेऽह्नि वा ॥ १

पितृणामावाहनं सव्यस्य पाणेरङ्गुष्ठोपकनिष्ठिकया चाङ्गुल्या चारभ्य पृथिवीं जपेत्। 'ये पार्थिवासः पितरो ये अन्त-

रिक्षे ये दिवि ये वा मृता बभूवुः । ते अस्मिन् यज्ञे समवयन्ताम्' इति । चत्वारि पात्राणि तिलमिश्रगन्धोदकेन पूरयित्वा एकं प्रेतस्य त्रीणि पितॄणामेकमथवाऽथ प्रेतपात्रं पितृपात्रेषु निनयेत्—मधुमतीभिः, 'सङ्गच्छध्वम्' इति द्वाभ्याम् । प्रेत-पिण्डं पितृपिण्डेषु निदध्यात्—'समानो मन्त्रः, समानी व आकूतिः' इति द्वाभ्याम् ॥ २

अथैनानुपतिष्ठते—'ये समानाः, ये सजाताः' इति द्वाभ्याम् ॥ ३

पिण्डानुपस्थायैकं वा पितृपात्रं 'असौ पितृभिः पितामहैः प्रपितामहैस्सहैतत्ते तिलोदकम्' इति तिलोदकप्रदानं नेह रणमन्नप्रदाने यथार्थमूहेदास्वादनेष्वाशयेष्वेव ॥ ४

सपिण्डो व्याख्यातः ॥ ५

इति बोधयनीयपितृमेधसूत्रे द्वितीयप्रश्ने
द्वादशः खण्डः.

संवत्सरे सपिण्डीकरणमेकादशे । संवत्सरं सपिण्डीकरणम् । अथैकोद्दिष्टे प्राप्ते । अथैकोद्दिष्टेषु । अथ द्विजातीनाम् । यद्येवं कृतेऽग्निभिर्यजमानः । अथ यदि परोक्षप्रेतस्य । अथ यदि नष्टाग्निः । इयं नारी । यथो एतद्धविर्यज्ञियं निवपनम् । अथ वै भवति । यथो एतदाहिताग्नेः ॥ १२

यथो एतदाहिताग्नेः । अथ वै भवति । यथो एतद्धाविर्य-
ग्नियम् । इयं नारी । अथ यदि नष्टाग्निः । अथ यदि परोक्षग्ने
तस्य । यद्येवं कृतेऽग्निभिर्यजमानः । अथ द्विजातीनाम् । अथै-
कोद्दिष्टेषु । अथैकोद्दिष्टे प्राप्ते । संवत्सरे सपिण्डीकरणम् ।
संवत्सरे सपिण्डीकरणमेकादशे ॥ १२

इति बोधायनीयपितृमेधसूत्रे द्वितीयप्रश्नः.

अथ तृतीयप्रश्नः.

अथातो द्विजातीनां दहनकल्पं व्याख्यास्यामः १

जातस्य वै मनुष्यस्य ध्रुवं मरणमिति विजानीयात्तस्माज्जाते न
प्रहृष्येन्मृते च न विषीदेत् ॥ २

अकस्मादागतं भूतमकस्मादेव गच्छति ।
तस्माज्जातं मृतं चैव संपश्यन्ति सुचेतसः ॥ इति॥ ३

तस्माज्जातस्य वै मनुष्यस्य द्वौ संस्कारावृणभूतौ भवतः
जातसंस्कारः मृतसंस्कारश्चेति । विज्ञायते—'जातसंस्कारेणे-
मं लोकमभिजयति मृतसंस्कारेणामुं लोकम्' ॥ ४

तस्मान्मातरं पितरमाचार्यं पत्निं पुत्रं शिष्यमन्तेवा-
सिनं पितृव्यं मातुलं सगोत्रमसगोत्रं वा दायमुपयच्छेद्दह-
नसंस्कारेण संस्कुर्वन्ति ॥ ५

त एव शवभर्तारोऽन्ये समानगोत्रा वा ॥ ६

राजन्यस्य पुरोहितः सहस्रदक्षिणो ब्राह्मणः ॥ ७

वैश्यस्य सप्तगुना वा ॥ ८

अथाहिताग्निमग्निभिर्दहन्ति यज्ञपात्रैश्च ॥ ९

गृहस्थमौपासनेन ॥ १०

ब्रह्मचारिणं कपालसंतपनाग्निना ॥ ११

उत्तपनीयेनेतरान् ॥ १२

एवं स्त्रियम् ॥ १३

अथ यद्याहिताग्निर्भवति पौर्णमासेन हविषेष्ट्वा सायं हुत्वा वा प्रमीयेताथ गार्हपत्य आज्यं विलाप्योत्पूय स्रुक्स्रुवं निष्टप्य संमृज्य स्रुचि चतुर्गृहीतं गृहीत्वोत्तरतो दक्षिणामुख उपाविश्य गार्हपत्ये जुहोति—'मृत्योराधिष्ठानाय स्वाहा' इति॥

एवमेव प्रह्वोऽन्वाहार्यपचने तिष्ठन्नाहवनीये ॥ १५

दक्षिणतस्सकृदतिवाल्य वेद्यै दक्षिणेंऽसे दक्षिणाग्रं स्रुचं निधाय प्राचीनावीतं कृत्वा दक्षिणोत्तानेन पाणिना दक्षिणतस्स्रुचं संमार्ष्टि—'पितृभ्यस्त्वा मृत्युं जिन्व' इति वा। तूष्णीं वा ॥ १६

अथाप उपस्पृश्याञ्जल्या सकृत्प्राश्याप आचम्य निर्णिज्य स्रुचं निष्टप्याद्भिः पूरयित्वा प्रेतस्य प्राणस्थानेषु निनीय यथायतनं* स्रुचं विमुञ्चति—'सैत्र ततः प्रायश्चित्तिः' इति ब्राह्मणम् ॥ १७

*यथायथं.

अथैनं मरणसंशये यजमानायतने सिकतास्संप्रकीर्य दक्षिणाग्रान् दर्भान् संस्तीर्य तेषु दक्षिणाशिरसमेनं निपात्य दक्षिणे कर्णे जपति—'आयुषः प्राणं संतनु' इत्येतमनुवाकम् ॥ १८

'संज्ञानं विज्ञानम्' इति षोडशानुवाकानेवमुत्तरे ॥ १९

अथ प्राणेषूत्क्रान्तेषु हिरण्यशकलमास्ये निधायाध्वर्युरुपकल्पयते—सर्वौषधं चोदकुम्भं चाहतं च वासस्समूलं बर्हिर्हिरण्यं च हिरण्यशकलांश्च गां रोहिणीं परशुमश्मानं चोर्णासूत्रमौदुम्बरं तल्पमौदुम्बरीं शाखां दधिमधुघृतमिति तिलतण्डुलांश्च याज्ञिकानि च काष्ठानि च स्पन्द्यां शङ्कूनित्येतेऽस्य सम्भारा उपक्लृप्ता भवन्ति ॥ २०

अथैषा पत्नी केशान् विस्रस्याार्द्रेरेनं स्नापयति भ्राता पुत्रो वा तूष्णीम् ॥ २१

इति बोधायनीयपितृमेधसूत्रे तृतीयप्रश्ने
प्रथमः खण्डः.

अथाध्वर्युः प्राचीनावीती सर्वौषधेनोदकुम्भं पूरयित्वा तेन दशहोत्रा पत्तोऽग्रं स्नापयति—'चित्तिस्स्रुक्' इत्येतेनानुवाकेन ॥ १

अथ ग्राम्येणालङ्कारेणालंकृत्य शिरस्तो नळदमालामाबद्ध्यौदुम्बरं तल्पं समारोप्याङ्गुष्ठबन्धं करोति ॥ २

अथैनमहतेनोदीचीनदशेन वाससा समुखं प्रच्छाद्य भ-
र्तारो ग्रामादुपनिष्क्रम्याग्निभिस्सह यज्ञायुधानि च संभारांश्च
तस्याग्रेण संभारान् दक्षिणतः पात्राणि पश्चादग्निमिति नि
धायापसलैः परिस्तीर्य तं बान्धवास्सिग्वातेनोपवीजयन्तास्त्रिर-
पसव्यं परियन्ति—'वातास्ते वान्तु पाथि पुण्यगन्धाः मन-
श्शुभा गात्रशुभा अनुलोमाः। त्वचस्सुखा मांससुखा अस्थि-
सौख्या वहन्तु त्वा मरुतस्सुकृतां यत्र लोकाः' इति ॥ ३

यथेतं त्रिः पुनः परियन्ति ॥ ४

एवं पाथि चितायाम् ॥ ५

चितायामित्येके ॥ ६

श्मशानं नीत्वा दहनं जोषयते ॥ ७

तस्य दक्षिणाप्रत्यक्प्रवणमनिरिणमभङ्गुरमसुषिरमवल्मीक-
मजागर्तिबहुलौषधि गोचर्ममात्रं स्थण्डिलं भवति ब्राह्मणस्य
धनुष्कोटिमात्रं राजन्यस्य रथचक्रमात्रं वैश्यस्य विमाय श-
ङ्कुभिः परिणिहत्य समन्तं स्पन्द्यया परितनोति ॥ ८

अथैनं मध्ये शकलेनोद्धत्यावोक्ष्य औदुम्बर्या शाखया
पलाशशाखया शमीशाखया वा संमार्ष्टि—'अपेत वीत वि
च सर्पत' इति। दक्षिणतश्शाखां निरस्याद्भिरवोक्षति—'अ-
दादिदं यमोऽवसानं पृथिव्या अक्रन्निमं पितरो लोकमस्मै'
इति। हिरण्यशकलमवदधाति—'अपसर्पत प्रेता ये के चेह
पूर्वजास्स्वस्ति नः कुरुत माऽश्रुपातः पुनरागमिष्यामहे' इति ॥ ९

स्फ्येन वा परशुना वा दक्षिणापवर्गास्तिस्रः कर्षूः खात्वा तिलतण्डुलानां मुष्टिं पूरयित्वा—'यमाय दहनपतये पितृभ्यस्स्वधा नमः' इति प्रथमायां निवपति। 'कालाय दहनपतये पितृभ्यः स्वधा नमः' इति द्वितीयायां 'मृत्यवे दहनपतये पितृभ्यस्स्वधानमः' इति तृतीयायाम्॥ १०

प्रथमेनैव मन्त्रेण तिसृषु निवपतीत्येके॥ ११

अथावशिष्टांस्तिलतण्डुलान् सर्वतस्त्रिरपसव्यं* प्रकिराति॥

इति बोधायनीयपितृमेधसूत्रे तृतीयप्रश्ने द्वितीयः खण्डः.

'यथा पिता पुत्रं पश्यति सखा वा सखिमागतम्।
एवमिमं पूर्वसंक्लिन्नाः† प्रेताः पश्यत माऽन्यथा' इति दक्षिणाग्रान् दर्भान् संस्तीर्य तेषु दक्षिणाग्रैर्याज्ञिकैः काष्ठैश्चितां कल्पयित्वा चितायां दक्षिणाग्रेषु दर्भेषु कृष्णाजिनं दक्षिणाग्रीवमधरलोमास्तृणाति॥ १

तस्मिन् दक्षिणाशिरसमुत्तानं प्रेतं निधायापसलैः परिस्तीर्य चितामूर्णासूत्रेणापसलैः परिवेष्टयति॥ २

तमग्निमपसलैः परिस्तृणाति॥ ३

दक्षिणेनाग्निं दक्षिणाग्रान् दर्भान् संस्तीर्य तेष्वेकैकशो न्यञ्चि पात्राणि सादयित्वा तूष्णीं संस्कृताभिरद्भिरु-

* ख. त्रिः प्रसव्यं. † संक्लिन्नं.

त्तानानि पात्राणि कृत्वा प्रेतं पात्राणि दारुचितौ च प्रो
क्ष्याज्यं संस्कृत्य स्रुक्स्रुवं निष्टप्य संमृज्य स्रुचि चतुर्गृहीतं
गृहीत्वा व्याहृतीर्जुहोति ॥ ४

अथास्य सप्तप्राणायतनेषु सप्तहिरण्यशकलान् प्रत्यस्य-
त्यास्ये नासिकयोरक्ष्णोः कर्णयोरिति ॥ ५

अलाभे आज्यबिन्दून्वा ॥ ६

मुखे प्रथममाज्यमानीय दधि मधु घृतमिति तिलत-
ण्डुलांश्च समुदायुत्यास्ये निवपति ॥ ७

अथ दशहोतारमेवाग्रे नासिकयोर्द्विर्जपेत् ॥ ८

'आसीत्' इति सर्वेषु होतृपदेष्वनुषजत्यन्यत्र षड्ढोतृ-
पदेभ्यः । 'आस्ताम्' इति द्वित्ववाचिषु ॥ ९

चतुर्होतारं मुखे । अक्षिकटकयोर्द्विःपञ्चहोतारम् । क-
र्णयोर्द्विष होतारम् । कीकसासु द्विस्सप्तहोतारमिति ॥ १०

अथ स्रुक्षु ग्रहान् गृह्णाति—तूष्णीं चतुर्जुह्वां घृतं चतुर
एव दध्युपभृति ध्रुवायां मध्वानीय सकृद्दधि च द्विर्घृतं च-
तुस्सम्पादयति चतुर एव पयोऽग्निहोत्रहवण्याम् । अपि
वाऽऽज्यमेव सर्वासु ॥ ११

अत्र पात्राण्युपचिनोति—तस्य दक्षिणहस्ते स्फ्यं जुहूं
च सादयति सव्य उपभृतं पृषदाज्यग्रहणीं चोरसि ध्रुवाम
रणी च मुखेऽग्निहोत्रहवणीमेरकां च नासिकयोस्स्रुवावाग्निहो-

त्रिकं पैतृयज्ञिकं चाक्ष्णोर्हिरण्यशकलावाज्यस्रुवावाश्विनकपाले च कर्णयोः प्राशित्रहरणं भित्त्वोर्वोरुलूखलमुसले दत्सु ग्राव्णो यदि ग्रावाणो भवन्ति शिरसि कपालान्युपबर्हणं च ललाट एककपालमुदरे पिष्टोर्ध्वपनीं* नाभ्यामाज्यस्थालीं जघनेन दारुपात्रीं पार्श्वयोश्शूर्पं छित्वा वंक्षणयोस्सान्नाय्यकुम्भ्यौ यदि सन्नयन् भवत्यण्डयोर्दृषदुपले शिश्ने वृषारवं शम्यां च पृष्ठयोरग्निहोत्रस्थालीमन्वाहार्यस्थालीं च पत्त उपावहरणीयं† कूर्चं शिरस्त उपसादनीयं वेदं शिलायामिडापात्रं च प्रणीताप्रणयनं च ॥ १२

इति बोधायनीयपितृमेघसूत्रे तृतीयप्रश्ने
तृतीयः खण्डः.

'इममग्ने चमसम्' इति चमसमवशिष्टानि पत्नीसन्नहनानि स्रुचोऽथेतराणि सर्वाणि सन्नह्य चान्तरेण सक्थिनी निवपति ॥ १

तं बान्धवास्स्रग्वातेनोपवीजयन्ति ॥ २

अथ पत्न्युदकुम्भमादाय शीर्षन्नधिनिधाय त्रिरपसलैः परिषिञ्चति ॥ ३

तमश्मना परशुना वा किञ्चिदधस्तात् प्रहरति । तां धारामनुमन्त्रयते—'इमा आपो मधुमत्योऽस्मिंस्ते लोक उपदुह्यन्ताम्' इति ॥ ४

---

* ख. पिष्टसंवपनीं. † उपबर्हणीयां.

द्वितीयं परिगतायां प्रहरति। तां धारामनुमन्त्रयते—
'इमा धारा मधुमत्योऽन्तरिक्षे ते लोक उपदुह्यन्ताम्' इति॥ ५

तृतीयं परिगतायां प्रहरति। तां धारामनुमन्त्रयते—
'इमा आपो मधुमत्यस्स्वर्गे ते लोके उपदुह्यन्ताम्' इति॥ ६

अथाध्वर्युर्वा कुम्भं भिनत्ति—'यदि पुरस्तात्पतति
पापीयान् भवति यदि पश्चात्पतति वसीयान् भवति' इति
ब्राह्मणम्॥ ७

अत्रैवोपसीदति आर्द्रानोषधिवनस्पतीनारभ्योपोत्थाय
कपालशेषा अपः प्रेतस्य प्राणस्थानेषु निनयति—'दिवि
जाताः' इति॥ ८

गां पश्यति। ब्राह्मणान् पश्यति। हिरण्यमालभते। अत्र
गुरवे वरं ददाति॥ ९

अथैनमहतेनोदीचीनदशेन वाससा कृष्णाजिनेन वा
दक्षिणाग्रीवेणोत्तरलोम्ना प्रोर्णोति॥ १०

अङ्गुष्ठबन्धं विस्रस्याथाग्नीनादीपयति—'भूः पृथिवीं गच्छतु' इति वायव्यां गार्हपत्यं 'भुवोऽन्तरिक्षं गच्छतु' इति नैरृत्यामन्वाहार्यपचनं 'सुवर्दिवं गच्छतु' इत्यैन्द्र्या। *

* इत्याग्नेय्या.

माहवनीयं पुरस्तात् सभ्यावसथ्यौ तूष्णीं वायव्यमेवोत्तरे-
ष्वग्निषु ॥ ११

अथ संभारैश्च पत्नीभिश्चोपोषेत् ॥ १२

ग्रहैः ऋतुमुखीयेन 'ब्राह्मण एकहोता' इति चोप-
स्थानम् ॥ १३

सुसमिद्धेष्वग्निषु तं घर्ममनुमन्त्रयते—'यं घर्मो अग्नि
मभिजिहर्ति होमान् यां गतिं यान्ति युधि युद्धशूरास्सुगतिनः
अग्निहोत्रानिष्ठास्तनुत्यजो मोक्षविदो मनीषिणो विधूतपापा
विरजा विशोकास्तान् लोकान् गच्छ सुगतिं नाकपृष्ठं स्व-
धा नमः' इति ॥ १४

यद्यु वाऽनाहिताग्निर्भवति तं घर्ममनुमन्त्रयते—'यं घर्मो
अग्निमभिजिहर्ति होमान् यां गतिं यान्ति वै युधि युद्धशू-
रास्तनुत्यजो मोक्षविदो मनीषिणो विधूतपापा विरजा वि-
शोकास्तान् लोकान् सुगतिं नाकपृष्ठं स्वधा नमः' इति ॥

अथाप्रतीक्षास्तीर्थमायान्ति । तान् गोत्रमैथुनो राजपु-
रुषो वा वारयति पर्णशाखायामवतरतेति । 'न पुनःपुनरा-
गमिष्यामहे' इत्युक्त्वा केशानोप्यातुरव्यञ्जनानि कुर्वीरन् ।
पांसूनोप्यैकैकवाससो दक्षिणामुखास्सकृदुन्मज्ज्योत्तीर्योपविश-
न्ति ॥ १६

बद्धशिखा यज्ञोपवीतिनोऽप आचम्य प्राचीनावीतं कृ-
त्वा दक्षिणाग्रान् दर्भान् संस्तीर्य तेषु दूर्वाञ्जलिनोदकमा-

दाय सव्यं जानुं निपात्य दक्षिणामुखास्तिलमिश्रा अपस्तं
प्रति 'असावेतत्त उदकम्' इति ॥ १७

एवं द्वितीयं तृतीयं च कृत्वा स्नात्वाऽप आचम्य
'सं त्वा सिञ्चामि यजुषा' इति शान्तिं कृत्वा ज्योति
ष्मत्याऽऽदित्यमुपतिष्ठते—'उद्वयं तमसस्परि' इति ॥ १८

अथाप्रतीक्षा कनिष्ठप्रथमा ग्राममायान्ति ॥ १९

गृहद्वारे निम्बपत्रं प्राश्याप आचम्य गोशकृत्सुवर्णा-
पोऽग्निगौरसर्षपान् संस्पृश्याश्मानि तिष्ठन्तीत्येके ॥ २०

यत्र च प्रेतस्य प्राणा उत्क्रान्ता भवन्ति तत्रोद-
कमिश्रांस्तिलतण्डुलान् संप्रकिरन्ति–'स्वस्त्यस्तु वो*गृहाणाम-
शेषे शिवं वास्त्वास्ताम्' इति ज्योतिष्कृत्वाऽगारं प्रविशन्ति ।

एकरात्रमुपोष्य तेषामक्षारलवणभोजनमधश्शयनं ब्रह्म
चर्यं चा दशरात्रात् सायंप्रातस्तूष्णीमुपलेषु पिण्डं निवृ†-
णुयात् सायंप्रातस्सकृदुदकक्रिया ॥ २२

अथैषा पत्नी नाश्नीयात् पक्वान्नस्य ॥ २३

दशमेऽहनि त्रिरुदकमुत्सिञ्चन्ति सर्वेऽमात्याः ॥ २४

अथैकादश्यामेकोद्दिष्टं कुर्वन्ति ॥ २५

इति बोधायनीयपितृमेधसूत्रे तृतीयप्रश्ने
चतुर्थः खण्डः.

---

* ख–स्वस्ति वास्तु. † निपृ.

अथैके 'तूष्णीमितरेषाम्' इत्यत्रोदाहरन्ति—

भार्यासंज्ञिका नारी पुरुषो ब्राह्मणसंज्ञकः ।

त एते होतृसंस्कारा इतरे मन्त्रसंस्कृताः* ॥ इति ॥१

ता अनु व्याख्यास्यामः—अनुपेत उन्मत्तः जळोऽन्धो मूको बधिरः पङ्गुष्षण्डः कुष्ठी किलासी कुब्जः खञ्जः कुणिर्व्यसनी हीनाङ्गोऽधिकाङ्गस्सभागतो ब्राह्मणोऽनाथो राजन्योऽनाहिताग्निर्वैश्यस्स्त्रियोऽनुत्पन्नपुत्राः कन्या विधवा कुत्सिनी वन्ध्या चेति । तेषां प्राणेषूत्क्रान्तेषु हिरण्यशकलमास्ये निधाय तूष्णीं स्नापयेत् । श्मशानं नीत्वाऽमन्त्रेण शाखया संमृजेत् । तूष्णीं तिलतण्डुलान् सन्निवपेत् । संप्रकीर्य चितां कल्पयित्वा चितायां प्रेतं निधायापसलैः परिस्तीर्याज्यमास्ये निनयेत्—'इदं त आत्मनश्शरीरमयं त आत्माऽऽत्मनस्त आत्मानं शरीरात् ब्रह्म निर्भिनत्ति भूर्भुवस्सुवरसौ स्वाहा' इति । सा हि पूर्णाहुतिः । अपि वा—'अस्मात्त्वमधि जातोऽस्त्वयं त्वदधिजायताम् । अग्नये वैश्वानराय सुवर्गाय लोकाय स्वाहा' इत्यनयर्चा वा 'वसुभ्यो रुद्रेभ्य आदित्येभ्यो विश्वेभ्यो देवेभ्यस्साध्येभ्यो मरुद्भ्य ऋभुभ्यः पितृभ्यस्स्वाहा' इत्यनेन यजुषा वा । अत्रैव मन्त्रेण सिग्वातेनोपवीजयन्ति । तूष्णीमुदकुम्भेनापसव्यं परिषिञ्चेत् ।

* ङ—मन्त्रसंस्काराः.

उत्तपनीयेनाग्निना संयोजयेत्। नातीर्थेऽभिषिञ्चेत्। प्रसिद्ध-मेकादश्यामेकोद्दिष्टं कुर्वन्ति ॥ २

इति बोधायनीयपितृमेधसूत्रे तृतीयप्रश्ने
पञ्चमः खण्डः.

यथो एतन्न प्राक् चौळात्प्रमीतानां दहनं विद्यते नानुपनीतानां कन्यानां वा पितृमेध इत्युक्तम्। कथमु खल्वेषामुक्तस्संस्कारो विद्यत इति ॥ १

असमाप्तशरीराणां गर्भाणां स्रवणमित्येके। गर्भस्रवणे 'इयं वा अग्निर्वैश्वानरोऽस्यामेवैनं जुहोति' इति ब्राह्मणम्। भूमौ निहत्य सचेलोऽवगाहेत सद्यश्शौचम् ॥ २

अदन्तजातानां निखननं प्रणवेन वा ॥ ३

दन्तजातानां व्याहृतिविधानेन वा। तस्य कः कर्मण उपक्रमो भवति? निर्मन्थ्यं कुर्यान्निर्मन्थ्येन स्त्रीकुमाराणां दहेयुरित्युक्तत्वात्। अथ ग्राम्येणालङ्कारेणालङ्कृत्य श्मशानं निर्हृत्य प्रेतं तत्रैव निधायाख्यातं चितायामुपकल्पनम् ॥

अपरेण चितामग्निमुपसमाधाय संपरिस्तीर्याज्यं विलाप्योत्पूय स्रुक्स्रुवं निष्टप्य संमृज्य पर्णमयेन स्रुवेण मध्यमेन पञ्चाशपर्णेन वा 'तथ्सवितुर्वरेण्यम्' इत्यनुद्रुत्यैकादशकृत्वो गृह्णाति—'प्रजापतये स्वाहा' इति प्रथमामाहुतिं जुहोति 'प्रेतायामुष्मै यमाय वैवस्वताय स्वाहा' इति द्वितीयां

'दश वै पशोः प्राणा आत्मैकादशो यावानेव पशुस्तथ्सर्वं
जुहोति' इति ब्राह्मणम् ॥ ५

पर्णमयस्रुवं प्रेतस्योपरिष्टान्निधाय 'भूः' इति मनसा
ध्यायन्नुपोषेत् । 'भुवः' इत्युपस्थानं 'सुवः' इत्यवगाह्याप्सु
निमज्योन्मज्योत्तीर्याचम्यैकमुदकाञ्जलिं ददाति ॥ ६

न चास्यात ऊर्ध्वं श्मशानं कर्तुमाद्रियेत नोदकक्रिया वा ॥ ७

अयुग्मदिवसे त्रीन् पञ्च सप्त ब्राह्मणान् भोजयेदेक-
मपि वा ॥ ८

भवत्यामैर्वा मूलफलैः प्रदानमात्रं हिरण्येन वा प्रदान
मात्रं सर्वेषु होतृपरेषु स्वधास्थानेषु कुर्यात् 'अमुष्मा उप-
तिष्ठतु' इति ॥ ९

इति बोधायनीयपितृमेधसूत्रे तृतीयप्रश्ने
षष्ठः खण्डः.

आपद्युक्तं प्रेतविधानमेवं शस्त्रविषरज्जुजलाचलमारुततरु-
पाषाणहुताशनानुच्छ्वासनादिना मृतानां शरीरसंस्कारं व-
र्जयेत् ॥ १

देशान्तरमृते सङ्ग्रामहते व्याघ्रहते शरीरमादाय विधिना
दाहयेत् ॥ २

अथ यद्येकाङ्गदर्शने पराङ्गस्य 'सप्तप्राणास्तदाश्रयाः'
इति मधुना सर्पिषा वाऽभ्यज्य विधिना दाहयेत् अस्थीन्याहृत्य

तैः कृष्णाजिने पुरुषाकृतिं कृत्वा मधुना सर्पिषा वाऽभ्यज्य विधिना दाहयेत् । हस्तकौशलैः पृथिवीशरीरं कृत्वा मधुना सर्पिषा वाऽभ्यज्य विधिना दाहयेत् । यदि तावन्न विन्देत पलाशवृन्तानां त्रीणि षाष्टिशतान्याहृत्य तैः कृष्णाजिने पुरुषाकृतिं कृत्वा मधुना सर्पिषा वाऽभ्यज्य विधिना दाहयेत्

अथ यदि जीवन् पुनरागच्छेत् घृतकुण्डे निमज्योत्तीर्य स्नापयित्वा जातकर्मादिसंस्कारान् क्रियेरन् द्वादशरात्रान्तानि व्रतानि त्रिरात्रान्तानि वा ॥ ४

अथ स्नानं ततस्तामेव जायां प्रतिपद्येत । तस्यामविद्यमानायामन्यां कुमारीं विन्देताथाग्नीनाधाय त्राह्मेनैन्द्राग्नेन पशुनेष्ट्वा गिरिं गत्वाऽग्नये कामायेष्टिं* निर्वपेदत ऊर्ध्वमीप्सितैर्यज्ञक्रतुभिर्यजेतेति विज्ञायते ॥ ५

इति बोधायनीयपितृमेधसूत्रे तृतीयप्रश्ने
सप्तमः खण्डः.

आहिताग्निश्चेत् प्रवसन् म्रियेत पुनस्संस्कारविधिं व्याख्यास्यामः—दर्भान् समान् संस्तीर्य तस्मिन् पलाशवृन्तैः पुरुषविकल्पं करोति चत्वारिंशता शिरः प्रकल्पयते । दशभिर्ग्रीवां विंशत्योरस्त्रिंशतोदरं पञ्चाशतापञ्चाशतैकैकं बाहुं तेपा-

* गत्वाऽऽयुष्मतीमिष्टिं

मेव पञ्चभिःपञ्चभिरङ्गुलीरुपकल्पयते । सप्तत्यासप्तत्यैकैकं पादं तेषामेव पञ्चभिः पञ्चभिरङ्गुलीरुपकल्पयते । अष्टाभिश्शिश्नं द्वादशाभिर्वृषणमित्येतानि प्रोक्ष्याथ भूमौ हिरण्यं निधायारणी निधाय यां दिशं यजमानोऽगच्छत्तां दिशं प्रेक्षमाणो जपति—'उपावरोह जातवेदः' इति विहारं कल्पयित्वा गार्हपत्य आज्यं विलाप्योत्पूय स्रुचि चतुर्गृहीतं गृहीत्वा आहवनीये पूर्णाहुतिं जुहोति—'सप्त ते अग्ने समिधस्सप्त जिह्वाः' इति ॥ १

अथ प्रेतसंस्कारमर्हतीत्याह भगवान् बोधायनः ॥ २

इति बोधयनीयपितृमेधसूत्रे तृतीयप्रश्ने

अष्टमः खण्डः

अथ गर्भिण्यामन्तर्वत्न्यां म्रियेतात ऊर्ध्वं श्मशानं नीत्वा दहनं जोषयेत् ॥ १

तस्य चितामपरेण सव्येन वा प्रेतस्योदरं लिखेत्—'हिरण्यगर्भस्समवर्तताग्रे' इत्यनुलेखनम् । कुमारं दृष्टमनुमन्त्रयते—'जीवतु मम पुत्रो दीर्घायुत्वाय वर्चसे' इति ॥ २

अथ कुमारं स्नापयेयुर्हिरण्यमन्तर्धाय जीवता ग्राममायान्ति—'यस्ते स्तनश्शशयः' इति स्तनं प्रदाय तमिस्मुदरेऽज्यानीर्जुहोति । 'शतायुधाय शतवीर्याय' इति पञ्च 'प्रयासाय स्वाहा, पूष्णे स्वाहा' इत्येतेनानुवाकेन च ॥ ३

अथ सूच्याऽव्रणं कुर्यात् प्रेतं चितामारोप्य विधिना दाहयेत् ॥ ४

अष्टकाधेनुं तिलधेनुं भूमिधेनुमिति च दद्यात् ॥ ५

प्रसिद्धमेकादश्यामेकोद्दिष्टं कुर्वन्ति ॥ ६

इति बोधायनपितृमेधे तृतीयप्रश्ने
नवमः खण्डः.

अथातोऽस्थिसञ्चयनं व्याख्यास्यामः—निवृत्तेऽग्नौ करणे द्व्यहे त्र्यहे चतुरहे सप्ताहे वा नवकुम्भमादाय श्मशानं नीत्वा तं देशं गत्वा पालाशशङ्कुन्वोदुम्बरशङ्कुन्वा निहत्य अङ्गुष्ठेनोपकनिष्ठिकया मध्यमया वा सर्वाभिरङ्गुलीभिस्सर्वास्थीनि समुच्चित्य क्षीरेण प्रक्षाळ्य कुम्भेऽवधाय क्षीरेण प्लावयित्वा घृतं निनयेत्—'इदं त आत्मनश्शरीरमयं त आत्मा आत्मनस्त आत्मानं शरीरात् ब्रह्म निर्भिनत्ति भूर्भुवस्सुवरसौ स्वाहा' इति व्याहृतिभिरपि वा ॥ १

त्रिवृताऽन्नेन कुम्भमभ्यर्च्याथ यदि न दहेयुरुल्मूकात् पुनर्दहेयुः—'अस्मात्त्वमधिजातोऽस्ययं त्वदधिजायताम् । अग्नये वैश्वानराय सुवर्गाय लोकाय स्वाहा' इति ॥ २

तथैवा पिधानात्कृत्वाऽस्थिकुम्भमादाय नदीतीर्थसमुद्रेषु वाऽभ्यवहरन्त्यपि वा पुरुषसंमितं गर्तं खात्वा तस्मिन् कुम्भ-

मवधाय पुनरभ्यर्च्य पुरीषेण प्रच्छादयेत् एतद्यावद्वसति ताव
त्स्वर्गे महीयते ॥ ३

इति बोधायनीयपितृमेधसूत्रे तृतीयप्रश्ने
दशमः खण्डः.

अथातः परिव्राजकस्य संस्कारविधिं व्याख्यास्यामः—
पृथिव्यां 'अक्षीभ्यामोषधीभ्याम्' इति शरीरं निधाय 'भू
मिर्भूमिमगान्माता मातरमप्यगात् । भूयास्म पुत्रैः पशुभिर्यो
नो द्वेष्टि स भिद्यताम्' इति उदरे पात्रं निधायाथ होतारमधीत्य
तस्य दक्षिणे हस्ते कमण्डलुं निदधाति व्याहृतीभिर्देवयजनं
पूरयेत् 'अग्निनाऽग्निस्समिध्यते' इत्यशेषसंस्कारोऽश्वमेधफलं
तत्रोदाहरन्ति ॥ १

सृगालश्ववायसाः खादन्ति चेद्दोषमाहारयेत्कर्तुः । तस्मा-
दविशङ्कां वेदिं प्रच्छादयेदिति बोधायनः ॥ २

इति बोधायनीयपितृमेधसूत्रे तृतीयप्रश्ने
एकादशः खण्डः.

अथैषां पत्नी संवत्सरमधश्शयीत क्षारलवणमधुमांसा
नि कोशीधान्यं वर्जयेदन्यत्र तिलेभ्यः ॥ १

सहस्रदक्षिणो वा पितृमेधस्तस्यार्धं कुर्वन्ति ॥ २

एतेन विधिना प्रेतं निर्हरति पश्यति पुत्रं पश्यति पौत्रं न शूद्रेषु जायते नानपत्यो जायते इत्याह भगवान् बोधायनः ॥ ३

इति बोधायनीयपितृमेधसूत्रे तृतीयप्रश्ने

द्वादशः खण्डः.

अथैषां पत्नी । अथातः परिव्राजकस्य । अथातोऽस्थिसंचयम् । अथ यद्यन्तर्वत्नी । आहिताग्निश्चेत् । आपद्युक्तम् । यथो एतन्न प्राक्चौळात् । अथ हैके तूष्णीम् । इममग्ने चमसम् । यथा पिता पुत्रं पश्यति । अथाध्वर्युः प्राचीनावीती । अथातो द्विजातीनां दहनकल्पम् ॥ ११

अथातो द्विजातीनां दहनकल्पम् । अथाध्वर्युः प्राचीनावीती । यथा पिता पुत्रं पश्यति । इममग्ने चमसम् । अथ हैके तूष्णीम् । यथो एतन्न प्राक्चौळात् । आपद्युक्तम् । आहिताग्निश्चेत् । अथ यद्यन्तर्वत्नी । अथातोऽस्थिसंचयम् । अथातः परिव्राजकस्य । अथैषां पत्नी ॥ १२

इति बोधायनीये पितृमेधसूत्रे

तृतीयः प्रश्नः समाप्तः.

पितृमेधसूत्रं समाप्तम्.

अथ पितृमेधशेषसूत्रम्.

अथावशिष्टप्रयोगे मरणसंशये ब्रह्म संस्मृत्य दश दानानि कृत्वा उत्क्रान्तिगां दद्यात् ॥ १

अत्युत्क्रान्तौ प्रवृत्तस्य सुखोत्क्रान्तिविमुक्तये ।

तुभ्यं संप्रददाम्येनां गामत्रोत्क्रान्तिसंज्ञिताम् ॥ इति ॥ २

अथ पुत्रः पौत्रो दत्तको वा पत्नी दौहित्रो भ्राता तत्पुत्रः पिता स्वस्रीयस्सपिण्डो जामाता वा यथाक्रमं संस्कर्ता पितृमेधेन वा होतृकल्पेन वा ब्रह्ममेधेन वा यथा प्राप्तं संस्कुर्यात् ॥ ३

'ब्रह्म वै चतुर् होतारः' इति ब्रह्मचारिणं होतृकल्पेनैव । दुर्मृतानामुक्तकाले नारायणसंस्कारविधिना । जलादीनां कन्याकुमाराणामेकर्चा । अथ त्रिवर्षात् पूर्वं मृतानां व्याहृतीभिः दहेदथवा निखनेत् । दन्तजातानां प्रणवेन निखनेत् । अजातमृतानां तूष्णीं निखनेदिति । यथाविधि संस्कुर्यात् ॥ ४

अनुपनीतः पत्नी वा कर्ता चेन्मन्त्रवद्दहनमन्यत्सर्वं कारयेत् ॥ ५

द्विवर्षात्प्रागूढा बाला मृता स्यात्तां यामं भूमौ निक्षिप्य पितृमेधेन दहेदथ चिताम् । ब्राह्मणा भर्तारः कर्तारश्च भवन्ति ॥ ६

अथ ये तत्र प्रेतानुगास्ते सचेलं स्नात्वाऽग्निं स्पृष्ट्वाऽऽज्यं प्राश्य पुनरपि स्नात्वा पुनः प्राणानायम्योत्तीर्य शुष्कवस्त्रं परिधाय पुनरपि स्नात्वा ततश्शुद्धा भवन्ति ॥ ७

कन्यामनुपनीतमनाथमनूचानं यज्वानं यदि प्रेतमनुव्रजन् घृताग्रचादिकं न भवेदग्निघृताद्यसम्भवे गायत्र्याऽभिमन्त्रय दशकृत्वोऽपः पीत्वा पुनस्स्नानेन शुद्धिर्भवति ॥ ८

अथ दाहका ब्राह्मणाः परिषदं प्रदक्षिणीकृत्य नमस्कृत्वाऽसपिण्डशवहरणप्रायश्चित्तमभ्यनुज्ञाप्य अहश्शेषं रात्रिशेषं वाऽतिक्रम्य ग्रामं प्रविश्य पञ्चगव्यं प्राश्य गोग्रासं दत्वा देवतादर्शनं कृत्वा यथाशक्ति गायत्रीं जपित्वा ततश्शुद्धा भवन्ति। गायत्रीमेव वा जपेयुरित्येके ॥ ९

अथ शुक्रवारे निशायां वा दहेत्तदौरसव्यतिरिक्ता न वापयेयुरपरेद्युः कुर्युः। पुत्रस्त्वकृतचौळोपि मातरं पितरं वा दग्ध्वा तदा चौळवत्तूष्णीं वपनम्। पश्चाद्यथाकाले विधिवत्कुर्यात्। मातृपितृव्यतिरिक्तदहने तु न वापयेत् ॥ १०

इति बोधायनीयपितृमेधशेषसूत्रे
प्रथमः खण्डः.

अथ कर्ता ज्ञातयश्च कनिष्ठप्रथमा ग्रामं प्रयान्ति। मृतदेशे सर्षपतण्डुलान् विकीर्य नग्नप्रच्छादनश्राद्धं कृत्वा नदीतीरं तटाकान्तं वा गत्वा स्नात्वा सार्द्रवस्त्रो दक्षिणामुख

उपविश्य शिलां स्थापयेद्दक्षिणान्ताम्—'ब्रह्मात्मकं यमाकारममुं प्रेतमावाहयामि। विष्ण्वात्मकमन्तकाकारममुं प्रेतमावाहयामि। शिवात्मकं वैवस्वताकारममुं प्रेतमावाहयामि' इत्यावाह्य क्षुत्तृष्णादाहोपशमनार्थं तिलोदकवासोदकप्रदानानि कुर्युः। कनिष्ठप्रथमास्सापिण्डा ज्ञातयस्त्रिस्त्रिरेकैकोत्तरमग्निदः समानोदकास्तृप्यन्तु। नित्यमेकैकमञ्जलिमिति वस्त्राणि च संपीड्य जलघटं शिरसि निधाय गृहं गत्वा वामपार्श्वे पूर्ववत्तिस्रश्शिलाः स्थाप्य तासु वस्त्राणि संपीड्य सायमारभ्य बलिं दत्वा पिण्डं काकेभ्यो दत्वाऽप्सु वा प्रक्षिप्यैकोत्तरवृद्धिश्राद्धं दत्वा नवश्राद्धदिवसे नवश्राद्धं च। स्नात्वा सपिण्डान्तं ब्रह्मचारी भवति। द्वितीयादिदिवसेऽस्थिसञ्चयनं कुर्यात्। दशाहमध्ये सङ्क्रान्तिर्वा दर्शो वा भवेत्तदानीमेवौरसदत्तकव्यतिरिक्तानां समापयेत्॥ १

इति बोधायनीयपितृमेधशेषसूत्रे
द्वितीयः खण्डः.

अथ दशमेऽहनि कर्ता ज्ञातयश्च प्रकोष्ठभ्रूशिखावर्जं सर्वाङ्गवपनं कुर्युः। पिण्डान्ते प्रभूतबलिं दत्वा सुवस्त्रोपरि कंसे उदकवास आस्तीर्य तस्मिन् पिण्डौ निक्षिप्य शिला उद्वास्य पिण्डे निक्षिप्य जपादिभिरभ्यर्च्य शिरसि निधाय तटाकान्तं गत्वा तत्र शिला अन्यपिण्डे निक्षिप्य जलं गत्वाऽनवेक्षमाण

उदङ्मुखो दक्षिणतः प्रसृज्य स्नात्वा वापयित्वा शान्तिहोमं कृत्वा श्वोभूते वृषमुत्सृज्य नवश्राद्धं कृत्वाऽऽद्यश्राद्धं द्विजेऽग्नौ वा कृत्वा वृद्धिश्राद्धं षोडशश्राद्धं वा कृत्वा द्वादशेऽहनि वा पञ्चदशश्राद्धं सोदकुम्भश्राद्धं च दत्वा सपिण्डीकरणं कृत्वाऽतऊर्ध्वं पार्वणेन मासिकानि कुर्यादाब्दिकपर्यन्तं दर्शादिश्राद्धं न कुर्यात् । सोदकुम्भादिनित्यश्राद्धं च कुर्यात् । ज्येष्ठ औपासने पित्रोस्सापिण्डीकरणं कुर्यात् । वर्षेवर्षे मृततिथौ श्राद्धं कुर्यात् । विभक्तस्तु पृथक्कुर्यात् प्रतिसांवत्सरादिकमिति ॥ १

इति बोधायनीयपितृमेधशेषसूत्रे
तृतीयः खण्डः.

समाप्तं चेदं बोधायनीयपितृमेधशेषसूत्रम्.

शुभमस्तु.

ओम्.

बोधायनगृह्यसूत्रोदाहृतमन्त्राणां वर्णक्रमानुक्रमणिका आकरप्रदर्शिनी च.

पुटसङ्ख्या.	मन्त्रप्रतीकम्.	आकरः.
	अ	
367	अकार्यकारी	तै. आ. 6-1.
106	अक्षितोऽस्यक्षित्यै	तै. सं. 1-6-3.
90	अक्षिस्पन्देऽङ्गचले	सौत्रं.
449	अक्षीभ्यामोषधीभ्याम्	,,
58	अग्न आयाहि	सा. सं. 1-1-1.
187	अग्न आयाहि वीतये	तै. ब्रा. 3-5 2.
144	अग्न आयूंषि पवसे	तै. सं. 1-3-14.
92	अग्नय आयुष्मते वो जुष्टम्	सौत्रं.
12	अग्नये	,,
343	अग्नये कव्यवाहनाय	,,
137	,, ,, ...	तै. मं. 2-19.
66	,, ,, ...	,, 2-21.
70	अग्नये काण्डऋषये	सौत्रं.
107	अग्नये क्षामवते	तै. सं. 2 2-2.
15	अग्नये जनिविदे	तै. मं. 1-4.
200	अग्नये रक्षोघ्ने	तै. सं. 1-8-7.
391	अग्नये रयिमते	तै. आ. 4-1.
343	अग्नये विविचये	सौत्रं.

पुटसङ्ख्या.	मन्त्रप्रतीकम्.	आकरः.
50	अग्नये स्वाहा	सौत्रं.
54	,, ,, ...	तै. मं. 1-1.
55	अग्नये स्विष्टकृते स्वाहा ...	,,
343	अग्नावग्निश्चरति	तै. सं. 1-3-7.
274	अग्नाविष्णू	तै. सं. 4-7-1.
449	अग्निनाऽग्निस्समिध्यते	,, 1-4-46.
58	अग्निमीळे	ऋ. स. 1-1-1.
33	अग्निरायुष्मान्	तै. मं. 2 14.
200	,, ,, ...	तै. सं. 2-3-10.
15	अग्निरेतु प्रथमः	तै. मं. 1-4.
207	अग्निर्दा द्रविणम्	तै. सं. 2-2-12.
201	अग्निर्नः पातु	तै. ब्रा. 3-1-1.
110	अग्निर्भूतानामधिपतिः	तै. स. 3 4-5.
206	अग्निर्मूर्धा	,, 1-5-5.
20	,, ,, ...	,, 4-4-4
272	अग्निर्मे वाचि श्रितः	तै. ब्रा. 3-10-9.
207	आग्निं दूतम्	,, 3-5-2.
8	अग्निः प्रथमः	,, 2-4 8.
8	,, ,, ...	तै. मं. 2-10.
159	अग्ने अङ्गिरः	तै. सं. 4-2-1.
402	अग्ने तव श्रवः	,, 4-2-7.
286	अग्ने त्वं पारय	तै. आ. 6-1.
310	अग्ने नय	तै. सं. 1-1 14,
157	अग्ने नया देवानाम	,, 4-2-11.
144	अग्ने पवस्व स्वपाः ...	,, 1-3-14.

पुटसङ्ख्या	मन्त्रप्रतीकः	आकरः
339	अग्ने पुरीष्य	त. सं. 4-2-5
22	अग्ने प्रायश्चित्ते	तै. मं. 1-10.
159	अग्नेऽभ्यावर्तिन्	तै. सं. 4-2-1.
200	अग्ने यशस्विन्	,, 5-7-4.
201	अग्नेर्मन्वे	,, 4-7-15.
389	अग्नेर्वर्म	तै. आ. 4-1.
19	अग्ने व्रतपत उपयमनं व्रतम्	तै. आ. 7-41.
77	अग्ने व्रतपत उपनिषदं व्रतम्	,, 7-41.
85	अग्ने व्रतपते शुक्रियं व्रतम्	,, 7-41.
81	अग्ने व्रतपतेऽष्टाचत्वारिंशत्सम्मितं	,, 7-41.
44	अग्ने व्रतपते सावित्रं व्रतम	,, 7·41.
74	अग्ने व्रतपते होतारं व्रतम्	,, 7-41.
14	अग्ने शर्ध	तै. ब्रा. 2-4-1.
3	अघोरचक्षुः	तै. मं. 1-1.
34	अघोराय	सौत्रं.
273	अघोरेभ्यः	तै. आ. 6.-45.
317	अङ्कतानावाहयामि	सौत्रं.
317	अङ्कतेभ्यः	,,
33	अङ्गादङ्गात्संभवसि	तै. मं. 2-14
65	अङ्गिरस्वन्तमूतये	सौत्रं.
55	अचलायै देव्यै	,,
370	अचित्ती यच्चकृम	तै. सं. 4-1-11
54	अच्युतक्षितये	तै. मं. 1-1.
400	अजिनमौ	सौत्रं.
252	अजिनं वासो वा	तै. आ. 2-1.
391	अजो भागस्तपसा	,, 4-1.
410	अजोस्यजास्मत्	,, 4-10
256	अतो देवा अवन्तु नः	ऋक्सं. 1-2-7.

पुटसंख्या	मन्त्रप्रतीकः	आकरः
71	अथर्ववेदाय	सौत्रं.
71	अथर्वाङ्गिरोभ्यः	,,
436	अदादिदम्	तै. सं. 4-2-4.
370	अदाभ्यो भुवनानि ...	ऋक्सं. 3-8-4.
141	अदितिः पुत्रकामा ...	तै. सं. 6-5-5.
11	अदितेऽनुमन्यस्व	तै. मं. 1-1.
57	अद्भयस्स्वाहा	तै. सं. 1-8-13.
329	,, ...	,, 7-4-14.
55	,, ...	तै. मं. 1-1.
33	अद्भयस्संभूतः	तै. आ. 3-13.
57	अधरायै दिशे	,, 2 20.
55	अघमर्षाय स्वाहा	तै. मं. 1 1.
409	अनड्वाहमन्वारभामहे	तै. आ. 4-10
409	अनश्रवो अनमीवाः	,, ,,
158	अनाज्ञातम्	तै. ब्रा. 3-7-11.
198	अनु नोऽद्यानुमतिः	तै. सं 3-3-11.
11	अनुमतेऽनुमन्यस्व	तै. मं. 1-1.
108	अनुहव परिहवम् ...	,, 1-14.
2	अनृक्षराः	,, 1-1.
112	अनृणा अस्मिन्ननृणाः	तै. आ. 2-15.
406	अन्तरिक्षस्य त्वा	,, 4-7.
57	अन्तरिक्षाय	तै. सं. 1-8-13.
56	,, ...	तै. मं. 1-1.
64	अन्तर्दधे ऋतुभिः	,, 2-19.
64	अन्तर्दधे पर्वतैः	,, 2-19.
331	अन्नपतेऽन्नस्य नो देहि	तै. सं. 4-2-3.
154	अन्नमस्यन्नं मा कुरु	सौत्रं.
144	अन्नादमेवैनं करोति	तै. सं. 2-1-4.

पुटसङ्ख्या	मन्त्रप्रतीकः	आकरः
149	अग्नायाय व्यपोहध्वम्	तै. मं. 2-7.
159	अन्वग्निरुषसाम्	तै. सं. 4-1-2.
17	अन्वमंस्था:	तै. मं. 1-1.
409	अप नश्शोशुचदघम् ..	तै. आ. 4-10.
389	अपश्याम युवतिम्	तै. आ. 4-12.
436	अपसर्पत प्रेता:	सौत्रं.
111	अपहृता असुरा:	,,
403	अपामिदम्	तै. सं. 4-6-1.
150	अपाशोसि	तै. मं. 2-7
230	अपां यो द्रवणे	तै. आ. 2 7-7.
247	अपि समिधम्	तै. आ. 2-10.
40[illegible]	अपूपवान्	,, 4-8.
404	अपूपवान् क्षीरवान् ...	,, ,,
404	अपूपवान् दधिवान्	,, ,,
404	अपूपवान् मधुमान् ...	,, ,,
404	अपूपवान् घृतवान्	,, ,,
436	अपेत वीत	तै. सं. 4-2-4.
384	,, ...	तै. आ. 4-6.
380	अपैतदूह	,, 4-1.
298	अपैतु मृत्युः	,, 6-5.
320	,, ...	याज्ञिकी 45.
375	,, ...	तै. ब्रा. 3-7-14.
247	अप्यपः	तै. आ. 2-10.
15	अप्रजस्ताम्	तै. मं. 1-4.
150	अप्सरासु यो गन्धः	,, 2-7.
207	अप्सु मे सोमः	तै. ब्रा. 2-5-8.
86	अबद्धं मनो दरिद्रम् ..	तै. सं. 3-1-1.
287	अभयं कृणोतु	,, 4-6-9.

पुटसङ्ख्या	मन्त्रप्रतीकः	आकरः
344	अभयं सर्वभूतेभ्यः	गौत्रं.
106	अभिन्नो घर्मः	तै. सं. 1-5-10
369	अभीवृतम्	सौत्र.
3	अभ्रातृघ्नीम्	तै. मं. 1-1.
337	अमवास्या सुभगा	तै. ब्रा. 3-7-5.
90	अमीवहा वास्तोष्पते	तै. मं. 2-15.
331	अमुत्र भूयात्	याज्ञि. 48.
26	अमूहमस्मि	तै. मं. 1-3.
199	अमृतं वा आपः	तै. स. 5-6-2.
7	अमृतापिधानमसि	तै. मं. 2-10.
6	अमृतोपस्तरणमसि ...	,,
55	अम्बिकायै स्वाहा	सौत्र.
301	अयमु ते समतासि	,,
338	अयं ते योनिः	तै. सं. 1 5-5.
160	,, ...	,, 4-2-4.
116	,, ...	,, 4-7-13.
110	अयं नो मह्याः पारम् ...	तै. मं. 1-7.
200	अयं पुरो हरिकेशः ...	तै. सं. 4-4-[illegible].
391	अयं वै त्वमस्मात्	तै. आ. 4-1.
50	अयाश्चाग्नेऽसि	तै. मं. 1-5.
208	अर्यमणम्	तै. सं. 1-7-10.
23	अर्यम्णो अग्निम्	तै. मं. 1-1.
239	अव ज्यामिव धन्वनः	,, 2-22.
255	अव ते हेडः	तै. सं. 1-5-11.
368	अवधूतम्	,, 1-1-6.
56	अवसानपतिभ्यः	तै. मं. 1-1.
56	अवसानेभ्यः	,,
395	अवसृज पुनरग्ने	तै. आ. 4-4.

पुटसंख्या	मन्त्रप्रतीकः	आकरः
16	आतिष्ठेममश्मानम्	तै. मं. 1-5.
222	आ तून इन्द्र क्षुमन्तम्	ऋक्सं 6-5-37.
246	आ त्वा जिघर्मि	तै. सं. 4-1-2.
52	आ त्वा वहन्तु	तै. मं. 2-18.
230	आदित्पश्यामि	तै. सं. 5-6-1.
241	आदित्यं नावमारोक्ष्ये ...	सौत्रं.
22	आदित्य प्रायश्चित्ते ...	तै. मं. 1-10.
19	आदित्य व्रतपते	तै. आ. 7-41.
57	आदित्येभ्यः	सौत्रं.
176	आ देवानामपि पन्थाम्	तै. सं. 1-1-14.
372	आधत्त पितरः	सौत्रं.
347	आनन्दनन्दौ	तै. ब्रा. 2-6 5.
291	आ नो दिवः	तै. सं. 1-8-22.
207	आ नो नियुद्भिः	तै. ब्रा. 2-8-1.
13	आ नो भद्राः	सौत्रं.
5	आपः पादावनेजनीः ...	तै. मं. 2-9.
38	आप उन्दन्तु	,, 2-1.
34	आपस्सुप्तेषु	,, 2-13.
230	आपो भद्राः	तै. सं. 5-6-1.
366	आपान्तमन्युः	,, 2-2-12.
270	आपो वा इदम्	तै. आ. 6-22.
335	आपो वा इदमग्रे	तै. सं. 7-1-5.
199	आपो वै देवानाम्	तै. ब्रा. 3-2-4.
199	आपो वै रक्षोघ्नीः	,, ,,
104	आपो वै शान्ताः	तै. सं. 5-4-4.
199	आपो वै सर्वाः	तै. ब्रा. 3-2-4.
31	आपो हिष्ठा	तै. मं. 2-7.
185	आ प्यायस्व समेतु ते	तै. सं. 1-4-32.

पुटसङ्ख्या	मन्त्रप्रतीकः	आकरः
329	आब्रह्मन् ब्राह्मणः	तै. सं. 7-5-18.
365	आभिर्गीर्भिः	तै. आ. 7-42.
292	आभिर्विश्वा अभियुजः ...	तै. ब्रा. 2-8-3.
429	आम आगच्छतु	सौत्रं.
135	आम आगन्तु पितरः	,,
6	आम आगाद्वर्चसा	तै. मं. 2-9.
49	आमायन्तु ब्रह्मचारिणः	तै. आ. 5 4.
207	आऽयं गौः	तै. सं. 1-5-3.
136	आयात पितरस्सोम्याः	सौत्रं.
241	आयातु देवस्सवितोपयातु ...	तै. ब्रा. 3-1-1.
224	आयातु देवस्सुमनाभिः .	तै. आ. 4 5.
260	आयातु भगवान्	सौत्रं.
425	आयाहि प्रेत	,,
95	आयुरसि विश्वायुरसि	तै. ब्रा. 2-5-7.
93	आयुर्दा अग्ने हविषः	तै. सं. 1-3-14.
40	आयुर्दा देव	तै. मं. 2-2.
363	आयुर्विश्वायुः	तै. आ. 4-1.
435	आयुषः प्राणं संतनु ...	तै. ब्रा. 1-5-7.
93	आयुष्टे विश्वतो दधत्	तै. सं. 1-3-14.
151	आयुष्यं वर्चस्यम्	तै. मं. 2-8.
268	आरात्ते अग्निः	,, 1-14.
408	आरोहतायुः	तै. आ. 4-10.
38	आरोह प्रोष्ठम्	तै. ब्रा. 2-7-17.
367	आर्द्रे ज्वलति	तै. आ. 6-1.
96	आर्द्रया रुद्रः	तै. ब्रा. 3-1-1.
48	आवहन्ती वितन्वाना	तै. आ. 5-4.
241	आविश्वदेवम्	तै. सं. 3-4-10.
35	आवेशिना व्यश्रुमुखी	सौत्रं.

पुटसङ्ख्या	मन्त्रप्रतीकः	आकरः
108	आ वो राजानम्	तै. सं. 1-3-14.
200	आशुश्शिशानः	,, 4-6-4.
100	आश्रेषाभ्यस्स्वाहा	तै. ब्रा. 3-1-4.
206	आसत्येन	तै. सं. 3-4-11.
329	आऽस्मिन् राष्ट्रे	,, 7-5-18.
	इ	
3	इडा देवहूः	तै. सं. 3-3-2.
71	इतिहासपुराणेभ्यः	सौत्रं.
443	इदं त आत्मनः	,,
415	इदं त एकम्	तै. आ. 4-3.
396	,,	,, 4-4.
154	इदं ते बलं हरामि...	सौत्रं.
380	इदं त्वा वस्त्रम्	तै. आ. 4-1.
403	इदं पितृभ्यः	,, 4-7.
110	इदं मिथुनमायुष्मत्	सौत्रं.
185	इदं विष्णुः	तै. सं. 1-2-13.
100	इदं सर्पेभ्यो हविरस्तु ...	तै. ब्रा. 3-1-1.
3	इदमहं या	तै. मं. 1-1.
149	इदमहममुष्यामुष्यायणस्य	,, 2-7.
407	इदमेव मेतः	तै. आ. 4-9.
158	इध्मो वेदिः परिधयश्च	तै. सं. 1-5-10.
107	इन्द्रं नरः	,, 1-6-12.
185	इन्द्रं विश्वा अवीवृधन्	,, 4-6-3.
107	इन्द्रं वो विश्वतस्परि ...	,, 1-6-12.
207	इन्द्र मरुत्वः	,, 1-4-18.
163	इन्द्राग्निभ्यां स्वाहा...	सौत्रं.
91	इन्द्राग्नी रोचना	तै. सं. 4-2-11.

पुटसंख्या	मन्त्रप्रतीकः	आकरः
207	इन्द्राणीम्	तै. सं. 1-7-13
57	इन्द्राय स्वाहा	तै. मं. 1-1.
12	,, ...	सौत्रं.
110	इन्द्रो ज्येष्ठानामधिपतिः ...	तै. सं. 3-4-5.
295	इन्द्रो ज्येष्ठामनु	तै. ब्रा. 3-1-2.
201	इन्द्रो दधीचः	,, 1-5-8.
422	इन्द्रो यज्वने	,, 2-8-8.
409	इमं जीवेभ्यः	तै. आ. 4-10.
367	इमं मे गङ्गे	,, 6-1.
329	इमं मे वरुण	तै. सं. 2-1-11
371	,, ...	तै. मं. 1-4.
207	इमं यम प्रस्तरम्	तै. सं. 2-6-12.
149	इमं विष्यामि	तै. मं. 1-5
337	इमं समुद्रं शतधारम्	तै. आ. 4-6.
340	इमं स्तनमूर्जस्वन्तम् ...	तै. सं. 5-5-10.
148	इमं स्तोममर्हते	तै. मं. 2-7.
387	इममग्ने चमसम्	तै. आ. 4-1.
257	इमा आपश्शान्ताः....	सौत्रं.
267	इमा आपश्शिवाः	,,
440	इमा आपो मधुमत्यः	,,
291	इमा जुह्वाना	तै. ब्रा. 2-4-6.
440	इमा धारा मधुमत्यः	सौत्रं.
409	इमा नारीरविधवाः	तै. आ. 4-10.
15	इमामग्निस्त्रायताम्.... ...	तै. मं. 1-4.
96	इमा रुद्राय स्थिरधन्वने	तै. ब्रा. 2-8-6.
15	इमां त्वमिन्द्र	तै. मं. 1-4.

पुटसङ्ख्या	मन्त्रप्रतीकः	आकरः
366	उन्नृताऽसि	तै. आ. 6-1.
117	उद्बुध्यस्वाग्ने	तै. सं. 4-7-13.
226	उद्वयं तमसस्परि	तै. आ. 4-3.
397	,, ...	,, 4-4.
407	,, ...	,, 4-9.
45	,, ...	तै. सं. 4-1-7.
86	उन्दतीर्बलं धत्त	,, 3-1-1.
403	उपसर्प मातरम्	तै. आ. 4-7.
306	उपसृजन्मात्रे	सौत्रं.
160	उपावरोह जातवेदः	तै. ब्रा. 2-5-8.
289	उपैतु माम	श्रीसू.
226	उरुं हि राजा	तै. सं. 1-4-45.
225	उरुणसावसुतृपौ	तै. आ. 4-3.
56	उलूखलमुसलाभ्याम्	सौत्रं.
245	उशन्तस्त्वा हवामहे	तै. सं. 2-6-11.
38	उष्णेन वायवुदकेन	तै. मं. 2-1.
	ऊ	
367	ऊरुवोरोजः	तै. सं. 5-5-9.
367	ऊरू अरत्नी	तै. ब्रा. 2-6-5.
42	ऊर्गस्यूर्जम्	तै. सं. 1-8-15.
67	ऊर्जं वहन्तीः	सौत्रं.
20	ऊर्जः पृथिव्याः	,,
27	ऊर्जस्वान् पयस्वान्	तै. सं. 4-2-5.
57	ऊर्ध्वायै दिशे	तै. आ. 2-20.
	ऋ	
71	ऋग्वेदाय	सौत्रं.

पुटसङ्ख्या	मन्त्रप्रतीकः	आकरः
306	ऋचां प्राची	तै. ब्रा. 3-12-9.
42	ऋतस्य गोप्त्री	तै. मं. 2-2.
152	ऋतुभिस्त्वार्तवैः	सौत्रं.
198	ऋतुभ्यस्स्वाहा	तै. ब्रा. 3-1-6.
332	ऋतेन	तै. सं. 2-1-11.
365	ऋतं च सत्यं च	तै. आ. 6-1.
201	ऋध्यास्म	तै. ब्रा. 3-1-2.
55	ऋषभाय	सौत्रं.
337	ऋषभ वाजिनं	तै. ब्रा. 3-7-5.
57	ऋषिभ्यः	सौत्रं.
	ए	
94	एकः पुरस्ताद्य इदम्	सौत्रं.
3	एकामिषे ...	तै. ब्रा. 3-7-7.
126	एकविंशत्या पवयति	सौत्रं.
289	एकस्मै स्वाहा	तै. सं. 7-2-11.
403	एणीर्धाना:	तै. आ. 4-7.
306	एतं युवानं परि	तै. सं. 3-3-9.
138	एतत्ते ततासौ	तै. मं. 2-20.
138	एतत्ते पितामहासौ	,, ,,
138	एतत्ते प्रपितामहासौ	,, ,,
129	एतद्वै यज्ञस्य	तै. सं. 7-5-25.
60	एतानि वै सतोऽगारे	सौत्रं.
405	एतास्ते स्वधाः	तै. आ. 4-9.
286	एवावन्दस्व	तै. ब्रा. 2-5-8.
353	एष ते निर्ऋते भागः	तै. सं. 1-8-1.
367	एष भूतस्य	तै. आ. 6-1.

पुटसङ्ख्या	मन्त्रप्रतीकः	आकरः
140	एष वा अग्निर्वैश्वानरः	तै. ब्रा. 2-1-4.
123	एष वा अनृणो यः पुत्री	तै. सं. 6-3-10.
403	एषा ते यमसादने	तै. आ. 4-7.
123	एषाऽस्य दैवी प्रजा भवति ...	सौत्रं.
	ऐ	
147	ऐन्द्रं वै	सौत्रं.
147	ऐन्द्राग्नं वै	,,
	ओ	
367	ओजो प्रविशामिः	तै. सं. 5-7-18.
42	ओजोऽस्योजः	सौत्रं.
55	ओषधिवनस्पतिभ्यः	तै. मं. 1-1
57	ओषधीभ्यः	तै. सं. 1-8-13.
330	ओषधीभ्यस्स्वाहा	,, 7-3-19.
39	ओषधे त्रायस्व	,, 1-2-1.
241	ओं नमो भगवते	सौत्रं.
129	ओं ब्रह्मन्	,,
129	ओं भूर्भुवस्सुवरों ब्रह्मन	,,
127	ओमिति ब्रह्म	तै. आ. 5-8.
	क	
266	कद्रुद्राय	तै. आ. 6-17.
55	कद्रुवै नाकमात्रे	सौत्रं.
15	कन्यला पितृभ्यः	तै. मं. 1-4.
91	कया नश्चित्रः	तै. सं. 4-2-11.
56	करस्कराभ्याम्	सौत्रं.
252	कर्णाभ्यां भूरि विश्रुतम् ...	तै. आ. 5-4.
289	कर्दमेन	श्रीसू.

पुटसङ्ख्य	मन्त्रप्रतीकः	आकरः
15	गन्धर्वाय जनिविदे	तै. मं. 1-4.
26	गर्भं धेहि सिनीवालि	,, 1-13.
29	गर्भो अस्योषधीनाम्	तै. सं. 4-2-3.
196	गायत्री त्रिष्टुप्	,, 5-2-11.
14	गृभ्णामि ते	तै. मं. 1-3.
55	गृहराजाय	सौत्रं.
55	गृहाय	,,
89	गृह्यं भयम्	,,
56	गृह्याभ्यः	तै. मं. 1-1.
292	गोभिर्जुष्टम्	तै. आ. 6-2
7	गौरस्यपहतपाप्मा	तै. मं. 2-10.
207	गौरी मिमाय	तै. ब्रा. 2-4-6.
8	गौर्धेनुभव्या	तै. मं. 2-10.
	घ	
163	घृतं घृतपावानः	तै. सं. 1-3-10.
293	घृणिस्सूर्यः	तै. आ. 6-15.
106	घर्मो देवानप्येतु	तै. सं. 1-5-10.
	च	
13	चाक्रवाकं संवननम्	सौत्रं.
201	चक्षुषो हे ते	तै. ब्रा. 2-4-2.
12	चतस्र आशाः	तै. सं. 5-7-8.
359	,, ...	तै. ब्रा. 2-8 8.
310	चत्वारि शृङ्गा	तै. आ. 6-10.
57	चन्द्रमसे स्वाहा	तै. सं 1-8-13.
198	,, ...	तै. ब्रा. 3-1-6.
289	चन्द्रां प्रभासाम्	श्रीसूक्तम्.

पुटसंख्या	मन्त्रप्रतीकः	आकरः
289	चन्द्रां हिरण्मयीम्	श्रीसू.
367	चरणं पवित्रम्	तै. ब्रा. 3-12-3.
57	चराचरेभ्यः	तै. सं. 1-8-13.
85	चितस्स्थ परिचितः	तै. आ. 7-5.
179	चित्तं च स्वाहा	तै. सं. 3-4-4.
413	चित्तं सन्तानेन	तै. आ. 3-21.
348	चित्तिस्स्रुक्	,, 3-1.
110	चित्रं देवानामुदगात्	तै. सं. 1-4-43.
290	चोदयित्री सूनृतानाम्	,, 4-1-11.
	ज	
246	जनस्य गोपाः	,, 4-4-4.
54	जयन्ताय	सौत्रं
154	जहि मे पाप्मानम्	,,
110	जातवेदसे	तै. आ. 6-1.
163	जातवेदो वपया	तै. सं. 3-1-4
286	जातो यदग्ने	,, 1-5-11
120	जायमानो वै ब्राह्मणः	,, 6-3-10.
246	जिघर्म्यग्निम्	,, 4-1-2.
447	जीवतु मम पुत्रः	सौत्रं.
23	जीवां रुदन्ती	तै. मं. 1-1.
46	जुषस्व नस्समिधमग्ने	ऋक्सं 5-2-1.
10	जुष्टो दमूनाः	तै. ब्रा. 2-4-1.
56	ज्येष्ठाभ्याम्	सौत्रं.
237	ज्येष्ठाय स्वाहा	,,
39	ज्योक्च सूर्यं दृशे	तै. मं. 2-5.

पुटसङ्ख्य	मन्त्रप्रतीकः	आकरः
258	ज्योतिश्शुक्रश्च	सौत्रं.
367	जङ्घाभ्याम्	तै. ब्रा. 2-6-5.
	त	
232	तच्चक्षुः	तै. आ. 7-42.
92	तच्छंयोरावृणीमहे	तै. ब्रा. 3-5-11.
113	ततं म आपः	,, 3-7-11
323	तत्ते भद्रम्	सौत्रं.
371	तत्त्वा यामि	तै. मं. 1-4.
329	,, ...	तै. सं. 2-1-11.
273	तत्पुरुषाय	तै. आ. 6-46
44	तत्सवितुर्वरेण्यम्	तै. मं. 2-4.
237	,, ...	तै. आ. 1-11.
278	,, ...	तै. सं. 1-5-6.
310	,, ...	,, 4-1-11.
237	तत्सवितुर्वृणीमहे	तै. आ. 1-11.
221	तदश्विनावश्वयुजा	तै. ब्रा. 3-1-2.
31	तदस्य प्रियम्	,, 2-4-6.
259	,, ...	,, 2-8-3.
420	तद्यमो राजा	,, 3-1-2.
108	तद्विष्णोः परमम्	तै. सं. 1-3-6.
159	तन्तुं तन्वन्	,, 3-4-2.
61	तपश्च तपस्यश्च	,, 1-4-11.
418	तया देवतया	,, 4-2-9.
172	तस्मादनश्वी च रथी च	,, 5-2-2.
340	तस्मादेको बह्वीः	,, 6-6-1.
194	तस्माद्द्विनामा	,, 6-3-1.

पुटसंख्या	मन्त्रप्रतीकः		आकरः
49	तास्मिन् सहस्रशाखे	....	तै. आ. 5 4.
26	तस्यै स्वर्गः	....	तै. सं. 2-5-1.
323	तं त्वा समिद्भिः	....	तै. ब्रा. 1-2-1
418	ता अस्य सूद ...	...	तै. सं 4-2-4
286	तामग्निवर्णाम् ...	...	तै. आ. 6-1.
201	ता सूर्यचन्द्रमसा	...	तै. ब्रा. 2-8-9.
239	तिलदेऽवपद्यस्व ...	....	तै. मं. 2-11.
135	तिलोसि सोमदेवत्यः	...	सौत्रं.
16	तुभ्यमग्रे पर्यवहन्	...	तै. म. [illegible]-5.
306	तृप्ता यान्तु पितरः	...	सौत्रं.
130	तेजसैवैनं समर्धयति	....	,,
255	तेजोसि ...	....	तै. सं. 1-1-10.
322	तेन त्वामहम्	....	सौत्रं.
39	तेभ्यो निधानम्	....	तै. ब्रा. 2-7-17
101	ते मायिनो ममिरे	....	ऋक्सं. 2-3-2.
101	ते सूनवस्स्वपसः ...	....	,, ,,
159	त्रयस्त्रिंशत्तन्तवः	....	तै. सं 1-5-10.
225	त्रयोऽभि स्वर्गम्	....	सौत्रं.
6	त्रय्यै विद्यायै ...	....	तै. मं. 2-10.
207	त्रातारमिन्द्रम्	...	तै. सं. 1-6-12.
310	त्रिधाहितम् ...	....	तै. आ. 6-10.
370	त्रिरन्तरिक्षम् ...	....	ऋक्सं. 3-8-4.
31	त्रिर्देवः	....	तै. ब्रा. 2-4-3.
259	,, ...	...	,, 2 8-3.
344	त्रिषत्या हि देवाः	....	तै. सं. 6-3-10.
261	त्रीणि पदा विचक्रमे	...	तै. ब्रा. 2-4-6.
207	त्र्यम्बकं यजामहे	...	तै. सं. 1-8-6.

पुटसङ्ख्या	मन्त्रप्रतीकः	आकरः
152	दिव्योसि सुपर्णः	सौत्रं.
164	दिशः प्रदिश आदिशः	तै. सं. 1-3-10.
406	दिशां त्वा लोके	तै. आ. 4-7.
108	दीर्घमुखि दुर्हणु	,, 7-32.
28	दीर्घायुत्वाय	तै. सं. 1-2-1.
367	दुर्मित्रास्तस्मै	तै. आ. 6-1.
90	दुस्स्वप्ने पापस्वप्ने	सौत्रं.
231	दुन्दुभीन् समाघ्नन्ति	तै. सं. 7-5-9.
405	दूर्वाणां स्तम्बमाहर ...	तै. आ. 4-9.
56	दृषदुपलाभ्याम्	सौत्रं.
11	देव सवितः प्रसुव	तै. मं. 1-1.
43	देवस्य त्वा सवितुः	तै. सं. 1-1-4.
6	,, ...	तै. ब्रा. 2-6-5.
186	,, ...	तै. मं. 2-3
365	,, ...	,, 2-9.
105	,, ...	सौत्रं.
122	देवा वै पुष्टिं नाविन्दन्	तै. सं. 2-1-9.
152	देवीष्षडुर्वीरुरुणः	तै. मं. 2-9.
291	देवीं वाचमजनयन्त ...	तै. ब्रा. 2-4-6.
249	देवेभ्यस्त्वा	सौत्रं.
43	देवेभ्यस्त्वा परि ददामि	,,
57	देवेभ्यस्स्वाहा	तै. सं. 3-1-4.
57	देशेभ्यस्स्वाहा	सौत्रं.
329	दोग्ध्री धेनुः	तै. सं. 7-5-18.
152	द्यौरसि	तै. ब्रा. 2-7-15.
34	द्यौस्ते पृष्ठम्	तै. मं. 1-4.
87	द्यौस्समित्	तै. आ. 7-41.

पुटसङ्ख्या	मन्त्रप्रतीकः	आकरः
399	द्रप्सश्चस्कन्द	तै. सं. 3-1-8
265	द्रापे अन्धसस्पते	,, 4-5-10
96	द्वादश संपद्यन्ते	,, 1-5-7.
108	द्विपच्चतुष्पदस्माकम्	,, 4-2-6.
196	द्विपदः	,, 5-2-11.
165	द्विर्जुहोति	सौत्रं.
310	द्वे स्रुती	तै. ब्रा. 1-4-2.
	ध	
56	धनधान्याभ्याम्	सौत्रं.
386	धनुर्हस्तादाददाना	तै. आ 4-1.
54	धन्वन्तरये स्वाहा	सौत्रं.
54	धर्मरुचये स्वाहा	,,
243	धर्माय त्वा गृह्णामि	,,
55	धर्माय स्वाहा	तै. मं. 1-1.
29	धाता ददातु	,, 2-11.
392	धाता पुनातु सविता	तै. आ. 4-3.
397	,, ...	,, 4-4.
407	,, ...	,, 4-9.
29	धाता प्रजाया:	तै. मं 2-11.
56	धात्रे स्वाहा	सौत्रं.
54	ध्रुवक्षितये स्वाहा	तै. मं 1-1.
54	ध्रुवाय भूमाय स्वाहा	,, ,,
19	ध्रुवोसि ध्रुवाक्षितिः	,, 1-9.
	न	
57	नक्षत्रेभ्यस्स्वाहा	तै. सं. 1-8-13.
61	नभश्च नभस्यश्च	,, 1-4-14.
38	नर्ते ब्रह्मणः	तै. ब्रा.2-7-17.

पुटसङ्ख्या	मन्त्रप्रतीकः		आकरः
34	नम आव्याधिनीभ्यः	....	तै. सं. -4-5-4.
169	नमश्शकृत्सदे	....	तै. मं. 1-14.
150	नमश्शाकजजभाभ्याम्	...	,, 2-7.
338	नमस्त ऋषे गद	....	तै. ब्रा. 2-7-16.
265	नमस्ते अस्तु	....	तै. सं. 4 5-1.
53	नमस्ते रुद्र मन्यवे	....	,, ,,
403	नमस्ते हरसे	....	,, 4-6-1.
372	नमस्त्रियै नमः पुंसे	...	सौत्रं.
295	नमस्सुते निर्ऋते	....	तै. सं. 4-2-5.
43	नमो अस्तु नीलग्रीवाय	....	,, 4-5-1.
100	नमो अस्तु सर्पेभ्यः	....	तै. मं. 2-17. सं 4-2-8.
367	नमोऽग्नयेऽप्सुमते	....	तै. आ. 6-1.
240	नमोऽग्नये सप्तार्चिः	...	सौत्रं.
240	नमो धात्रे नमः ...	...	,, ,,
225	नमो नमस्करकूपेभ्यः	....	,, ,,
203	नमो ब्रह्मणे	....	तै. आ. 2-12.
57	नमो रुद्राय भगवते	....	सौत्रं.
58	नमो रुद्राय भौमाय	....	,, ,,
90	नमो रुद्राय वास्तोष्पतये	....	तै. ब्रा. 3-7-9.
240	नमो वाचे नमो वाचस्पतये	....	तै. आ. 2-11.
266	नमो हिरण्यबाहवे	....	तै. सं. 4-5-2.
198	नवोनवो भवति	...	तै. ब्रा. 3-1-3.
201	,, ...	....	तै. सं. 2-4-14.
408	न हि ते अग्ने तनुवै	....	तै. आ. 4-10.
404	नळं प्लवमारोह	....	तै. आ. 4-7.
406	नाकस्य त्वा पृष्ठे	....	,, 4-7.
185	नाके सुपर्णम्	....	तै. ब्रा. 2-5-8.

पुटसंख्या	मन्त्रप्रतीकः	आकरः
258	पवित्रं ते विततम्	तै. आ. 1-11.
125	पवित्रं वै दर्भाः	सौत्रं.
57	पशुपतये	,,
57	पशुभ्यः	,,
290	पावीरवी कन्या	तै. सं. 4-1-11.
118	पाहि नो अग्न एनसे	तै. आ. 6-5.
180	पितरः पितामहाः	तै. सं. 3-4-5.
57	पितामहेभ्यः	सौत्रं.
62	पितामहेभ्यस्त्वा	,,
276	पिता विराजाम्	तै. ब्रा. 2-8-8.
140	पितृणामनृणः	तै. आ. 6-63.
57	पितृभ्यः	सौत्रं.
62	पितृभ्यस्त्वा	,,
434	पितृभ्यस्त्वा मृत्युम् ...	,,
65	पितृभ्यस्स्वधानमस्स्वाह	,,
344	पुत्रेषणायाश्च	,,
47	पुनरग्निश्चक्षुरदात्	तै. सं. 3-2-5.
159	पुनरूर्जा	,, 4-2-1.
145	पुनस्त्वाऽऽदित्याः	,, 4-2-3.
16	पुनः पत्नीमग्निरदात् ...	तै. मं. 1-5.
106	पुमांसौ मित्रावरुणौ	सौत्रं
295	पुरन्दराय	तै. ब्रा. 3-1-2.
339	पुरीष्यस्त्वमग्ने	तै. सं. 4-2-5.
158	पुरुषसम्मितः	तै. ब्रा. 3-7-11.
385	पुरुषस्य सयावरिविते	तै. आ. 4-1.
385	पुरुषस्य सयावर्यपेत्	,, ,,
394	पुरुषाहुतिः	तै. सं. 2-2-2.

पुटसङ्ख्या	मन्त्रप्रतीकः	आकरः
12	प्रजापतये स्वाहा	सौत्रं.
2	प्रजापातिस्त्रियाम्....	तै. ब्रा. 2-5-6.
401	प्रजापतिस्त्वा सादयतु	तै. आ. 4-6.
165	प्रजापतिः प्रजा असृजत ...	तै. सं. 2-2-1.
29	प्रजापते तन्वं मे	तै. मं. 1-11.
207	प्रजापते न त्वत्	तै.सं.1-8-14.तै.मं.2-22.
22	प्रजापते प्रायाश्चित्ते....	तै. मं 1-10.
23	प्रजायै त्वा	सौत्रं.
20	प्रजावती भूयासम्....	,,
20	प्रजावान् पशुमान्	,,
291	प्रणो देवी	तै. सं. 1-8-22
230	प्रतत्ते अद्य शिपिविष्ट	,, 2-2-12.
31	प्रतद्विष्णुः	तै. ब्रा. 2-4-3.
259	,, ...	,, 2-8-3.
111	प्रति क्षत्रे प्रति तिष्ठामि	तै. मं. 2-18.
28	प्रतियुतो वरुणस्य	तै. सं. 1-4-45.
49	प्रतिवेशोसि प्र मा माहि	तै. आ. 5-4.
57	प्रतीच्यै दिशे	तै. आ. 2-20.
57	प्रपितामहेभ्यः	सौत्रं.
62	प्रपितामहेभ्यस्त्वा	,,
56	प्रभूत्यै स्वाहा	,,
261	प्रयातु भगवान्	,,
413	प्रयासाय स्वाहा	तै. आ. 3-20
226	प्रवत्स्यावभृथे	सौत्रं.
206	प्र वश्शुक्राय	तै. ब्रा. 2-8-2.
402	प्र वाता वान्ति	तै. आ 4-6.

पुटसङ्ख्या	मन्त्रप्रतीकः	आकरः
236	प्रेत्वसे कवये	तै. ब्रा. 1-2-1.
2	प्रसुग्मन्ता	तै. मं 1-1.
361	प्राच्यां दिशि देवाः	तै. सं. 1-6-5.
57	प्राच्यै दिशे	तै. आ. 2-20
146	प्राजापत्यं वै	सौत्रं.
42	प्राणानां ग्रन्थिरसि....	,,
342	प्राणापानौ	तै. ब्रा. 2-5-6.
92	प्राणाय वोजुष्टं	सौत्रं.
66	प्राणे निविष्टोऽमृतं जुहोमि	तै. मं. 2-20.
33	प्राणो रक्षति	तै. ब्रा. 2-5-1.
17	प्रासावीः	तै. मं. 1-1.
102	प्रेतायामुष्मै यमाय च	सौत्रं.
15	प्रेतो मुञ्चाति	तै. मं. 1-4.
400	प्रेमां मात्राम्	सौत्रं.
	ब	
42	बलमसि बलम्	,,
11	बलं ते बाहुवोः	तै. ब्रा. 2-7-17.
11	खादिरी दर्वी तेजस्कामस्य	सौत्रं.
147	बार्हस्पत्यं वै	,,
203	बृहत्साम	तै. सं. 4-4-12.
153	बृहदसि	सौत्रं.
57	बृहस्पतये स्वाहा	तै. मं. 1-1.
206	बृहस्पते अति	तै. सं. 1-8-22.
287	बृहस्पते युवम्	तै. ब्रा. 2-5-6.
143	बोधा नो अस्य	तै. सं. 4-2-3.
45	ब्रह्मचार्यस्यपोशान....	तै. मं. 2-6.
43	ब्रह्मजज्ञानम्	तै. सं 4-2-8.

पुटसङ्ख्या	मन्त्रप्रतीकः	आकरः
147	भाग्यं वै	सौत्रं.
385	भुवनस्य पत इदम्	तै. आ. 4-1.
180	भुवनस्य पते	तै. सं. 3-4-7.
55	भुवस्स्वाहा	सौत्रं.
20	भुवो यज्ञस्य	तै. सं. 4-4-4.
245	भुवो वायुम्	तै. ब्रा. 3-10-2.
223	भूतेभ्यस्स्वाहा	सौत्रं.
56	भूत्यै स्वाहा	,,
8	भूतम्	तै. मं. 2-10.
201	भूतं भव्यं भविष्यत्	तै. सं. 7-3-13.
297	भूतपतये नमः	सौत्रं.
449	भूमिर्भूमिमगात्	तै. मं. 2-15.
245	भूरग्निं च	तै. ब्रा. 3-10-2.
106	भूरायुर्मे धारयत	सौत्रं.
245	भूर्भुवस्सुवः । ओजो बलम्	तै. ब्रा. 3-10-5.
38	भूर्भुवस्सुवरपाम्	तै. मं. 2-14.
200	भूर्भुवस्सुवरोम्	तै. आ. 6-27.
143	,, ...	याज्ञिकी 35.
245	भूर्भुवस्सुवश्चन्द्रमसम्	तै. ब्रा. 3-10-2.
55	भूर्भुवस्सुवस्स्वाहा	सौत्रं.
23	भूस्स्वाहा	तै. मं. 1-10.
46	,, ...	,, 2-12.
55	,, ...	सौत्रं.
440	भूः पृथिवीं गच्छतु	,,
201	भ्रातृव्यं पादयामसि	तै. ब्रा. 2-4-2.
	म	
387	मणिं हस्तात्	तै. आ. 4-1.

पुटसङ्ख्या	मन्त्रप्रतीकः	आकरः
200	मदे चिदस्य	तै. सं. 1-2-14.
13	मधुगे मध्वगाहे	सौत्रं.
126	मधु मनिष्ये	तै. सं. 3-3-2.
135	मधुवाता ऋतायते....	,, 1-2-9.
61	मधुश्च माधवश्च	,, 1-4-14.
119	मधुश्च स्वाहा	तै. मं. 1-10.
289	मनसः कामम्	श्रीसूक्तम्.
112	मनो ज्योतिः	तै. सं. 1-5-3.
344	,, ...	,, 1-5-10.
13	मम हृदये	सौत्रं.
200	ममाग्ने वर्चो विहवेषु	तै. सं. 4-7-14.
182	मयि गृह्णाम्यग्रे	,, 5-7-9.
5	मयि महः	तै मं. 2-9.
46	मयि मेधाम्	तै. सं. 3-3-1.
6	मयीन्द्रियं वीर्यम्	तै. मं. 2-9.
306	मयोभूर्वातः	तै. सं. 7-4-17.
304	महाकालाय नमः	सौत्रं.
200	महां इन्द्रः	तै. सं. 1-4-41.
34	मा छिदो मृत्यो	तै. आं. 3-15.
389	माता रुद्राणाम्	,, 4-12.
39	मा ते केशाननुगात	तै. ब्रा. 2-7-17.
15	मा ते गृहे	तै. मं. 1-4.
342	मा त्वा वृक्षौ संबाधिष्ठाम् ...	तै. आ. 4-7.
34	मा त्वा वृक्षौ संबाधथाम् ...	,,
95	मा नस्तोके	तै. सं. 4-5-10.
252	,, ...	,, 3-4-10.

पृष्ठसंख्या	मन्त्रप्रतीकः	आकरः
239	यथैव वायुः पवते ...	तै. मं. 2-11.
65	यदग्ने कव्यवाहन	तै. सं. 2-6-12.
331	यदग्ने यानि कानि	,, 4-1-10
367	यदपां क्रूरम्	तै. आ. 6-1.
332	यदपामार्गः	सौत्रं.
113	यदस्मिन् कर्मणि	,,
17	यदस्य कर्मणः	,,
409	यदाञ्जनम्	तै. आ. 4-10.
152	,, ...	तै. मं. 2-8.
56	यदेजति जगति	,, 1-1
58	यद्देवा देवहेडनम	तै आ. 2-3.
180	,, ...	तै. ब्रा. 3-7-12.
64	यद्वः क्रव्यादङ्गम्	सौत्रं.
291	यद्वाग्वदन्ति	तै. ब्रा. 2-4-6.
392	यद्वि देवस्य सवितुः	तै. आ. 4-3.
158	यद्वो वयम	तै. सं. 1-1-14.
47	यन्म आत्मनो मिन्दाभूत्	तै ,, 3-2-5.
7	यन्मधुनो मधव्यम्	तै. मं. 2-10.
137	यन्मे पितामही प्रलुलोभ	तै. ,, 2-19.
138	यन्मे प्रपितामही प्रलुलोभ	,, ,,
152	यन्मे मनः परागतम्	तै. मं 2-9.
64	यन्मे माता प्रलुलोभ	,, 2-19.
349	यमं गाय	तै. आ. 4-5
225	यमभिवादयन्ते	सौत्रं.
198	यमादित्या अंशुम्	तै. सं. 2-4-14.
428	यमाय घृतवत्	तै. आ. 4-5.

पुटसङ्ख्या	मन्त्रप्रतीकः	आकरः
200	ये देवाः पुरस्सदः	तै. सं. 1-8-7.
111	ये देवा यज्ञहनः	,, 3-5-4.
109	ये देवा याश्च देवीः ...	सैत्रं.
138	ये नः पतिता गर्भाः	,,
145	येन देवाः पवित्रेण	तै. ब्रा. 1-4-8.
196	येन प्राच्ये	,, 2-5-1
39	येनावपत्सविता	तै.मं.2-1. तै.ब्रा.2-7-17.
431	ये पार्थिवासः	सौत्रं.
57	ये भूताः प्रचरन्ति	तै. मं. 1-1.
18	ये वध्वश्चन्द्रम्	,, 1-6.
207	येषामीशे	तै. सं. 3-1-4.
139	ये सजाताः	तै. ब्रा. 2-6-3.
139	ये समानाः	,, ,,
417	येऽस्यामयः	सौत्रं.
221	यो अश्वत्थः	तै. ब्रा. 1-2-1.
310	योजायित्री सूनृतानाम्	तै. सं. 4-1-11.
182	यो नो अग्निः पितरः	,, 5-7-9.
93	यो ब्रह्मा ब्रह्मणः	सौत्रं.
53	यो रुद्रो अग्नौ	तै. सं. 5-5-9.
221	यो वा अश्वस्य	तै. ब्रा. 3-9-23.
221	,, ...	तै. सं. 7-5-25.
200	यो वामिन्द्रावरुणा...	,, 2-3-13.
129	यो वै यज्ञस्य	,, 7-5-25.
367	योऽस्मान् द्वेष्टि	तै. आ. 6-1.
225	योऽस्य कौष्ठ्य	,, 4-5.
225	यौ ते श्वानौ यम	,, 4-3.
221	यौ देवानां भिषजौ ...	तै. ब्रा. 3-1-2.

पुटसङ्ख्या	मन्त्रप्रतीकः	आकरः
258	वनस्पतिरसो धूपः	सौत्रं.
85	वयस्सुपर्णाः	तै. आ. 7-42.
407	वरणो वारयात्	तै. आ. 4-9.
196	वरुणस्य स्कम्भनमसि	तै. सं. 1-2-8.
196	वरुणस्य स्कम्भसर्जनमसि	,, ,,
55	वरुणाय स्वाहा	सौत्रं.
187	वरुणोसि धृतव्रतः	तै. सं. 1-2-10
286	वषट्ते विष्णो	,, 2-3-12.
57	वसुभ्यस्स्वाहा	सौत्रं.
443	वसुभ्यो रुद्रेभ्यः	,,
94	वसून्रुद्रानादित्यान्....	,,
331	वातं प्राणं मनसा	याज्ञिकी 47.
436	वातास्ते वान्तु	सौत्रं.
273	वामदेवाय नमः	तै. आ. 6-44.
153	वामदेव्यमसि	सौत्रं.
22	वायो प्रायश्चित्ते	तै. मं. 1-10.
19	वायो व्रतपते	तै. आ. 7-41.
70	वारुणीभ्यः	सौत्रं
258	वासुदेवाय स्वाहा	,,
55	वास्तुपाल्यै सगणायै	,,
57	वास्तोष्पतये स्वाहा	,,
89	वास्तोष्पते ध्रुवा	ऋक्सं 6-1-24.
90	वास्तोष्पते प्रतरणः	तै. मं. 2-15.
89	वास्तोष्पते प्रति जानीहि	,, ,,
91	,, ...	तै. सं. 3-4-5.
89	वास्तोष्पते शग्मया	तै. मं. 2-15.

पुटसङ्ख्या	मन्त्रप्रतीकः		आकरः
91	वास्तोष्पते शग्मया	....	तै. सं. 3-4-10.
268	विकिरिद विलोहित	....	,, 4-5-10.
297	विघ्नाय स्वाहा	....	सौत्रं.
31	विचक्रमे पृथिवीम्	....	तै. ब्रा. 2-4-3.
259	,,	...	,, 2-8-3.
54	विद्यायै स्वाहा	....	सौत्रं.
56	विधात्रे स्वाहा	....	,,
407	विधृतिरसि	....	तै. आ. 4-9.
123	विभूरसि प्रवाहणः....	....	तै. सं. 1-3-3.
93	विभ्राजमानस्सरिरस्य	....	सौत्रं
402	विमुच्यध्वमघ्नियाः....	...	तै. आ. 4-6.
151	विराजं च स्वराजं च	....	तै. मं. 2-8.
6	विराजोसि विराजः....	....	,, 2-9
8	विराडसि विराट् ..	....	सौत्रं.
13	विरूपाक्षमहं यजे	....	,,
12	विरूपाक्ष मा विबाधिष्ठाः	....	,,
259	विश्वभुजे नमः	....	,,
16	विश्वा उत त्वया वयम्	....	तै. मं. 1-5.
134	विश्वे देवाः	....	तै. सं. 2-4-14.
36	विश्वे देवा नः	....	ऋक्सं 4-3-7.
55	विश्वेभ्यो देवेभ्यः ...	....	तै. मं. 1-1.
70	,, ...	....	सौत्रं.
313	विश्वेभ्यो देवेभ्यो नमः	....	,,
55	विष्णवे स्वाहा	....	,,
367	विष्णुमुखा वै देवाः	...	तै. सं. 5-2-1.
26	विष्णुर्योनिं कल्पयतु	...	तै. मं. 1-13.
207	विष्णो रराटमसि ...	....	तै. सं. 1-2-13.

पुटसंख्या	मन्त्रप्रतीकः	आकरः
30	विष्णोर्नुकम्	तै. सं. 1-2-13.
31	,, ...	तै. ब्रा 2-8-3.
372	वीरं मे दत्त पितरः	सौत्रं.
130	वैकङ्कती स्रुगाकृतिर्भवति	सौत्रं.
56	वैश्रवणाय स्वाहा	,,
330	वैश्वानराय प्रति वेदयामः ...	तै. आ. 2-6.
337	वैश्वानरे हविरिदम्	,, 4-6.
371	वैश्वानरो न ऊत्या	तै. सं. 1-5-11.
96	वैष्णवा वै वनस्पतयः ..	सौत्रं
19	व्रतानां व्रतपते	तै. आ. 7-41.
	श	
200	शं च मे मयश्चमे	तै. सं. 4-7-3.
354	शं न इन्द्राग्नी	ऋक्सं. 5-3-28.
58	शं नो देवीरभिष्टये	तै. ब्रा. 1-2-1.
404	शं वातश्शं हि ते घृणिः	तै. आ. 4-7.
323	शकेम त्वा समिधम्	सौत्रं.
330	शतं वो अम्ब धामानि	तै. सं. 4 2-6.
394	शतमिन्नु शरदः	तै. मं 2-4.
404	शताक्षरा सहस्राक्षरा	तै. आ. 4-8.
201	शतायुधाय	तै. सं. 5-7-2.
407	शमि शमयास्मत्	तै. आ. 4-9.
44	शरीरं मे विचर्षणम्	,, 5-4.
367	शरीरं यज्ञशमलम्	तै. सं 7-3-11.
148	शिवा मे भवथ	सौत्रं.
354	शिवं शिवम्	तै. मं. 2-15.
305	शुक्रं ते अन्यत्	तै. सं. 4-1-11.
278	शुक्रमसि	,, 1-1-10.

पुटसङ्ख्या	मन्त्रप्रतीकः		आकरः
226	सर्वाता यस्य आहिता	....	तै. आ. 4-5
70	सर्वाभ्यस्स्वाहा	....	सौत्रं.
55	सर्वाभ्यो देवताभ्यस्स्वाहा	....	सौत्रं.
122	सर्वेण वै यज्ञेन देवाः	....	तै. सं. 1-7-1.
55	सर्वेभ्यो देवेभ्यस्स्वाहा	....	,,
266	सर्वो वै रुद्रः	....	तै. आ. 6-16.
404	सवितैतानि शरीराणि	....	,, 4-6.
401	,, ...	....	,, 4-7.
373	सह देवमनुष्याः	....	सौत्रं.
159	सह रय्या	....	तै. सं. 4-2-1.
61	सहश्च सहस्यश्च	....	,, 1-4-14.
366	सहस्रपरमा देवी	....	तै. आ. 6-1.
367	सहस्रशीर्षा	....	,, 3-12.
207	सहस्राणि सहस्रधा	....	तै. सं. 4-5-10.
52	सहस्राणि सहस्रशः	....	,, 4-5-11
431	संगच्छध्वम्	....	तै. ब्रा. 2-4-4.
395	संगच्छस्व पितृभिः	....	तै. आ. 4-4.
435	संज्ञानं विज्ञानम्	....	तै. ब्रा. 3-10-1.
353	सं ते पयांसि	....	तै. आ. 4-6.
402	,, ...	....	तै. सं. 4-2-7.
442	सं त्वा सिञ्चामि	...	,, 1-6-1
21	सं नो मनस्सं हृदयानि	....	सौत्रं.
133	सं नौ मनस्सं हृदयानि	....	,,
344	संन्यस्तं म ।	....	,,
13	संराधिन्यै देव्यै	....	तै. मं. 2-8.
65	संवत्सरस्य प्रतिमानम्	....	तै. ब्रा. 2-5-8.
198	संवत्सराय स्वाहा	....	,, 3-1-6.